参与与回报：
老年人身体活动收益研究

仇 军 等著

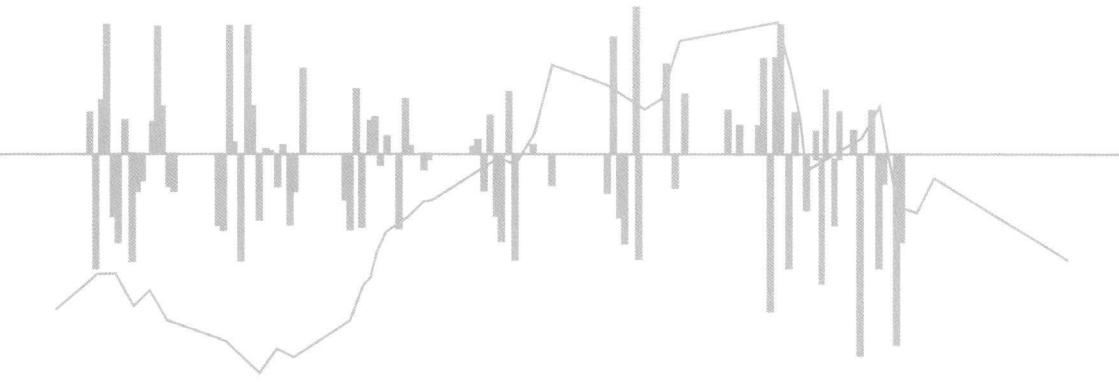

中国社会科学出版社

图书在版编目（CIP）数据

参与与回报：老年人身体活动收益研究 / 仇军等著 . —北京：中国社会科学出版社，2021.10
ISBN 978-7-5203-9161-0

Ⅰ.①参… Ⅱ.①仇… Ⅲ.①老年人—体育活动—研究—中国 Ⅳ.①G812.48

中国版本图书馆 CIP 数据核字（2021）第 187489 号

出 版 人	赵剑英
策划编辑	王丽媛
责任编辑	夏　侠
责任校对	党旺旺
责任印制	王　超

出　　版	中国社会科学出版社
社　　址	北京鼓楼西大街甲 158 号
邮　　编	100720
网　　址	http://www.csspw.cn
发 行 部	010-84083685
门 市 部	010-84029450
经　　销	新华书店及其他书店
印刷装订	三河弘翰印务有限公司
版　　次	2021 年 10 月第 1 版
印　　次	2021 年 10 月第 1 次印刷
开　　本	710×1000　1/16
印　　张	24
插　　页	2
字　　数	406 千字
定　　价	129.00 元

凡购买中国社会科学出版社图书，如有质量问题请与本社营销中心联系调换
电话：010-84083683
版权所有　侵权必究

课题组成员

仇　军　陈晓丹　于洪军

郭家良　刘　路　冯晓露

杜文娅　张　兵　徐一驰

序　　言

人口老龄化是 21 世纪最重要的社会现象。

人口老龄化与经济发展水平相关，人口老龄化先发国家都表现出这一特征：人口老龄化程度高，经济发展水平也高。人均 GDP 是反映一个国家经济发展水平的基本指标，据国际货币基金组织对世界各国 2019 年人均 GDP（美元）的统计，德国 4.6 万、法国 4.1 万、瑞典 5.1 万、荷兰 5.2 万、丹麦 5.9 万、日本 4.1 万、美国 6.5 万。其人口老龄化都呈现出人们通常所说的先富后老的特征，即经济发展，生活水平提高，人均寿命增加。而中国的情况不同，从 2000 年开始我国人口老龄化加快，截至 2019 年，60 岁以上老年人口达到 2.54 亿人，占总人口的 18.1%，65 岁以上老年人口达到 1.76 亿人，占总人口的 12.6%，而人均 GDP（美元）约 1.0 万，大体上是西方国家人均 GDP 的五分之一，呈现出截然相反的未富先老的发展态势。对此，中国社会科学院发出警告，中国劳动力规模在不久的将来，将不足以养活一个庞大的老龄化人口。

人口老龄化对社会经济发展的冲击是多方面的。其一是医疗费用增加。随着年龄增长，身体机能下降，疾病发生率上升，老年时期医疗费用明显高出其他年龄阶段，老年人口医疗费用无论是对国家还是个人都是沉重的经济负担。其二是养老服务压力增加。随着人口老龄化，高龄人口增加，患病失能老人增加，在拉高医疗开支的同时，失能老人的养老护理费用增加，由此拉高养老服务的公共财政支出。当失能老人形成一个庞大的人口群体时，国家养老服务的公共支出必定是一个巨大的数字。其三是公共财政收入减少。老龄社会，退休人口增加，国家税赋来源减少，养老金支付压力上升，国家将面临税赋来源减少和养老金支付上升的双重挑战。其四是经济发展压力上升。人口老龄化导致劳动力老化，造成劳动生产率下降，从而影响经济发展。而未富先老更是加重了对经济发展的冲击。

参与与回报：老年人身体活动收益研究

应当说，上述人口老龄化对经济社会的冲击是单向度被动意义上的认识。在人口老龄化大趋势下，尽力变被动为主动，积极应对，化解危困，最大限度地减少人口老龄化带来的消极影响，才是我们应对人口老龄化应当采取的措施。学人自有其责任，处在这样一个时代，所思、所言、所行，不能不和这个时代发生的问题、面临的问题、需要解决的问题相联系。人口老龄化是我们这个时代面临的重大课题，家家有老人，人人都会老，是不可回避的社会现实和自然规律。关心老年人问题是国家、社会、个人的责任和义务，更是学者的责任和义务。从专业的视角对人口老龄化问题进行思考，我们认为，应对老年问题只有关注老年人的健康，实现老年人健康时间的延长，即健康寿命的延长，才有可能缓解人口老龄化这一严峻的社会经济问题。体育是一种有目的的身体活动，具有增强体质、增进健康的作用。健康对减少医疗费用具有显性的、潜在的经济价值，自然对于老年人具有同样的价值。为此，我们从健康的视角提出老年人身体活动经济性研究课题，提出身体活动经济性收益的概念，并从显性收益和潜在收益两个维度进行界定，进而做出研究，希望能从体育专业的角度为应对人口老龄化这一时代难题尽绵薄之力。

依此初衷，我们申报国家社科基金重点项目并获得立项，这本书就是这一项目的研究成果。在课题研究之初的全国城市调查中，许弘、钟建伟、杨涛、祖菲娅、郭军、田恩庆诸位博士付出了辛勤的劳动，没有他们的帮助就没有课题的如期完成和这本书的问世，我愿趁此机会，衷心地感谢他们。这件事情也足以表明，学海无涯，也非坦途，但仍然有一批以学术为业的人相互支持，相互鼓励，相互帮助，在问学探究、格物致知的道路上，这是弥足珍贵的。

本书的写作和出版，湖州师范学院和中国社会科学出版社给予了大力支持，湖州师范学院为作者的研究和写作提供了良好的环境，给予了无微不至的关心；中国社会科学出版社王茵副总编和王丽媛编辑在出版选题、策划以及编辑的过程中给予了诸多帮助。在此一并致以诚挚的感谢！

仇　军
2020 年 10 月于清华园

目 录

第一章 引言 ……………………………………………………………（1）
 第一节 研究背景 ………………………………………………（1）
 第二节 研究意义 ………………………………………………（8）

第二章 研究综述 ………………………………………………………（11）
 第一节 人口老龄化与社会发展研究 …………………………（11）
 第二节 人口老龄化与经济发展研究 …………………………（49）
 第三节 研究评述 ………………………………………………（81）

第三章 研究设计与实施 ………………………………………………（83）
 第一节 核心概念界定 …………………………………………（83）
 第二节 研究方法 ………………………………………………（84）
 第三节 身体活动水平测量 ……………………………………（86）
 第四节 身体活动经济收益及其判定 …………………………（89）
 第五节 问卷选定与调查实施 …………………………………（92）
 第六节 研究问题与研究假设 …………………………………（93）

第四章 城市老年人身体活动相关的描述性统计 ……………………（95）
 第一节 城市老年人生理健康状况 ……………………………（95）
 第二节 城市老年人心理健康状况 ……………………………（105）
 第三节 城市老年人家庭收入与医疗开支状况 ………………（108）

第四节 城市老年人身体活动 PASE 得分及其检验 …………… (116)

第五章 城市老年人身体活动对慢性疾病患病风险的影响 ………… (131)
  第一节 城市老年人身体活动与慢性疾病关系的探索性
        分析 ……………………………………………………… (132)
  第二节 城市老年人身体活动对心血管疾病患病风险影响的
        回归分析 ………………………………………………… (135)
  第三节 城市老年人身体活动对代谢性疾病患病风险影响的
        回归分析 ………………………………………………… (162)
  第四节 城市老年人身体活动对其他慢性疾病患病风险影响的
        回归分析 ………………………………………………… (188)
  第五节 城市老年人身体活动对降低慢性疾病患病风险
        讨论 ……………………………………………………… (203)
  第六节 研究小结 ………………………………………………… (212)

第六章 城市老年人身体活动对医疗开支收益的影响 ……………… (214)
  第一节 城市老年人身体活动与医疗开支关系的探索性
        分析 ……………………………………………………… (215)
  第二节 城市老年人身体活动对医疗开支收益影响的
        回归分析 ………………………………………………… (221)
  第三节 城市老年人身体活动经济性收益核算 ………………… (247)
  第四节 城市老年人身体活动减少医疗开支的路径分析 ……… (250)
  第五节 城市老年人身体活动对医疗开支收益影响的
        分析讨论 ………………………………………………… (255)
  第六节 研究小结 ………………………………………………… (264)

第七章 城市老年人身体活动对心理健康的影响 …………………… (266)
  第一节 老龄化趋势与老年人心理健康 ………………………… (267)

目 录

第二节　城市老年人心理健康状况的基本描述 …………（276）
第三节　城市老年人身体活动对心理健康的影响 ………（281）
第四节　城市老年人身体活动对心理症状的影响 ………（308）
第五节　研究小结 ………………………………………（320）

结　语 ……………………………………………………（323）

参考文献 …………………………………………………（328）

第一章

引　言

第一节　研究背景

一　中国老龄化现状与趋势

我国 60 岁及以上老年人口达 2.54 亿人，占总人口的 18.1%，其中，65 岁及以上老年人口达 1.76 亿人，占总人口的 12.6%。[1] 按照 "65 岁以上人口占总人口 7% 为老龄化社会" 这一国际标准，我国已经步入老龄化社会，老年问题已成为社会发展中十分突出的问题。世界银行数据表明，中国老年人口占全世界老年人口总量的 20%，是世界上老年人口最多的国家。国务院《"十三五" 国家老龄事业发展和养老体系建设规划》报告，预计到 2020 年，我国 60 岁以上老年人口将增加到 2.55 亿人左右，占总人口比重将提升到 17.8% 左右，将达到 "深度老龄化" 的状态；高龄老年人将增加到 2900 万人左右，独居和空巢老年人将增加到 1.18 亿人左右，老年抚养比将提高到 28% 左右。

全国老龄委在发布的《中国人口老龄化发展趋势预测研究报告》中指出，21 世纪的中国将是一个不可逆转的老龄社会。从 2001 年至 2100 年，中国的人口老龄化进程进入快速发展期，将经历快速老龄化、加速老龄化和重度老龄化三个阶段。2001 年到 2020 年是快速老龄化阶段，这一阶段，中国将平均每年增加 596 万老年人口，年均增长速度达到 3.28%，大大超

---

[1] 参见《中华人民共和国 2019 年国民经济和社会发展统计公报》，国家统计局，2020 年 2 月 28 日。

过总人口年均0.66%的增长速度，人口老龄化进程明显加快；到2020年，老年人口将达到2.55亿人，老龄化水平将达到17.8%，其中，80岁及以上老年人口将达到3067万人，占老年人口的12.37%。2021年到2050年是加速老龄化阶段，随着20世纪60年代到70年代中期第二次生育高峰出生的人群进入老年，总人口逐渐呈现零增长并开始负增长，人口老龄化呈现加速趋势；到2023年，老年人口数量将增加到2.7亿人，与0—14岁少儿人口数量相等；到2050年，老年人口总量将超过4亿人，老龄化水平推进到30%以上，其中，80岁及以上老年人口将达到9448万人，占老年人口的21.78%。2051年到2100年则是稳定的重度老龄化阶段，2051年中国老年人口规模将达到峰值4.37亿人，约为少儿人口数量的2倍，这一阶段，中国老年人口规模将稳定在3亿—4亿人，老龄化水平基本稳定在31%左右，80岁及以上高龄老人占老年总人口的比重将保持在25%—30%，进入一个高度老龄化的时期。

目前，我国人口的出生率已低于世界平均值，而65岁以上老年人口比重已超过世界平均值，老龄化问题越发严重。国家第六次人口普查结果表明，我国60岁以上人口为1.78亿人，占总人口数量的13.26%，65岁以上人口为1.19亿人，占总人口数量的8.87%。与2000年第五次人口普查相比，0—14岁人口比重下降了6.29个百分点，60岁及以上人口的比重上升了2.93个百分点，65岁及以上人口的比重上升了1.91个百分点。从我国六次人口普查的数据可以看出（见图1.1），我国0—14岁人口迅速减少，65岁以上人口快速增长。因此，21世纪的中国，将处于一个老龄化问题凸出的时代，老龄化加速的趋势和过高的人口抚养比及其由此引发的一系列问题将成为重大的社会问题。

二 中国老年健康与疾病状况

随着经济的发展、生活水平的提高以及医疗水平的提升，我国国民健康状况得到很大改善，但与发达国家相比，仍然存在较大差距。一方面，我国平均预期寿命迅速提高，从1990年的68岁增长到2017年的76.7岁（见表1.1），平均寿命提高了8.7岁；另一方面，据世界银行统计数据，我国健康人口仅列世界第86位，而发达国家的预期寿命都已经超过80岁，其中，日本的平均预期寿命为84岁。根据世界卫生组织的估计，中国男性和女性的健康期望寿命分别是67岁和69岁，相应损失的健康寿命

第一章 引言

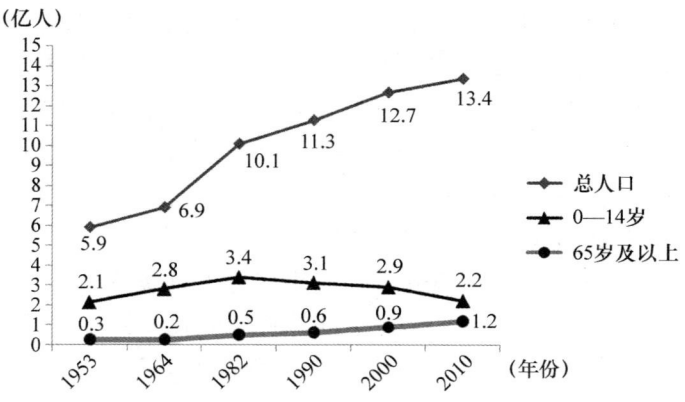

图 1.1　中国六次人口普查变化

男性为 7 岁,女性为 8 岁。[①] 与世界发达国家相比,在国民健康问题上,我国仍有很长的路要走。

表 1.1　　　　中国和世界部分国家的预期寿命和主要疾病

国家	预期寿命（岁）			标化死亡率（1/10 万）（占总百分比）2016 年		
	1990 年	2008 年	2016 年	非传染性疾病	心血管病	恶性肿瘤
中国	68	74	76	89.3	279	143
澳大利亚	77	82	83	89.5	136	126
巴西	65	73	75	73.9	286	133
加拿大	77	81	82	88.3	131	135
德国	75	80	81	91.2	199	135
日本	79	83	84	82.4	103	120
美国	75	78	79	88.3	179	133
韩国	72	80	82	79.8	168	161
法国	77	81	82	87.6	123	154
印度	58	66	69	62.7	382	100
英国	76	80	81	88.8	175	147
俄罗斯	69	68	72	87.4	645	142

数据来源：世界银行数据库。

---

① 参见世界卫生组织《中国老龄化与健康国家评估报告》,2016 年。

中国的疾病谱系开始从传染性疾病向非传染性疾病转移。随着人口老龄化程度加剧，与年龄密切相关的疾病，诸如缺血性心脏病、癌症、脑卒中、关节炎和老年痴呆症等慢性非传染性疾病人口将持续增加。2013年，中国2.02亿老年人口中有超过100万人至少患有一种慢性非传染性疾病。预计到2030年，慢性非传染性疾病的患病率将至少增加40%，大约80%的60岁及以上老年人将死于慢性非传染性疾病。①

在老年人疾病流行率上，随着传染病、寄生虫病等流行性疾病得到有效控制，高血压、糖尿病、心脑血管病等慢性非传染性疾病已成为威胁老年人健康的重要原因。其中，高血压是最普遍的老年疾病，我国60岁以上老年人患高血压疾病的比例高达380.4‰（见图1.2）。另外，骨骼肌肉系统疾病、血管性痴呆、老年性白内障、帕金森病等退行性病变导致的失能残障发生率也在上升。我国老年人慢性疾病患病率呈显著增加趋势，慢性疾病的防治已成为我国老年公共健康领域必须面对的重大问题。

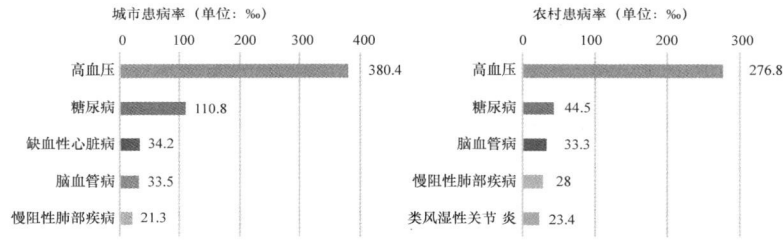

图1.2 中国老年人群患病率最高的慢性病前5名
数据来源：皮书数据库《中国健康城市建设研究报告（2017）》。

在老年人死亡原因方面，中国死因监测数据表明，慢性病占中国老年人群死因的91.2%。脑血管疾病、心脏病、糖尿病、高血压等是造成60岁以上老年人群期望寿命损失的重要原因，同时精神障碍也进入老年人死因的前十位（见图1.3）。在威胁老年人死亡的疾病中，心血管疾病和恶性肿瘤是中国老年人群死亡率最高的疾病（见表1.2和图1.3）。

从心血管病流行情况看，中国老年人群心血管病患病率较高，且随年

---

① 参见世界卫生组织《中国老龄化与健康国家评估报告》，2016年。

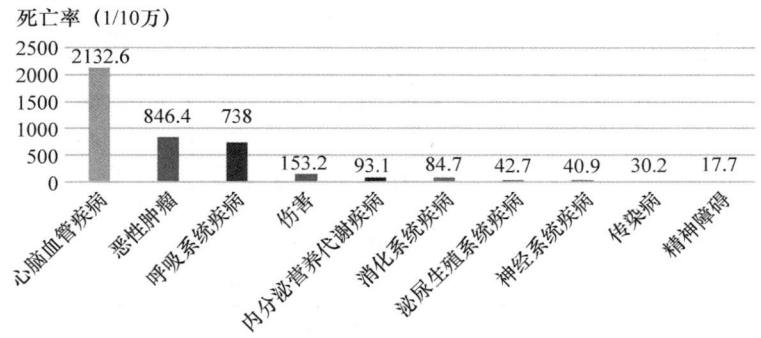

图 1.3 中国老年人群死亡率最高的死因前 10 名

数据来源：皮书数据库《中国健康城市建设研究报告（2017）》。

龄增长患病率显著提升，60 岁左右患病率已高达 39%，[①] 严重影响到老年人的整体健康水平。心血管病死亡率随年龄增长急剧上升，由 1995 年的第四位上升为 2017 年的第一位（见图 1.3）。在老年人恶性肿瘤的死亡率方面，肺癌、肝癌和胃癌是近三十年死亡率最高的三种癌症（见表 1.2）。

表 1.2　　　　　　　　　我国前十位恶性肿瘤死亡率

	1990—1992 年		2004—2005 年		2014—2015 年	
	疾病名称	死亡率（1/10 万）	疾病名称	死亡率（1/10 万）	疾病名称	死亡率（1/10 万）
1	胃癌	25.16	肺癌	30.83	肺癌	41.92
2	肝癌	20.37	肝癌	26.26	肝癌	28.62
3	肺癌	17.54	胃癌	24.71	胃癌	24.19
4	食管癌	17.38	食管癌	15.21	食道癌	14.60
5	结直肠癌	5.30	结直肠癌	7.25	结直肠癌	12.50
6	白血病	3.64	白血病	3.84	胰腺癌	5.20
7	子宫颈癌	1.89	脑瘤	3.13	乳腺癌	5.00
8	鼻咽癌	1.74	乳腺癌	2.90	白血病	4.72

[①] 参见陈伟、李增宁、陈裕明编著《中国中老年健康状况蓝皮书》，中国劳动社会保障出版社 2016 年版。

续表

	1990—1992 年		2004—2005 年		2014—2015 年	
	疾病名称	死亡率(1/10 万)	疾病名称	死亡率(1/10 万)	疾病名称	死亡率(1/10 万)
9	乳腺癌	1.72	胰腺癌	2.62	脑和神经系统癌	4.27
10	骨癌	1.70	前列腺癌	2.72		
总计		108.26		134.80		143.74

资料来源：1990—1992 年、2004—2005 年、2014—2015 年中国恶性肿瘤抽样回顾调查。

随着年龄增长，老年人群不仅慢性病患病率高，而且存在诸多慢性病患病风险。中心性肥胖是诱发心脑血管疾病的重要危险因素，相关数据显示，近 50% 的老年人患有中心性肥胖，亦有超过 40% 的老年人患有高低密度脂蛋白胆固醇血症。此外更加不利的是，在老年人群中，对这些危险因素的知晓率和有效控制率很低。危险因素蓄积，知晓率和有效控制率低下，势必增加老年人患病的风险，慢性病患病率存在上升的可能。

三 中国医疗开支情况

就世界而言，老年人身体活动少而医疗开支大，中国亦然。中国人力资源和社会保障部《2017 年度人力资源和社会保障事业发展统计公报》显示，2017 年基本养老保险基金总支出 4.04 万亿元，比 2016 年增长 18.9%。其中，各级财政补贴基本养老保险基金 8004 亿元，相当于财政总支出的 4%。与此同时，中国老年人医疗卫生支出的压力越来越大，据测算，老年人消费的医疗卫生资源是其他人群的 3—5 倍。2017 年，全国基本医疗保险基金支出达 1.44 万亿元，比上年增长 33.9%，占医疗保险基金总收入的 80.4%。

表 1.3　　　　　　　　　中国居民医保和新农合情况

年份	居民医保			新农合			占大陆总人口比例（%）
	居民医保（亿人）	人均筹资额（元）	个人缴费（元）	新农合人数（亿人）	人均筹资额（元）	个人缴费（元）	
2008	1.18	140	63	8.15	96.25	14.80	70.29

第一章 引言

续表

年份	居民医保			新农合			占大陆总人口比例（%）
	居民医保（亿人）	人均筹资额（元）	个人缴费（元）	新农合人数（亿人）	人均筹资额（元）	个人缴费（元）	
2009	1.82	130	51	8.33	113.37	23.31	76.04
2010	1.95	164	54	8.36	156.50	29.17	76.86
2011	2.21	246	62	8.32	246.21	36.27	78.19
2012	2.72	284	62	8.05	308.66	55.37	79.51
2013	2.96	360	78	8.02	370.63	67.05	80.70
2014	3.14	409	85	7.36	411.04	72.71	76.79
2015	3.77	515	112	6.70	490.00	94.33	76.14

数据来源：《中国卫生统计年鉴（2009—2012）》和《中国卫生和计划生育统计年鉴（2013—2016）》。

随着城镇医疗保险改革和农村合作医疗改革的深入发展，我国医疗保障事业有了很大进步（见表1.3和表1.4）。中国卫生部数据显示，2008—2015年期间，居民医保覆盖人数逐年增加，从1.18亿人增加至3.77亿人；我国新农合覆盖人数从2008年的8.15亿人增加至2010年的8.36亿人，随后逐年下降至2015年的6.70亿人，覆盖人数呈现先增加后下降的趋势，这主要是由于城镇化进程和医保制度改革。农村医疗改革取得了很大进展，但医疗保障事业发展仍然滞后于人口老龄化的发展。然而，由于我国城乡二元结构的制度差异，与城镇医疗保障相比，农村医疗保障无论是在个人支出的数量上还是在医疗服务质量上，仍然存在较大差距（见表1.4）。

表1.4　2008—2015年中国城乡居民医疗保健支出与其收入比较

年份	城镇居民			农民		
	人均医疗保健支出（元）	占人均可支配收入比例（%）	占年人均消费支出比例（%）	人均医疗保健支出（元）	占人均可支配收入比例（%）	占人均消费支出比例（%）
2008	786.2	4.98	6.99	246.0	5.17	6.72
2009	856.4	4.99	6.98	287.5	5.58	7.20
2010	871.8	4.56	6.47	326.0	5.51	7.44

续表

年份	城镇居民			农民		
	人均医疗保健支出（元）	占人均可支配收入比例（%）	占年人均消费支出比例（%）	人均医疗保健支出（元）	占人均可支配收入比例（%）	占年人均消费支出比例（%）
2011	969.0	4.44	6.39	436.8	6.26	8.37
2012	1063.7	4.33	6.38	513.8	6.49	8.70
2013	1136.1	4.21	6.15	668.2	7.51	8.93
2014	1305.6	4.44	6.54	753.9	7.62	8.99
2015	1443.4	4.63	6.75	846.0	7.85	9.17

数据来源：《中国统计年鉴（2009—2016）》。

我国在医疗保险的支出上情况虽有进步，但和日益加速的老龄化相比，形势仍不容乐观。世界上越发达的国家医疗开支占GDP的比重越大，我国GDP已经超过日本成为继美国之后的第二大国，但在医疗卫生开支上远远落后于美国和日本。相对于发达国家而言，我国国民医疗保险的投入远远滞后于经济的发展。在医疗政策保障上，许多发达国家早在20世纪50年代就确立了较为完善的社会医疗保障制度，而且还通过立法来保证其得以实施。发达国家经过多年的发展，已经形成了相当成熟和完善的医疗保障制度与体系。反观我国，在这方面起步较晚，仍有很大的提升空间，加之，我国城乡二元结构的特殊历史国情，城乡居民的医疗保障差异较大，使得医疗保险问题变得更为复杂。

第二节 研究意义

一 理论意义

我国已经步入老龄化社会。随着人口老龄化的发展，老年人寿命逐渐增长，但老年人健康寿命并没有与人口老龄化速度同比增长，老年问题已经成为严峻的社会问题。我国是世界上唯一老年人口过亿的国家，庞大的老年人口始终是影响我国社会经济发展的现实问题。应对老年问题只有关注老年人健康，实现老年人健康寿命的延长，才有可能破解这一社会难题。根据世界卫生组织（WHO）报道，发达国家因缺乏运动引起的死亡率男性达6.0%，女性为6.7%。发展中国家其死亡率高达10%以上。身体活动不足已成为影响全球死亡率的第四大危险因子，每年因缺乏身体锻炼而引发死亡的人数达320万人。就老年人而言，有目的的身体活动，不仅能够增进老年人生理和心理健康，而且能够促进心血管疾病、糖尿病、骨质疏松等老年疾病的防治。体育锻炼能够增进健康已经成为学界共识，然而在我国，疾病的治愈只有通过医疗实现是普遍的社会认知，人们往往忽视了体育锻炼这一最有价值的预防和康复途径。体育锻炼能像药物一样治愈疾病的理念尚没有成为社会的共识。本课题的研究，希望能够为体育锻炼和身体活动促进老年疾病的防治、提高老年人体育锻炼价值的提供科学的依据。

二　现实意义

我国已经进入老龄化社会，老年人问题应当得到重视。截至2019年末，我国60岁及以上老年人口已经达到2.54亿人，占总人口的18.1%，这是一个庞大的群体。从国家层面上看，老年问题已经成为制约我国发展的重大社会问题，需要我们制定相应的老年政策，以保障老年人健康的晚年和社会平稳有序的发展；从个体层面上看，随着年龄增长，50岁以后机体组织加快老化，个人健康问题日益突出。但在研究方面，我国对老年人健康问题，尤其是老年人身体活动的经济价值问题的研究滞后，而老年公共健康研究更为落后。因此，本研究从定量层面，对老年人健康的经济性问题进行研究，以期为我国老年公共健康政策的制定提供科学的数据支持。

我国医疗开支水平逐年增高，老年人的医疗开支在国家医疗开支中占有较大比重，中国约33%的疾病总负担归因于60岁及以上老年人的健康问题。老年人重视体育锻炼，能够提高其健康水平，从而有利于老年人疾病的预防和治疗。老年人有目的的体育锻炼和身体活动不仅能够为国家节省医疗开支，而且能够提高老年人的身体素质和生活质量。澳大利亚2018年8月1日发布国家体育计划，对澳大利亚体育锻炼的重要性做出明确的表述："如果人们还是这样缺乏锻炼，澳大利亚未来十年的医疗和社会成本将增加880亿澳元（约合4433亿元人民币）。"体育锻炼是提高健康水平和预防疾病最经济也是最为有效的手段，体育锻炼不仅能够提升个人生理层面的健康，而且对个人的心理和社会层面的健康也非常重要，是实现幸福老年生活的理想途径。本课题旨在通过对体育锻炼的经济性和体育锻炼对预防疾病的效果进行定量化研究，以期进一步认识老年人身体活动的经济性价值，为个人和国家节省医疗开支提供新的途径和依据，为重视和倡导老年人身体活动提供科学依据。

第二章

研究综述

人口老龄化是经济社会发展的结果，也是当今世界各国普遍面临的重大社会问题。我国的人口老龄化进程与工业化、城镇化和现代化相伴随，与经济转轨、社会转型期的矛盾相交织，将对社会和谐、经济发展带来一系列严峻挑战[1]。本书对城市老年人身体活动经济性收益的研究，需要把握人口老龄化发展现状，厘清其与社会进步、经济发展之间的关系。

第一节 人口老龄化与社会发展研究

人口老龄化与社会发展息息相关。一方面，生产力发展带来的死亡率和出生率下降导致了人口老龄化。[2] 另一方面，人口老龄化影响了社会的方方面面。广义的社会发展是一个广阔而宏观的议题，是指社会在人的实践活动基础上所表现出来的合乎人们主观目的和自主需要，并有着特定方向和一定规律的一种运动变化形式，即人类通过社会活动而获得的社会系统整体性进步或前进。[3] 狭义的社会发展是一个与经济发展、政治发展、军事发展相并列的概念，主要指家庭、社区、国家等狭义国民社会概念诸要素的发展。[4] 周广庆从社会的基本元素（个人）、微观层面（家庭）、中观层面（社区）、宏观层面（全社会）对人口老龄化和社会发展之间的关

---

[1] 参见邬沧萍、杜鹏主编《老龄社会与和谐社会》，中国人口出版社2012年版。
[2] 参见邬沧萍、姜向群《老年学概论》，中国人民大学出版社2015年第3版。
[3] 参见项武生等主编《哲学视阈中的社会发展理论专题研究》，黑龙江人民出版社2009年版。
[4] 参见周广庆《人口老龄化对社会发展和社会建设的影响》，浙江大学出版社2013年版。

系进行了探讨。实际上,大多数国内外学者在其研究中都或多或少地体现了这种多维度的思维逻辑,由此本书依照该逻辑对现有研究成果进行梳理。

一 人口老龄化与社会宏观层面的研究

从宏观层面研究人口老龄化是把握人口老龄化与社会发展之间关系的重要环节,学者从社会宏观层面对人口老龄化问题的研究主要集中在社会资源保障、立法保障和科技文化等方面。

(一)人口老龄化与社会资源和制度保障

1. 国外相关研究

国外学者关注老年人的社会生产价值,这种价值不仅是老年人个人价值的延续,而且也构成了一种可利用的社会资源,并且会影响其他类型社会资源的配置和相应的制度保障建设。Riley[1]认为,机制化的社会结构并不足以满足老年人填补生产岗位的意愿,而且常常和老年人缺乏持续有效接触社会的机会相关联。Robert Neil Butler[2]在其获得普利策奖的 *Why Survive? Being Old in America* 一书中讨论了美国社会老年人面临的因贫穷、社会保障体系失衡、社会隔离而导致的一系列问题,并探讨了全面改革的必要性以及如何制定应对人口老龄化的战略。20世纪80年代以来,学者们对"生产性老龄化"(productive aging)进行了更为集中的探讨。[3] Herzog[4]和Bass[5]等学者认为,尽管进入老年期后人们的劳动能力和欲望都会有所衰退,但实际上还有很多老年人在积极进行社会参与并创造社会价值,不过老年人的这些参与和诉求往往会被忽视。Achenbaum认为应当增加老年人社会福利,并呼吁社会对老年人的社会贡献予以足够的认识和

---

[1] Riley, M. W., Johnson, M. E., Foner, A., *Aging and Society*, Vol. 3: *Asociology of Agestratification*, Russell Sage Foundation, 1972.

[2] Robert, N. B., *Why Survive? Being Old in America*, Harper & Row, 1975.

[3] Kellet, K., "Review of Productive Aging: Concepts and Challenges", *Educational Gerontology*, No. 30, 2004, pp. 711 – 712.

[4] Herzog, A., Morgan, J., "Age and Gender Differences in the Value of Productive Activities", *Research on Aging an international Bimonthly Journal*, No. 2, 1992, pp. 169 – 198.

[5] Bass, S. A., *Older and Active: How Americans over 55 Are Contributing to Society*, 2004.

第二章 研究综述

承认。[1] Angeloni[2] 研究了老年人群的主要需求、工作意愿以及雇用老年人的组织的主要优势，研究结果表明，教育背景在老年人重返工作岗位意愿方面发挥着基础性的作用，具备较高教育水平的人更愿意延长工作。

探讨老年人在哪些领域中发挥社会价值也是社会宏观层面研究人口老龄化的一个重要课题。Reilly 和 Caro[3] 把老年人所能进行的社会性工作分为就业、社会服务、照料看护和教育培训四类，认为这些分散的工作在评估老年人创造社会价值方面并没有得到足够的重视。还有学者尝试对"生产性老龄化"概念做出界定，Morgan[4] 认为，老年人的生产性是指其生产产品或服务的活动，并能减少对其他产品和服务的需求。Herzog[5] 认为，无论是否有偿，老年人进行的任何生产商品和服务的活动都是具有生产性的。Morrowhowell，Hinterlong 和 Sherraden 等学者在《生产性的老龄化：概念与挑战》一书中系统介绍了"生产性老龄化"的概念、发展历史和现状。[6]

然而，老年人除了可以继续投入社会生产、创造社会价值外，也需要得到社会保障，从而形成对社会资源的需求。由于不同年龄群体的公共服务需求类型不同，一类政府公共服务的对象集中于一定年龄段的人群，因此人口老龄化下不断增长的老年人口会使有限的社会资源在配置上产生代际冲突，比如公共养老金项目仅有利于老年人，因此老年人会偏好于公共支出更多地分配到养老金上，而不是更有利于儿童和他们父母的公共教育上。[7] Svallfors[8] 认为，公共资源配置代际冲突并不是对称的，因为年轻人

---

[1] Achenbaum, W. A., "View from Academic", *Aging Network News*, No. 2, 1996, p. 7.

[2] Angeloni, S., Borgonovi, E., "An Aging World and the Challenges for a Model of Sustainable Social Change", *Journal of Management Development*, No. 4, 2016, pp. 464 – 485.

[3] O'Reilly, P., Caro, F. G., "Productive Aging: An Overview of the Literature", *Aging Soc Policy*, No. 3, 1994, pp. 39 – 71.

[4] Morgan, J. N., "Unpaid Productive Activity over the Life Course", *Productive Roles in An Older Society*, 1986.

[5] Herzog, A., Morgan, J., "Age and Gender Differences in the Value of Productive Activities", *Research on Aging an international Bimonthly Journal*, No. 2, 1992, pp. 169 – 198.

[6] Morrowhowell, N., Hinterlong, J., Sherraden, M., *Productive Aging*: Concepts and Challenges, Johns Hopkins University Press, 2001.

[7] 陶东杰：《人口老龄化、代际冲突与公共政策研究》，博士学位论文，华中科技大学，2016 年。

[8] Svallfors, S., "The Generational Contract in Sweden: Age – Specific Attitudes to Age – Related Policies", *Policy & Politics*, No. 3, 2008, pp. 381 – 396.

也处于逐渐变老的过程当中，与老年人相关的公共服务也是年轻人日后所要享受的，社会应当支持老年人相关的公共支出，但老年人不会再变成年轻人，他们不会有动机去支持仅有利于年轻人的公共支出。

关于老龄化背景下社会资源配置的代际冲突，国外学者进行了大量的实证研究。Poterba[①]使用1961年至1991年美国州层面的K-12教育支出数据进行研究发现，生均公共教育支出随着65岁以上人口比重的增加而显著降低，同时非教育的人均公共支出随着65岁以上人口比重的增加而增加。Grab等[②]使用1992—2002年瑞士行政区层面的面板数据进行研究得出了同样的结论。考虑到地区人口结构可能内生于当地的公共支出结构，Figlio[③]使用第二次世界大战后美国城郊的人口流入作为外生人口结构变量进行研究，也验证了"一个学区老年人人口比重对当地公共教育支出有负面影响"的结论。

然而，实证研究也并非完全支持老龄化对代际冲突的正向影响。Ladd和Murray[④]根据1970年、1980年和1990年美国县级层面数据并使用与Poterba同样的计算模型，却没有发现人口老龄化程度与县级生均公共教育支出有显著负相关。Arvate和Zoghbi[⑤]使用1991—2000年巴西2054个市的面板数据的研究发现，由于在巴西与小孩同住老年人的比重高于美国，因而老年人口比重的增加会促进生均公共教育支出，这与美国的研究结论相反。对于这种代际冲突消失现象，一些学者用公共教育支出的正外部性

---

① Poterba, J. M., "Demographic Structure and the Political Economy of Public Education", *Journal of Policy Analysis & Management*, No. 1, 1997, pp. 48 – 66; Poterba, J. M., "Demographic Change Intergenerational Linkages and Public Education", *American Economic Review*, No. 2, 1998, pp. 315 – 320.

② Ueli, G., Wolter, S. C., "Demographic Change and Public Education Spending: A Conflict between Young and Old", *Education Economics*, No. 3, 2006, pp. 277 – 292.

③ Figlio, D. N., Fletcher, D., "Demographic Change and the Consequences for School Finance", *Journal of Public Economics*, No. 11 – 12, 2012, pp. 1144 – 1153.

④ Ladd, H. F., Murray, S. E., "Intergenerational Conflict Reconsidered: County Demographic Structure and the Demand for Public Education", *Economics of Education Review*, No. 4, 2001, pp. 343 – 357.

⑤ Arvate, P. R., Zoghbi, A. C. P., "Intergenerational Conflict and Public Education Expenditure When There Is Co-Residence Between the Elderly and Young", *Economics of Education Review*, No. 6, 2010, pp. 1165 – 1175.

第二章 研究综述

和老年人具备一定程度的"利他主义"进行解释,Brunner 等①的研究显示,公共教育投入的增加会使得学校附近房屋的价值提升从而有利于拥有房屋的老年人。Goerres 等②采用国际调查数据研究发现,经常和子女及孙子女在一起的老年人更加支持对小孩的公共教育。

在老年人权益的制度保障上,国外存在两种立法模式:第一种是没有专门针对老年人的立法,老年人权益保护的条款分散在许多相关立法中,绝大多数国家都采用了这种模式;另外一种是专门针对老年人进行立法保障,采用这种模式的国家大多为发达国家。③ 在美国,1935 年罗斯福新政时期制定了第一部包括老人保险、社会保险、公众扶助、儿童和社会服务的《社会保障法》。1962 年 12 月,美国卫生、教育和福利部部长安东尼·塞勒布雷瑟宣布设立福利署,老龄特别参谋部改名为老龄办公室,成为福利署一部分。1963 年 2 月,美国肯尼迪总统成为第一个向国会递交关于老年问题特别咨文——《关于援助老年人的特别咨文》的总统。1965 年,《美国老年人法》高票通过,该法律列举了为保障老年人的幸福所制定的十项国家战略目标。德国是世界上最早制定社会保障法的国家,1881 年,"铁血宰相"俾斯麦谏言威廉一世,颁布德国历史上第一部社会保障法案,使德国劳工因可能遭受的疾病、意外事故、人身安全和老年困境等社会生活风险可以享受国家保障。1930 年,德国 65 岁以上人口占社会总人口数量的比例达到 7%,率先进入老龄化社会,在老龄化浪潮下德国各届政府谋划布局,着手建立健全完备的社会保障制度。《德国社会保障法典》12 卷中,从社会保险法总章,到法定医疗保险法、法定养老保险法、社会护理保险与社会救济,涉及老人权益的有 5 卷之多。在亚洲的老年人权益保障实践中,日本先后出台 1959 年《国民年金法》、1963 年《老人福利法》、1982 年《老人保健法》与 2000 年《护理保险法》等四部老人权益保障基本法,这些法律从经济收入、社会福利、医疗保健、生活护理等方面保障老人基本权益。新加坡国会则于 1995 年通过《赡养父母法

---

① Brunner, E., Balsdon, E., "Intergenerational Conflict and the Political Economy of School Spending", *Journal of Urban Economics*, No. 2, 2004, pp. 369–388.
② Goerres, A., "The Grey Vote: Determinants of Older Voters' Party Choice in Britain and West Germany", *Electoral Studies*, No. 2, 2008, pp. 285–304.
③ 参见姜华《美国与中国老年人保障制度的比较》,《社会福利》(理论版)2013 年第 7 期。

令》,成为世界上第一个为"赡养父母"立法的国家。①

2. 国内相关研究

在国内,学者们分析了老年人口增加对社会资源和社会保障形成的需求和压力。周广庆②从社会养老保障、医疗保障和老年福利保障三个方面进行研究,指出人口老龄化对养老保障机制带来了极大的挑战,以老年人为保障对象的养老金负担不断加重,医疗保险费用增加且向老年人倾斜催生了对老年福利事业的巨大需求。张彭③认为,我国计划生育政策的实施和低生育率导致年轻人口比重偏小而老年人口却在不断增加,致使养老资金必然出现不足。另外人口老龄化对我国养老保障制度的影响还体现在我国人口退休年龄普遍较低上,这一方面浪费了劳动资源,一方面造成养老负担。在此基础上,苏春红④、张松⑤和曾旭⑥等学者进行了老龄化背景下构建社会养老保障体系的研究,认为不同年龄段人群公共服务需求类型的差异可能导致公共资源配置的代际冲突,人口老龄化趋势会加剧这种冲突。陶东杰等⑦利用CGSS微观数据和2001—2010年省级面板数据,从主客观两个角度研究了人口老龄化对公共教育支出的影响,结果表明,中国存在公共资源配置代际冲突且这与中国特殊的老龄化进程有关。黄成礼等⑧分析发现,在人口老龄化的趋势下未来医疗资源将有近50%用于老年人口,这种变化是对有限的医疗资源在配置选择上的一大挑战。在对代际利益冲突的认识上,邬沧萍等⑨认为要正确认识两代人之间的利益关系,因为在职人员的教育、生产技能和生活资料获取离不开上一代人的工作,

---

① 俞飞:《域外如何保障老年人权益》(2013年7月13日),http://epaper.bjnews.com.cn/html/2013-07/13/content_448359.htm?div=-1,2018年9月15日。

② 参见周广庆《人口老龄化对社会发展和社会建设的影响》,浙江大学出版社2013年版。

③ 参见张彭《我国人口老龄化与社会发展的思考》,博士学位论文,山西师范大学,2016年。

④ 参见苏春红《人口老龄化的经济效应与中国养老保险制度选择》,博士学位论文,山东大学,2010年。

⑤ 参见张松《中国人口老龄化背景下的养老保险研究》,博士学位论文,吉林大学,2009年。

⑥ 参见曾旭《基于人口老龄化背景下的社会保障研究》,《特区经济》2011年第1期。

⑦ 参见陶东杰、张克中《人口老龄化、代际冲突与公共教育支出》,《教育与经济》2015年第2期。

⑧ 参见黄成礼、庞丽华《人口老龄化对医疗资源配置的影响分析》,《人口与发展》2011年第2期。

⑨ 参见邬沧萍、杜鹏《老龄社会与和谐社会》,中国人口出版社2012年版。

老年人所得是社会对老年人赡养责任的体现,对老年人的分配具有社会合理性。

有研究聚焦于人口老龄化和城镇化双重叠加作用下,城乡社会保障差异和农村老年人口的社会保障上。郭锋[①]认为,我国社会保障起步较晚,工业化和城镇化的发展导致城市老年人口增加,对现行的城镇职工社会保障框架形成较大冲击,而农村老年人口则普遍缺乏养老、医疗、照料服务等基本社会保障。杨清哲[②]认为应借助政府和社会的力量构建融合传统和现代养老方式优势的农村新型养老保障体系,并遵循政府与社会力量相结合、家庭养老与社会养老相结合、自助与互助相结合及生活服务与精神服务相结合的原则。霍志刚[③]以吉林省老年人基本生活状况抽样调查和吉林省针对农村老年人生活状况的入户问卷调查结果为基础,研究了吉林省农村人口老龄化和养老保障问题,发现吉林省人口老龄化发展速度快、比例高、与经济水平不一致,农村养老保障制度尚不完善。李辉[④]对长春市老年社会福利保障情况、城乡养老保险制度改革和特殊老年群体等问题进行分析,提出健全与完善长春市城乡养老保障体制的对策建议。

人口老龄化与社会资源配置的评价也是学者关注的问题,一些研究对人口老龄化趋势下的社会资源和配置问题持乐观态度。李楠等[⑤]通过实证研究方法探讨人口老龄化和资源环境的关系,发现在控制其他变量后,1995—2007年间我国人口老龄化对碳排放具有抑制作用。李志宏也认为,我国人口已经在酝酿负增长惯性,预计在2025—2030年期间我国人口增长达到峰值后转入负增长,届时将呈现人口负增长和人口老龄化相叠加的态势,人口数量对资源、环境的压力将得到减轻。[⑥] 蔡昉认为,我国还有

---

① 参见郭锋《人口老龄化与社会发展关系研究》,博士学位论文,山东大学,2006年。
② 参见杨清哲《人口老龄化背景下中国农村老年人养老保障问题研究》,博士学位论文,吉林大学,2013年。
③ 参见霍志刚《吉林省农村人口老龄化和养老保障研究》,博士学位论文,吉林大学,2012年。
④ 参见李辉《长春市城乡人口老龄化与老年社会保障问题研究》,《人口学刊》2006年第4期。
⑤ 参见李楠等《中国人口结构对碳排放量影响研究》,《中国人口·资源与环境》2011年第6期。
⑥ 参见李志宏《人口老龄化对我国经济社会发展的正面效应分析》,《老龄科学研究》2013年第7期。

机会获得"第二次人口红利",即在人口结构趋于老龄化的情况下,健康老年人的经验、技能等人力资本可以扩大人力资源的供给,从而延长人口红利。[①]

就国家而言,人口老龄化改变了社会的人口年龄结构,由此改变了各个年龄段群体之间的社会关系,并对制度建设产生影响,主要表现为负责老龄工作的政府机构及其职能的健全,以及老年人权益保障政策法规的完善。老年人的合法权益包括政治权利、人身自由权利、受赡养扶助权利、财产权利、劳动权利、婚姻自由权利、继承权利、房产权利,以及从国家获得物质帮助权利九大类别。在法规方面,对老年人权益保障的方式包括制定宪法和法律、行政法规和法规性文件、部门规章以及政策性文件。[②] 周广庆总结了政府在解决老年问题方面的四个基本职能,即建立制度和规范、组织协调、兴办和支持、舆论引导和教育宣传。[③] 郅玉玲认为需要从人口老龄化和人口发展战略、城乡建设发展战略、社会保障体系建设、养老服务体系建设、老年人工作体系建设等几个方面进行制度建设。[④]

在国家层面,为了应对我国人口老龄化发展,1999年10月全国老龄工作委员会在北京成立。作为国务院主管全国老龄工作的议事协调机构,全国老龄工作委员会负责研究和制定老龄事业发展战略及重大政策,协调和推动有关部门实施老龄事业发展规划;协调和推动有关部门做好维护老年人权益的保障工作;协调和推动有关部门加强对老龄工作的宏观指导和综合管理,推动开展有利于老年人身心健康的各种活动。为了加强人口老龄化应对工作,将其纳入法治化轨道,国家还出台了一系列法律法规政策。1994年12月,国家计委、民政部等部门联合制定了《中国老龄工作七年发展纲要(1994—2000年)》,将老龄事业视为我国社会主义事业的重要组成部分。[⑤] 1996年8月29日第八届全国人民代表大会常务委员会第

---

① 参见蔡昉《未来的人口红利——中国经济增长源泉的开拓》,《中国人口科学》2009年第1期。
② 参见周广庆《人口老龄化对社会发展和社会建设的影响》,浙江大学出版社2013年版。
③ 参见周广庆《人口老龄化对社会发展和社会建设的影响》,浙江大学出版社2013年版。
④ 参见郅玉玲《和谐社会语境下的老龄问题研究》,浙江大学出版社2011年版。
⑤ 《国家计委、民政部、劳动部、人事部、卫生部、财政部、国家教委、全国总工会、全国妇联、全国老龄委关于印发〈中国老龄工作七年发展纲要(1994——2000年)〉的通知》(1994年12月14日), http://www.chinalawedu.com/falvfagui/fg21752/31216.html, 2018年9月15日。

第二章 研究综述

二十一次会议通过了《中华人民共和国老年人权益保障法》以保障老年人合法权益,发展老龄事业,弘扬中华民族敬老、养老、助老的美德,该法律分别于 2012 年和 2015 年被两次修正。① 2000 年,中共中央、国务院出台了《关于加强老龄工作的决定》,提出"老龄问题涉及政治、经济、文化和社会生活等诸多领域,是关系国计民生和国家长治久安的一个重大社会问题;全党全社会必须从改革、发展、稳定的大局出发,高度重视和切实加强老龄工作"。② 2001 年,国务院印发《中国老龄事业发展"十五"计划纲要》,要求加快发展老龄事业,重点解决老龄事业发展中的突出问题,落实"老有所养、老有所医、老有所教、老有所学、老有所为、老有所乐"。③ 2006 年,中共中央、国务院在《关于全面加强人口和计划生育工作统筹解决人口问题的决定》中,提出积极应对人口老龄化的战略思维,"要变消极参与为积极参与,不把沉重的、满足老年人需要的压力推给子孙后代,要创造出一条中国特色的应对人口老龄化的道路",明确了应对人口老龄化的政策框架。④ 同年全国老龄委发布《中国老龄事业发展"十一五"规划》,提出了"十一五"期间我国在养老保障、医疗保障、社会救助等老年社会保障方面的工作要求,以及老龄事业基础设施建设、老年产业、老年精神文化生活等方面所要实现的目标和任务。⑤ 2007 年,党的十七大报告强调了"老有所养",提出要促进"基本养老保险制度改革,探索建立农村养老保险制度"。⑥ 此外,国家在 2005 年至 2007 年先后出台了《关于加快发展养老服务业的意见》《关于加强基层老龄工作的意

---

① 《中华人民共和国老年人权益保障法(2015 年修正)》(2016 年 6 月 2 日),http://www.cncaprc.gov.cn/contents/12/174717.html,2018 年 9 月 15 日。
② 《中共中央国务院关于加强老龄工作的决定》(2000 年 8 月 1 日),http://www.nhfpc.gov.cn/jtfzs/s3581c/201307/e9f0bbfea6c742ec9b832e2021a02eac.shtml,2018 年 9 月 15 日。
③ 《国务院关于印发中国老龄事业发展"十五"计划纲要的通知》(2001 年 7 月 22 日),http://www.gov.cn/zhengce/content/2016-09/23/content_ 5111148.html,2018 年 9 月 15 日。
④ 《中共中央国务院关于全面加强人口和计划生育工作统筹解决人口问题的决定》简介(2007 年 7 月 9 日),http://www.gov.cn/zhengce/content/2016-09/23/content_ 5111148.html,2018 年 9 月 15 日。
⑤ 《中国老龄事业发展"十一五"规划》(2006 年 9 月 28 日),http://www.gov.cn/fwxx/wy/2006-09/28/content_ 401421.html,2018 年 9 月 15 日。
⑥ 胡锦涛:《高举中国特色社会主义伟大旗帜 为夺取全面建设小康社会新胜利而奋斗——在中国共产党第十七次全国代表大会上的报告》(2007 年 10 月 15 日),人民出版社 2007 年版,第 45 页。

见》《关于加强老年人优待工作的意见》《关于加快推进居家养老服务的意见》等文件，大力发展养老服务业，保障老年人参与社会发展等本权利，老龄政策法规体系的建立为老龄事业的发展提供了制度上的可靠保证。[1] 2011年，国务院印发《中国老龄事业发展"十二五"计划纲要的通知》，要求："建立健全老龄战略规划体系、社会养老保障体系、老年健康支持体系、老龄服务体系、老年宜居环境体系和老年群众工作体系，服务经济社会改革发展大局，努力实现老有所养、老有所医、老有所教、老有所学、老有所为、老有所乐的工作目标，让广大老年人共享改革发展成果。"[2] 2012年，党的十八大报告指出："要积极应对人口老龄化，大力发展老龄服务事业和产业。"[3] 2013年，全国老龄办多部门共同下发《关于进一步加强老年人优待工作的意见》，要求"政府和社会在做好公民社会保障和基本公共服务的基础上，在医、食、住、用、行、娱等方面，积极为老年人提供各种形式的经济补贴、优先优惠和便利服务"。[4] 同时，在2012年至2016年，国家还先后出台了《关于鼓励民间资本进入养老服务领域的实施意见》《关于加快发展养老服务业的若干意见》《关于促进健康服务业发展的若干意见》《关于加强养老服务设施规划建设工作的通知》《中国保监会关于开展老年人住房反向抵押养老保险试点的指导意见》《关于加快推进健康与养老服务工程建设的通知》《关于鼓励民间资本参与养老服务业发展的指导意见》《关于推进医疗卫生与养老服务相结合的指导意见》《城乡居民基本养老保险服务规范》《关于金融支持养老服务业加快发展的指导意见》《关于做好医养结合服务机构许可工作的通知》等。[5] 2016年5月27日，中共中央政治局召开会议对我国人口老龄化的形势和

---

[1] 《尊重老年人尊重历史——我国老龄事业蓬勃发展纪实》（2009年10月26日），http://www.gov.cn/jrzg/2009-10/26/content_1448823.htm，2018年9月15日。

[2] 《国务院关于印发中国老龄事业发展"十二五"规划的通知》（2011年9月23日），http://www.gov.cn/zwgk/2011-09/23/content_1954782.htm，2018年9月15日。

[3] 胡锦涛：《坚定不移沿着中国特色社会主义道路前进 为全面建成小康社会而奋斗——在中国共产党第十八次全办代表大会上的报告》（2012年11月9日），人民出版社2012年版，第37页。

[4] 《全国老龄办等24部门关于进一步加强老年人优待工作的意见》（2013年12月31日），http://www.moh.gov.cn/jtfzs/s3581c/201403/8b59c6972879436d86214ad87f52886d.html，2018年9月15日。

[5] 《2016年中国养老相关政策分析及人口老龄化发展规模预测》（2016年5月24日），http://www.chyxx.com/industry/201605/419098.html，2018年9月15日。

对策进行集体学习,习近平总书记在会上强调:"要坚持应对人口老龄化和促进经济社会发展相结合,坚持满足老年人需求和解决人口老龄化问题相结合,努力挖掘人口老龄化给国家发展带来的活力和机遇,努力满足老年人日益增长的物质文化需求,推动老龄事业全面协调可持续发展。"[①] 2017年1月25日,国务院印发《国家人口发展规划(2016—2030年)》,这是指导全国人口发展的纲领性文件,规划指出中国将实施积极的人口老龄化应对政策,防范和化解人口老龄化对经济增长的不利影响,一方面将加强社会保障制度建设,另一方面进一步完善养老服务体系。[②] 同年,国务院印发《"十三五"国家老龄事业发展和养老体系建设规划》,指出:"要着力加强全社会积极应对人口老龄化的各方面工作,着力完善老龄政策制度,着力加强老年人民生保障和服务供给,着力发挥老年人积极作用,着力改善老龄事业发展和养老体系建设支撑条件,确保全体老年人共享全面建成小康社会新成果。"[③] 2017年,党的十九大报告提出"积极应对人口老龄化,构建养老、孝老、敬老政策体系和社会环境,推进医养结合,加快老龄事业和产业发展"的要求。[④] 国家一系列政策法规和规划决定的出台,为切实应对人口老龄化问题和解决老年人养老问题提供了政策依据。

(二)人口老龄化与科技文化

人口老龄化与科技文化相关的研究主要集中在两个方面。一方面,人口老龄化导致了研究老年相关问题的老年学学科的产生和发展,另一方面,一些学者从老年人才和社会科技创新的角度进行研究。

1. 国外相关研究

相较于国内,国外的老年学学科发展历史相对悠久,学者关于人口老龄化的研究伴随着其社会人口老龄化纵深发展的现实情况逐步深入。国外学者很早就从社会发展的角度研究衰老这一问题,且研究视角逐渐由个人

[①] 《习近平:推动老龄事业全面协调可持续发展》(2016年5月28日),http://www.xinhuanet.com//politics/2016-05/28/c_1118948763.htm,2018年9月15日。

[②] 《国务院关于印发国家人口发展规划(2016—2030年)的通知》(2017年1月25日),http://www.gov.cn/zhengce/content/2017-01/25/content_5163309.htm,2018年9月15日。

[③] 《国务院印发〈"十三五"国家老龄事业发展和养老体系建设规划〉》(2017年3月6日),http://www.gov.cn/xinwen/2017-03/06/content_5174100.htm,2018年9月15日。

[④] 习近平:《决胜全面建成小康社会 夺取新时代中国特色社会主义伟大胜利——在中国共产党第十九次全国代表大会上的报告》(2017年10月18日),人民出版社2017年版,第48页。

放大到群体乃至社会。19 世纪比利时人 L. A. Quetelet 在统计学著作中谈到人的智慧时，第一次将个人的老龄化和社会问题相联系。随后 F. Galton 研究了年龄和能力的关系，Pearl 研究了人的寿命等问题。1935 年美国通过了《社会保障法案》，标志着从人类群体、从社会角度研究老年人和人口老龄化已经成为一种客观需要。

随后关于人口老龄化和社会发展的研究逐渐学科化。J. Landies 的研究《艾奥瓦州农村老年人的态度和调试》和 Simmons 的研究《老年人在原始社会里的角色》是最早从社会科学角度研究老年人的代表作。1956 年法国国立人口所代联合国执笔的《人口老龄化及其对经济社会的影响》是最早一本系统研究世界人口老龄化的著作，而《社会老年学手册——从社会的角度研究老龄化》标志着社会老年学的诞生。

世界老龄问题大会也推进了从社会层面对老年人和人口老龄化问题的关注。1982 年第一次老龄问题世界大会在维也纳召开，通过了《1982 维也纳老龄问题行动计划》，第一次明确老龄问题应该包括人道主义和发展两个方面，并研究了老年人的发展问题。2002 年在马德里召开第二次老龄问题世界大会，通过了《政治宣言》，将老年人与发展、提高老龄健康与福祉和确保有力的支柱性环境作为优先采取的行动。

一些与人口老龄化及社会相关的研究理论也陆续被提出。Cumming 和 Herry 提出脱离理论，认为老年人逐渐衰老、活动减少，导致其从社会生活中脱离出来，这既有利于老年人的晚年生活，也有利于社会的新陈代谢。活动理论来源于 Havighurst 对美国堪萨斯城的 300 个年龄在 50—90 岁的老年人进行的定期谈话分析，他认为老年人应该积极参与社会，只有参与才能使老年人重新认识自我，保持生命的活力。由于强调活动、参与和社会认同，我国的"老有所用"理论是活动理论在中国的具体运用和升华。美国 Richard 等三位学者提出连续性理论，用个性研究解决老年人晚年生活的差异性，认为人们中年期的生活方式会延续影响到老年期。美国学者 Rose 提出老年亚文化群理论旨在解释老年群体的共同特征，认为老年亚文化群是老年人重新融入社会的最好方式。Riley 和 Foner 以社会学创立的角色、地位、规范和社会化概念为基础分析了年龄群体的地位和在特定社会背景下年龄的含义，提出年龄分层理论。此外相互作用理论探讨了环境、个体及其相互作用对人口老龄化的影响，角色理论解释了个体如何通

第二章 研究综述

过转换社会角色适应衰老。①

国外学者关于老龄化的研究伴随着其社会人口老龄化发展程度而逐步深入。随着人口结构的转变，老年人口越来越多，老年问题的社会性逐渐显现，与其相关的学科也随之产生和发展，并产生了理论成果。除了应人口老龄化趋势而直接诞生和发展的老年学学科外，学者们也探讨了老龄化和科技进步之间的关系。一些研究显示了消极的结果，认为老年人在技术学习和运用方面处于劣势。比如，早期 Lehman② 的研究就认为发明创造力的顶峰是 35 岁到 39 岁，这个年龄段是发明家生产力的巅峰，年轻人和中年人最具有创新能力。Prskawetz 等③研究了采用新技术的比例，发现中老年人口占比高的国家采用前沿技术的比例低，老年人口过多并不利于先进技术的普及。Skirbekk④ 通过分析雇主的评价和员工数据，发现老年人的工作表现相对年轻人呈较低水平，因为加速的技术进步使工作经验的重要性有所下降，特别是当学习速度对解决问题很重要时，老年人生产能力降低的现象尤其强烈。总之，这些研究认为老年人在科技进步、技术创新和运用上都不如年轻人，进而在促进生产量增加方面常常带来负面影响。

而另外一些学者采用了不同的研究视角和方法，认为老年人口对科技进步、技术创新没有过多负面的影响。比如 Göbel⑤ 使用了具有代表性的雇主—雇员面板数据来衡量企业年龄结构变化对科技应用和生产率的影响，发现由于体力的重要性和技能缺陷补偿的可能性在不同社会部门之间存在差异，因此人口老龄化趋势对不同行业的影响具有差别。MarquiÃ⑥ 采用了对照实验，发现高龄员工更加自信且更不容易低估自己，他们可能有低估自己在计算机方面能力的倾向，但却不会对自己的总体能力评价较低。

---

① 参见［美］戴维·L. 德克尔《老年社会学》，沈健译，天津人民出版社 1986 年版。
② Lehman, H. C., "The Most Creative Years of Engineers and Other Technologists", *Journal of Genetic Psychology*, Vol. 108, No. 2, 1966, p. 263.
③ Prskawetz, A., Lindh, T., *The Impact of Population Ageing on Innovation and Productivity Growth in Europe*, 2006.
④ Skirbekk, V., "Age and Individual Productivity", *Vienna Yearbook of Population Research*, 2004.
⑤ Göbel, C., Zwick, T., "Age and Productivity: Sector Differences?", *Center for European Economic Research*, 2012, pp. 35 – 57.
⑥ MarquiÃ, J. C., Jourdan - Boddaert, L., Huet, N., "Do Older Adults Underestimate Their Actual Computer Knowledge?" *Behaviour & information Technology*, Vol. 21, No. 4, 2002, pp. 273 – 280.

Frosch 等[1]利用区域知识生产函数来解释德国地区的专利活动,他们研究发现年龄较大者的经验存量具有积极的影响。

总体而言,学者们采用不同的研究范式在一定范围内对人口老龄化和科技进步之间关系进行了研究,认为人口老龄化对科技创新存在影响,但这种影响有一定的时间和范围限制,其影响程度也有大小之分。

2. 国内相关研究

在老年人才方面,正如前文所梳理的,国内最初关于老年人社会价值的研究主要围绕老年知识人才这一特定群体而展开。老年人的政治与思想优势、经验与智慧优势、资历与声望优势以及社会资源优势使得老年人才是民族生存竞争中的重要人才资源,但"数字鸿沟"现象也使得他们存在知识老化的问题。

老年人才是人才资源的重要组成部分。在我国老龄化社会到来的形势下,充分认识老年人才资源的作用具有战略性意义,因此很多学者研究了人口老龄化背景下老年人才资源开发的意义、问题及解决路径。张存才等[2]结合南京市老年人才资源的规模、实力以及开发利用的情况分析了老年人才在开发过程中面临的家庭、社区、政府和社会等角度的问题并提出了对策和建议。赵建慧等[3]从优化老年人才培养机制、建立和完善老年人才信息库以及发展适合老年人就业的老龄产业等三个方面对我国老年人力资源开发前景进行了展望。任罗生[4]分析认为老年人才资源开发中主要存在着开发程度低、发展不平衡、政策法规不配套、人才市场机制不完善、缺乏统一的组织领导等问题。方志[5]进行了生产性老龄化视角下的中国老年人才开发的研究,采用 logit 回归方法对老年人才开发的影响因素进行分析,认为老年人才开发机制应基于国家与地区、组织、家庭与社区、个体

---

[1] Frosch, K., Tivig, T., "Human Capital and the Geography of Innovation", *Labour Markets and Demographic Change*, 2009, pp. 137–146.

[2] 参见张存才等《老年人才资源开发利用的调查研究》,《科技与经济》2005 年第 5 期。

[3] 参见赵建慧、刘晓旭《中国老年人力资源开发的思考》,《内蒙古科技与经济》2013 年第 2 期。

[4] 参见任罗生《我国老年人才资源开发研究》,硕士学位论文,国防科学技术大学,2008 年。

[5] 参见方志《生产性老龄化视角下的中国老年人才开发研究》,博士学位论文,首都经贸大学,2017 年。姚东旻等《老龄化如何影响科技创新》,《世界经济》2017 年第 4 期。

四个层次的开发主体,针对老年显人才和老年潜人才两类对象。蔡玫珠[①]结合上海市人口普查数据和统计年鉴,探索上海市柔性退休政策背景下老年人才资源开发的路径。赵莹等[②]认为老年人才资源开发与科学发展观的内涵之间有着内在的关联性。丁梦茹等[③]提出了老年人才在物质、科教、文化等方面发挥作用的主要途径。

而在人口老龄化和科技创新进步之间的关系上,学者们的观点存在较大分歧。多数学者认为人口老龄化对科技创新的作用是消极的。姚东旻等[④]基于2003—2012年的中国省际面板数据,采用动态面板模型和系统GMM方法考察了老龄化对人力资本积累以及科技创新的影响,得到了显著负影响的结果。郭瑞东等[⑤]使用DEA-Malmquist指数法对中国31个省份的全要素生产率及其分解因素进行测算并基于省级面板数据对人口老龄化对全要素生产率的影响效应进行实证检验,发现人口老龄化对技术进步形成了阻碍。闫钟[⑥]从年龄结构对知识创新能力方面的影响来分析,认为老年人知识结构陈旧、创新能力不足。康建英[⑦]从劳动力对技术的追赶方面研究发现,老年劳动力对技术的追赶效应不足,人力资本对经济发展的贡献存在着阈值效应。向志强[⑧]认为高龄员工由于先前累积的人力资本存量几乎完全消耗,又不能及时有效地吸收新知识弥补欠缺,因而很难跟上技术进步的速度。

也有学者从更为辩证的角度,在进行短期和中长期的比较以及正负效应两方面的权衡后持中立甚至积极的态度。杨杰等[⑨]认为就现阶段来看,

---

[①] 参见蔡玫珠《上海市柔性退休政策背景下老年人才资源开发路径研究》,博士学位论文,上海工程技术大学,2014年。

[②] 参见赵莹、吴长春《论老年人才资源开发在落实科学发展观中的作用》,《东北师大学报》(哲学社会科学版)2014年第6期。

[③] 参见丁梦茹等《知识经济时代老年人才资源的开发对策研究》,《市场论坛》2013年第5期。

[④] 参见姚东旻等《老龄化如何影响科技创新》,《世界经济》2017年第4期。

[⑤] 参见郭瑞东、赵令锐《人口老龄化对技术进步的影响》,《河北大学学报》(哲学社会科学版)2017年第3期。

[⑥] 参见闫钟《人口老龄化与科技进步》,《山西科技》2000年第4期。

[⑦] 参见康建英《我国人口年龄结构变化对综合要素生产率和技术进步的影响》,《科技管理研究》2010年第3期。

[⑧] 参见向志强《人力资本生命周期与教育需求》,《经济评论》2003年第2期。

[⑨] 参见杨杰、罗云《中国人口老龄化、技术创新与经济增长的动态影响分析》,《科技与经济》2015年第28期。

中国的人口老龄化进程并没有显著地影响我国的技术创新。袁传攀等[1]从企业创新需求来分析,认为人口老龄化可能会促使企业积极创新以适应老龄化社会。田雪原[2]认为人口老龄化与科技进步、经济社会发展都是同时推进的,没有出现"科技越进步,经济社会越落后;老龄化程度越高,科技和经济社会发展越落后"这样的相悖情况。周广庆从老龄化对科技进步双重作用的大小对比分析角度,认为人口老龄化对科技进步的促进大于阻碍作用。[3]

值得一提的是,学者们在人口年龄结构老化对中国技术进步影响的研究中运用了很多实证研究方法,但是由于采用的数据和指标不同,得到的研究结论也不尽相同,因此未来究竟采用何种数据指标更为科学合理值得进一步探索。

二 人口老龄化与社会中观层面的研究

有关人口老龄化与社会发展中观层面的研究主要集中在老龄化与社区之间的关系上。社区是社会学中的重要概念,"现代社会学的一个趋势就是社区研究,也称作社会分析"。[4] 社会学将社区定义为"区域性的社会"[5],它由地域、人口、结构、区位、文化五大要素构成。学者们对于老龄化与社区的研究主要围绕老龄化背景下的社区规划和老年人社区生活这两个方面展开。

(一) 人口老龄化与社区规划研究

1. 国外相关研究

第二次世界大战结束后,西方国家为解决战争造成的住房短缺问题,规划建设福利性住房以满足大量无房户的需要,而住宅短缺和家庭核心化倾向也使老年人居住问题成为城市面临的重要社会问题,在此背景下 Ladimer[6] 和 Mountin[7] 等进行了关于老年住宅及社区健康设施的研究。同时,

---

[1] 参见袁传攀、湛文倩《人口老龄化对企业发展的影响》,《经营与管理》2011 年第 6 期。
[2] 参见田雪原《从"人口盈利"到"人口亏损"》,《浙江日报》2005 年 11 月 21 日。
[3] 参见周广庆《人口老龄化对社会发展和社会建设的影响》,浙江大学出版社 2013 年版。
[4] 参见费孝通《乡土中国》,北京出版社 2016 年版。
[5] 参见何肇发主编《社区概论》,中山大学出版社 1991 年版。
[6] Ladimer, I., "Housing and Health Facilities for our Senior Citizens", *Public Health Reports*, No. 12, 1952, p. 1196.
[7] Mountin, J. W., "Community Health Services for an Aging Population", *Public Health Reports*, No. 10, 1952, p. 949.

第二章 研究综述

西方国家大量的老年住宅也开始建设，并陆续出台了系列相关法规以建立健全老年住房保障的法律体系，如1951年英国出台的世界上第一部关于老年住房的专门规范《特殊用途住宅》，1957年荷兰发布的《地方政府建造老人居住性住宅规定》，1964年瑞典颁布的《老年人特殊规范》等。

国外老年人社区规划研究主要集中在退休社区和普通社区这两类住宅上。20世纪50年代美国退休社区处于扩散阶段，关于退休社区的研究大量出现，如Hoyt[1]对美国佛罗里达州的Bradenton拖车公园社区194个受访者调研发现，老年人更希望居住在以退休居民为主体的社区。Hamovitch[2]对美国加利福尼亚州"休闲世界"退休社区调研发现，四分之三的居民对搬进退休社区感到满意。退休社区在发展过程中形成了不同的类型，Marans等学者[3]认为大致可以根据社区规模、居民构成、服务水平和社区开发性质等四个主要特征将退休社区分为退休新镇、退休村、退休营地、退休住宅和持续照顾退休中心等五类。而在城市老年居住模式类型的研究中，越来越多的学者研究发现城市老年人更愿意选择居住在自己家里或者熟悉的社区环境里。Quinn[4]在2008年的研究发现，美国有90%的60岁以上老年人愿意住在自己的社区里，因为这里有熟悉的社会关系网络，尽管可能会面对社区设施的破旧、安全系数的降低等状况。Wagner等[5]对加拿大55岁以上老年人进行研究，结果也表明老年人更希望居住在自己家里养老。

为了应对全球人口老龄化趋势的挑战，世界卫生组织推广老年人友好型社区建设以促进积极老龄化的发展。Liebig[6]研究认为，老年友好社区的

---

[1] Hoyt, G. C., "The Process and Problems of Retirement", *Journal of Business*, No. 2, 1954, pp. 164-168.

[2] Hamovitch, M. B., Peterson, J. E., "Housing Needs and Satisfactions of the Elderly", *Gerontologist*, No. 1, 1969, p. 30.

[3] Marans, R., Hunt, M., Vakalo, K., "Retirement Communities", *Elderly People and the Environment*, Springer U. S., 1984, pp. 57-93.

[4] Quinn, A., "Healthy Aging in Cities", *Journal of Urban Health - Bulletin of the New York Academy of Medicine*, 2008, No. 2, pp. 151-153.

[5] Wagner, S., Shubair, M., "Surveying Older Adults Opinions on Housing: Recommendations for Policy", *Social indicators Research*, No. 3, 2010, pp. 405-412.

[6] Liebig, P., "Creating Elder-Friendly Communities", *Journal of Gerontological Social Work*, No. 1-2, 2007, pp. 1-18.

建设内容主要包括住房、健康护理、安全、交通和社区参与机会等方面；Levasseur[1]认为社区的自然和社会环境、服务与结构都应设计成对老年人友好的并能帮助所有老年人安全生活、享有良好的健康并保持其对社区的参与，因此归纳了老年友好型社区的关键组成因素并研究了这些因素在促进老年人健康与参与方面的作用。也有一些研究分析了老年友好型社区在建设过程中的阻碍和问题，Phillipson研究发现，不断增长的老年人对公共产品的需求与私有开发商将公共产品商品化之间的矛盾日益明显，老年人难以适应社区环境变化和发展的复杂性，快速城市化下社会环境恶化对老年人身体和居住环境的影响是阻碍社区环境变得对老年人更加友好的不利因素。

作为对世界卫生组织建设老年人友好型社区呼吁的响应，一些研究从城市规划角度思考这一问题。老年友好型城市是在积极老龄化背景下提出来的通用标准，强调不断优化健康条件、社会参与和安全等以提高老年人的生活质量。Colangeli[2]研究老年友好型城市的规划模式，认为应当用"智慧增长"规划模型来推进老年友好型城市的建设，通过城市尤其是中心区的强化构建更为紧凑的城市形态，并增加多种形式的交通选择以减少城市快速扩展、拥堵和污染，从而创造健康的和对所有年龄群体友好的城市环境。此外，Plouffe[3]对老年友好型城市的特征进行了研究，Raddatz[4]研究了老年友好型城市规划过程中的组织参与。

2. 国内相关研究

一般认为，现代中国社区可以分为农村社区、集镇社区和城市社区三大类，城市社区包括单位专业社区、旧故居社区和新兴商品房社区。国内人口老龄化与社区规划的研究主要是从社区养老环境和社区对人口老龄化

---

[1] Levasseur, M., Dubois, M. F., Généreux, M., et al., "Capturing How Age – Friendly Communities Foster Positive Health, Social Participation and Health Equity: A Study Protocol of Key Components and Processes That Promote Population Health in Aging Canadians", *Bmc Public Health*, No. 1, 2017, p. 502.

[2] Colangeli, J. A., *Planning for Age – Friendly Cities: Towards a New Model*, Canada: University of Waterloo, 2010.

[3] Plouffe, L., Kalache, A., "Towards Global Age – Friendly Cities: Determining Urban Features that Promote Active Aging", *Journal of Urban Health*, No. 5, 2010, pp. 733 – 739.

[4] Raddatz, R. L., *Towards an Age – Friendly City: Participation of Senior – Serving Organizations in Planning Processes*, 2010.

第二章 研究综述

的应对等方面展开的。

学者们注意到人口老龄化对社区内家庭住宅环境、公共居住环境和社区外围环境提出的新需求。一些学者研究了人口老龄化环境下对社区建设的新要求，提出了老年型社区建设的建议。江立华等[1]在分析老年人不同需求和所面临困境的基础上，尝试构建了包含精神环境和物质环境在内的三级老年宜居社区建设指标，并对老年宜居社区建设的内容和路径进行分析。刘倩[2]从老年社会学、环境行为学、城市规划学的视角探讨理想老年社区的合理建设模式，并对这一模式下老年社区的规划以及户外空间建设提出了可行策略。陈亮[3]从老年混合住区的规划布局、外部环境设计和住宅内部空间设计三个角度展开分析，在老年住宅设计、老年公共服务设施、养老服务体系和老年住区环境建设等方面提出了建议。朱秀杰[4]、王凤鸣[5]、李小云[6]等学者也对城市老年友好型社区和宜居型社区的规划策略进行了研究。

在老龄化与社区和城镇规划研究方面，有学者放大研究视角，从老龄化与城镇化关系的角度研究社区规划以及城镇规划问题。李志宏[7]研究认为，人口老龄化的快速发展使城镇建设对老龄社会的宜居需求预见性不足这一问题提前显现，我国在城镇规划布局、道路设计、公共服务设施、社区建设和住宅设计等领域必须要考虑老年人的特殊需求，促使城镇规划和建设一步到位，从而大幅节省以后的改建或重建成本。毛蒋兴等[8]基于新型城镇化及人口老龄化的视角归纳分析了当前城乡规划转型面临的挑战，

---

[1] 参见江立华、黄加成《老年人需求与宜居社区建设》，《华东理工大学学报》（社会科学版）2011年第6期。

[2] 参见刘倩《老年社区及其居住环境研究》，硕士学位论文，华中科技大学，2007年。

[3] 参见陈亮《基于老龄化背景下的城市混合住区设计研究》，硕士学位论文，湖南大学，2010年。

[4] 参见朱秀杰《人口老龄化与宜居社区建设研究》，《社会工作》2012年第1期。

[5] 参见王凤鸣《我国人口老龄化与老年宜居社区开发策略研究》，硕士学位论文，天津大学，2011年。

[6] 参见李小云《面向原居安老的城市老年友好社区规划策略研究》，博士学位论文，华南理工大学，2012年。

[7] 参见李志宏《人口老龄化对我国经济社会发展的正面效应分析》，《老龄科学研究》2013年第1期。

[8] 参见毛蒋兴等《新型城镇化背景下人口老龄化的城乡规划转型应对》，《规划师》2014年第8期。

提出了新时期城乡规划的编制需要从规划编制理念、规划制度规范、规划体系编制内容和规划编制监管四个方面做出应对。

整体上，在人口老龄化与社区建设方面，社区居家养老服务作为人口老龄化的社会福利政策在中国社会应对人口老龄化规模大、速度快和"未富先老"带来的养老压力和社会问题方面发挥的作用有限；同时，人口老龄化作为一项社会性问题需要与城市空间资源配置的实践相结合，城市规划时应更多考虑老龄化社会对社区和城市空间资源的新需求。

（二）人口老龄化与社区生活研究

1. 国外相关研究

在老年人社区生活的研究方面，Bubpa等[1]采用民族志的方法分析了社区老年人的生活方式，考察了社区社会、经济、环境和文化背景并提炼出老年人包括自力更生、经营家庭、检查健康、与邻居和朋友社交、出行、社会活动、服务社区组织、宗教信仰活动、管理资源及养老金、储蓄和帮助筹集资金、帮助他人、学习提高、传播知识和行使政治权利等在内的社区活动场景。Feng等[2]的研究则关注老年人的脆弱性，考察了社区居住的老年人发生事故的风险和保护因素，将其分为了社会人口因素、身体因素、生物因素、生活方式因素和心理因素五类，并认为在制定政策和采取措施以减轻社区中老年人伤害时应将这五类因素考虑在内。Kwan等[3]探索了社区在实施可持续发展目标和处理与年龄有关的发展问题方面能够发挥的作用，提出了社区发展的观点。Lee[4]对老年人的社区社会工作进行研究，认为老人社会工作方案对老年人和社区都有好处。

在研究老年人城市社区生活之外，还有一些研究围绕老龄化背景下的

---

[1] Bubpa, Nuntaboot, "Understanding Life Scenarios of Older People in Society from A Northern Thai Community: Ethnography Research", *Suranaree Journal of Science & Technology*, No. 24, 2017, pp. 367–378.

[2] Feng, Z., Lugtenberg, M., Franse, C., et al., "Risk Factors and Protective Factors Associated with Incident or Increase of Frailty among Community-Dwelling Older Adults: A Systematic Review of Longitudinal Studies", *Plos One*, No. 6, 2017.

[3] Kwan, C., Drolet, J., "Towards Age-Inclusive Sustainable Development Goals: Exploring the Potential Role and Contributions of Community Development", *Community Development Journal*, No. 4, 2015.

[4] Lee, K., "The Qualitative Study on the Experience of the Elderly and the Community on the Social Job Program for the Elderly", *Journal of the Korea Gerontological Society*, No. 3, 2011, pp. 623–640.

农村社区展开。Weil[①]对16个居住在农村社区的老年人进行半结构化访谈,用收集到的定向内容分析数据检验了这些老年人生活状况的自我评估。Winterton等[②]通过对澳大利亚的两个农村社区中26个利益相关者进行访谈,探讨了农村社区提供老年人社会支持的资源和方式。

(2) 国内相关研究

国内人口老龄化与老年人社区生活方面的研究,主要围绕城市区域空间对城市老年人养老问题的影响而展开。乔楠[③]对上海市中心城区老龄人口居家养老服务进行了研究,认为上海市已经建立了较为完善的居家养老服务体系。修宏方[④]以黑龙江省哈尔滨市为例,对老年人的养老服务需求进行访谈分析并依此对社区服务支持下的居家养老服务问题进行研究。马玉卓[⑤]对济南市三个社区的老年人需求进行研究,发现社区发展水平与老年人所需求的老年友好型社区还存在一定差距。黄莉[⑥]对重庆市人口老龄化对社区卫生服务体系的需求问题进行研究,发现老年人对社区卫生服务功能认识不足,老年人社区卫生需求项目和实际利用项目存在较大差异。

社区在养老方面具有地域优势、物质优势、人力优势和时间优势,在老龄化社会中具有稳固功能、补充功能和整合功能;人口老龄化发展对社区的物质供养条件、老年医疗保健功能、老年生活照料功能和老年精神慰藉功能等方面提出了较高要求。[⑦] 钱宁[⑧]对我国社区居家养老政策进行了分析,童星[⑨]研究认为社区居家养老要超越社区本身的狭小空间,充分利用社区外的资源为社区内的居家老人服务,走"互联网+"的道路并发挥政

---

① Weil, J., "Aging in Rural Communities: Older Persons' Narratives of Relocating in Place to Maintain Rural Identity", *Journal of Rural Research & Policy*(online), No.1, 2017.

② Winterton, R., Warburton, J., Clune, S., et al., "Building Community and Organisational Capacity to Enable Social Participation for Ageing Australian Rural Populations: A Resource-Based Perspective", *Ageing international*, No.2, 2014, pp.163-179.

③ 参见乔楠《上海市中心城区老龄人口居家养老服务研究》,硕士学位论文,复旦大学,2009年。

④ 参见修宏方《社区服务支持下的居家养老服务研究》,博士学位论文,南开大学,2013年。

⑤ 参见马玉卓《老龄化背景下老年友好社区的探析》,硕士学位论文,山东大学,2011年。

⑥ 参见黄莉《重庆市人口老龄化对社区卫生服务体系的需求研究》,博士学位论文,华中科技大学,2010年。

⑦ 参见周广庆《人口老龄化对社会发展和社会建设的影响》,浙江大学出版社2013年版。

⑧ 参见钱宁《中国社区居家养老的政策分析》,《学海》2015年第1期。

⑨ 参见童星《发展社区居家养老服务以应对老龄化》,《探索与争鸣》2015年第8期。

府、市场、社会"三管齐下"的力量。张会莹[1]从积极老龄化、参与和保障这三个维度探讨了社会工作介入社区养老的作用和必然性，分析了实现积极老龄化的有效养老模式。

三 人口老龄化与社会微观层面的研究

个人是构成人类社会的基本元素，个人发展是社会发展的重要组成部分。人的发展可以分为少年儿童、中青年人和老年人三个阶段，由于人口老龄化对少年儿童和中青年人的具体影响主要是通过家庭实现的，因此涉及人口老龄化与社会微观层面的问题。人口老龄化与社会微观层面的研究主要包括人口老龄化与老年人社会参与和个体社会价值方面的研究，以及人口老龄化与家庭方面的研究。

（一）人口老龄化与老年人社会参与和个体社会价值

1. 国外相关研究

自20世纪美国社会学家 Ernest W. Burgess 将象征互动理论中的社会参与概念引入老年研究领域以来，老年人生存的社会意义以及老龄生命的终极价值开始被研究者和社会各方关注。[2] 老年人社会价值评价是老年价值观的一个组成部分，隶属于老年哲学的研究领域，国外学者往往将老年人的社会参与和社会价值结合起来一同展开研究。

在老年人社会参与的涵义上，谢布鲁克大学医学系老年研究中心将其界定为，"（老年）个体当前所进行的活动和所扮演的社会角色"[3]。A. Bukov 等[4]认为，社会参与是一种社会导向下的与他人分享资源的行为，社会参与是衡量老年人生活质量的一个重要标准。以被分享的资源为依据，老年人社会参与可以划分为集体性社会参与（即参与团体成员的共同活动）、生产性社会参与（即为他人提供劳务、商品及其他利益）和政治性社会参与（即参与决策行为）等类型。在老年人社会参与这一问题上，国外学者通常从介入、角色、活动和资源这四个角度进行分析。

---

[1] 参见张会莹《积极老龄化视角下社会工作介入社区养老探究》，《科学社会主义》2014年第3期。

[2] 参见［美］戴维·L.德克尔《老年社会学》，沈健译，天津人民出版社1986年版。

[3] Johanne, D., "Aging and Social Participation", *Encrage*, No. 9, 2007.

[4] Bukov, A., Maas, I., "Social Participation in Very Old Age: Cross–Sectional and Longitudinal Findings from BASE", *Berlin Aging Study*, *Journals of Gerontology*, No. 6, 2002, p. 510.

第二章 研究综述

随着年龄的增长,老年人一些角色和活动能力丧失或被削弱,特别是那些他们已经习惯承担的角色和曾经长期从事活动能力的变化也会带来社会交往的变化。针对老年人生理和社会交往的退行性变化,Friedmann 等[1]学者的研究揭示了老年人试图维持一定活动的意愿和被迫从社会活动中撤离的现实之间的矛盾,认为老年人需要寻求新的角色或活动来替代失去的角色和活动,而这有赖于三个因素:首先,必须有可替代的新角色和活动存在;其次,个人必须有胜任新角色和从事新活动的身体和心理能力;再次,个人必须有承担新角色和参与新活动的意愿。

国外学者们还探讨了与老年人社会参与相关的内外部因素,尤其是社会支持、生活满意度和身体健康与老年人社会参与之间的关系。Garfein 等[2]按照年龄层次将老年人群体划分为低龄老年人、中龄老年人和高龄老年人,研究发现拥有更好社会关系和交往视野的老年人在老龄化过程中有更积极的表现和更优的健康状况。House[3] 和 Lin[4] 等人的研究认为,通过社会参与形成的社会关系网和社会支持能在老年人的社会和心理压力与身体健康之间起到缓冲作用。Lefrancois[5],Moen[6],Sugisawa[7] 学者研究认为,社会参与是老年人应对健康情况变化的有效手段,有助于帮助其实现积极老龄化;这些研究还认为老年人健康对社会参与并不是"单向"的影响,两者之间有着复杂的相互依赖关系。

在关于老年人社会价值的研究中,国外学者有一些不同的判断和取向。美国的卡明和亨利持疏隔论的观点,认为随着年龄的增长,人的行为

---

[1] Friedmann, E. A., Havighurst, R. J., *The Meaning of Work and Retirement*, University of Chicago Press, 1954.

[2] Garfein, A. J., Herzog, A. R., "Robust Aging among the Young – Old, Old – Old, and Oldest – Old", *J Gerontol B Psychol Sci Soc Sci*, No. 2, 1995, p. 77.

[3] House, J. S., Landis, K. R., "Social Relationships and Health", *Science*, No. 241, 1988, p. 540.

[4] Lin, N., Ensel, W. M., "Life Stress and Health: Stressors and Resources", *American Sociological Review*, No. 3, 1989, pp. 382 – 399.

[5] Lefrançois, R., Leclerc, G., Poulin, N., Predictors of Activity Involvement among Older Adults", *Activities Adaptation & Aging*, No. 4, 1997, pp. 15 – 29.

[6] Moen, P., Dempstermcclain, D., Williams, R. M., "Social Integration and Longevity: An Event History Analysis of Women's Roles and Resilience", *American Sociological Review*, No. 4, 1989, pp. 635 – 647.

[7] Sugisawa, H., Liang, J., Liu, X., "Social Networks, Social Support, and Mortality among Older People in Japan", *Journal of Gerontology*, Vol. 49, No. 1, 1994, pp. 3 – 13.

参与与回报：老年人身体活动收益研究

开始向内收缩，逐渐脱离他们在整个成年时期所从事的社会活动；同时老年人更加意识到死亡，以及有效力的时间和精力的减少。因此老年人的孤独被看作是一种自然现象，他们应心甘情愿地接受被贬低了的社会地位。与之对立的是以美国学者帕森斯和默顿为代表的功能学派的观点，他们认为社会中的每一个部门或单位都有其存在的价值和功能，老年人是社会的组成部分之一，因此在社会的运行中也是有价值、有功能的。功能学派的观点认为老年人对社会最主要的功能在于对下一代社会化的作用上，老年人历经沧桑、积累了丰富经验，是文化的传播者。[1] 另外还有一种观点从可持续发展的角度出发认识老年人的社会价值，认为老年人本身可以作为资源，在社会发展过程中被需要且有能力担负管理者的责任，他们不但为自己还为别人负责。[2]

总之，这些研究中大多学者都认为老年人仍然具有其发挥个人价值的能力和空间，并同时留意到老年人价值的实现形式和实现条件，尤其肯定了身体健康与老年人社会参与之间的关系。此外，也有一些研究分析了特定老年人群体具体的社会参与形式和社会价值表现形式，比如 Alma[3] 研究了视力受损老年人的社会参与，Fukuzawa[4] 基于对社会网络的分析研究了日本老年人的社会参与程度。

老年人体育参与是社会参与的重要组成部分。Sheikh[5] 等研究认为，体育参与有助于建立老年人身心平衡并帮助社会处理人口老龄化过程中的问题，采用实证研究的方法对老年人参与体育运动的有效因素和变量进行了评估。Mechling[6] 研究了身体活动和成功老龄化之间的关系，认为身体活动从改善老年人身体健康水平、认知能力和心理健康等方面对人口老龄

---

[1] 参见［美］戴维·L. 德克尔《老年社会学》，沈健译，天津人民出版社1986年版。

[2] Ekstrom, C. D., *Aconnection: The Elderly and Sustainable Futures. An aging Population, An aging Plant, and a Sustainable Futures*, University of North Texas Press, 1995.

[3] Alma, M. A., Mei, S. F. V. D., Groothoff, J. W., et al., "Determinants of Social Participation of Visually Impaired Older Adults", *Quality of Life Research*, No. 1, 2012, pp. 87 – 97.

[4] Fukuzawa, Ai, "A Study of the Relation between Japanese Elderly People's Satisfaction with Their Current Life and Their Level of Social Participation: Based on the Role of Social Networks", *International Journal of Psychology*, No. 1, 2016, p. 51.

[5] Sheikh, M., Afshari, J., Nikravan, A., "Identification and Prioritization Biopsychosocial Factors Affecting Sport Participation of Elderly Men", *Medicina dello Sport*, No. 1, 2012, pp. 85 – 98.

[6] Mechling, H., "Physical Activity, Sport and Successful Aging", *Bundesges und heitsblatt Gesund heits for schung Gesundheitsschutz*, No. 8, 2005, pp. 899 – 905.

第二章 研究综述

化发挥了积极作用。Estes[1]，Mazzeo[2]，Haber[3]和Nicolson[4]等学者也研究了体育活动对老年人生理功能的改善，从而帮助解决老龄化带来的各种问题。Kim[5]的研究表明在老龄化环境下，老年人包括体育活动在内的闲暇性休闲参与符合其社会心理变化的需求，也是顺应了外在经济环境变化。Tulle[6]认为体育参与可以增加年长者的身体物质资本，从而使他们能够为社会和文化做出贡献。

一些研究针对特定区域展开，采用案例分析、抽样调查或者比较研究的思路分析了某一区域范围内的具体情况。Goggin[7]对403名60岁以上的美国老年人进行调查，发现89%的老年人能够从主观上意识到参与身体活动的益处，但其中69%的人无法参加足够的身体活动以获得这些益处。Lee等[8]调查了16位生活在首尔、京畿道和仁川等地区的65岁以上老年人，分析了独居老人在参与全民老年体育运动项目中所获得的价值。Farquhar[9]通过对比在英格兰东南部两个区域的居家老人，发现社会交往是老年人健康高质量生活的重要组成部分，而体育参与是一种促进交往的方式。也有一些学者在此基础上就如何促进老年人体育参与提出对策，比如

---

[1] Estes, C. L., Binney, E., "The Biomedicalisation of Aging: Dangers and Dilemmas", *Gerontologist*, No. 5, 1989, pp. 87 – 596.

[2] Mazzeo, R. S., Cavanagh, P., Evans, W. J., et al., "Acsm Position Stand: Exercise and Physical Activity for Older Adults", *Medicine & Science in Sports & Exercise*, No. 6, 1998, pp. 992 – 1008.

[3] Haber, C., "Anti – Aging: Why Now? A Historical Framework for Understanding the Contemporary Enthusiasm", *Generations Journal of The American Society on Aging*, No. 4, 2002, pp. 9 – 14.

[4] Nicolson, L., "Older People, Sport and Physical Activity: A Review of Key Issues, Research Report", *Sport Scotland*, Edinburgh, 2004.

[5] Kim, "An Exploratory Study on the Leisure Competence in Elderly People's Leisure Participation", *Journal of Tourism Sciences*, No. 1, 2010, pp. 115 – 134.

[6] Tulle, E., *Sense and Structure: Towards a Sociology of Old Bodies. The Need for Theory: Critical Gerontology for the 21st Century*, Baywood Publishing, Amityville, 2003.

[7] Goggin, N. L., Morrow, J. R., "Physical Activity Behaviors of Older Adults", *Journal of Aging & Physical Activity*, No. 1, 2001, pp. 58 – 66.

[8] Lee, J., Kim, Y., "The Participation Value of National – Level Sports – for – All Programs Perceived by the Living – Alone Elderly", *International Journal of Applied Sports Sciences*, Vol. 26, No. 1, 2014, pp. 42 – 51.

[9] Farquhar, M., "Elderly People's Definitions of Quality of Life", *Social Science & Medicine*, No. 10, 1995, p. 1439.

参与与回报:老年人身体活动收益研究

Ko[①]认为应当建立政府与体育院校、社区机构之间的互动机制,为老年人有效进行体育参与提供保障。

不过也有一些学者对该问题持质疑态度。Tulle[②]认为现行希望增加老年人体育活动的措施并没有改变老年人伴随年龄增长的不愿意活动的倾向,当前主要存在的老年人体育参与阻碍是阶级、性别和种族的不平等。Gilleard[③]和 Mooney E.[④]的研究则认为政府的健康和社会关怀措施是为了逃避国家应有的保障责任,会使老年人处于不利地位。

总体来看,学者们对于身体活动和体育参与对老年人个体的影响持正向评价,少部分持怀疑态度的研究也并没有否认体育参与对老年人本身的积极作用,而是指出了老年人在参与体育活动时遇到的一些实际困难。

2. 国内相关研究

国内学者的研究关注了人口老龄化过程中老年人的社会价值。邬沧萍等[⑤]归纳了老年人社会价值的两方面内容,即以人力资源价值为主要形式的老年人经济价值,以及老年人将自己的知识和经验文化贡献于社会的文化价值。同时阐述了老年人社会价值的特殊性,认为老年人社会价值的发挥受到生理退行性变化的影响,且老年人社会价值角色的转变影响了老年人价值的发挥。姚远[⑥]研究认为老年人具有经验、权威、教化、行为等实用性价值,以及基础形象和物化等象征性价值。同时基于老年人社会价值在传统社会和当代社会影响下的比较研究,认为老年人的社会价值具有层次性,其在传统社会的首要社会价值是伦理价值而在当代社会是精神价值。沈德仁[⑦]认为,老年人可利用丰富的知识和经验继续为经济建设做贡

---

① Ko, J. W., *A Study of the Elderly Sport Policy and the Law Reformation Based on Leisure Welfare for the Elderly*, 2011, pp. 67 – 93.
② Tulle, E., "Acting Your Age? Sports Science and the Ageing Body", *Journal of Aging Studies*, No. 4, 2008, pp. 340 – 347.
③ Gilleard, C., Higgs, P., *Cultures of Ageing: Self, Citizen, and the Body*, Prentice Hall, 2000.
④ Tulle, E., Mooney, E., "Moving to 'Age – Appropriate' Housing: Government and Self in Later Life", *Sociology*, No. 3, 2002, pp. 685 – 702.
⑤ 参见邬沧萍、姜向群《老年学概论》,中国人民大学出版社 2015 年第 3 版。
⑥ 参见姚远《老年人社会价值与中国传统社会关系的文化思考》,《人口研究》1999 年第 5 期;姚远:《文化价值是老年人的首要社会价值》,《人口与经济》2000 年第 1 期。
⑦ 参见沈德仁《论我国可持续发展中老年人的社会价值》,《新疆师范大学学报》(哲学社会科学版) 2000 年第 1 期。

第二章 研究综述

献,并可在文化建设、节约资源和保护环境等方面贡献余热。姜向群[1]从经济学、人才学和社会文化学三个方面对老年人社会价值进行理论探讨并探索出了一种评价思路。程馨[2]、陈清兰[3]、廖晓慧[4]和吴阿青[5]等人对老年人力开发进行了研究,从人力资源角度研究了老年人的社会价值。

在人口老龄化与老年人社会价值的研究中,有些是和老年人社会参与的研究一同展开的,因为老年人社会参与是其实现社会价值的方式,所以有些研究是和对老年人社会参与的研究一同展开的。李韧[6]、杨宗传[7]、刘颂[8]等学者对老年人社会参与的功能进行分析,认为老年人的社会参与与社会经济文化发展相关,符合社会经济文化发展的需要。近年来,学者对于这一问题的研究视角更为灵活,研究方法也更为多样。周广庆[9]系统梳理了人口老龄化对社会发展和社会建设的影响,将老年人的社会价值纳入到社会发展的宏观议程中,陈雯[10]基于国家统计局居民时间利用调查数据进行量化分析,得出了和以往老年人脱离社会不同的研究发现,并认为老年人的社会价值来源于其社会参与。

总之,国内学者们从老年人社会价值的表现形式、重要地位和发挥方式上对老年人的社会价值进行了研究,认为老年人的社会价值既包括通过家庭、社区、社会等其他路径实现的间接价值,也包括老年人亲身参与创造的直接价值;而直接价值又涵盖了物质层面的劳动生产价值和精神文化层面的传承示范价值,以及兼具精神与物质属性的科学创造价值等,这些都是富有理论价值和现实意义的见解。

在国内人口老龄化下老年人体育参与的研究方面,有学者着眼于体育参与对健康老龄化及积极老龄化的影响上,认为老年体育是实现健康老龄

---

[1] 参见姜向群《对老年人社会价值的研究》,《人口研究》2001年第2期。
[2] 参见程馨《中国人口老龄化背景下的老年人力资源开发研究》,博士学位论文,青岛大学,2008年。
[3] 参见陈清兰《人口老龄化背景下的我国老年人力资源开发研究》,《湘潭师范学院学报》(社会科学版)2008年第4期。
[4] 参见廖晓慧《老年人力资源开发的战略意义与对策》,《北方经贸》2008年第8期。
[5] 参见吴阿青《从人口老龄化看老年人力资源的二次开发》,《山西青年》2013年第14期。
[6] 参见李韧《老年人社会参与的意义》,《学术探索》1999年第5期。
[7] 参见杨宗传《再论老年人口的社会参与》,《武汉大学学报》(人文科学版)2000年第1期。
[8] 参见刘颂《老年社会参与同自我和谐的相关性》,《人口与社会》2006年第2期。
[9] 参见周广庆《人口老龄化对社会发展和社会建设的影响》,浙江大学出版社2013年版。
[10] 参见陈雯《老龄化、时间与老年人社会价值》,博士学位论文,华中师范大学,2013年。

参与与回报：老年人身体活动收益研究

化和积极老龄化的重要途径。一些学者从我国人口老龄化整体态势入手，比如周泽鸿[1]采用人口学视角，阐述了我国人口结构老龄化趋势和老龄化社会所带来的危机与挑战，分析了发展老年体育对顺利适应老龄化社会的重要作用。弋晶[2]从降低老年人口抚养比、促进老年人疾病康复、减轻社会和家庭负担以及构建和谐老龄社会四个方面探讨了体育在我国人口老龄化进程中的作用。一些学者考虑了体育和健康老龄化的关系，比如郑志丹[3]认为老年人参与体育运动有利于保障老年人身心健康、促进老年人社会参与和营造和睦的家庭生活。彭大松[4]基于中国健康与营养调查（CHNS2006）数据，通过二分类 Logistic 回归模型、有序 Logistic 回归模型和一般回归模型（OLS）等方法实证分析了体育锻炼对老年人健康的影响，探讨体育、健康与应对老龄化三者之间的关系。汪文奇等[5]不仅探讨了老年体育在实现健康老龄化进程中的作用，还指出了制约老年体育促进健康老龄化的主要因素。孙月霞[6]解释了体育对老年人生理、心理和社会适应性方面的影响，认为老年体育是促进积极老龄化的重要途径。徐箐等[7]采用个案分析法，通过对上海市老龄化状况和上海老年人口的余暇生活及体育参与现状进行调查研究，为如何通过加强老年人体育参与以促进地区积极老龄化提供了建议。刘春根[8]、陈元茂[9]、林秋英[10]、刘志华[11]等

---

[1] 参见周泽鸿、李琳《中国老龄化社会老年体育发展策略探究》，《哈尔滨体育学院学报》2014年第3期。

[2] 参见弋晶、葛菁《老龄化进程中的我国老年人体育》，《体育文化导刊》2013年第7期。

[3] 参见郑志丹《健康老龄化视野下我国老年体育发展对策研究》，《山东体育学院学报》2011年第12期。

[4] 参见彭大松《体育与应对人口老龄化：贡献与思考——基于CHNS2006数据的实证分析》，《西安体育学院学报》2012年第5期。

[5] 参见汪文奇等《健康老龄化与老年体育》，《四川体育科学》2007年第4期。

[6] 参见孙月霞《中国人口老龄化背景下老年体育价值观与管理体制的研究》，博士学位论文，北京体育大学，2007年。

[7] 参见徐箐等《老年体育与积极老龄化——上海市个案研究》，《西安体育学院学报》2006年第3期。

[8] 参见刘春根《老年体育是推进积极老龄化的有力举措》，载《纪念中国老年人体育协会成立三十周年征文活动作品集》，2013年。

[9] 参见陈元茂《发展老年体育，助推积极老龄化》，载《纪念中国老年人体育协会成立三十周年征文活动作品集》，2013年。

[10] 参见林秋英《老年体育与"积极老龄化"》，载《纪念中国老年人体育协会成立三十周年征文活动作品集》，2013年。

[11] 参见刘志华《积极老龄化视野下的老年体育发展对策》，《科技视界》2016年第16期。

第二章 研究综述

学者也对体育参与和积极老龄化之间的关系问题进行了研究。

也有一些研究从构建和谐社会的角度,分析了老年人体育参与对全社会的作用。王燕鸣[1]在其《老年体育学》一书中肯定了老年体育在社会主义精神文明建设和社会经济发展中的地位和作用,提出老年体育可以减轻老有所养、老有所医的负担并为老有所为提供身体基础,使广大老年人余热生辉;老年体协是联络团结老干部,使其发挥余热的重要纽带。庞俊梅[2]从老年体育所具备的生理、心理和精神功效上进行了分析,认为老年体育参与有助于保障社会稳定发展并减少社会压力。周涛[3]认为老年体育是社会保障完善的客观需要,能作为银发市场的一部分而带来新的经济增长点,同时也是维持社会长治久安、为社会文化增色添彩的重要举措。丁洁[4]还认识到老年人参与体育活动能够对社会其他群体的体育运动开展产生积极影响,带动更多人参加体育活动。

从眭小琴等[5]、孙俊[6]、罗潇[7]和王庆庆等[8]的研究中,可以归纳出老年体育对提高老年人生活质量、减少家庭和社会在医疗保障中的支出、完善老年人角色及性格、帮助其实现再社会化、促进老年实现"第二个春天"、发挥老年人社会作用,加强老年人社会交往及参与权利、维护家庭稳定,以及构建社会精神文明、促进社会健康稳定发展等方面都发挥着不可替代的作用。在 2013 年举办的纪念中国老年人体育协会成立三十周年活动中,云成山[9]、任桂秀[10]、赵建昆[11]、陈观泉[12]、方

---

[1] 参见王燕鸣《老年体育学》,山东大学出版社 2001 年版。

[2] 参见庞俊梅《论老年体育的社会意义》,《体育文化导刊》2002 年第 3 期。

[3] 参见周涛《试论老龄体育的价值定位》,《北京体育大学学报》2003 年第 6 期。

[4] 参见丁洁《中国人口老龄化背景下老年体育与社会效益思考》,《体育世界》(学术版) 2015 年第 2 期。

[5] 参见眭小琴等《发展我国老年体育的意义与对策》,《北京体育大学学报》2006 年第 11 期。

[6] 参见孙俊《社会学视角下的我国老年人体育意义研究》,《中国市场》2015 年第 39 期。

[7] 参见罗潇《娱乐身心与健全体魄——略论社会体育活动开展与老年群体身心健康的互动》,《当代体育科技》2015 年第 1 期。

[8] 参见王庆庆等《多维视角下的老年人体育效益分析的初步探究》,《体育世界》(学术版) 2007 年第 3 期。

[9] 参见云成山《试论老年体育对构建和谐社会意义和宣传报道工作对老年体育的重要性》,载《纪念中国老年人体育协会成立三十周年征文活动作品集》,2013 年。

[10] 参见任桂秀《老年体育直接推助和谐社会建设》,载《纪念中国老年人体育协会成立三十周年征文活动作品集》,2013 年。

[11] 参见赵建昆《老年体育助推和谐社会建设》,载《纪念中国老年人体育协会成立三十周年征文活动作品集》,2013 年。

[12] 参见陈观泉《浅谈老年体育在实现中国梦中全面建成小康社会的地位与作用》,载《纪念中国老年人体育协会成立三十周年征文活动作品集》,2013 年。

振浩[1]、范蓉霞[2]和阎彬等[3]从不同角度肯定了老年体育对促进和谐社会建设发挥的积极作用。

另外,一些研究按照区域、工作类别等分类方式,针对某一特定群体的老年人及其体育参与进行了研究。孟和[4]研究了内蒙古高校老年知识分子的体育行为,认为体育已成为老年知识分子自我保健、自我教育和丰富晚年生活的实际需要和重要途径。姜伯乐[5]对浙江省老年知识分子体育锻炼现状展开分析,发现体育活动具有体质增强、充实精神、社交休闲等方面的作用。李珍珍[6]进行了老年体育对构建社区体育文化的意义探讨。沈雅雯[7]以河南省为研究范围,进行了和谐社会构建与老年人体育发展之间相互关系的分析。杨欣[8]以廊坊市区为例,研究了不同体育锻炼方式对老年人人际交往的影响。王剑[9]分析了企业老年体育的意义和作用。

(二)人口老龄化与家庭研究

(1)国外相关研究

国外学者的研究围绕老龄化趋势下,代际关系、家庭结构和家庭功能的变化展开的。在代际关系的研究中,Pilleme[10]等采用直接测量的方式研

---

[1] 参见方振浩《浅说老年体育的功用和意义》,载《纪念中国老年人体育协会成立三十周年征文活动作品集》,2013年。

[2] 参见范蓉霞《论老年体育在构建和谐社会中的地位和作用》,载《纪念中国老年人体育协会成立三十周年征文活动作品集》,2013年。

[3] 参见阎彬、蒋辉《老年体育与幸福社会》,载《纪念中国老年人体育协会成立三十周年征文活动作品集》,2013年。

[4] 参见孟和《内蒙古高校老年知识分子体育特征研究》,《西安体育学院学报》1999年第1期。

[5] 参见姜伯乐《浙江省老年知识分子体育锻炼现状的分析》,《福建体育科技》2007年第1期。

[6] 参见李珍珍《老年体育对构建社区体育文化中的意义探讨》,《当代体育科技》2015年第5期。

[7] 参见沈雅雯《和谐社会视域下河南省老年人体育现状研究》,硕士学位论文,郑州大学,2015年。

[8] 参见杨欣《不同体育锻炼方式对老年人人际交往的影响》,硕士学位论文,河北师范大学,2012年。

[9] 参见王剑《论企业老年体育对构建和谐社会的意义和作用》,《体育时空》2013年第11期。

[10] Pillemer, K., Suitor, J. J., "Explaining Mothers' Ambivalence toward Their Adult Children", *Journal of Marriage & Family*, No. 3, 2002, pp. 602–613.

究了被调查者对父母或孩子的感受程度。Willson[1]和Dykstra[2]分别使用了反映感情强度的量表和识别情感、矛盾类型的分类模型来研究家庭代际关系。Fingerman[3]等人的研究发现，成年子女更容易对父母提供广泛支持，并且更容易感受到健康状况下降的年长父母造成的矛盾，表明父母依赖和角色逆转在代际关系中会造成复杂的感受。Yorgason[4]，Umberson，Williams[5]等研究还注意到寿命增加情况下家庭中夫妻关系和婚姻质量的问题。

一些学者探讨了家庭结构发生的变化和老年人在维持家庭关系中的作用。Pezzin[6]等研究发现，父母离异和继子女的现象导致成年子女提供给其年长父母的支持会减弱，这一社会现象引起了人们对将来离婚和再婚率增长后老年人可能会处在更弱势地位的担忧。Shapiro[7]的研究表明，离婚对老年男性家庭的影响高于老年女性，成年子女与离异父亲的接触少于与离婚母亲的接触；Schmeeckle[8]的研究发现，许多继子女并没有将他们的继父母定义为父母或家庭。

在人口老龄化与家庭研究方面，还有一些研究关注家庭职能和成员相互间的依赖关系，发现父母与其成年子女之间在时间和金钱支持上通常具有强烈的相互依赖性，这些代际资源转移的研究找到了基于利他主义和互

---

[1] Willson, A. E., Shuey, K. M., Elder, G. H., et al., "Ambivalence in Mother – Adult Child Relations: A Dyadic Analysis", *Social Psychology Quarterly*, No. 3, 2006, pp. 235 – 252.

[2] Gaalen, R. I., Dykstra, P. A., "Solidarity and Conflict between Adult Children and Parents: A Latent Class Analysis", *Journal of Marriage & Family*, Vol. 68, No. 4, 2006, pp. 947 – 960.

[3] Fingerman, K. L., Chen, P. C., Hay, E., et al., "Ambivalent Reactions in the Parent and Offspring Relationship", *J Gerontol B Psychol Sci Soc Sci*, No. 3, 2006, p. 152.

[4] Yorgason, J. B., Booth, A., Johnson, D. R., "Health, Disability, and Marital Quality", *Research on Aging*, No. 30, 2008, pp. 623 – 648.

[5] Umberson, D., Williams, K., Powers, D. A., et al., "As Good as it Gets? A Life Course Perspective on Marital Quality", *Social forces, A Scientific Medium of Social Study and Interpretation*, No. 1, 2005, p. 493.

[6] Pezzin, L. E., Pollak, R. A., Schone, B. S., "Parental Marital Disruption, Family Type, and Transfers to Disabled Elderly Parents", *Journals of Gerontology*, No. 6, 2008, pp. 349 – 358.

[7] Shapiro, A., "Later – Life Divorce and Parent – Adult Child Contact and Proximity", *Journal of Family Issues*, No. 2, 2003, pp. 264 – 285.

[8] Schmeeckle, M., Roseann, G., Du, F., et al., "What Makes Someone Family? Adult Children's Perceptions of Current and former Stepparents", *Journal of Marriage & Family*, No. 3, 2006, pp. 595 – 610.

参与与回报：老年人身体活动收益研究

惠主义的动机证据。利他主义的观点认为，父母向经济资源少的成年子女提供经济支持，成年子女为健康状况差的父母提供社会支持和照顾。互惠的观点认为，父母得到子女的支持和照顾而向子女提供经济支持既是回馈也是互惠。[1] Silverstein 等[2]也发现，获得父母更多情感和经济支持的年轻成人在几十年后会为他们的父母提供更多的社会支持。在跨代际家庭成员方面，Monserud[3]的研究表明，父母和祖父母之间的冲突可能会对祖父母和孙辈之间的关系产生负面影响，这表明中间一代人对于连接两个不相邻世代的关系的重要性。还有学者研究了人口老龄化下的姻亲关系，认为一个更完整的代际关系呈现必须考虑到夫妇可能有四个（甚至更多）父母在分配他们的时间和精力这一事实。Lee[4]对美国一项调查结果显示，妻子倾向于更加重视协助自己的父母，而丈夫则更为平等地在父母与其岳父母之间提供协助。

在家庭和老年人相互照顾方面，Roberto[5]将老年人的照顾分为个人护理、做家务、购物、照顾财务、提供陪伴、定期检查、安排和监督老年人活动以及协调医疗护理，研究发现家庭照顾老年人已变得越来越普遍。Carrascosa[6]基于对西班牙人口统计学的分析和对家庭动态变化的研究，发现西班牙由于福利国家的发展有限，家庭是老年人的主要养老支持。Meçe[7]基于家庭生命周期理论和家庭发展理论，通过文献研究和二手数据讨论了阿尔巴尼亚的人口老龄化对老年护理和家庭生活的影响，发现尽管家庭能力正在减弱，但家庭仍然是为老年人提供支持、关怀和保护的基本

---

[1] Silverstein, M., Giarrusso, R., "Aging and Family Life: A Decade Review", *Journal of Marriage & Family*, No. 5, 2010, pp. 1039 – 1058.

[2] Silverstein, M., Conroy, S., Wang, H., et al., "Reciprocity in Parent – Child Relations Over the Adult Life Course", *Journal of Gerontology: Social Sciences*, No. 57, 2002, pp. 3 – 13.

[3] Monserud, M. A., "Intergenerational Elationships and Affectual Solidarity between Grandparents and Young Adults", *Journal of Marriage & Family*, No. 1, 2008, pp. 182 – 195.

[4] Lee, E., Spitze, G., Logan, J. R., "Social Support to Parents – in – Law: The interplay of Gender and Kin Hierarchies", *Journal of Marriage & Family*, No. 2, 2003, pp. 396 – 403.

[5] Roberto, K. A., Jarrott, S. E., "Family Caregivers of Older Adults: A Life Span Perspective", *Family Relations*, No. 1, 2008, pp. 100 – 111.

[6] Carrascosa, L. L., "Ageing Population and Family Support in Spain", Journal of Comparative *Family Studies*, No. 4, 2015, p. 499.

[7] Meçe, M., "Population Aging in Albanian Post – Socialist Society: Implications for Care and Family Life", *Seeu Review*, No. 2, 2015, pp. 127 – 152.

社会单位，而家庭需要配合人口老龄化进程以满足老年人不断变化的需求。而当涉及老年人对家庭中儿童和青少年进行监护照顾时，Fullerthomson[1]在21世纪初的研究发现，由老年人对孙辈进行抚养的情况在所有社会阶层和种族群体中都有所增加，Hughes[2]等研究认为对孙辈的照顾会对老年人的身心健康造成压力，但是Gerard[3]却认为这种看护能给老年人带来情感幸福，同时因为这种看护会使老年人参与外部活动，将老年人与一些可证明有益的社会资源使用联系起来。

也有一些学者聚焦老龄化下老年人家庭婚姻问题。Brown，Hansen等研究发现，过去几十年来，老龄化背景下家庭生活的一个新变化是中老年人同居现象的增加。Brown[4]对美国的情况进行了研究，发现中老年同居者的心理健康水平较低，伴侣关系质量低于已婚同伴；Hansen[5]等则怀疑这一发现在挪威这个同居相对普遍的国家中是否成立，因为他们的研究结果显示已婚和离婚后又同居的挪威老年人在心理健康和伴侣关系质量上并没有差异，从未结过婚但同居的老年人关系质量相对较低。

人口老龄化趋势下，预期寿命的延长改变了多代家庭的结构，跨代际的家庭生活需要不同代人之间的交流和照顾，但是由于生育率、离婚率、再婚率和阶层家庭等多种因素的影响，有老人的家庭及其家庭关系具有复杂性，一些新的家庭现象和家庭问题也随之出现。老龄化发展衍生出了积极老龄化和健康老龄化的概念。健康老龄化是国内外普遍接受的应对人口老龄化的战略口号，指的是在老龄社会中多数老年人在晚年保持躯体、心理和社会功能的健康状态，将疾病或生活不能自理的时间推迟到生命的最

---

[1] Fullerthomson, E., Minkler, M., "American Grandparents Providing Extensive Child Care to Their Grandchildren: Prevalence and Profile", *Gerontologist*, No. 2, 2001, pp. 201–209.

[2] Hughes, M. E., Waite, L. J., Lapierre, T. A., et al., "All in the Family: The Impact of Caring for Grandchildren on Grandparents' Health", *Journals of Gerontology*, No. 2, 2007, p. 108.

[3] Gerard, J. M., Landrymeyer, L., Roe, J. G., "Grandparents Raising Grandchildren: The Role of Social Support in Coping with Caregiving Challenges", *International Journal of Aging & Human Development*, No. 4, 2006, pp. 359.

[4] Brown, S. L., Bulanda, J. R., Lee, G. R., "The Significance of Nonmarital Cohabitation: Marital Status and Mental Health Benefits among Middle-Aged and Older Adults", *Journals of Gerontology*, No. 1, 2005, p. 21.

[5] Hansen, T., Moum, T., Shapiro, A., et al., "Relational and Individual Well-Being among Cohabitors and Married Individuals in Midlife: Recent Trends from Norway", *Journal of Family Issues*, No. 7, 2007, pp. 910–933.

后阶段。积极老龄化是世界卫生组织在第二次老龄问题世界大会提出的，是指在老年时为了提高生活质量，使健康、参与和保障的机会尽可能发挥最大效益的过程。[1] 在此背景下，国外许多学者研究了老年人在身体活动和体育活动中所获得的生理、心理和社会层面的效用和由此产生的社会性收益，表2.2是老年人身体活动和体育活动的个人性与社会性收益研究结果的汇总。

表2.2　老年人身体活动和体育活动的个人性与社会性收益研究一览

收益指标及其影响	研究者及其研究年代
一、身体与健康性收益	
＋肌力	[3]吉特等，1999；[4]冈田，1998；[4]泽井，1997
＋耐力	[3]渡边等，2001
＋柔韧性	[3]苏密等，1997；[4]冈田，1998
＋平衡能力	[3]欧布瑞恩卡森斯，1998
＋骨密度	[3]宫元等，1999
＋ADL	[2]池田等，1999；[2]安乐等，2002
＋IADL	[3]木村等，1998
＋PADL	[3]洛克卡恩等，1998
＋健商（QOL）	[3]浅井等，2001；[3]史蒂沃特等，1993；[4]山口，1997
＋主观性体力	[3]冈山等，1999
＋客观性体力	[3]汤普森等，1999；[3]洛克斯等，1997
＋生活体力	[3]荒尾等，1998；[3]北晶等，2000；[3]前田等，1994
＋身体机能	[3]布莱登等，2000；[2]垂松等，1979
＋主观健乐度	[2]富莱特等，1996；[2]哈斯姆等，2000
＋思维能力	[3]坪井等，1976；[4]藤原，1997；[2]伊姆累等，1995
＋睡眠	[2]北田等，1997
＋寿命	[3]力斯乃等，1996；[3]帕芬博格，1988
＋活动寿命	[2]席法德，1994
＋身体障碍克服	[2]福田等，1999
－冠状动脉硬化	[3]亚当斯德力亚斯，1995；[3]席法德，1997

---

[1] 参见邬沧萍、姜向群《老年学概论》，中国人民大学出版社2015年第3版。

续表

收益指标及其影响	研究者及其研究年代
-高血压	(3)麦瑞等,1989;(3)格林德勒等,1996
-糖尿病	(3)席法德,1997
-肥胖	(3)梅尔,1994;(3)笠原等,1999
-骨疏松症	(2)欧布瑞恩卡森斯,1998
-直肠癌	(3)布拉尔等,1994
-跌倒	(2)竹中等,2002
-自主能力障碍	(3)种田,2001
-护理时间	(3)席法德,1997
二、心理与精神性收益	
+生存意义	(1)狄西曼,1989;(1)日下,1999;(3)青木,1994
+活动与生气	(2)阿莱特等,2000;(3)渡边等,2001
+生活满意度	(2)川西等,1996;(2)山口,1997
+余暇满意度	(2)土肥等,1995;(2)山口,1996;(2)右泽等,2002
+主观幸福感	(2)谷口,2000;(2)安永等,2002
+精神性健康	(3)青木,2000
+自我实现	(1)狄西曼,1989
+想象与憧憬	(2)罗兰德,2000;(3)金等,1989
-应激反应	(3)金等,1993;(3)哈勃等,1993
-烦躁	(2)哈斯曼等,2000;(2)金等,1993;(3)渡边等,2001
-郁虑	(3)渡边等,2001
-愤怒	(2)席法德,1994
-孤独感	(2)欧布瑞恩卡森斯,1998
三、劳动性收益	
+生产性收益	(3)奥巴斯,1995;(3)瑞德,2001
+请假率	(3)科蒂慈,1999;(3)科克斯,1981
-劳动灾害	(3)赫斯佳拿大,1998
-辞职率	(3)赫斯佳拿大,1996
四、社会经济性收益	
+年间纯利	(3)澳大利亚体育运动委员会,1997

续表

收益指标及其影响	研究者及其研究年代
－医疗费	(3)世界卫生组织，2000
－医疗受诊率	(3)科蒂慈，1999；(2)席法德，1994
－住院率	(3)赫斯佳拿大，1998；(2)欧布瑞恩卡森斯，1998
－护理费	(2)席法德，1994
五、社会群体性收益	
＋夫妇与家庭关系	(2)哈士姆等，2000
＋朋友关系	(2)齐藤等，2000；(3)冈山等，1999
＋邻里关系	(2)齐藤等，2000
＋社会网络	(2)长原，1999；(2)欧布瑞恩卡森斯，1998
＋代际交流	(1)世界卫生组织，1997
＋社区呵护	(3)冈山等，1979
六、社会文化性收益	
＋社区活动化	(1)世界卫生组织，1997
＋社区印象	(2)欧布瑞恩卡森斯，1998
－否定性老年感	(1)拉塔卡锐等，1998；(2)欧布瑞恩卡森斯，1998

注1：(1)代表理论性研究；(2)代表相关性研究；(3)代表实验性研究；(4)代表介入观察分析。

注2：＋表示与身体活动正相关，－表示与身体活动负相关。

2. 国内相关研究

国内人口老龄化与老年人家庭研究主要分为两个方面，一是人口老龄化对老年人婚姻家庭和老年家庭类型的影响，二是人口老龄化对家庭功能和家庭关系的影响。在老年人婚姻家庭和老年家庭类型方面，周广庆[1]研究认为老年人对婚姻家庭有着高度需求，需要通过婚姻家庭获得情感寄托和情感满足，而老龄化导致了老年人性困惑等现实问题；老龄化的发展导致老年空巢家庭、老年同居家庭和老年再婚家庭等老年家庭类型增多。蒋传和[2]以现有的家庭理论为依托并结合我国老年家庭的实际，提出了包括单身老年家庭类、空巢家庭类、核心家庭类、主干家庭类、大家庭类和其

---

[1] 参见周广庆《人口老龄化对社会发展和社会建设的影响》，浙江大学出版社2013年版。

[2] 参见蒋传和《当前中国老年家庭类型新探及问题指向》，《安徽农业大学学报》（社会科学版）2007年第6期。

他家庭类在内的老年家庭类型新体系,这有利于对家庭养老问题进行深入探讨和研究。胡湛等[1]根据1982—2010年人口普查数据分析了我国家庭户变动的趋势,发现随着老龄化的发展,家庭老龄化和空巢化趋势日益明显,老人独立居住的比重大幅提升,老人与子女同住的比例显著下降,老人独居和多代同堂是我国当前老年人居住安排的两大模式。王跃生[2]以2010年人口普查数据为基础分析了我国不同地区老年人居住家庭类型,发现中国各地城乡老年人以核心家庭、直系家庭和单人户为基本生活单位,各省级单位城市老年人居住方式形成直系家庭和核心家庭、与已婚子女同住和独居并存的格局,农村则多以直系家庭和与已婚子女同住为主。

针对老龄化形势下越来越多的老年人家庭婚姻问题,一些学者从法律保障角度进行了研究。赵艳斌[3]结合之前学者关于老年人同居法律属性的观点,对老年人同居的概念、主体和相关法律概念关联性等问题进行了探讨;严雪梅等[4]对老年人的再婚现状与法律保障机制进行研究,以成都市老年人再婚现状的实地调研为基础剖析了老年人再婚所面临的困境,并提出了健全法律权益保障机制的对策建议。王富超[5]认为,为避免老年人因同居或再婚而使人身或财产权益无法受法律保障,我国应对老年人再婚自主权益的法律保障进一步完善,包括在《婚姻法》中设立老年人同居制度、增加约定财产制内容条款并强化司法执行措施,从而达到真正维护老年人再婚自主权益的目的。李敏[6]、徐冠一等[7]从我国"银发同居"的现状、产生原因、益处和弊端等角度进行了系统分析,在梳理我国的立法现状和国外立法制度的基础上提出增设老年人"准婚姻制度"的立法建议。

---

[1] 参见胡湛、彭希哲《中国当代家庭户变动的趋势分析——基于人口普查数据的考察》,《社会学研究》2014年第3期。
[2] 参见王跃生《不同地区老年人居住家庭类型研究——以2010年人口普查数据为基础》,《学术研究》2014年第7期。
[3] 参见赵艳斌《老年人同居法律属性研究》,《法制博览》(中旬刊)2013年第11期。
[4] 参见严雪梅、秦波《老年人再婚现状分析与法律保障机制研究——以成都市为例》,《广西政法管理干部学院学报》2012年第2期。
[5] 参见王富超《关于完善老年人再婚自主权益法律保障的相关对策》,《西华大学学报》(哲学社会科学版)2015年第4期。
[6] 参见李敏《"银发同居"的法律思考》,硕士学位论文,烟台大学,2013年。
[7] 参见徐冠一《"银发同居"法律问题及对策研究》,硕士学位论文,新疆大学,2017年。

参与与回报：老年人身体活动收益研究

　　从人口老龄化对家庭功能和家庭关系的影响角度，一些学者分析了老龄化趋势下家庭关系和家庭功能面临的挑战。家庭具有生产功能、消费功能、生育功能、抚养功能、教育功能和养老功能六方面的功能，[1] 老龄化下的少子老龄化、独子老龄化甚至无子老龄化、丧子老龄化导致家庭的养老功能弱化，同时农村家庭的生产功能被弱化。[2] 邬沧萍等[3]认为人口老龄化对我国老年人最大的挑战就是家庭养老功能的弱化，一部分老年人缺乏生存和发展的安全感。李志宏[4]认为家庭的"多老化"和"少子化"在加重家庭养老负担的同时也在削弱家庭的经济保障和照料服务功能。郭德全[5]分析了50起老年人非正常死亡，认为人口老龄化下父母年老依靠子女而加深了代际冲突，缺乏支持的老年人越发弱势。张彭[6]从抚养系数的角度研究了人口老龄化对家庭的影响，认为在当前国家开放二胎的政策下，适龄青年要在照顾至少四个老年人的基础上面对孩子的抚养教育负担，这不仅会引发家庭矛盾，还会导致孩子教育环境的恶化。也有一些学者对此持积极态度，比如李志宏[7]认为，少子老龄化使每个家庭养育子女的费用降低，在特定阶段减轻了家庭总的抚养负担，使家庭资源在抚养子女、赡养老年人以及提高家庭生活质量等方面实现了"帕累托改进"。曾小五[8]的一项调查显示，父母健在时兄弟姐妹之间的交往频次大大高于父母双亡后的交往频次，因而认为子女在工作中和生活中遇到困难时最先想到的是父母，父母真诚、无私和富有感情的开导和帮助，是子女应对各种风险和困难的重要心理支撑，有利于维系家庭和谐稳定。还有一些研究结合了老年人的社会价值和老龄化对家庭影响这两个研究角度，认为老年人

---

[1] 参见丁文《家庭学》，山东人民出版社1997年版。
[2] 参见周广庆《人口老龄化对社会发展和社会建设的影响》，浙江大学出版社2013年版。
[3] 参见邬沧萍、杜鹏《老龄社会与和谐社会》，中国人口出版社2012年版。
[4] 参见李志宏《人口老龄化对我国经济社会发展的正面效应分析》，《老龄科学研究》2013年第7期。
[5] 参见郭德全《老年人非正常死亡典型案例分析》，《老龄问题研究》2003年第10期。
[6] 参见张彭《我国人口老龄化与社会发展的思考》，硕士学位论文，山西师范大学，2016年。
[7] 参见李志宏《人口老龄化对我国经济社会发展的正面效应分析》，《老龄科学研究》2013年第7期。
[8] 参见曾小五、朱尧耿《老年人的价值及其价值实现》，《人口研究》2008年第2期。

家庭活动也是其为社会做出贡献的一种方式。杨宗传[①]认为,老年人社会参与应包含一切有益于社会的活动,既包括社会经济发展活动、社会文化活动、社会人际交往和旅游活动,也包括家务劳动和在家庭范围内参与文化娱乐的活动。周广庆[②]通过研究老年人养老负担和对中青年人工作生活的影响,探讨了老年人群体对社会造成的间接影响。

综上所述,国内学者对人口老龄化趋势下的家庭类型、家庭功能和家庭关系进行了较为系统的研究。人口快速老龄化与思想观念变化在影响家庭类型和结构的同时,也对家庭功能和家庭关系带来了新的挑战和压力。

第二节 人口老龄化与经济发展研究

人口老龄化使得劳动力年龄结构发生变化的趋势愈发显著。老年人口增多,劳动力比例减少,养老负担加重,不论对个人、企业还是国家和社会都会造成影响。人口老龄化与经济发展议题受到广泛关注,研究老龄化对经济发展的影响,并从国家和社会层面进行战略调整具有重要意义。当前学者对人口老龄化与经济发展的影响主要从三个方面进行研究,一是分析人口老龄化对经济发展的影响;二是具体研究老年人身体活动对疾病和健康的影响,因为老年人的疾病与健康会对经济具有潜在的影响;三是身体活动的经济性收益研究。

一 人口老龄化对经济发展的影响研究

（一）人口老龄化对经济的具体影响效应

在经济学理论中,经济增长的源泉来自劳动、资本、技术和人力资本等。人口老龄化对经济增长潜力的影响,可以归结为对资本积累、劳动力供给及技术进步等方面的影响。[③] 本研究对现有文献进行总结和分析,具体从储蓄率、劳动力供给、消费、技术和产业等方面梳理人口老龄化对经

---

① 参见杨宗传《再论老年人口的社会参与》,《武汉大学学报》(人文科学版)2000年第1期。
② 参见周广庆《人口老龄化对社会发展和社会建设的影响》,浙江大学出版社2013年版。
③ 参见李志宏《国家应对人口老龄化战略研究总报告》,《老龄科学研究》2015年第3期。

济发展的影响。

1. 人口老龄化对储蓄的影响

人口老龄化对经济影响的一个重要方面是对于储蓄的影响。储蓄是投资的基础,储蓄的下降会导致投资、利率的变化,影响资本的形成,导致经济增长变化。研究普遍认为人口老龄化对储蓄的影响是负面的,即源于老龄化的储蓄率下降会对经济增长造成不利影响。根据消费和储蓄的生命周期理论,成年人在收入高峰时的消费往往小于收入从而成为净储蓄者,但步入老年后即退休后便会动用储蓄资金而降低储蓄水平。[1] 劳动人口比例与储蓄正相关,而老年人口比率与储蓄负相关。储蓄率的降低将导致人口老龄化较严重地区资本形成的减少。胡鞍钢[2]基于索洛增长模型(Solow growth model),收集 1990—2008 年的中国省级面板数据建立动态数学模型,验证并得出人口老龄化将会降低中国储蓄率并进而对人均 GDP 及其增长率产生不利影响。Curtis 等学者[3]利用中国 1955—2009 年的数据,建立了一个代际交叠(OLG)模型,Chamon 和 Prasad[4]利用 1995—2005 年的数据所做的研究,均验证了以上结论。

然而,也有学者提出,结合中国的具体情况来看,人口老龄化并不会导致储蓄减少。中国老年人顾及下一代的收入水平和支出能力,存在跨代消费,而且退休后生产收入锐减,考虑到医疗的刚性支出,老年人储蓄反而会有所增加。[5] 此外,国外学者 Bloom[6]认为寿命延长,人们为了更长的老年生活而储蓄,因此储蓄率会上升。因此一些研究从出生率、死亡率和人口抚养比的角度进一步分析人口老龄化对储蓄的影响。人口老龄化是出

---

[1] 参见郭熙保等《人口老龄化对中国经济的持久性影响及其对策建议》,《经济理论与经济管理》2013 年第 2 期。

[2] 参见胡鞍钢《人口老龄化、人口增长与经济增长——来自中国省际面板数据的实证证据》,《人口研究》2012 年第 3 期。

[3] Curtis, C., Lugauer, S., Mark, N., "Demographic Patterns and Household Saving in China", *American Economic Journal - Macroeconomics*, No. 2, 2015, pp. 58 – 94.

[4] Chamon, M., Prasad, E., "Why Are Saving Rates of Urban Households in China Rising?" *American Economic Journal: Macroeconomics*, No. 1, 2010, pp. 93 – 130.

[5] 参见肖欢明《我国人口老龄化对经济增长的影响路径分析》,《经济问题探索》2014 年第 1 期。

[6] Bloom, D., Canning, D., Sevilla, J., "The Demographic Dividend a New Perspective on the Economic Consequences of Population Change", *Santa Monica*, 2003.

生率和死亡率下降共同作用的结果，钟阳[①]认为，出生率和死亡率对储蓄率有显著的积极和消极影响，出生率对储蓄率的影响大于死亡率。各个时期出生率的下降导致国民储蓄率下降，资本积累增加，阻碍经济发展。

抚养比是指人口中非劳动年龄人口与劳动年龄人口数量之比，人口老龄化导致老年抚养比上升。董丽霞等[②]利用东亚地区、拉美地区、经济合作与发展组织以及非洲南撒哈拉地区国家为样本，考察了经济发展和人口转变的不同阶段少儿抚养比和老人抚养比对储蓄率的影响。结果显示，由于人口转变的行为效应，较低收入的地区在经济增长过程中，储蓄率因少儿抚养比的升高和老人抚养比的下降而上升；在东亚地区，随着收入水平提高，在经济增长过程中储蓄率随着少儿抚养比的下降和老人抚养比的升高而上升；而在拉美等国家，在经济增长过程中少儿抚养比的下降和老人抚养比的升高会导致储蓄率下降。

国家统计局发布的《中国统计年鉴（2017）》数据显示2016年中国总抚养比为37.9%，同比增长0.9%。我国少儿抚养比和老年抚养比都处于上升趋势。停滞两年的少儿抚养比在2014年又开始上涨，这与我国经济发展、人们物质水平的提高有较大关系。此外，自1982年以来我国老年抚养比一直上涨，2016年涨至15%。从近几年少儿抚养比和老年抚养比的上升趋势来看，我国的储蓄率会受到影响。

因此，从总体上人口老龄化与储蓄率是负相关的，但储蓄率受多种因素的影响。在我国，人口老龄化对储蓄率目前尚未呈现较大的影响，但由于近年来少儿和老年人口抚养比均呈现上升之势，未来人口老龄化对储蓄率的影响将会明显增强。同时特别需要注意的是，随着人口老龄化的发展，老年人对医疗的需求增加，对医疗开支的预估变化会在一定程度上影响其预备性储蓄。

2. 人口老龄化对劳动力供给的影响

多数研究表明，人口老龄化导致劳动力供给短缺。劳动力资源收缩和年龄结构老化会导致劳动力供给下降。根据柯布—道格拉斯函数，假定资

---

① 参见钟阳《人口转变对储蓄率及利率的影响：基于收入效应的实证研究》，《重庆大学学报》（社会科学版）2016年第2期。

② 参见董丽霞、赵文哲《不同发展阶段的人口转变与储蓄率关系研究》，《世界经济》2013年第3期。

本投入增长率和全要素生产力增长率不变，劳动参与增长率和劳动年龄人口增长率完全正相关。劳动力供给下降是一定的，但老龄化对劳动力的影响不是单纯的线性关系。[1]

劳动力供给是指在一定的市场工资率条件下，劳动力供给的决策主体（家庭或个人）愿意并且能够提供的劳动时间，其数量取决于劳动参与率和劳动年龄人口数量两个因素。劳动参与率是经济活动人口（劳动力）占劳动年龄人口的百分比，劳动参与率降低，劳动力供给减少。劳动年龄人口是指法定劳动年龄范围内的人口，劳动年龄人口减少，劳动供给减少。[2]

分析不同劳动者的异质性可以更准确地衡量有效劳动供给，对人口老龄化影响经济增长做出更准确的评估。通过对中国、巴西、法国、印度、日本和美国 2013 年劳动力参与率比较，发现在某一特定年龄段下，年轻人口的劳动参与率显著高于老龄人口。[3] 对人口老龄化的分析应该以有效劳动来进行衡量，将不同年龄劳动者在劳动效率方面的差异纳入考察范围。评估结果表明，中国有效劳动供给在达到峰值后的降速将快于人口总量和劳动力总量的变动，且更具波动性。在以有效劳动来衡量劳动供给变动的模拟情景下，21 世纪上半叶中国 GDP 增长率的降速将快于只考虑人口总量或劳动力总量变动的情景。[4] 因此，要重视人口老龄化发展造成总体劳动力供给减少的影响，而提升劳动力质量也是十分必要的，尤其是劳动力的健康水平。

大部分实证研究均验证了老龄化会导致劳动力供给下降进而影响经济增长的论断。中国人口老龄化的背景下，劳动年龄人口比例变化的不利影响早于预期。刘平[5]、郑君君等学者[6]的研究表明，中国劳动年龄人口比例

---

[1] 参见齐传钧《人口老龄化对经济增长的影响分析》，《人口老龄化对经济增长的影响分析》，《中国人口科学》2010 年第 1 期。

[2] 参见肖欢明《我国人口老龄化对经济增长的影响路径分析》，《经济问题探索》2014 年第 1 期。

[3] 参见周祝平、刘海斌《人口老龄化对劳动力参与率的影响》，《人口研究》2016 年第 3 期。

[4] 参见朱勤、魏涛远《老龄化背景下中国劳动供给变动及其经济影响：基于 CGE 模型的分析》，《人口研究》2017 年第 4 期。

[5] 参见刘平《人口老龄化对中国经济增长的影响研究》，博士学位论文，山东大学，2013 年。

[6] 参见郑君君等《劳动人口、老龄化对经济增长的影响——基于中国 9 个省市的实证研究》，《中国软科学》2014 年第 4 期。

持续下降,再加上老年人口的比例持续上升,使我国劳动力供给情况不容乐观,经济增长对劳动力需求的矛盾日益突出。从韩国的情况来看,人口老龄化造成的劳动力供给减少同样对经济增长产生了负面影响。Choi 等学者[1]建立了一个可计算的世代交叠模型,模拟结果表明,人口老龄化导致劳动力供给水平降低,资本存量增加,使得劳动力成本上升,人口老龄化可能会严重削弱韩国的经济增长潜力。学者们对人口老龄化对劳动供给的影响,以及劳动力老龄化对经济增长的影响等问题运用了不同的经济理论模型进行了细致的实证研究,但情况都不容乐观。

还有学者从不同角度看待人口老龄化导致劳动力供给下降对经济的影响,认为长期来看,人口老龄化有利于发展熟练的劳动力,而年轻劳动力的下降应该受到关注。童玉芬[2]采用联合国人口基金最新预测结果,结合其他相应数据,人口老龄化虽然会引起劳动年龄人口规模的下降,但在 2030 年之前下降比较缓慢,而年轻劳动力的下降则非常迅速。王云多的研究表明,[3] 短期劳动供给减少,产出水平下降,经济成本增加。

总之,人口老龄化导致的劳动力供给变化对经济增长具有负面影响,但其影响程度以及速度仍存有争议。随着人口老龄化进程加快,提升成熟劳动力质量、注重劳动力健康管理,从而降低劳动力供给变化对经济的负面影响十分必要。

3. 人口老龄化对消费市场的影响

人口老龄化导致老年人消费需求转变和日常生活类消费能力降低,有可能使消费市场受到影响。游士兵等[4]、于涛[5]经由实证研究,认为人口老龄化抑制整体消费市场需求。受传统观念和生理、心理因素的制约与影响,中国老年人消费能力普遍较低,且由于消费市场不完善,导致当前老

---

[1] Choi, K., Shin, S., "Population Aging, Economic Growth, and the Social Transmission of Human Capital: An Analysis with an Overlapping Generations Model", *Economic Modelling*, No. 50, 2015, p. 138.

[2] 参见童玉芬《人口老龄化过程中我国劳动力供给变化特点及面临的挑战》,《人口研究》2014 年第 2 期。

[3] 参见王云多《人口老龄化对劳动供给、人力资本与产出影响预测》,《人口与经济》2014 年第 3 期。

[4] 参见游士兵、蔡远飞《人口老龄化对经济增长影响的动态分析——基于面板 VAR 模型的实证分析》,《经济与管理》2017 年第 1 期。

[5] 参见于涛《中国人口老龄化与老年消费问题研究》,博士学位论文,吉林大学,2013 年。

年消费需求不足。根据经典消费理论,有效消费需求受国民收入与养老金支出的影响,中国老年人的实际情况也验证了这一理论,老年人收入与养老金影响了其有效消费需求。茅锐等[①]的研究发现,当剔除收入效应、财富效应和偏好转变等因素时,人口老龄化导致食品、家庭设备用品及服务、医疗保健和居住的消费比重上升,衣着、交通和通信、教育文化娱乐服务和其他商品和服务的消费比重下降。但即使考虑收入效应,医疗保健消费占比仍会快速增长,而教育文化娱乐消费占比下降较快。还有研究从人口抚养比这一角度解释人口老龄化对消费的影响。罗光强和谢卫卫[②]以生命周期理论为基础,建立了一个包含人口抚养比的居民消费模型,考察人口抚养比对居民消费率的影响。李魁[③]利用我国30个省市区1990—2006年的面板数据进行动态GMM估计人口年龄结构变动对居民消费率的影响。两项研究结果均表明,少儿抚养比越低、老年抚养比越高,居民消费率越低。不过相对于老年抚养负担对消费率的影响,少儿抚养负担对消费率的影响更加显著。但从人口结构变化的趋势来看,人口年龄结构对消费的影响具有时期效应,王欢等学者[④]的实证研究表明,进入人口老龄化阶段之后,我国城乡老年抚养比相对于少儿抚养比对消费变化的影响更大,伴随着人口年龄结构的转变,城乡居民都会在子女照料和老人赡养方面做出消费倾斜。

人口老龄化不仅抑制整体消费市场,还会对消费结构产生影响,尤其医疗保健消费占比增长较快。老龄化趋势下,老年赡养负担的变化对居民消费率的影响逐渐增强,且随着老年抚养比的增长,少儿抚养负担对消费率的影响逐渐趋弱。

4. 人口老龄化对产业结构的影响

人口老龄化对消费的影响是从需求方面对经济产生影响,而其对技术创新和产业结构的影响则主要是从供给角度产生影响。老龄化通过人口转

---

① 参见茅锐、徐建炜《人口转型、消费结构差异和产业发展》,《人口研究》2014年第3期。
② 参见罗光强、谢卫卫《中国人口抚养比与居民消费——基于生命周期理论》,《人口与经济》2013年第5期。
③ 参见李魁《人口年龄结构变动与经济增长》,博士学位论文,武汉大学,2010年。
④ 参见王欢、黄健元《中国人口年龄结构与城乡居民消费关系的实证分析》,《人口与经济》2015年第2期。

变对整体需求的变动，以及人力资本长期积累的变化影响产业结构产生。郭熙保等学者[①]研究表明，人口老龄化会导致创新精神衰退和技术进步缓慢，进而影响产业结构升级。还有研究认为，随着人口增长的停滞，资本深化将会放慢甚至下降。年轻劳动力的缺乏对于国家的制度和技术创新，实现工业化到信息化的转变，以及社会经济变迁所需要的风险投资和高新技术产业发展，是一个严峻的挑战。老年劳动力比重的提高将损害技术进步和制度创新，不利于全要素生产率的提高。同时实证研究结果也表明，人口老龄化会对产业结构产生刺激，促进产业结构升级。[②] 这种促进效应主要表现在人口老龄化通过加快人力资本积累"倒逼"企业用资本和技术替代劳动来应对劳动力成本的上升，从而促进产业结构升级。基于中国1992年至2013年分省份面板数据的实证研究表明，人口老龄化不仅促进了第一、第二、第三产业间结构的优化，还推动了制造业与服务业内部技术结构的优化。[③]

从全球的数据来看，人口老龄化导致劳动力资本的转变，进而对产业结构产生影响。任志成[④]基于1980年至2010年国别数据的研究结果表明，人口抚育负担高的国家在全球制造业的比较优势较弱，人口红利国家往往具有制造业的比较优势。人口老龄化下人口红利逐渐消失，中国势必要顺应全球人口结构转变的趋势，重视包括健康在内的人力资本的投资，从而提升自身在国际分工中的地位。对于发达国家，人口老龄化会通过劳动力成本路径刺激生产服务业的发展，人口老龄化对发达国家的服务业发展有显著的促进作用，对服务业就业比重的影响大于对产值比重的影响。

---

① 参见郭熙保等《人口老龄化对中国经济的持久性影响及其对策建议》，《经济理论与经济管理》2013年第2期。
② 参见汪伟等《人口老龄化的产业结构升级效应研究》，《中国工业经济》2015年第11期；任志成《全球性人口转型对国际分工的影响——基于动态面板数据的分析》，《世界经济研究》2014年第5期；陈卫民、施美程《发达国家人口老龄化过程中的产业结构转变》，《南开学报》（哲学社会科学版）2013年第6期；陈颐、叶文振《台湾人口老龄化与产业结构演变的动态关系研究》，《人口学刊》2013年第3期。
③ 参见汪伟等《人口老龄化的产业结构升级效应研究》，《中国工业经济》2015年第11期。
④ 参见任志成《全球性人口转型对国际分工的影响——基于动态面板数据的分析》，《世界经济研究》2014年第5期。

在陈颐等[1]对台湾地区人口老龄化对产业结构的影响进行了研究，发现台湾地区人口老龄化与产业结构之间的动态影响是相互的。相较产业结构自身的冲击，人口老龄化对产业结构转型升级的冲击效应更显著。短期内人口老龄化无法显现其正面影响，但长期来看老龄化趋势对产业结构高级化的正面效应逐渐递增。人口老龄化的发展对产业结构升级产生了正面的影响，促进创新产业，刺激生产服务业的发展。由此可见，随着人口老龄化进程的加快，中国需要加快产业升级来应对因人口老龄化带来的一系列问题，同时加强老年人相关服务产业的发展。

总体来看，人口老龄化发展对产业结构升级产生了正面影响，促进创新产业和刺激生产服务业的发展。因此随着人口老龄化进程加快，中国需要加速产业升级来应对因人口老龄化带来的一系列问题，同时加强老年人相关服务产业的发展。

（二）人口老龄化对经济发展影响的判断

我国关于人口老龄化对经济发展影响的研究，主要围绕对中国是否已经未富先老、人口红利是否消失等问题展开讨论。这些人口问题是保持经济增长可否持续的关键。人口红利是人口年龄结构变动过程中，劳动力抚养负担减轻形成的一个有利于经济增长的"结构性红利"。中国面临第一次人口红利过早消失、第二次人口红利开发困难和养老资源不足等挑战。郑君君等[2]、蔡昉[3]认为中国在快速人口转变过程中形成了"未富先老"特征，于涛[4]预测中国人口红利期将在2015年左右消失，人口惯性促使人口总量缓慢增长到2030年，在这期间中国人口老龄化将会以更快的速度发展，老年抚养压力会越来越沉重。这无论是对国家还是对家庭都是非常严峻的问题。

我国进入人口老龄化阶段已有较长时间，人口老龄化分为四个阶段，即年轻型人口阶段、年轻型向成年型过渡阶段、成年型向老年型过渡阶段，以及老年型的调整与回归阶段。不同学者对老龄化对中国经济影响的

---

[1] 参见陈颐、叶文振《台湾人口老龄化与产业结构演变的动态关系研究》，《人口学刊》2013年第3期。

[2] 参见郑君君等《劳动人口、老龄化对经济增长的影响——基于中国9个省市的实证研究》，《中国软科学》2014年第4期。

[3] 参见蔡昉《未富先老与中国经济增长的可持续性》，《国际经济评论》2012年第1期。

[4] 参见于涛《中国人口老龄化与老年消费问题研究》，博士学位论文，吉林大学，2013年。

第二章 研究综述

阶段进行分析并对未来走势进行预测，认为目前我国正处于人口老龄化的初期阶段，劳动年龄人口所占比重下降，消费需求萎缩，消费结构加剧变化，老年人口个人储蓄率降低。[①] 研究人口老龄化、经济增长与财政政策三者之间内生关系发现，人口老龄化对中国经济增长的影响正在从积极转向消极。[②] 谭海鸣等[③]预测，由于人口老龄化的影响，中国的经济增速在2021—2025年可能会出现台阶式下行，并触发房价下跌和"逆城镇化"。这是我国应对人口老龄化过程中应当注意的问题。

还有学者通过横向和纵向的比较分析，对我国人口老龄化对经济的影响程度进行判断。袁蓓的研究认为，无论是在国际范围内，还是与国内的政策调整对比来看，我国人口老龄化对经济增长的负面影响程度都相对较大。[④] 人口老龄化对我国经济增长的负面影响大于人口增长率下降的正面影响，应对人口年龄结构迅速老龄化影响经济增长效率的任务也极其紧迫，在此背景下应考虑适时调整计划生育政策。经济增长虽然在一定程度上会促进我国人口增长率上升，但人口增长最终会随经济增长而下降。郑伟等[⑤]基于中国第六次全国人口普查和联合国《世界人口展望》的最新数据研究发现，中国人口老龄化若干关键指标快速上升且长期保持高位。如果将1960—2005年的中国人口结构替换成2005—2050年的数据，人均GDP增长率将降低1.23个百分点，这一影响程度在世界范围处于很高等级。相比而言，中国人口老龄化对经济增长的潜在负面影响远高于世界平均水平和国家平均水平。不过，也有一些研究认为通过政策调整可以使人口老龄化对经济的影响降低。Bloom[⑥]根据生命周期理论计算，认为OECD国家因老龄化而导致经济增长率下降但幅度不大，因为人们的行为反应和

[①] 参见张桂莲、王永莲《中国人口老龄化对经济发展的影响分析》，《人口学刊》2010年第5期。

[②] 参见刘穷志、何奇《人口老龄化、经济增长与财政政策》，《经济学》（季刊）2013年第1期。

[③] 参见谭海鸣《老龄化、人口迁移、金融杠杆与经济长周期》，《经济研究》2016年第2期。

[④] 参见袁蓓《人口老龄化对中国经济增长的影响》，博士学位论文，武汉大学，2010年。

[⑤] 参见郑伟等《中国人口老龄化的特征趋势及对经济增长的潜在影响》，《数量经济技术经济研究》2014年第8期。

[⑥] Bloom, D. E., Chatterji, S., Kowal, P., et al., "Macroeconomic Implications of Population Aging and Selected Policy Responses", *The Lancet*, No. 385, 2015, pp. 649–657.

政策改革可以减轻人口老龄化对经济增长的负面影响,因此人口老龄化不会严重阻碍发展中国家的经济增长。Bloom 同时认为,这些反应也可以减缓人口老龄化对宏观经济影响的扩散。

我国学者还对地区性人口老龄化对经济发展的影响进行了研究,显示老龄化造成区域经济发展的不平衡。包玉香[1]认为,人口老龄化与区域经济发展之间有着必然的内在关联性,其研究以新古典经济增长模型为基础,引入人口老龄化指标对该模型进行扩展。结果表明,在不同区域人口老龄化的程度不同,人口再生产所处的发展阶段不同,对经济发展的影响各异。孙蕾等[2]根据我国1990年、2000年和2010年三次人口普查的数据,采用空间自相关模型和新构的经济自相关模型,用全局 Moran's I 指数反映全局自相关,用局部 Moran 指数和局部 G 系数反映局部自相关,分别探讨了中国各区域人口老龄化的空间相关性和经济相关性。研究显示,中国人口老龄化存在正的空间相关性和经济相关性,并且老少比这一指标对经济水平的依赖性大于对空间位置的依赖性,即老龄化的地区差异中,经济发展水平较空间位置的影响更大,经济发展较差的地区受人口老龄化的影响更加显著。

我国在人口老龄化过程中已经出现了"未富先老"的特征,人口红利逐渐消失,但就人口老龄化对经济的影响阶段来看,尚未达到人口老龄化峰值,预计人口老龄化导致的经济发展下行将在 2020 年之后出现。从各项反映人口老龄化对经济影响的指标来看,中国人口老龄化对经济增长潜在负面影响的强度远远高于世界平均水平,采取应对措施和调整政策十分必要,同时需要协调区域发展,重视经济欠发达地区和城市人口老龄化的问题。

二 身体活动对老年人疾病健康的影响研究

(一)身体活动与老年人生理退化关系的研究

随着年龄的增长,人体的组织和器官逐渐退化,这种退化会在一种渐

---

[1] 参见包玉香《人口老龄化的区域经济效应分析——基于新古典经济增长模型》,《人口与经济》2012 年第 1 期。

[2] 参见孙蕾等《中国人口老龄化空间分布特征及与经济发展的同步性研究》,《华东师范大学学报》(哲学社会科学版)2014 年第 3 期。

第二章 研究综述

进的生理变化中发生，最终导致在老年阶段人的生活独立性减弱，生活质量受到影响。Kohrt 等[①]的纵向研究结果显示，年龄与最大摄氧量（VO_{2max}）和骨骼肌相关的退化最为明显。Chodzko – Zajko 等[②]的研究显示，人体的骨骼肌能力在 40 岁之后开始逐步自然下降，65—70 岁左右时会呈加速式下降，且下肢的下降速率要快于上肢，身体成分的下降是导致老年人健康状况退化的又一重要原因。同时他认为，人体的身高会在 40—50 岁后以每 10 年 1 厘米的速度下降，且 60 岁以后身高下降得更为迅速。在骨密度上，人体骨骼成熟是在 20 岁左右，之后每年骨密度将下降 0.5%，40 岁之后骨密度的下降更为迅速，尤其对于女性而言，绝经期后的女性骨密度每年下降达 2%—3%（见图 2.1）。

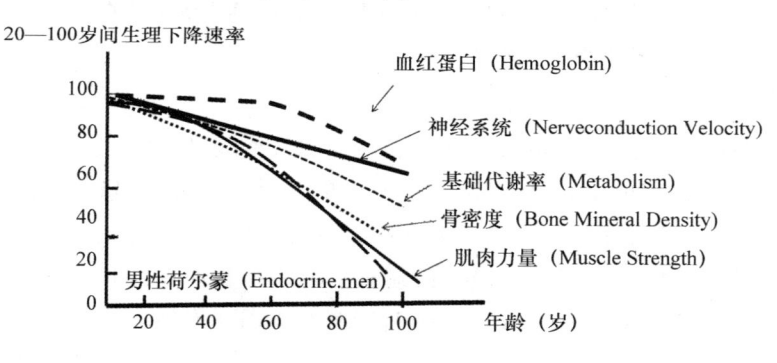

图 2.1　20 岁以后人体各器官生理下降速率

资料来源：Courtesy of Jefferrey Metter, *National Intitute on Aging*, *Baltimore Longitudinal Studies on Aging*, 2009。

然而，有规律的体育锻炼能够有效介入人体生理的退化过程。系统的体育锻炼能够提高老年人的生理能力和延缓这一生理老化过程。骨骼肌对于老年人的独立生活能力至关重要，通过锻炼能够有效提高老年人的骨骼肌的质量和能力[③]（见图 2.2），理论模型反映出体育锻炼和有目的的身体

---

① Kohrt, W. M., Malley, M. T., Coggan, A. R., et al., "Effects of Gender, Age, and Fitness Level on Response of Vo2max to Training in 60 – 71 yr Olds", *Journal of Applied Physiology*, No. 5, 1991, pp. 2004 – 2011.

② Chodzko – Zajko, W. J., Proctor, D. N., Fiatarone Singh M A, et al., "Exercise and Physical Activity for Older Adults", *Medicine & Science in Sports & Exercise*, No. 7, 2009, pp. 1510 – 1530.

③ Warburton, D., Nicol, C. W., Bredin, S., "Health Benefits of Physical Activity: the Evidence", *Canadian Medical Association Journal*, No. 6, 2006, pp. 801 – 809.

活动所具有的积极意义。

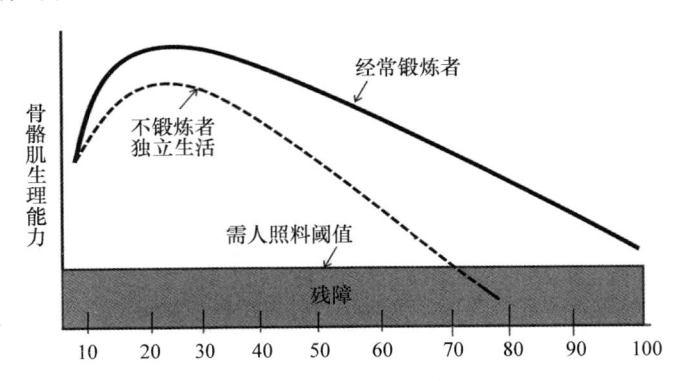

图 2.2 骨骼肌生理机能随年龄的正常退化和体育锻炼关系的理论模型

资料来源：Warburton, D., Nicol, C. W., and Bredin, S., "Health Benefits of Physical Activity: the Evidence", *Canadian Medical Association Journal*, No. 6, 2006, pp. 801 – 809。

在身体活动方面，相对年轻人，老年人更缺乏足够的身体活动。① 即使对于积极锻炼的老年人，其体育锻炼的形式和内容也趋于低强度的运动，如走路、逛公园等。② 在年龄相关的慢性疾病上，心血管疾病、高血压、二型糖尿病、肥胖病和癌症会随着年龄的增长而发病机率迅速上升。③ 同时，骨质疏松疾病、关节炎、肌肉衰减综合征④等疾病会伴随着老年人

---

① Westerterp, K. R., "Daily Physical Activity and Aging", *Current Opinion in Clinical Nutrition and Metabolic Care*, No. 3, 2000, pp. 485 – 488; Shchoenborn, C., Adams, P. F., Barnes, P. M., et al., "Health Behaviors of Adults: United States", *National Center for Health Statistics*, No. 2004, pp. 39 – 54.

② Rafferty, A. P., Reeves, M. J., McGee, H. B., et al., "Physical Activity Patterns Among Walkers and Compliance with Public Health Recommendations", *Medicine and Science in Sports and Exercise*, No. 8, 2002, pp. 1255 – 1261; Schoenborn, C. A., Adams, P. F., Barnes, P. M., et al., "Health Behaviors of Adults: United States, 1999 – 2001", *Vital and Health Statistics*, Series 10, Data from the National Health Survey, No. 219, 2004, pp. 1 – 79.

③ Lakatta, E. G., Levy, D., "Arterial and Cardiac Aging: Major Shareholders in Cardiovascular Disease Enterprises Aging Arteries: A 'Set Up' for Vascular Disease", *Circulation*, No. 1, 2003, pp. 139 – 146; Singh, M. A. F., "Exercise and Aging", *Clinics in Geriatric Medicine*, No. 2, 2004, pp. 201 – 222.

④ Shephard, R. J., *Aging, Physical Activity, and Health*, Human Kinetics Publishers, 1997; Ostchega, Y., Harris, T. B., Hirsch, R., et al., "The Prevalence of Functional Limitations and Disability in Older Persons in the U.S.: Data from the National Health and Nutrition Examination Survey III", *Journal of The American Geriatrics Society*, No. 9, 2000, pp. 1132 – 1135; Paterson, D., Stathokostas, L., "Physical Activity, Fitness, and Gender in Relation to Morbidity, Survival, Quality of Life, and independence in Older Age", *Gender, Physical Activity, and Aging*, 2002, pp. 99 – 120.

肌肉的衰减而来。

（二）身体活动与疾病健康关系的研究

1. 身体活动与疾病健康关系研究的回溯

随着科学技术的发展，人们的生活方式发生明显改变，尤其是工业革命之后，人类的生产生活活动越来越依赖于机械，身体活动时间趋于减少，活动强度趋于降低。由于长期缺乏活动，人们患慢性疾病的可能性增加。缺乏身体锻炼和身体活动成为现代人肥胖和心血管疾病发生的主要原因。

有关身体活动和疾病健康之间关系的研究已有150多年的历史。早在1843年，Guy[①]就研究了从事不同强度和频率劳动的工人之间死亡率的差异，认为经常劳动的工人死亡率显著低于从事身体活动较少职业的工人，因此体育锻炼是对健康非常有意义的生活方式。1846年，Edward Smith[②]对农民群体中较多和较少劳动的人进行研究后得出结论，较多的身体活动能够有效降低农民的死亡率。之后很长一段时间里，由于对药物治疗疾病效果的信任，人们忽视了身体活动对疾病和健康的作用及价值，这方面的研究相对停滞。直到1939年，Hedley[③]描绘了心血管疾病死亡率和职业之间的关系，发现商人患心血管疾病的死亡率远远高于从事体力劳动者的工人，但是Hedley的研究结论是这是由于情感和社会因素导致。Hedley的研究工作得到了"身体活动流行病学研究之父"Jeremiah Morris的重视。1950年Morris等[④]对长期缺乏活动的公共汽车司机和邮递员的研究发现，与从事其他身体活动较多工作的群体相比，长期缺乏身体活动是导致司机和邮递员群体心血管疾病发生率急剧上升的主要原因。这是第一个建立锻炼剂量和健康方式关系的研究。Morris等认为，人们从事较多身体活动性的工作将会降低由心血管疾病导致的死亡风险。从此之后，身体活动对于疾病和健康的效果研究再次得到医学和流行病学界的研究者重视。1951

---

① Guy, W. A., "Contributions to A Knowledge of the Influence of Employments upon Health", *Journal of the Statistical Society of London*, No. 3, 1843, pp. 197 – 211.

② Smith, E., "Report on the Sanitary Conditions of Tailors in London", *Report of the Medical officer*, The Privy Council, 1864, pp. 416 – 430.

③ Hedley, "Five Years' Experience (1933 – 1937) with Mortality from Acute Coronary Occlusion in Philadelphia", *Annals of internal Medicine*, No. 4, 1939, p. 598.

④ Morris, J. N., Heady, J. A., Raffle, P. A., et al., "Coronary Heart – Disease and Physical Activity of Work", *Lancet*, Vol. 262, No. 6795, 1953, pp. 1053 – 1057.

年，Paffenbarge 和 Hale 对 3000 多名年龄在 34—65 岁之间的码头工人的身体活动情况和疾病健康关系展开纵向追踪研究，随后他们又对 44585 名男性码头工人进行了为期 16 年的纵向跟踪研究。期间，888 名工人死亡，其中 291 名工人死于因缺乏运动引发的心血管疾病。Paffenbarge 研究发现，身体活动多的工人（每天活动 >4200kJ）心血管疾病引发的死亡率远远低于身体活动较少者（<4200kJ）。1975 年，Paffenbarge 等[1]进一步研究了 6000 名以上码头工人的身体活动和心血管疾病关系情况，发现在身体活动多（7850kJ）、中（6200kJ）和少（3600kJ）三组中，心血管疾病（CVD）的死亡率每年分别是 0.056%、0.157% 和 0.199%。从此以后，关于身体活动对慢性疾病和健康影响的研究再次得到学界的重视，大量的研究报道开始发表。1987 年 Powell[2]的研究探讨了身体运动和冠状动脉疾病（coronary heart disease）发生率之间的关系，认为身体缺乏活动是导致此疾病的主要原因。Sofi 等[3]在其研究综述中报道，一项对 513472 名受试者中 20666 名心血管疾病患者跟踪 4 年至 25 年的研究发现，身体活动多和中两组中，由心血管疾病引发的死亡显著减少。

2. 身体活动对疾病预防和治疗作用的研究

身体活动能够和药一样预防和治疗疾病已经被大量的研究所证实。Warburton 等[4]认为，理论上身体活动和慢性疾病存在线性关系（见图 2.3），即越缺乏身体活动的人，其患慢性疾病的机率就会越高。

在疾病预防方面，身体活动能够有效预防心血管疾病、中风、高血压、二型糖尿病、骨质疏松、肥胖病、结肠癌、乳腺癌、认知障

---

[1] Paffenbarger, R. S., Hale, W. E., "Work Activity and Coronary Heart Mortality", *The New England Journal of Medicine*, No. 11, 1975, pp. 545 – 550.

[2] Powell, K. E., Thompson, P. D., Caspersen, C. J., et al., "Physical Activity and The Incidence of Coronary Heart Disease", *Annual Review of Public Health*, No. 1, 1987, pp. 253 – 287.

[3] Sofi, F., Capalbo, A., Cesari, F., et al., "Physical Activity During Leisure Time and Primary Prevention of Coronary Heart Disease: An Updated Meta – Analysis of Cohort Studies", *Journal of Cardiovascular Risk*, No. 3, 2008, p. 247.

[4] Warburton, D. E. R., Charlesworth, S., Ivey, A., et al., "A Systematic Review of the Evidence for Canada's Physical Activity Guidelines for Adults", *International Journal of Behavioral Nutrition and Physical Activity*, No. 1, 2010, pp. 1 – 220.

第二章　研究综述

碍、焦虑、抑郁症等疾病。在疾病治疗方面，它能够治愈心血管疾病[1]、高血压[2]、二型糖尿病[3]、肥胖病[4]、高胆固醇、骨质疏松[5]、骨关节炎[6]、跛行[7]、慢性肺病障碍[8]以及压力和焦虑[9]、健忘症[10]、痛苦[11]、充血

---

[1] Fletcher, G. F., Balady, G. J., Amsterdam, E. A., et al., "Exercise Standards for Testing and Training – A Statement for Healthcare Professionals from the American Heart Association", *Circulation*, No. 14, 2001, pp. 1694 – 1740; Thompson, P. D., Crouse, S. F., Goodpaster, B., et al., "The Acute Versus the Chronic Response to Exercise", *Medicine & Science in Sports & Exercise*, No. 6, 2001, pp. 438 – 445; Hagen, K. B., Hilde, G., Jamtvedt, G., et al., "The Cochrane Review of Advice to Stay Active as a Single Treatment for Low Back Pain and Sciatica", *Spine*, No. 16, 2002, pp. 1736 – 1741.

[2] Chobanian, A. V., Bakris, G. L., Black, H. R., et al., "Seventh Report of the Joint National Committee on Prevention, Detection, Evaluation, and Treatment of High Blood Pressure", *Hypertension*, No. 6, 2003, pp. 1206 – 1252; Thompson, P. D., Buchner, D., Pina, I. L., et al., "American Heart Association Council on Clinical Cardiology Subcommittee on Exercise, Rehabilitation, and Prevention; American Heart Association Council on Nutrition, Physical Activity, and Metabolism Subcommittee on Physical Activity. Exercise and Physical Activity in the Prevention and Treatment of Atherosclerotic Cardiovascular Disease: A Statement from the Council on Clinical Cardiology (Subcommittee on Exercise, Rehabilitation, and Prevention) and the Council on Nutrition, Physical Activity, and Metabolism (Subcommittee on Physical Activity)", *Circulation*, No. 24, 2003, pp. 3109 – 3116; Pescatello, L. S., Franklin, B. A., Fagard, R., et al., "Exercise and hypertension", *Medicine & Science in Sports & Exercise*, Vol. 36, No. 3, 2004, p. 533.

[3] Sigal, R. J., Kenny, G. P., Wasserman, D. H., et al., "Physical Activity Exercise and Type 2 Diabetes", *Diabetes Care*, No. 10, 2004, pp. 2518 – 2539.

[4] Dhhs, U. S., *Bone Health and Osteoporosis: A Report of the Surgeon General*, Rockville, MD: U. S. Department of Health and Human Services, office of the Surgeon General, 2004, pp. 16 – 35.

[5] Going, S., Lohman, T., Houtkooper, L., et al., "Effects of Exercise on Bone Mineral Density in Calcium – Replete Postmenopausal Women with and without Hormone Replacement Therapy", *Osteoporosis international*, No. 8, 2003, pp. 637 – 643.

[6] Altman, R. D., Hochberg, M. C., Moskowitz, R. W., et al., "Recommendations for The Medical Management of Osteoarthritis of The Hip and Knee: 2000 Update", *Arthritis Rheum*, No. 9, 2000, pp. 1905 – 1915.

[7] Stewart, A., Lamont, P. M., "Exercise Training for Claudication Surgeon", *Journal of the Royal Colleges of Surgeons of Edinburgh and Ireland*, No. 5, 2007, pp. 291 – 299.

[8] Pauwels, R. A., Buist, A. S., Calverley, P., et al., "Global Strategy for The Diagnosis, Management, and Prevention of Chronic Obstructive Pulmonary Disease", WHO Global initiative for Chronic Obstructive Lung Disease (Gold) Workshop Summary, *American Journal of Respiratory and Critical Care Medicine*, No. 5, 2001, pp. 1256 – 1276.

[9] Brosse, A. L., Sheets, E. S., Lett, H. S., et al., "Exercise and the Treatment of Clinical Depression in Adults – Recent Findings and Future Directions", *Sports Medicine*, No. 12, 2002, pp. 741 – 760.

[10] Doody, R. S., Stevens, J. C., Beck, C., et al., "Practice Parameter: Management of Dementia (An Evidence – Based Review) – Report of the Quality Standards Subcommittee of the American Academy of Neurology", *Neurology*, No. 9, 2001, pp. 1154 – 1166.

[11] Anon, "Clinical Practice Guidelines: The Management of Chronic Pain in Older Persons", *Geriatrics*, No. 3, 1998, pp. 6 – 7.

性心力衰竭[1]、晕厥[2]、中风[3]、背痛[4]等疾病。

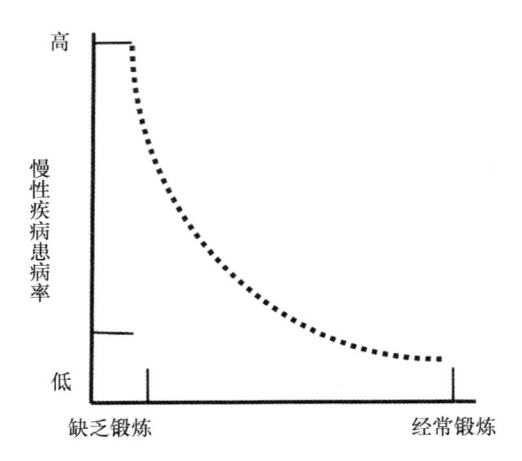

图 2.3 体育锻炼和慢性疾病患病率之间的理论关系

资料来源：Hagen, K. B., Hilde, G., Jamtvedt, G., et al., "The Cochrane Review of Advice to Stay Active as a Single Treatment for Low Back Pain and Sciatica", *Spine*, No. 16, 2002, pp. 1736-1741。

美国运动医学学会和心脏学会共同发表了身体活动对疾病预防和治疗效果的研究结论以及推荐锻炼方式（见表2.1）。在锻炼方式上主要推荐了有氧运动和力量训练，还推荐了中国太极拳、印度瑜伽等锻炼方式，但同时认为在防治疾病的效果方面还需要科学研究的进一步证实。

---

[1] Remme, W. J., Swedberg, K., "Guidelines for the Diagnosis and Treatment of Chronic Heart Failure", *European Heart Journa*, 2001, No. 17, pp. 1527-1560.

[2] Brignole, M., Alboni, P., Benditt, D. G., et al., "Guidelines on Management (Diagnosis and Treatment) of Syncope - Update 2004", *European Heart Journal*, No. 22, 2004, p. 2054.

[3] Gordon, N. F., Gulanick, M., Costa, F., et al., "Physical Activity and Exercise Recommendations for Stroke Survivors - An American Heart Association Scientific Statement From The Council on Clinical Cardiology, Subcommittee on Exercise, Cardiac Rehabilitation, and Prevention; The Council on Cardiovascular Nursing; The Council on Nutrition, Physical Activity, and Metabolism; and The Stroke Council", *Circulation*, No. 16, 2004, pp. 2031-2041.

[4] Hagen, K. B., Hilde, G., Jamtvedt, G., et al., "The Cochrane Review of Advice to Stay Active As A Single Treatment for Low Back Pain and Sciatica", *Spine*, No. 16, 2002, pp. 1736-1741.

表 2.1　身体活动的疾病防治推荐（美国运动医学学会和心脏学会）

疾病	预防效果	治疗效果	锻炼方式	注意事项
关节炎	有效果，通过肥胖病预防	有效果	有氧，力量和游泳	如肥胖，需足够的运动量以达到减重的合适水平
癌症	有效果，进行有氧锻炼	有效果，提高生活质量，抑制淋巴性水肿，提升心理功能，对肺癌患者治疗效果明显	有氧和力量	
长期障碍性肺病	没有	有效果，对严重肺气肿明显	有氧和力量	在疾病严重的患者中，力量练习更适合；锻炼效果和支气管扩张剂的药物疗效一致
长期肾功能衰竭	有效果，通过预防高血压和糖尿病	有效果，提高练习能力，心肺能力，生活质量和心理功能	有氧和力量	锻炼中要降低心肺和代谢危险因素，力量锻炼效果抵消肾功能衰竭
认知障碍	有效果，有氧锻炼	有效果	有氧和力量	有氧效果机制不清楚，力量练习时需要对老年痴呆者进行监控
充血性心力衰竭	有效果，通过预防冠状动脉疾病和高血压	有效果，能够提升存活率，减低心血管疾病危险，提高生活质量	有氧和力量	如呼吸困难严重限制有氧活动的话，进行力量训练更可行
冠状动脉疾病	有效果，力量和有氧练习具有效果	有效果	有氧和力量	如果心率对训练反应的缺血阈值较低，从事力量锻炼更可行
抑郁症	有效果，有氧锻炼	有效果	有氧和力量	中到高强度的锻炼更佳
功能性障碍	有效果，有氧锻炼增强肌肉力量保护	有效果	有氧和力量	练习内容选择应针对疾病

续表

疾病	预防效果	治疗效果	锻炼方式	注意事项
高血压	有效果，有氧锻炼	有效果	有氧和力量	有氧锻炼会降低收缩和舒张压
肥胖病	有效果，有氧锻炼	有效果	有氧和力量	有氧锻炼会导致能量代谢增加，力量锻炼能够保持瘦体重
骨质疏松	有效果，有氧锻炼	有效果	力量，有氧，平衡和高强度练习	有氧练习应在身体承受范围之内，多进行些高强度的跳跃练习，力量练习能提高肌肉收缩能力，平衡训练可以预防摔倒
外周血管疾病	有效果，有氧锻炼	有效果	有氧和力量	血管的影响是系统性的
中风	有效果，有氧锻炼	有效果	有氧和力量	最有效的治疗锻炼模式还不清楚
二型糖尿病	有效果，有氧锻炼和力量	有效果	有氧和力量	每72小时练习一次，中高强度练习最有效

资料来源：美国运动医学学会（ACSM）和美国心脏学会（AHA）(2009)。

3. 身体活动与死亡率关系的研究

在有关身体活动对死亡率影响的研究方面，学者认为身体活动较多者患心血管疾病的死亡率低于不活动者2—4倍，增加身体活动水平能够降低20%—35%的死亡率[1]，积极的体育锻炼能够使由心血管疾病引发的死亡率下降50%以上[2]，而且每周通过体育锻炼增加1000kcal（4200kJ）的能量消耗或者增加1MET能够减少20%的死亡率。Hu等[3]对每周少于1小

---

[1] Macera, C. A., Powell, K. E., "Population Attributable Risk: Implications of Physical Activity Dose", *Medicine and Science in Sports and Exercise*, No. 6, 2001, p. 635; Macera, C. A., Hootman, J. M., Sniezek, J. E., "Major Public Health Benefits of Physical Activity", *Arthritis Care & Research*, No. 1, 2003, pp. 122 - 128.

[2] Myers, J., Kaykha, A., George, S., et al., "Fitness Versus Physical Activity Patterns in Predicting Mortality in Men", *The American Journal of Medicine*, Vol. 117, No. 12, 2004, pp. 912 - 918.

[3] Hu, F. B., Willett, W. C., Li, T., et al., "Adiposity As Compared with Physical Activity in Predicting Mortality among Women", *Obstetrical & Gynecological Survey*, Vol. 60, No. 5, 2005, p. 311.

第二章　研究综述

时体育锻炼的中年妇女群体和积极锻炼的中年妇女群体的对比研究发现，前者将会增加52%的死亡危险，后者会减少2倍的心血管疾病引发的危险，降低29%癌症相关疾病患病率。Erikssen[1]将2014人分成Q1（体育锻炼最少）至Q4（体育锻炼最多）四组，进行了为期22年（1972年至1994年）的追踪研究，表明身体锻炼的多少与死亡率有着重要的关系，体育锻炼越多者死亡率越低，甚至体育锻炼适当的增加都能够有效地降低死亡率。Blair[2]通过对体育锻炼人群5年的纵向研究认为，积极从事体育活动的人能够降低死亡率达44%。

4. 身体活动与心血管疾病关系的研究

身体活动对于心血管疾病病人的治疗效果已经得到充分证实[3]。长久以来，在人们的思想观念中和医生的建议中，常常认为心血管疾病的病人应该多休息少运动，但研究认为有规律的运动会阻止疾病的进一步恶化，并能够治愈疾病。Taylor等[4]综述48个临床研究发现，对比正常的用药组，采用身体活动治疗组的心血管疾病病人的死亡率明显下降。每周消耗1600kcal能量能够有效阻止疾病的进一步恶化，而每周消耗2200kcal能量能够有效治愈疾病。[5] 还有研究报道，45%最大有氧功强度的训练能够显著提高心血管疾病病人的健康状态。[6] 总之，有规律的身体活动能够有效防治心血管疾病，同时在很大程度上降低心血管疾病死亡率。

---

[1] Erikssen, G., "Physical Fitness and Changes in Mortality: The Survival of The Fittest", *Sports Medicine*, Vol. 31, No. 8, 2001. p. 571—576.

[2] Blair, S. N., Kohl, H. W., Barlow, C. E., et al., "Changes in Physical Fitness and All-Cause Mortality", *The Journal of The American Medical Association*, Vol. 273, No. 14, 1995, p. 1093.

[3] Wannamethee, S. G., Shaper, A. G., Walker, M., "Physical Activity and Mortality in Older Men with Diagnosed Coronary Heart Disease", *Circulation*, Vol. 102, No. 12, 2000, pp. 1358 – 1363.

[4] Taylor, R. S., Brown, A., Ebrahim, S., et al., "Exercise – Based Rehabilitation for Patients with Coronary Heart Disease: Systematic Review and Meta – Analysis of Randomized Controlled Trials", *The American Journal of Medicine*, Vol. 116, No. 10, 2004, pp. 682 – 692.

[5] Hambrecht, R., Niebauer, J., Marburger, C., et al., "Various Intensities of Leisure Time Physical Activity in Patients with Coronary Artery Disease: Effects on Cardiorespiratory Fitness and Progression of Coronary Atherosclerotic Lesions", *Journal of the American College of Cardiology*, Vol. 22, No. 2, 1993, pp. 468 – 477.

[6] Blumenthal, J. A., Rejeski, W. J., Walsh – Riddle, M., et al., "Comparison of High – and Low – Intensity Exercise Training Early after Acute Myocardial Infarction", *The American Journal of Cardiology*, No. 1, 1988, pp. 26 – 30.

5. 身体活动与糖尿病关系的研究

在身体活动对糖尿病的预防方面,有氧和力量训练都能够有效减少二型糖尿病的发生[1]。Helmrich 等[2]研究认为,每周增加 500kcal 能量消耗能够降低 6% 的二型糖尿病发生率。Manson 等[3]通过对 21271 名有锻炼习惯的男性的流行病学研究发现,经常从事体育锻炼的男性,其二型糖尿病的发生率明显低于不进行锻炼的男性,并认为中等强度的体育锻炼能够有效防止二型糖尿病的进一步恶化。体育锻炼对于肥胖患者的糖尿病防治效果更佳。[4] Williamson[5]综述了大量的实验研究后发现,在 3 年至 4 年的研究期间,通过适当的饮食控制和体育锻炼能够有效降低糖尿病 40%—60% 发病机率。Knowler[6]研究认为,每周累计 150 分钟的中强度体育锻炼是有效介入糖尿病防治的方式。总之,大量的实验研究已经证实:体育锻炼能够有效地预防糖尿病的发生。

在身体活动对糖尿病治疗效果的研究方面,学者也发现体育锻炼是

---

[1] Helmrich, S. P., Ragland, D. R., Paffenbarger, R. S., "Prevention of Non – Insulin – Dependent Diabetes Mellitus with Physical Activity", *Medicine and Science in Sports and Exercise*, No. 7, 1994, p. 824; Warburton, D., Gledhill, N., Quinney, A., "Musculoskeletal Fitness and Health", *Canadian Journal of Applied Physiology – Revue Canadienne de Physiologie Appliquee*, No. 2, 2001, pp. 217 – 237; Warburton, D., Nicol, C. W., Bredin, S., "Health Benefits of Physical Activity: the Evidence", *Canadian Medical Association Journal*, No. 6, 2006, pp. 801 – 809.

[2] Helmrich, S. P., Ragland, D. R., Leung, R. W., et al., "Physical Activity and Reduced Occurrence of Non – Insulin – Dependent Diabetes Mellitus", *The New England Journal of Medicine*, No. 3, 1991, pp. 147 – 152.

[3] Manson, J. A. E., Nathan, D. M., Krolewski, A. S., et al., "A Prospective Study of Exercise and Incidence of Diabetes among U. S. Male Physicians", *The Journal of The American Medical Association*, No. 1, 1992, pp. 63 – 67.

[4] Tuomilehto, J., Lindstrom, J., Eriksson, J. G., et al., "Prevention of Type 2 Diabetes Mellitus by Changes in Lifestyle Among Subjects with Impaired Glucose tolerance", *New England Journal of Medicine*, No. 18, 2001, pp. 1343 – 1350.

[5] Williamson, D. F., Vinicor, F., Bowman, B. A., "Centers for Disease Control and Prevention Primary Prevention Working Group Primary Prevention of Type 2 Diabetes Mellitus by Lifestyle Intervention: Implications for Health Policy", *Ann intern Med*, No. 11, 2004, pp. 951 – 957.

[6] Knowler, W. C., Barrett – Connor, E., Fowler, S. E., et al., "For The Diabetes Prevention Program Research Group Reduction in the Incidence of Type 2 Diabetes with Lifestyle Intervention or Metformin", *N Engl J Med*, No. 6, 2002, pp. 393 – 403.

第二章 研究综述

治疗糖尿病的有效手段。Gregg 等[1]的研究认为，每周进行 2 小时的走路锻炼能够降低 39% 至 54% 的糖尿病引发的总体死亡率，降低 34% 至 53% 由心血管疾病并发的糖尿病患者死亡率。Wei[2]的研究提出，糖尿病患者中经常参加体育锻炼者的死亡率水平比不参加锻炼者低 1.7 倍。Hsia 等人[3]的研究也都得出了体育锻炼能够治疗糖尿病的结论。Dunstan 等[4]认为，有氧锻炼和力量锻炼对治疗糖尿病都有很好的效果，而力量锻炼对于控制血糖的效果更佳。Boule 等[5]系统的综述研究报道，在 14 个（其中 11 个随机分配）控制性实验中，对受试者一组进行锻炼介入，一组进行传统药物治疗，发现体育锻炼介入对治疗糖尿病有显著疗效，并且与控制组相比，体育锻炼组降低死亡率达 42%。

总之，积极的身体活动和体育锻炼对于预防和治疗糖尿病的作用已经毋庸置疑。然而需要更为深入研究的，是对体育锻炼中的负荷和反应疗效做进一步定量分析，以期找出体育锻炼的剂量和效果之间的定量关系，从而科学地指导锻炼。

---

[1] Gregg, E. W., Gerzoff, R. B., Thompson, T. J., et al., "Trying to Lose Weight, Losing Weight, and 9 - Year Mortality in Overweight US Adults with Diabetes", *Diabetes Care*, No. 3, 2004, pp. 657 - 662.

[2] Wei, M., Gibbons, L. W., Kampert, J. B., et al., "Low Cardiorespiratory Fitness and Physical Inactivity as Predictors of Mortality in Men with Type 2 Diabetes", *Annals of internal Medicine*, No. 8, 2000, p. 605.

[3] Hsia, J., Wu, L. L., Allen, C., et al., "Physical Activity and Diabetes Risk in Postmenopausal Women", *American Journal of Preventive Medicine*, No. 1, 2005, pp. 19 - 25; Honkola, A., Forsen, T., Eriksson, J., "Resistance Training Improves the Metabolic Profile in individuals with Type 2 Diabetes", *Acta Diabetologica*, No. 4, 1997, pp. 245 - 248; Holten, M. K., Zacho, M., Gaster, M., et al., "Strength Training Increases Insulin - Mediated Glucose Uptake, GLUT4 Content, and Insulin Signaling in Skeletal Muscle in Patients with Type 2 diabetes. Diabetes", *Diabetes*, No. 2, 2004, pp. 294 - 305; Cauza, E., Hanusch - Enserer, U., Strasser, B., et al., "The Relative Benefits of Endurance and Strength Training on the Metabolic Factors and Muscle Function of People with Type 2 Diabetes Mellitus", *Archives of Physical Medicine and Rehabilitation*, No. 8, 2005, pp. 1527 - 1533.

[4] Dunstan, D. W., Daly, R. M., Owen, N., et al., "Home - Based Resistance Training Is not Sufficient to Maintain Improved Glycemic Control Following Supervised Training in Older individuals with Type 2 Diabetes", *Diabetes Care*, No. 1, 2005, p. 3.

[5] Boule, N. G., Haddad, E., Kenny, G. P., et al., "Effects of Exercise on Glycemic Control and Body Mass in Type 2 Diabetes Mellitus - A Meta - Analysis of Controlled Clinical Trials", *JAMA*, No. 10, 2001, pp. 1218 - 1227.

6. 身体活动与癌症关系的研究

Thune、Furberg[①]等学者研究了癌症和体育锻炼之间的关系,认为有规律的身体活动(无论是工作需要还是业余锻炼)都能够减少癌症的发病率,特别对女性乳腺癌和直肠癌这两种肿瘤疾病的作用最为显著。Lee等[②]的研究综述报道,中强度的身体活动(>4.5 METs)与低强度的身体活动相比锻炼效果更好;从事体力活动和经常锻炼的群体,其直肠癌的患病率能够减少30%—40%,乳腺癌的患病率能够减少20%—30%。总之,有规律、有目的的身体活动和体育锻炼能够有效减少癌症的发病率,尤其是对预防直肠癌和乳腺癌更为有效。

在身体活动对于癌症的治疗方面,到目前为止,有较少的证据证实体育锻炼能够减少癌症患者的死亡率。Haydon等[③]对患乳腺癌和直肠癌疾病的患者进行追踪研究,显示体育锻炼能够大大降低癌症的再次发生率和死亡率。Holmes[④]的研究发现积极锻炼的癌症患者其死亡率较不锻炼者低26%—40%。Jones等[⑤]认为对于体育锻炼治愈癌症的机制还需要进一步研究。尽管如此,大量的研究已经证实,有规律的锻炼能够提高人的健康水平,提高癌症患者的生活质量[⑥]。

[①] 参见张桂莲、王永莲《中国人口老龄化对经济发展的影响分析》,《人口学刊》2010年第5期;Thune, I., Furberg, A. S., "Physical Activity and Cancer Risk: Dose - Response and Cancer, All Sites and Site - Specific", *Medicine & Science in Sports & Exercise*, No. 6, 2001, pp. 530 - 550.

[②] Lee, J., Kim, Y., "The Participation Value of National - Level Sports - for - all Programs Perceived by the Living - Alone Elderly", *international Journal of Applied Sports Sciences*, Vol. 26, No. 1, 2014, pp. 42 - 51.

[③] Haydon, A., Macinnis, R. J., English, D. R., et al., "Effect of Physical Activity and Body Size on Survival after Diagnosis with Colorectal Cancer", *Gut*, No. 1, 2006, pp. 62 - 67.

[④] Holmes, M. D., Chen, W. Y., Feskanich, D., et al., "Physical Activity and Survival after Breast Cancer Diagnosis", *JAMA*, No. 20, 2005, pp. 2479 - 2486.

[⑤] Jones, L. W., Eves, N. D., Courneya, K. S., et al., "Effects of Exercise Training on Antitumor Efficacy of Doxorubicin in MDA - MB - 231 Breast Cancer Xenografts", *Clinical Cancer Research*, No. 18, 2005, pp. 6695 - 6698.

[⑥] Mckenzie, D. C., "Abreast in A Boat - A Race Against Breast Cancer", *Canadian Medical Association Journal*, No. 4, 1998, pp. 376 - 378; Adamsen, L., Midtgaard, J., Rorth, M., et al., "Feasibility, Physical Capacity, and Health Benefits of A Multidimensional Exercise Program for Cancer Patients Undergoing Chemotherapy", *Supportive Care in Cancer*, No. 11, 2003, pp. 707 - 716; Mckenzie, D. C., Kalda, A. L., "Effect of Upper Extremity Exercise on Secondary Lymphedema in Breast Cancer Patients: A Pilot Study", *Journal of Clinical Oncology*, No. 3, 2003, pp. 463 - 466; Segal, R. J., Reid, R. D., Courneya, K. S., et al., "Resistance Exercise in Men Receiving androgen Deprivation Therapy for Prostate Cancer", *Journal of Clinical oncology*, No. 9, 2003, pp. 1653 - 1659; Galvao, D. A., Newton, R. U., "Review of Exercise intervention Studies in Cancer Patients", *Clinicaloncology Journal of Clinical Oncology*, No. 4, 2005, pp. 899 - 909.

第二章 研究综述

7. 身体活动与骨质疏松关系的研究

在身体活动对骨质疏松的预防方面,力量练习是提高骨密度的最好锻炼方式。大量的长期纵向研究显示,[1] 力量锻炼对于提高各个年龄阶段群体(少儿、青少年、年轻人、中年人和老年人)的骨健康都具有显著作用。尤其对于老年人,随着年龄的增长骨质会逐渐流失而变得疏松,进行力量锻炼对于减少老年人的骨质疏松意义重大。Bakker 等[2]研究认为,力量锻炼能够帮助每年减少1%的脊椎和后背骨质流失。Shaw 等[3]的研究认为,力量锻炼对减少老年人的摔倒有很好的预防效果。Kannus 等[4]对3262人为期21年的纵向追踪研究显示,有规律的身体锻炼能够减少髋部骨折的发生率。总之,规律的体育锻炼和有目的的身体活动是减少骨质疏松的重要手段,特别对绝经后的女性有着更为重要的作用,对于老年人而言,体育锻炼是防止骨质疏松的一剂良药。

在身体活动对骨质疏松的治疗方面,Liu – Ambrose[5] 研究发现,体育锻炼能够有效提高老年女性(75—85岁)的骨密度水平。其在6个月的实验期间将98名女性分成3组(力量组 = 32;灵敏性训练组 = 34;牵拉锻

---

[1] Berard, A., Bravo, G., Gauthier, P., "Meta – Analysis of the Effectiveness of Physical Activity for The Prevention of Bone Loss in Postmenopausal Women", *Osteoporosis international*, No. 4, 1997, pp. 331 – 337; Kelley, G. A., "Exercise and Regional Bone Mineral Density in Postmenopausal Women: A Meta – Analytic Review of Randomized Trials", *American Journal of Physical Medicine & Rehabilitation*, No. 1, 1998, pp. 76 – 87; Kelley, G. A., "Aerobic Exercise and Lumbar Spine Bone Mineral Density in Postmenopausal Women: A Meta – Analysis", *Journal of The American Geriatrics Society*, No. 2, 1998, pp. 143 – 152; Bonaiuti, D., Shea, B., Iovine, R., et al., "Exercise for Preventing and Treating Osteoporosis in Postmenopausal Women", *Evid Based Nurs*, No. 2, 2003, pp. 50 – 51.

[2] Bakker, I., Twisk, J. W. R., Van, M. W., et al., "Ten – Year Longitudinal Relationship Between Physical Activity and Lumbar Bone Mass in (Young) Adults", *Journal of Bone and Mineral Research*, No. 2, 2003, pp. 325 – 332.

[3] Shaw, J. M., Snow, C. M., "Weighted Vest Exercise Improves indices of Fall Risk in Older Women", *The Journals of Gerontology Series A: Biological Sciences and Medical Sciences*, No. 1, 1998, p. 53; Carter, N. D., Khan, K. M., Petit, M. A., et al., "Results of a 10 Week Community Based Strength and Balance Training Programme to Reduce Fall Risk Factors: A Randomised Controlled Trial in 65 – 75 Year Old Women with Osteoporosis", *British Journal of Sports Medicine*, No. 5, 2001, p. 348.

[4] Kannus, P., Sievanen, H., Palvanen, M., et al., "Prevention of Falls and Consequent injuries in Elderly People", *Lancet*, No. 366, 2005, pp. 1885 – 1893.

[5] Liu – Ambrose, T., Khan, K. M., Donaldson, M. G., et al., "Falls – Related Self – Efficacy is independently Associated with Balance and Mobility in Older Women with Low Bone Mass", *The Journals of Gerontology Series A: Biological Sciences and Medical Sciences*, No. 8, 2006, p. 832.

炼组=32），实验结果表明，灵敏组提高了0.5%的骨密度，而力量组提高达1.4%，但牵拉组的骨密度的水平下降，由此Liu-Ambrose认为，力量训练对治愈骨质疏松症有重要的疗效。Kemmler[1]通过2年对绝经期骨质疏松女性的研究证实，高强度力量训练课程有效防止了骨质流失。有规律的体育锻炼，特别是力量训练对保持和提高骨健康水平，以及医治骨质疏松有显著效果。

8. 身体活动与老年疾病发生率关系的研究

与年轻人相比，老年人身体活动对疾病发生的预防效果更为显著。目前有越来越多的研究得出了身体活动和疾病发生率之间的定量关系。Christensen等[2]研究报道了有关老年身体活动与疾病发生率的纵向研究结果，70岁以上积极锻炼的老年人和不锻炼的老年人相比，在75岁时其丧失活动能力的机率仅为17%。Haveman-Nies等[3]也报道，积极锻炼的老人和缺乏锻炼的老人相比，能降低53%的丧失劳动能力的可能性。Schroll等[4]发现适当锻炼的丹麦老年人（每天20分钟，每周2—3小时）患功能障碍率为不锻炼老年人的1/4。Unger等[5]的研究指出，对老年人而言，走路的频率与老年功能水平下降之间存在重要关系。Wu等[6]研究发现，经常

---

[1] Kemmler, W., Lauber, D., Weineck, J., et al., "Benefits of 2 Years of intense Exercise on Bone Density, Physical Fitness, and Blood Lipids in Early Postmenopausal Osteopenic Women: Results of The Erlangen Fitness Osteoporosis Prevention Study (EFOPS)", *Archives of internal Medicine*, 2004, pp. 1084–1091.

[2] Christensen, U., Støvring, N., Schultz-Larsen, K., et al., "Functional Ability at Age 75: Is There an Impact of Physical inactivity from Middle Age to Early Old Age?", *Scandinavian Journal of Medicine & Science in Sports*, No. 4, 2006, pp. 245–251.

[3] Haveman-Nies, A., De Groot, L. C., Van Staveren, W. A., "Relation of Dietary Quality, Physical Activity, and Smoking Habits to 10-Year Changes in Health Status in Older Europeans in The SENECA Study", *American Journal of Public Health*, No. 2, 2003, pp. 318–323.

[4] Schroll, M., Avlund, K., Davidsen, M., "Predictors of Five-Year Functional Ability in a Longitudinal Survey of Men and Women Aged 75 to 80. The 1914-Population in Glostrup, Denmark", *Aging*, No. 1–2, 1997, p. 143.

[5] Unger, J. B., Johnson, C. A., Marks, G., "Functional Decline in The Elderly: Evidence for Direct and Stress-Buffering Protective Effects of Social interactions and Physical Activity", *Annals of Behavioral Medicine*, No. 2, 1997, pp. 152–160.

[6] Wu, S. C., Leu S, Y., Li C Y, "Incidence of and Predictors for Chronic Disability in Activities of Daily Living Among Older People in Taiwan", *Journal of The American Geriatrics Society*, No. 9, 1999, p. 1082.

第二章 研究综述

锻炼者其身体功能丧失的发生率仅为不活动者的52%。Boyle 等[1]的研究发现,每周多活动1小时会使患瘫痪的概率减少7%,而每天多活动1小时的老年人,其概率会减少40%至50%。Leveille 等[2]也报道了相似的研究结果,发现经常锻炼的老年人死亡率下降了53%。Stbye 等[3]更加准确的定量分析了老年体育锻炼和丧失活动能力的发生率之间的线性关系,经常高强度锻炼者为20%,中强度者为40%,低强度者为50%。Brink 等[4]发现,高活动量的老年人其能力丧失率仅为不活动者的40%,为中活动量者的60%。总之,对老年人而言,体育锻炼和疾病之间存在一种运动量—患病率(Dose – Response)的关系(见图2.4)。

9. 身体活动与老年心理健康关系的研究

有越来越多的研究表明,体育锻炼对于老年人的心理健康有着积极的影响,[5] 身体活动已经应用到抑郁症和焦虑的临床治疗上。除此之外,锻炼也能够明显提高人的自我概念和自尊。Mcauley[6]综述了有关老年人体育锻炼与自我效能的研究,在体育锻炼和自我效能感的关系上,他发现大多数研究得出,老年人的身体素质和自我效能感经体育锻炼后都得到了很高的提升。一些研究甚至认为,中强度的身体活动比低或高强度的身体活动

---

[1] Boyle, P. A., Buchman, A. S., Wilson, R. S., et al., "Physical Activity Is Associated with incident Disability in Community – Based Older Persons", *Journal of The American Geriatrics Society*, No. 2, 2007, pp. 195 – 201.

[2] Leveille, S. G., Guralnik, J. M., Ferrucci, L., et al., "Aging Successfully Until Death in Old Age:Opportunities for increasing Active Life Expectancy", *American Journal of Epidemiology*, No. 7, 1999, pp. 654 – 664.

[3] Stbye, T., Taylor, D. H., Jung, S. H., "A Longitudinal Study of The Effects of tobacco Smoking and Other Modifiable Risk Factors on Ill Health in Middle – Aged and Old Americans:Results From The Health and Retirement Study and Asset and Health Dynamics Among The Oldest Old Survey", *Preventive Medicine*, No. 3, 2002, pp. 334 – 345.

[4] Brink, C. L. V. D., Picavet, H., Bos, G. A. M. V., et al., "Duration and Intensity of Physical Activity and Disability among European Elderly Men", *Disability & Rehabilitation*, No. 6, 2005, pp. 341 – 347.

[5] Mcauley, E., Blissmer, B., Katula, J., et al., "Physical Activity, Self – Esteem, and Self – Efficacy Relationships in Older Adults:A Randomized Controlled Trial", *Annals of Behavioral Medicine*, No. 2, 2000, pp. 131 – 139; Spirduso, W. W., Francis, K. L., Macrae, P. G., *Physical Dimensions of Aging*, Human Kinetics Publishers, 2005.

[6] Mcauley, E., Konopack, J. F., Motl, R. W., et al., "Physical Activity and Quality of Life in Older Adults:influence of Health Status and Self – Efficacy", *Annals of Behavioral Medicine*, No. 1, 2006, pp. 99 – 103.

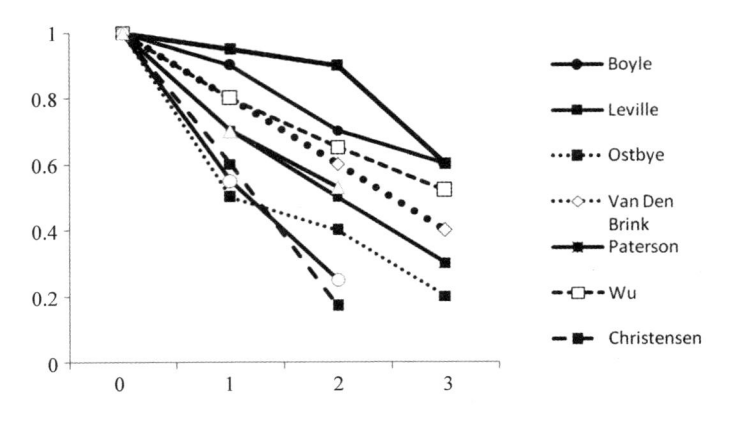

图 2.4 老年人身体活动水平和慢性疾病率

注：3 代表高强度或大运动量的身体活动水平；2 代表中强度的身体活动水平，每周 3—5 天，每天 30 分钟的活动；1 代表轻微的身体活动水平，每天偶尔散步或逛公园等。

在提高老年人的自我效能感方面更有效。① 还有研究报道，有规律的身体锻炼能够有效地降低老年人患痴呆症或认知能力下降的几率。加拿大健康和老龄化方面的学者研究认为，体育锻炼能够有效降低老年人的认知损伤。② 也有研究认为，身体活动能力和认知的下降存在重要关系。③ Tabbarah 等研究了认知能力和日常身体活动之间的关系。④ 试验心理学的研究表明，短时期的有氧身体锻炼介入能够有效地提高人的记忆力、注意力和反应能力。⑤ 试验心理学的联合试验表明，身体锻炼结合精神治疗介入能够

---

① King, A. C., Taylor, C. B., Haskell, W. L., "Effects of Differing Intensities and Formats of 12 Months of Exercise Training on Psychological Outcomes in Older Adults", *Health Psychology*, No. 4, 1993, pp. l. 292 - 300; Mcauley, E., Blissmer, B., Marquez, D. X., et al., "Social Relations, Physical Activity, and Well - Being in Older Adults", *Preventive Medicine*, No. 5, 2000, pp. 608 - 617.

② Laurin, D., Verreault, R., Lindsay, J., et al., "Physical activityActivity and Risk of Cognitive Impairment and Dementia in Elderly Persons", *Archives of Neurology*, No. 3, 2001, pp. 498 - 504.

③ Keysor, J. J., "Does Late - Life Physical Activity Or Exercise Prevent Or Minimize Disablement: A Critical Review of The Scientific Evidence", *American Journal of Preventive Medicine*, No. 3, 2003, pp. 129 - 136.

④ Tabbarah, M., Crimmins, E. M., Seeman, T. E., "The Relationship Between Cognitive and Physical Performance", *The Journals of Gerontology Series A: Biological Sciences and Medical Sciences*, No. 4, 2002, pp. 228 - 235.

⑤ Colcombe, S., Kramer, A. F., "Fitness Effects on The Cognitive Function of Older Adults", *Psychological Science*, No. 2, 2003, pp. 125 - 130.

第二章 研究综述

有效提高认知能力。[1]

有关老年人体育锻炼和 QOL 之间的关系也有许多研究。QOL 是衡量个体意识对自我生活满意度的指标。[2] Rejeski 和 Mihalko[3] 综述认为，大量的证据证实体育锻炼对提高个体 QOL 存在正相关性作用，力量锻炼和心理健康及调试之间也存在正相关性。综述研究发现，力量锻炼能够有效地提高包括焦虑、抑郁、总体生活感知水平和 QOL 在内的心理健康和生活相关指数。[4] 一个随机控制的研究认为，力量锻炼可以有效地治愈年轻人和老年人的抑郁。

同时，来自临床抑郁症病人的研究也表明，力量锻炼[5]和有氧锻炼[6]能

---

[1] Oswald, W. D., Rupprecht, R., Gunzelmann, T., et al., "The SIMA – Project: Effects of 1 Year Cognitive and Psychomotor Training on Cognitive Abilities of The Elderly", *Behavioural Brain Research*, No. 1, 1996, pp. 67 – 72; Fabre, C., Chamari, K., Mucci, P., et al., "Improvement of Cognitive Function by Mental and/or individualized Aerobic Training in Healthy Elderly Subjects", *International Journal of Sports Medicine*, No. 6, 2002, pp. 415 – 421.

[2] Pavot, W., Diener, E., Colvin, C. R., et al., "Further Validation of the Satisfaction with Life Scale: Evidence for The Cross – Method Convergence of Well – Being Measures", *Journal of Personality Assessment*, No. 1, 1991, pp. 149 – 161.

[3] Rejeski, W. J., Mihalko, S. L., "Physical Activity and Quality of Life in Older Adults", *The Journals of Gerontology Series A: Biological Sciences and Medical Sciences*, No. 2, 2001, pp. 23 – 35.

[4] Spirduso, W. W., Cronin, D. L., "Exercise Dose – Response Effects on Quality of Life and independent Living in Older Adults", *Medicine & Science in Sports & Exercise*, No. 6, 2001, pp. 598 – 608; Taylor, A. H., Cable, N. T., Faulkner, G., et al., "Physical Activity and Older Adults: A Review of Health Benefits and The Effectiveness of interventions", *Journal of Sports Sciences*, No. 8, 2004, pp. 703 – 725; Netz, Y., Wu, M. J., Becker, B. J., et al., "Physical Activity and Psychological Well – Being in Advanced Age: A Meta – Analysis of intervention Studies", *Psychology and Aging*, No. 2, 2005, pp. 272 – 284.

[5] Martinsen, E. W., Hoffart, A., Solberg, O., "Comparing Aerobic with Nonaerobic forms of Exercise in the Treatment of Clinical Depression: A Randomized Trial", *Comprehensive Psychiatry*, No. 4, 1989, pp. 324 – 331; Singh, N. A., Clements, K. M., Fiatarone, M. A., "A Randomized Controlled Trial of Progressive Resistance Training in Depressed Elders", *The Journals of Gerontology Series A: Biological Sciences and Medical Sciences*, No. 1, 1997, pp. 27 – 35; Singh, N. A., Clements, K. M., Singh, M. A. F., "The Efficacy of Exercise As A Long – Term Antidepressant in Elderly Subjects", *The Journals of Gerontology Series A: Biological Sciences and Medical Sciences*, No. 8, 2001, pp. 497 – 504.

[6] Greist, J. H., Klein, M. H., Eischens, R. R., et al., "Running As Treatment for Depression", *Comprehensive Psychiatry*, No. 1, 1979, pp. 41 – 54; Martinsen, E. W., Medhus, A., Sandvik, L., "Effects of Aerobic Exercise on Depression: A Controlled Study", *British Medical Journal (Clinical Research Ed.)*, No. 291, 1985, p. 109; Mather, A. S., Rodriguez, C., Guthrie, M. F., et al., "Effects of Exercise on Depressive Symptoms in Older Adults with Poorly Responsive Depressive Disorder: Randomised Controlled Trial", *The British Journal of Psychiatry*, No. 5, 2002, pp. 411 – 415.

够有效提高25%—88%的抑郁症治愈率。也有研究发现,中强度的力量锻炼会使老年人焦虑水平下降,[1] 而低强度的力量锻炼不会对健康老年人产生有效作用。总而言之,大量的研究表明,有规律的身体锻炼能够有效地从生理、心理和社会三个方面提高老年人的生活质量。

三 身体活动的经济性收益研究

身体活动的经济性与健康水平密切相关,提高国民的锻炼水平对于提高一个国家的公共健康水平有着重要意义。从公共健康的视角来看,体育锻炼能够维持和提高国民健康水平;从医疗开支角度来看,体育锻炼能够节省国家的医疗开支。Katzmarzyk[2] 在宏观上研究了加拿大国民由于缺乏身体活动导致的经济负担问题,研究发现,在1999年一年里,2.5%的国家医疗开支(约为当时的21亿美金)是由于国民缺乏身体活动,如果每年增加10%的体育锻炼,国民将会为国家节省1.5亿美元的国家医疗开支。在美国,Colditz 等[3] 所做的宏观性研究认为,缺乏身体活动导致了国家每年240亿至760亿美金的医疗开支,相当于美国2.4%—5.0%的国家医疗开支。在英国,Allender[4] 的研究报道,在宏观上约3%的国家医疗开支是由于国民缺乏身体活动所致,每年造成国家直接经济健康损失达10.6亿英镑。在日本,Aoyagi[5] 研究表明,如果人们每天行走2000步,每天在大于3METs 的条件下活动5—10分钟,即可节省总医疗成本的3.7%。在

---

[1] Tsutsumi, T., Don, B. M., Zaichkowsky, L. D., "Comparison of High and Moderate Intensity of Strength Training on Mood and Anxiety in Older Adults", *Perceptual and Motor Skills*, No. 3, 1998, pp. 1003 – 1011.

[2] Katzmarzyk, P. T., Janssen, I., "The Economic Costs Associated with Physical Inactivity and Obesity in Canada: An Update", *Canadian Journal of Applied Physiology*, No. 1, 2004, pp. 90 – 115; Katzmarzyk, P. T., Janssen, I., "The Economic Costs Associated with Physical Inactivity and Obesity in Canada: An Update", *Canadian Journal of Applied Physiology*, No. 1, 2004, pp. 90 – 115.

[3] Colditz, G. A., "Economic Costs of Obesity and Inactivity", *Medicine & Science in Sports & Exercise*, No. 11, 1999, pp. 663 – 670; Pratt, M., Macera, C. A., Wang, G., "Higher Direct Medical Costs Associated with Physical Inactivity", *The Physician and Sports Medicine*, No. 1, 2000.

[4] Allender, S., Foster, C., Scarborough, P., et al., "The Burden of Physical Activity – Related Ill Health in The UK", *Journal of Epidemiology and Community Health*, No. 4, 2007, p. 344.

[5] Aoyagi, Y., Shephard, R., "A Model to Estimate The Potential for A Physical Activity – Induced Reduction in Healthcare Costs for The Elderly, Based on Pedometer/Accelerometer Data From The Nakanojo Study", *Sports Medicine*, No. 9, 2011, pp. 695 – 708.

第二章　研究综述

韩国，Min[①]发现，不进行身体活动的人群较进行身体活动活跃的人群增加了11%的医疗费用。在澳大利亚，Zheng[②]发现，假如人们每周进行5—7次、每次1小时的走路，将会节省国家4.199亿美元的医疗开支。世界卫生组织[③]认为，缺乏身体活动已经成为一种全球性的公共健康问题。该报告还认为，许多慢性疾病诸如心血管疾病、中风、二型糖尿病、乳腺癌、结肠癌等是由于缺乏锻炼引发的。

因此，提倡和鼓励人们适当的锻炼，不仅可以提高其健康水平，而且能够有效地减少国家医疗开支。有报道发现在美国约54.1%的人缺乏锻炼，而在我国不进行或缺乏体育锻炼的人数可能更高。本部分综述了26篇有关身体活动经济性的研究，将研究结果分为普通成年人群、老年群体和疾病群体三个部分，其中有关普通成年人群身体活动经济性的研究9篇，患病群体身体活动经济性的研究10篇，老年人与身体活动的经济性的研究7篇。

（一）普通人群身体活动的经济性研究

在普通人群身体活动的经济性研究中，绝大部分研究认为由于身体活动，锻炼组和对照组相比能够节约医疗开支，有的研究报道节约的医疗开支达2倍以上（见表2.2）。

表2.2　　　　　　普通人群身体活动节省医疗开支的研究

	研究者	国家	研究时间和设计	受试者年龄	受试人数（人）	经济化数额
1	Dzator[④]	澳大利亚	4个月的营养和锻炼介入课程	中年夫妇	274	4450美元/人

---

① Jin-Young, M., Kyoung-Bok, M., "Excess Medical Care Costs Associated with Physical Inactivity Among Korean Adults: Retrospective Cohort Study", *International Journal of Environmental Research and Public Health*, No.1, 2016, pp.1-8.

② Zheng, H., Ehrlich, F., Amin, J., "Economic Evaluation of The Direct Healthcare Cost Savings Resulting From The Use of Walking interventions to Prevent Coronary Heart Disease in Australia", *International Journal of Health Care Finance and Economics*, No.2, 2010, pp.187-201.

③ WHO, *A Global Strategy for Diet, Physical Activity, and Health*, Geneva: WHO, 2004; WHO, *Preventing Chronic Diseases: A Vital investment*, Geneva: WHO, 2005.

④ Dzator, J.A., Hendrie, D., Burke, V., et al., "A Randomized Trial of Interactive Group Sessions Achieved Greater Improvements in Nutrition and Physical Activity At A Tiny increase in Cost", *Journal of Clinical Epidemiology*, No.6, 2004, pp.610-619.

续表

	研究者	国家	研究时间和设计	受试者年龄	受试人数（人）	经济化数额
2	Finkelstein[①]	美国	体育锻炼和营养提升课程，时间无报道	50岁以上女性	1586	5000美元/人
3	Hatziandreu[②]	美国	每周体育锻炼消耗2000卡热量，目的是防止心血管疾病，30年的时间	35岁男性	1000	11313美元/人
4	Jones[③]	美国	每周走路5小时，没有时间报道，假如10%美国人进行锻炼	35—74岁	10%美国人	560亿美金
5	Leiyu	美国	疾病控制防御，体育锻炼课程12个月	30—65岁工人	205	节省2.8倍医疗开支
6	Sims[④]	澳大利亚	锻炼课程	20—75岁	670	3640美元/人
7	Stevens[⑤]	英国	公务员的10周锻炼课程	45—74岁	714	2500英镑/人

（二）患疾病群体身体活动的经济性研究

在所能查阅到的有关患病群体身体活动经济性研究的文献中（见表2.3），结果显示全部能够节省医疗开支，有些研究报道身体活动能够节省

---

① Finkelstein, E. A., Troped, P. J., Will, J. C., et al., "Cost-Effectiveness of a Cardiovascular Disease Risk Reduction Program Aimed at Financially Vulnerable Women: The Massachusetts Wisewoman Project", *Journal of Women's Health & Gender-Based Medicine*, No. 6, 2002, pp. 519–526.

② Hatziandreu, E. I., Koplan, J. P., Weinstein, M. C., et al., "A Cost-Effectiveness Analysis of Exercise as a Health Promotion Activity", *American Journal of Public Health*, No. 11, 1988, p. 1417.

③ Jones, T. F., Eaton, C. B., "Cost-Benefit Analysis of Walking to Prevent Coronary Heart Disease", *Archives of Family Medicine*, No. 8, 1994, p. 703.

④ Sims, J., Huang, N., Pietsch, J., Naccarella, L., "The Victorian Active Script Programme: Promising Signs for General Practitioners, Population Health, and the of Promotion of Physical Activity", *British Journal of Sports Medicine*, No. 1, 2004, p. 19.

⑤ Stevens, W., Hillsdon, M., Thorogood, M., et al., "Cost-Effectiveness of A Primary Care Based Physical Activity Intervention in 45–74 Year Old Men and Women: A Randomised Controlled Trial", *British Journal of Sports Medicine*, No. 3, 1998, p. 236.

第二章 研究综述

医疗开支达 4 倍以上。

表 2.3　　　　疾病病人体育锻炼节省医疗开支的研究结果

	研究者	国家	研究时间和设计	受试者年龄	受试人数（人）	经济化数额
1	Georgiou①	美国	长期慢性心脏疾病病人 14 个月中强度锻炼	55—64 岁	714	1773 美元/人
2	Levin②	瑞士	每周 2 次，3 个月病人锻炼课程	55—64 岁	305	1.6 倍医疗节省，17.4 倍生产率提高
3	Lowensteyn③	加拿大	心血管病人，每周 3 次体育锻炼	35—74 岁	未提及	6800 美元/人
4	Ginsberg④	以色列	高血压病人的 6 周锻炼课程	35—65 岁	52	节省 7.8 倍药物
5	Johannesson⑤	瑞士	高血压病人 24 个月的体育锻炼治疗课程	30—69 岁	400	2100 美元/人
6	McCarthy⑥	英国	骨关节炎病人 8 周的练习课程	未提及	214	4 倍节省

---

① Georgiou, D., Chen, Y., Appadoo, S., et al., "Cost – Effectiveness Analysis of Long – Term Moderate Exercise Training in Chronic Heart Failure", *The American Journal of Cardiology*, No. 8, 2001, pp. 984 – 988.

② Levin, L., Perk, J., Hedb, C. B., "Cardiac Rehabilitation – A Cost Analysis", *Journal of Internal Medicine*, No. 5, 1991, pp. 427 – 434.

③ Lowensteyn, I., Coupal, L., Zowall, H., et al., "The Cost – Effectiveness of Exercise Training for the Primary and Secondary Prevention of Cardiovascular Disease", *Journal of Cardiopulmonary Rehabilitation and Prevention*, No. 3, 2000, p. 147.

④ Ginsberg, G. M., Viskoper, J. R., Fuchs, Z., et al., "Partial Cost – Benefit Analysis of Two Different Modes of Nonpharmacological Control of Hypertension in the Community", *Journal of Human Hypertension*, No. 6, 1993, p. 593.

⑤ Johannesson, M., Berg, H., Agreus, L., "Cost – benefit Analysis of Non – Pharmacological Treatment of Hypertension", *Journal of internal medicine*, No. 4, 1991, pp. 307 – 312.

⑥ McCarthy, C. J., Mills, P. M., Pullen, R., et al., "Supplementation of A Home – Based Exercise Programme with a Class – Based Programme for People with Osteoarthritis of the Knees: A Randomised Controlled Trial and Health Economic Analysis", *Health Technology Assessment*, No. 8, 2004.

续表

	研究者	国家	研究时间和设计	受试者年龄	受试人数（人）	经济化数额
7	Sevick[1]	美国	骨关节炎病人18周力量和有氧锻炼课程	60岁以上	439	力量锻炼课程是最有效的节省
8	Kaplan[2]	美国	糖尿病人10周锻炼课程	未提及	76	10870美元/人
9	美国糖尿病预防课程	美国	糖尿病人3年体育锻炼课程	25岁以上	3234	24400美元/人

（三）老年人身体活动的经济性研究

在查阅到的有关老年人身体活动经济性研究的文献中，结果都表明身体活动能够有效节省老年人医疗开支，节省医疗开支最高的达到5.7倍（见表2.4）。

表2.4　　　　　　老年人体育锻炼节省医疗开支的研究

	研究者	国家	研究时间和设计	受试者年龄	受试人数（人）	经济化数额
1	Ackermann[3]	美国	20.7个月锻炼课程实验	65岁以上	实验组1114，控制组3342	节省医疗开支5.7倍
2	Leigh[4]	美国	12个月，健康习惯问卷，提高锻炼的私人建议	65岁以上银行退休职工	5686	直接节省医疗开支5倍

---

[1] Sevick, M. A., Bradham, D. D., Muender, M., et al., "Cost – Effectiveness of Aerobic and Resistance Exercise in Seniors with Knee Osteoarthritis", *Medicine & Science in Sports & Exercise*, No. 9, 2000, p. 1534.

[2] Kaplan, R. M., Atkins, C. J., Wilson, D. K., "The Cost – Utility of Diet and Exercise Interventions in Non – Insulin – Dependent Diabetes Mellitus", *Health Promotion international*, No. 4, 1987, p. 331.

[3] Ackermann, R. T., Cheadle, A., Sandhu, N., et al., "Community Exercise Program Use and Changes in Healthcare Costs for Older Adults", *American Journal of Preventive Medicine*, No. 3, 2003, pp. 232 – 237.

[4] Leigh, J. P., Richardson, N., Beck, R., et al., "Randomized Controlled Study of A Retiree Health Promotion Program", *Archives of Internal Medicine*, No. 6, 1992, p. 1201.

第二章　研究综述

续表

	研究者	国家	研究时间和设计	受试者年龄	受试人数（人）	经济化数额
3	Leveille[①]	美国	12个月，基于老年慢性疾病中心的锻炼课程	70岁以上慢性病患者	201	节省医疗开支4倍
4	Munro[②]	英国	无时间限定的每周2次有氧健身课程	65岁以上	10000	每年每人节省330英镑
5	Robertson[③]	新西兰	6个月，家庭健身指导	75岁以上	240	减少医疗开支2倍
6	Wilson[④]	美国	12个月，每周两次杨氏太极拳	80岁以上的护理院群体	未提及	节省医疗开支1.1倍

在老年人的研究报道中，有5项研究结果表明体育锻炼的介入对提升治疗疗效是非常有效的，而且能够大幅降低医疗开支额度。其中两个大样本（4456—5686）的研究显示其医疗开支能够节省5—5.7倍。一项以老年疾病患者为受试者的研究认为，能够节省4倍以上的医疗开支。一项以72名太极拳习者为受试者的实验研究表明，太极拳对于预防疾病和节省老年人的医疗开支作用非常显著。

第三节　研究评述

随着世界范围内老龄化的形势日趋严峻，人口老龄化和社会发展问题

[①] Leveille, S. G., Wagner, E. H., Davis, C., et al., "Preventing Disability and Managing Chronic Illness in Frail Older Adults: A Randomized Trial of a Community - Based Partnership with Primary Care", *Journal of the American Geriatrics Society*, Vol. 46, No. 10, 1998.

[②] Munro, J., Brazier, J., Davey, R., et al., "Physical Activity for the Over - 65s: Could it Be a Cost - Effective Exercise for the NHS?", *Journal of Public Health*, No. 4, 1997, p. 397.

[③] Robertson, M. C., Devlin, N., Gardner, M. M., et al., "Effectiveness and Economic Evaluation of a Nurse Delivered Home Exercise Programme to Prevent Falls: Randomised Controlled Trial", No. 322, 2001, p. 697.

[④] Wilson, C. J., Datta, S. K., "Tai Chi for the Prevention of Fractures in a Nursing Home Population: An Economic Analysis", *Jcom - Wayne Pa*, No. 3, pp. 19 - 28.

为越来越多的学者所关注。西方发达国家相较于中国更早迈入了老龄化社会，因此与老龄化及社会发展相关的研究早于中国，研究涉及的领域和问题也更加广泛。而中国，由于人口老龄化后发而又迅速，又由于人口老龄化进程与工业化、城镇化和现代化相伴随，与经济转轨、社会转型期的矛盾相交织，并呈现出老年人口规模巨大、地区发展不平衡等特点，因此学者所进行的研究也更加考虑到中国的实际国情。在研究维度上，学者们从社会基本元素的微观层面（个人与家庭）、中观层面（社区）、宏观层面（全社会）将人口老龄化和社会发展联系起来进行探讨；在研究方法上，人口老龄化和社会发展关系研究较多使用了定性研究。国外一些学者基于统计数据，也从量化的角度对人口老龄化和社会发展问题进行了分析。然而需要特别指出的是，无论是国外研究还是国内研究，或者是基于不同研究视角、研究模型、研究范围所进行的研究，虽然在研究结果和观点上存在一些差异，但均认可人口老龄化趋势的发展影响到了社会各个层面，而且大多认为是负面影响。

对人口老龄化对经济影响的研究梳理，主要对近10年重要文献进行综述，尤其对老年人身体活动对经济发展的影响进行了整理。学者们主要从三个方面进行研究。第一，在人口老龄化对经济发展影响的研究方面，学者们从储蓄、劳动力供给、消费结构和产业结构等方面分析人口老龄化对我国经济增长的具体要素的影响，并针对人口老龄化对整体经济的影响进行实证分析和预测，对"第二人口红利""未富先老"等进行研究。第二，在身体活动对老年人疾病健康和患病风险的影响方面，大量的研究表明，身体活动对老年人疾病健康和患病风险具有积极的影响，对经济发展的作用不可忽视。第三，在身体活动的经济性收益研究方面，老年人身体活动对经济发展的作用受到了国外学者的关注，具体的研究表明身体活动能够有效地提高老年人健康水平，节省老年人医疗开支，具有明显的经济性。总体来说，随着人口老龄化的发展，人口老龄化对经济发展的影响逐渐显现并增强。但国内尚未有对老年人特别是城市老年人身体活动经济性的验证性研究，这在我国人口老龄化对经济发展的影响研究中无疑是一个值得重视和研究的重要问题。

第三章

研究设计与实施

研究设计是对研究活动展开的总体思考和安排,是保证研究得以顺利进行的关键环节,也是保证研究取得预期成果的重要内容。良好的研究设计对于研究至关重要,是研究重要的组成部分。本章拟从研究的核心概念、研究问题与对象、研究方法、研究假设、问卷选择、调查实施以及和课题研究直接相关的身体活动水平的测量、身体活动经济性收益及其判定等方面,对城市老年人身体活动经济性研究进行总体设计。

第一节 核心概念界定

一 老年人

根据世界卫生组织的分类,55岁以上的人为老年人。55岁以上老年人又分为:年轻的老年人(young-old)(55—64岁)和老龄的老年人(old-old)(65岁及以上)。

二 身体活动

美国卫生部(1996)对身体活动做了定义:身体活动(Physical Activity)是由骨骼肌收缩产生的能量消耗并提高健康受益的身体运动。体育锻炼、体育活动和体适能动属于身体活动的下位概念,是指有计划、有组织的身体活动,目的是保持或提高一种或几种身体能力。

三 身体活动的经济性

在经济学中,经济性是指组织经营活动过程中获得一定数量和质量的产品、服务以及其他成果所耗费的最少资源的情况。健康和医疗经济学关于经济性的研究主要以福利经济学为基础，有关经济性的分析主要包括成本效果分析（Cost – Effectiveness Analysis，CEA）、成本效用分析（Cost – Utility Analysis，CUA）、成本效益分析（Cost – Benefit Analysis，CBA）等。其中，经济性主要关注的是资源投入和使用过程中成本节约的水平和程度。

本书对身体活动经济性概念的界定是：身体活动的经济性是指身体活动所产生的生理、心理和医疗支出上的健康性收益和经济节省化效应。本书反映身体活动经济性的指标从生理、心理和医疗支出三个维度选定（见图3.1）。

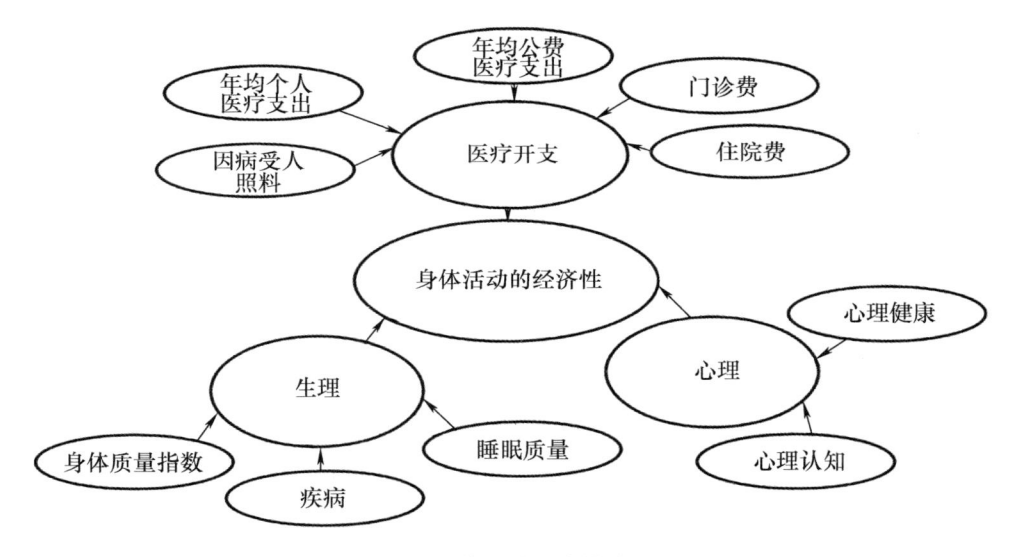

图 3.1 身体活动经济性的指标

第二节 研究方法

一 文献资料法

国内文献通过查阅中国期刊网、国家图书馆、北京体育大学图书馆和清华大学图书馆获得，国外文献资料通过 SPORTDiscus、PubMed 和 Web of Knowledge（SCI）数据库检索获得。SPORTDiscus 数据库是目前唯一收录全球运动科学信息的数据库，收录了国际上和运动、健康有关的各类期刊文献、会议文献、研究报告、专著、学位论文，内容包括了运动医学保健、运动生理学、生物力学、训练、体能、运动科学等方面的论文；PubMed 数据库是美国国家医学图书馆（NLM）下属的国家生物技术信息中心（NCBI）开发的有关医学相关研究的世界上数据资源最丰富的数据库；Web of Knowledge（SCI）是收录有关科学研究成果和研究资料的数据库。通过中外文献资料的检索阅读，了解和掌握国内外人口老龄化、老龄化与社会经济发展、老年人身体活动、身体活动与经济性等方面的研究状况和研究进展。

二　问卷调查法

采用国际通用的测量老年人身体活动经典问卷（Physical Activity Scale for the Elderly，简称 PASE 问卷）。选定 PASE 问卷后将其制作成相应的中文版 PASE 问卷（《城市老年人身体活动和健康状况调查问卷》）。PASE 问卷是美国伊利诺伊大学香槟分校 Washburn 教授等学者于 1993 年研发的老年人身体活动问卷。问卷由 3 部分，10 类大题，26 个征询题组成，大约需要 25 分钟的时间填写完毕。问卷包括休闲身体活动、家务劳动和职业活动 3 个部分组成。主要由受访者回忆过去 7 天从事的身体活动情况。余暇身体活动部分主要包括：走路、低强度、中强度和高强度体育锻炼、力量和耐力锻炼活动；家务活动包括整理家务、打扫卫生等工作；职业活动部分包括与工作相关的身体活动，其中受雇和志愿者工作都包括在其中。受访者完成问卷后，通过对不同测试题目的得分权重和分数计算，最终得到各项身体活动分数，即 PASE 分数。PASE 总分数在 0—400 之间。本书采用的 PASE 问卷，对我国城市老年人进行正式调查前，在我国城市老年人中进行了征询调查。通过征询调查，根据我国的实际情况对 PASE 问卷中的个别征询题进行了一些调整，包括：（1）在 PASE 问卷中增加了自行车身体活动的问题，因为自行车对国外老年人而言，一般使用较少，而对中国老年人而言则是一种常用的交通工具；（2）在 PASE 问卷中去掉了修理自己花园的征询题，这是因为对中国人而言，由于生活环境和生活水平的差异，老年人很少拥有自己的花园。PASE 问卷修改后的信效度已得到验证,[①] 适合在我国老年人群中调查使用。

三 数理统计法

采用 SPSS 17.0 和 AMOS 7.0 统计软件对 PASE 问卷调查收集获取的城市老年人身体活动与经济性收益相关的数据进行描述性分析、方差分析、线性回归分析、logistic 回归分析、结构方程模型分析等，探讨城市老年人身体活动与生理健康、心理健康以及医疗开支的关系，进而探讨城市老年人身体活动的经济性收益。

第三节 身体活动水平测量

一 身体活动水平等级

以 PASE 问卷调查的城市老年人各项身体活动平均 PASE 得分为依据，分为"低""中"和"高"身体活动水平，其等级如下：

低身体活动水平（<50%的 PASE 得分平均值）

中身体活动水平（≥50%—<150%的 PASE 得分平均值）

高身体活动水平（>150%的 PASE 得分平均值）

二 身体活动频率

PASE 问卷征询过去 7 天里，每天身体活动超过 10 分钟时间的活动频率分为如下四个等级：

（1）没有（0 天）

（2）很少（1—2 天）

（3）时常（3—4 天）

（4）常常（5—7 天）

[①] 参见于洪军、仇军《运用 PASE 量表测量中国老年人体力活动的信效度验证》，《上海体育学院学报》2014 年第 5 期；陶燕霞、王岚、郑洪等《中文版老年人体力活动量表在老年慢性阻塞性肺疾病患者中的信效度研究》，《中国全科医学》2017 年第 15 期。

三 身体活动水平计算

采用 PASE 问卷研发者 Washburn 对 PASE 得分的计算方法，以 PASE 得分表示身体活动水平的大小。PASE 分值的计算是，根据调查对象在问卷中所回答的身体活动时间和频率计算出日均运动时长，再根据身体活动类型的强度特征乘以不同系数得到具体分值，以描述城市老年人某一类型身体活动的量。例如，城市老年人家务活动 PASE 得分计算，家务活动权重系数为 25，设城市老年人家务活动时间为 $t_{家}$，家务活动 PASE 得分为 $p_{家}$，则有：$p_{家} = t_{家} * 25$。在对不同年龄、性别、地区、受教育程度、婚姻状况的城市老年人身体活动与心理健康相关性的分析中，将身体活动分为交通活动、家务活动、体育锻炼 3 个身体活动分项，以此计算出各分项身体活动 PASE 得分。其中交通活动 PASE 得分反映城市老年人出门在通勤过程中走路和骑自行车的活动量；家务活动 PASE 得分反映城市老年人从事与家务相关的活动的量；体育锻炼 PASE 得分是老年人选择某项体育活动进行锻炼所达到的活动量。以此计算出各项身体活动 PASE 得分。

关于 PASE 分值的计算权重如表 3.1、表 3.2 所示。表 3.1 是 PASE 问卷原始问卷中对于各种类型身体活动权重表；表 3.2 是本书对 PASE 问卷各种类型身体活动水平权重的实际赋权情况。和表 3.1 对照可以看出，中文版 PASE 问卷各种类型身体活动水平权重的变化主要是根据我国城市老年人实际照看小孩情况和菜园劳作的权重变化。

举例：通过 PASE 问卷调查城市老年人 A 过去一周：

平均每天骑自行车 1.5 小时；

平均每天进行高强度活动 30 分钟，其中包括举杠铃、踢足球；

平均每天进行中强度活动 1 小时；

平均每天进行家务活动 2 小时，其中包括照看小孩，也包括买菜做饭洗碗等；

那么老年人 A 过去一周的各项身体活动 PASE 得分：

交通活动 PASE 得分 = 走路 PASE 得分 + 骑自行车 PASE 得分 = 0 + 1.5 * 20 = 30（分）；

表 3.1　　PASE 问卷测量各项身体活动水平计算权重（原始问卷）

PASE Activity	PASE Weight
Muscle strength / Endurance*	30
Strenuous sports*	23
Moderate sports*	23
Light sports*	21
Job involving standing or walking*	21
Walking*	20
Lawn work or yard care¹	36
Caring for another person¹	35
Home repairs¹	30
Heavy houseworks¹	25
Light houseworks¹	25
Outdoor-gardening¹	20

* Determine average hours per day over the past 7 days period (i.e. "strenuous sport" for 0.04 h/d multiplied for PASE weight of 23 results in a PASE score of 0.92)

¹ Scored 1 = engaged in that activity or 0 = did not engage in that activity during the previous 7 days

表 3.2　　PASE 问卷测量各项身体活动水平计算权重（中文版问卷）

PASE 身体活动	权重	直加
健身房/杠铃/俯卧撑	30	—
高强度体育活动	23	—
中强度体育活动	23	—
低强度体育活动	21	—
其他体育活动	21	—
走路	20	—
骑自行车	20	—
家务活动	25	—
菜园劳作	—	36
照看小孩	—	35

高强度 PASE 得分 = 0.5 * 23 = 11.5（分）（虽然包含举杠铃，但同时有其他高强度运动，采用高强度运动的系数 23；如果只包含健身房/举杠铃/俯卧撑中的一种或几种，采用系数 30）；

中强度 PASE 得分 = 1 * 23 = 23（分）；

体育活动 PASE 得分 = 低强度 PASE 得分 + 中强度 PASE 得分 + 高强度 PASE 得分 = 0 + 23 + 11.5 = 34.5（分）；

家务活动 PASE 得分 = 2 * 25 + 35 = 85（分）（包括照看小孩，在计算结果上 +35；如果仅有照看小孩，直接取值为 35；对于菜园劳作同理）；

总 PASE 得分 = 交通活动 PASE 得分 + 体育活动 PASE 得分 + 家务活动 PASE 得分 = 30 + 34.5 + 85 = 149.5（分）。

第四节 身体活动经济收益及其判定

一 生理健康收益及其判定

（一）身体质量指数（BMI）

BMI 收益性界定，如果随着身体活动投入的增加，人体的 BMI 会逐渐降低，即证明身体活动投入对人体 BMI 具有收益性的影响。具体而言，在 BMI < 25（正常范围）、≥25— < 30（超重范围）、>30（肥胖病）三组受访者（或受试者）中，如果 BMI 和身体活动之间存在负相关性；且三组群体中，在身体活动的投入上正常组 > 超重组 > 肥胖病组，并具有显著性差异，身体活动对 BMI 具有收益性的影响。

BMI 指标及其相关数据主要运用在城市老年人身体活动减少医疗开支的路径分析的计算方面。

（二）睡眠质量

睡眠质量收益性界定，在睡眠质量方面，主要以城市老年人报告的睡眠小时数来反映。在身体活动收益性上，如果城市老年人身体活动和睡眠质量之间具有正相关关系，且城市老年人在每天睡眠时间上存在随着身体活动投入的增多而延长。睡眠质量提高，即表明城市老年人身体活动对其睡眠质量具有收益性影响。

（三）患病风险

患病风险收益界定，如果城市老年人通过 PASE 问卷报告的代表身体活动水平 PASE 得分和某种疾病中存在负相关关系，且城市老年人身体活动"低""中"和"高"水平的 PASE 得分，与城市老年人罹患疾病和未罹患该疾病的城市老年人比例随着身体活动 PASE 得分升高而得到降低，表明城市老年人身体活动对某种疾病产生了降低患病风险的收益性影响。

（四）患病风险计算

对城市老年人身体活动 PASE 得分分级，以城市老年人 PASE 得分的平均值为依据，将城市老年人身体活动水平分为低（小于 50% 平均值）、中（大于等于 50% 到 150% 平均值）和高（大于 150% 平均值）三种等级，计算其患病风险。按照 Washburn 身体活动与患病风险研究的经典设计，以城市老年人低水平身体活动组为对照组，该组的患病风险为 1.0，具体计算城市老年人中水平身体活动组和高水平身体活动组的患病风险。患病风险的计算方法是，以城市老年人低身体活动水平组患病风险为基点。

城市老年人中身体活动水平组患病风险 =（城市老年人中身体活动水平组患病人数/城市老年人中身体活动水平组总人数）/（城市老年人低身体活动水平组患病人数/城市老年人低身体活动水平组总人数），即城市老年人中身体活动水平组患病百分比/城市老年人低身体活动水平组患病百分比。

城市老年人高身体活动水平组患病风险 =（城市老年人高身体活动水平组患病人数/城市老年人高身体活动水平组总人数）/（城市老年人低身体活动水平组患病人数/城市老年人低身体活动水平组总人数），即城市老年人高身体活动水平组患病百分比/（城市老年人低身体活动水平组患病百分比。具体计算公式如图 3.2 所示。

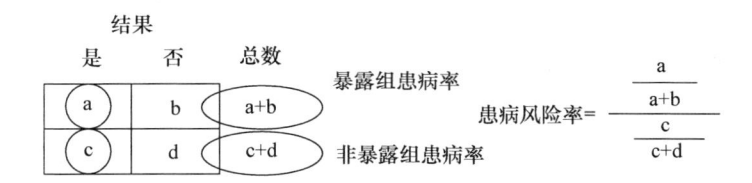

图 3.2 城市老年人患病风险计算方法

二 心理健康收益及其判定

（一）自我心理健康感知

心理健康收益性界定，根据心理健康自我评价量表，如果城市老年人身体活动和心理量表分数之间具有显著的相关性；且在自我心理健康评价

"很差""一般""较好"和"很好"四组城市老年人群中，在身体活动 PASE 得分上，"很差"组小于"一般"组小于"较好"组小于"很好"组，即表明城市老年人身体活动对心理健康产生积极的收益性影响。

（二）心理认知

在心理认知收益性界定，如果积极参与身体活动的城市老年人对其心理认知产生积极的影响，即表明其身体活动对心理认知产生积极的收益性影响。

三　医疗开支收益及其判定

（一）年总医疗开支节省化效应

如果城市老年人身体活动和医疗开支二者之间存在负相关关系；且"高""中"和"低"不同身体活动水平组在医疗开支上，"低"身体活动水平组大于"中"身体活动水平组大于"高"身体活动水平组，即表明城市老年人身体活动在医疗开支上具有经济性节省化效应。

（二）门诊费用节省化效应

如果城市老年人身体活动和门诊费用二者之间存在负相关关系；且"高""中"和"低"不同身体活动水平组城市老年人在门诊费用上，"低"身体活动水平组大于"中"身体活动水平组大于"高"身体活动水平组，即表明城市老年人身体活动对门诊费用具有经济性节省化效应。

（三）住院费用节省化效应

如果城市老年人身体活动和住院费用二者之间存在负相关关系；且"高""中"和"低"不同身体活动水平组城市老年人在住院费用上，"低"身体活动水平组大于"中"身体活动水平组大于"高"身体活动水平组，即表明城市老年人身体活动对住院费用具有经济性节省化效应。

（四）购药费用节省化效应

如果城市老年人身体活动和购药费用二者之间存在负相关关系；且"高""中"和"低"不同身体活动水平组城市老年人在购药费用上，"低"身体活动水平组大于"中"身体活动水平组大于"高"身体活动水平组，即表明城市老年人身体活动对购药费用具有经济性节省化效应。

第五节 问卷选定与调查实施

一 问卷选定

比较国际上经典的 PASE、Yale、Champs 和 Zutphen 四种问卷对中国老年人适合程度,最后选定 PASE 作为本书城市老年人身体活动经济性研究的调查问卷。PASE 问卷是国际通用的测量老年人身体活动经典问卷(Physical Activity Scale for the Elderly,简称 PASE 问卷),选定 PASE 问卷后将其制作成中文版 PASE 问卷(《城市老年人身体活动和健康状况调查问卷》)。如前所述,该中文版 PASE 问卷已经经过国内学者验证,具有良好的信度和效度,适合在中国老年人群体中应用。

二 问卷调查实施

(一) 抽样样本量的确定

样本量的确定需要综合考虑以下几个因素:一是统计学要求。根据置信区间和抽样误差的要求,样本所需数量的公式为:

$$n = \frac{\left(Z\frac{\alpha}{2}\right)^2 \sigma^2}{p^2}$$

n 代表样本量,Z 为置信区间,σ 为标准差,p 为抽样误差)。二是研究经费和时间的限制。在经费和时间充裕的情况下,可以扩大样本量。三是研究的变量类别数量。一般在确定样本量时,必须保证各变量的每个类别都有足够的样本量可供分析。一般来说,为了显著性检验的需要,每个自变量的每个类别所需的样本通常不少于 30 个。四是研究的目的。如果研究的目的是希望可以全方位反映总体情况,那么所需的样本量就会较大。如果只是为了解变量之间的关系,则样本量可以相对减少。

基于以上的分析,本研究希望能在 95% 的置信区间,抽样误差低于 5%,那么按照计算公式本研究所需的最低样本量为 2840 个。有学者提出按照区域的大小来选择样本量,对于涉及多省市或者全国性的研究,样本量在 1000—3000 之间比较合适①。从显著性检验分析的要求来看，在本研究中自变量共有 4 个，即身体活动，身体活动分项的交通活动、家务活动、体育锻炼。因变量较多，分为三种类型：第一种，生理健康类（例如糖尿病的发病情况、身体健康程度的自我评价等）；第二种，心理健康类（例如心理健康程度的自我评价等）；第三种，医疗开支类（例如总医疗开支、门诊费等）。另外本课题研究中还涉及 4 个分类变量，即对样本进行分类的变量，包括性别、年龄（段）、地区和受教育程度；3 个控制变量，在回归模型中加入，只作为控制变量进行控制而不视为自变量的变量，控制变量包括经济水平（家庭收入）、吸烟习惯和子女数量；4 个中介变量，是在路径分析中出现的中介变量，包括 BMI、睡眠时间、跌倒次数和被照料天数。在满足最低要求的基础上，考虑到本研究自筹经费的限制等情况将抽样数量确定为 5000 个。

（二）抽样方法

将我国城市分为东部地区城市、中部地区城市和西部地区城市三种类别。划分地区的标准依照国家通常的划分标准，在此基础上从东部地区抽取北京、江苏，中部地区安徽、江西、黑龙江，西部地区云南、新疆等 7 个省市的 42 个城市作为调查城市。

问卷发放时间为 2013 年 5 月 30 日至 2014 年 12 月，在北京、江苏、安徽、江西、黑龙江、云南、新疆等 7 个省、市、自治区 42 个城市中，向 55 周岁以上城市老年人发放问卷 5000 份，回收 4560 份，回收率为 91.2%。在回收 4560 份问卷的统计中，剔除缺失值较多的问卷 252 份，剔除不满足年龄要求的样本 140 份（被调查者年龄小于 55 岁），剔除在城市老年人身体活动 PASE 得分计算中，PASE 分值明显为离群分值的样本 2 份，最终进入统计分析的有效样本为 4116 个，问卷有效率为 91.3%。

第六节　研究问题与研究假设

一　研究问题

（1）城市老年人身体活动对降低慢性疾病患病风险的趋势研究

---

① 陈杰、徐红：《抽样调查中样本量的设计和计算》，《武汉职业技术学院学报》2006 年第 1 期。

（2）城市老年人身体活动与其慢性疾病关系的检验分析

（3）城市老年人身体活动对降低慢性疾病患病风险的影响分析

（4）城市老年人身体活动与医疗开支关系的检验分析

（5）城市老年人身体活动对降低医疗开支的影响分析

（6）城市老年人身体活动经济性收益估计

（7）城市老年人身体活动降低医疗开支的路径分析

（8）城市老年人身体活动与心理健康的相关性分析

（9）城市老年人身体活动对心理健康的收益分析

二 研究假设

（1）城市老年人身体活动与其慢性疾病患病风险之间存在相关关系

（2）城市老年人身体活动能够降低其慢性疾病的患病风险

（3）城市老年人身体活动与医疗开支之间存在相关关系

（4）城市老年人身体活动对医疗开支具有节省效应

（5）城市老年人身体活动可以提高睡眠质量进而降低医疗开支

（6）城市老年人身体活动可以改善生理健康状况进而降低医疗开支

（7）城市老年人身体活动可以改善心理健康状况进而降低医疗开支

（8）中高身体活动水平城市老年人医疗开支低于低身体活动水平城市老年人

第四章

城市老年人身体活动相关的描述性统计

从经济性视角来看，本研究中与城市老年人身体活动受益有关的因素主要包括城市老年人的身体活动、生理健康、心理健康、医疗开支及家庭收入等。本章对城市老年人生理、心理健康状况以及医疗开支和家庭收入情况进行描述性统计，旨在为进一步分析相关因素之间的关联性确立研究基础。具体而言，为了准确、全面地认识和把握城市老年人生理和心理健康状况，我们拟从不同性别、不同年龄段、不同地区城市、不同受教育程度等方面，对城市老年人生理健康基本信息、城市老年人生理健康的自我感知、城市老年人慢性疾病患病状况和城市老年人心理健康状况进行描述性研究；与此同时，在城市老年人身体活动方面，本章还运用PASE问卷关于PASE得分的计算方法对城市老年人不同类型身体活动进行分类统计，从而清晰地描述城市老年人不同类型身体活动状况。

第一节 城市老年人生理健康状况

一 城市老年人生理健康基本信息

（一）不同性别城市老年人生理健康基本信息

在所回收的有效样本中，城市老年人平均年龄为69.3岁，其中男性城市老年人平均年龄70.7岁，女性城市老年人平均年龄68.4岁，男性年龄显著比女性高2.3岁（$p \leqslant 0.01$）[1]；在身高方面，城市老年人平均身高

---

[1] 本章显著性检验中取 $\alpha = 0.01$ 显著性水平，下同。

163.6 厘米，其中男性城市老年人平均身高 170.0 厘米，女性城市老年人平均身高 159.0 厘米，男性平均身高比女性高 11 厘米，且具有显著性差异（p≤0.01）；在体重上，城市老年人平均体重为 62.5 千克，其中男性城市老年人平均体重为 67.4 千克，女性城市老年人平均体重为 58.9 千克，男性体重平均比女性高 8.5 千克，且具有显著性差异（p≤0.01）；在 BMI（身高体重指数）上，城市老年人平均 BMI 指数是 23.3，处于正常范围值 25 以内，男女之间在 BMI 值上不存在显著性差异，男性女性均为 23.3（见表 4.1）。

表 4.1 不同性别城市老年人生理健康基本信息

		n	均值	标准差	均值的95%置信区间 下限	均值的95%置信区间 上限	F	p
年龄（岁）	男性	1693	70.7	7.4	70.3	71.0		
	女性	2348	68.4	7.5	68.1	68.7	93.97	0.00
	总数	4041	69.3	7.5	69.1	69.6		
身高（厘米）	男性	1638	170.0	5.9	169.7	170.3		
	女性	2267	159.0	5.5	158.8	159.2	3600.80	0.00
	总数	3905	163.6	7.9	163.4	163.9		
体重（千克）	男性	1634	67.4	10.0	66.9	67.9		
	女性	2262	58.9	9.2	58.5	59.3	754.74	0.00
	总数	3896	62.5	10.5	62.1	62.8		
BMI	男性	1624	23.3	3.1	23.1	23.5		
	女性	2246	23.3	3.5	23.1	23.4	0.00	0.95
	总数	3870	23.3	3.4	23.2	23.4		

（二）不同年龄段城市老年人生理健康基本信息

将城市老年人分为 70 岁以下和 71 岁及以上两个年龄组，分别考察两个年龄组城市老年人的生理健康基本信息。从身高上来看，70 岁以下年龄组城市老年人的平均身高为 163.5 厘米，71 岁及以上年龄组城市老年人的平均身高为 163.7 厘米，两者的差异不具有显著性（p＞0.01）；从体重上来看，70 岁以下年龄组城市老年人的平均体重为 62.6 千克，71 岁及以上年龄组城市老年人的平均体重为 62.2 千克，两者的差异依然不具有显著

第四章　城市老年人身体活动相关的描述性统计

性（p>0.01）；从 BMI 分值上来看，70 岁以下年龄组城市老年人平均 BMI 值为 23.4，71 岁及以上年龄组城市老年人的平均 BMI 值为 23.2，两者的差异同样不具有显著性（p>0.01）。具体见表 4.2。

表 4.2　　　　　　　　不同年龄段城市老年人生理健康基本信息

		n	均值	标准差	均值的95%置信区间 下限	均值的95%置信区间 上限	F	p
身高（厘米）	55—70 岁	2387	163.5	7.5	163.2	163.8		
	71 岁及以上	1586	163.7	8.3	163.3	164.1	1.09	0.30
	总数	3973	163.6	7.8	163.3	163.8		
体重（千克）	55—70 岁	2373	62.6	9.9	62.2	63.0		
	71 岁及以上	1589	62.2	11.2	61.7	62.8	1.41	0.24
	总数	3962	62.4	10.5	62.1	62.8		
BMI	55—70 岁	2363	23.4	3.2	23.3	23.5		
	71 岁及以上	1572	23.2	3.7	23.0	23.4	3.45	0.06
	总数	3935	23.3	3.4	23.2	23.4		

（三）不同地区城市老年人生理健康基本信息

为了进一步了解不同地区城市老年人的生理健康基本信息，将城市老年人按所在地划分为经济生活水平相对比较高的东部地区和相对欠发达的中西部地区。[①] 从身高上来看，中西部地区城市老年人的平均身高要比东部地区高 0.9 厘米，且这一差异具有显著性（p≤0.01）；从体重上来看，东部地区城市老年人的平均体重要比中西部地区重 1.4 千克，且这一差异具有显著性（p≤0.01）；从 BMI 值来看，东部地区城市老年人比中西部地区城市老年人高 0.9，且具有显著性差异（p≤0.01）（见表 4.3）。

（四）不同受教育程度城市老年人生理健康基本信息

将城市老年人受教育程度划分为小学及以下、初中及高中、大学及以上三个层次，对比不同受教育程度的城市老年人的生理基本信息。从身高上来看，大学及以上受教育程度的城市老年人平均身高最高，为 164.8 厘米，比初中及高中受教育程度城市老年人高 0.6 厘米，比小学及以下受教

---

① 注：根据国家通常的地区划分，本研究将调查所涉及的北京、江苏归为东部地区；安徽、江西、黑龙江、云南、新疆归为中西部地区。

参与与回报：老年人身体活动收益研究

育程度城市老年人高出3.2厘米，三者的差异具有显著性（p≤0.01）；从体重上来看，大学及以上组、初中及高中受教育程度城市老年人平均体重相同，且均比小学及以下受教育程度城市老年人重4.4千克，差异具有显著性（p≤0.01）；从BMI值来看，初中及高中受教育程度城市老年人BMI值最高，为23.6，其次为大学及以上受教育程度城市老年人，为23.4，小学及以下受教育程度城市老年人BMI值最低，为22.6，三者的差异具有显著性（p≤0.01）（见表4.4）。

表4.3　　　　　　　不同地区城市老年人生理健康基本信息

		n	均值	标准差	均值的95%置信区间 下限	均值的95%置信区间 上限	F	p
身高（厘米）	东部地区	2659	163.3	8.0	163.0	163.6	13.11	0.00
	中西部地区	1302	164.2	7.5	163.8	164.6		
	总数	3961	163.6	7.8	163.3	163.8		
体重（千克）	东部地区	2650	62.9	10.4	62.5	63.3	17.40	0.00
	中西部地区	1301	61.5	10.6	60.9	62.0		
	总数	3951	62.4	10.5	62.1	62.8		
BMI	东部地区	2634	23.6	3.3	23.4	23.7	53.22	0.00
	中西部地区	1290	22.7	3.4	22.6	22.9		
	总数	3924	23.3	3.4	23.2	23.4		

表4.4　　　　　不同受教育程度城市老年人生理健康基本信息

		n	均值	标准差	均值的95%置信区间 下限	均值的95%置信区间 上限	F	p
身高（厘米）	小学及以下	1061	161.6	7.4	161.2	162.1	51.09	0.00
	初中及高中	1806	164.2	7.9	163.9	164.6		
	大学及以上	959	164.8	7.8	164.3	165.3		
	总数	3826	163.7	7.8	163.4	163.9		
体重（千克）	小学及以下	1065	59.3	10.8	58.7	60.0	69.78	0.00
	初中及高中	1796	63.7	9.9	63.2	64.1		
	大学及以上	958	63.7	10.2	63.0	64.3		
	总数	3819	62.5	10.4	62.1	62.8		

第四章 城市老年人身体活动相关的描述性统计

续表

		n	均值	标准差	均值的95%置信区间下限	均值的95%置信区间上限	F	p
BMI	小学及以下	1055	22.6	3.6	22.4	22.8	28.75	0.00
	初中及高中	1788	23.6	3.3	23.4	23.8		
	大学及以上	950	23.4	3.0	23.2	23.6		
	总数	3793	23.3	3.4	23.2	23.4		

二 城市老年人生理健康自我感知

(一) 不同性别城市老年人生理健康自我感知

将城市老年人自我生理健康状况感知划分为五个等级：一级，很好，完全不需要他人照顾；二级，一般，基本能保证正常的生活；三级，较差，需要他人时常照顾；四级，很差，生活不能自理；五级，说不准（分别简称为很好、一般、较差、很差、说不准）。通过调查发现，从总体上看，认为自己身体状况很好的城市老年人占45.6%，认为自己身体状况一般的城市老年人占47.2%，二者合计达92.8%。只有6.7%的城市老年人认为自己身体状况较差或很差。

从性别上来看，分别有45.6%的城市男性老年人和45.7%的城市女性老年人认为自己身体状况很好，47.0%的城市男性老年人和47.3%的城市女性老年人认为自己身体状况一般，女性老年人比男性老年人自我身体感知状况更好一些，但这一性别上的差异不具有显著性（p>0.01）（见表4.5）。

表4.5 **不同性别城市老年人生理健康自我感知**

自我感知	全部 频数	全部 比例（%）	男 频数	男 比例（%）	女 频数	女 比例（%）
很好	1805	45.6	759	45.6	1046	45.7
一般	1867	47.2	783	47.0	1084	47.3
较差	225	5.7	97	5.8	128	5.6
很差	38	1.0	12	0.7	26	1.1
说不准	20	0.5	14	0.8	6	0.3
合计	3955	100	1665	100	2290	100

Pearson χ^2 = 8.23 p = 0.084

(二) 不同年龄城市老年人生理健康自我感知

从不同年龄段上看,一方面,70岁以下年龄组城市老年人中51.0%的受访者认为自己身体状况很好,这一比例比71岁及以上年龄组城市老年人高13.4个百分点;另一方面,10.8%的71岁及以上城市老年人认为自己身体较差或很差,这一比例比70岁以下年龄组城市老年人高6.9个百分点(见表4.6)。两个年龄组城市老年人生理健康状况的自我感知具有显著差异($p \leq 0.01$)。可见随着年龄的增长,城市老年人自我感知的身体状况在变差。

表4.6　　　　　　　不同年龄段城市老年人生理健康自我感知

自我感知	全部		55—70岁		71岁及以上	
	频数	比例(%)	频数	比例(%)	频数	比例(%)
很好	1834	45.6	1231	51.0	603	37.6
一般	1899	47.2	1081	44.7	818	51.0
较差	229	5.7	79	3.3	150	9.3
很差	39	1.0	15	0.6	24	1.5
说不准	20	0.5	10	0.4	10	0.6
合计	4021	100	2416	100	1605	100

Pearson $\chi^2 = 116.73$　$p = 0.000$

(三) 不同地区城市老年人生理健康自我感知情况

从不同地区上看,东部地区城市老年人中有47.8%的受访者认为自己身体状况很好,这一比例比中西部地区城市老年人高6.8个百分点($p \leq 0.01$);而认为自己身体状况一般的城市老年人,中西部地区又比东部地区高出6.7个百分点。另一方面,6.7%的中西部地区城市老年人认为自己身体较差或很差,这一比例比东部地区城市老年人高0.1个百分点(见表4.7)。不同地区城市老年人对自己身体状况的感知情况存在显著差异,($p \leq 0.01$)。

(四) 不同受教育程度城市老年人生理健康自我感知

从不同受教育程度上看,小学及以下受教育程度中,有35.5%的城市

第四章 城市老年人身体活动相关的描述性统计

老年人认为自己身体状况很好，而初中及高中、大学及以上受教育程度的城市老年人中，这一比例分别为48.5%和52.0%，认为自己身体状况很好的大学及以上受教育程度的城市老年人比初中及高中、小学及以下受教育程度的城市老年人分别高出3.5%和13.5%。另一方面，小学及以下受教育程度的城市老年人中有11.7%的受访者认为自己的身体状况较差或很差，这一比例比初中及高中、大学及以上城市老年人分别高出6.6和8.2个百分点（见表4.8）。随着受教育程度的提高，城市老年人对自己身体状况的感知情况也越好，这种差异较大且具有显著性（$p \leq 0.01$）。

表4.7　　　　不同地区城市老年人生理健康自我感知

自我感知	全部 频数	全部 比例（%）	东部地区 频数	东部地区 比例（%）	中西部地区 频数	中西部地区 比例（%）
很好	1825	45.6	1285	47.8	540	41.0
一般	1893	47.3	1211	45.1	682	51.8
较差	228	5.7	146	5.4	82	6.2
很差	39	1.0	32	1.2	7	0.5
说不准	20	0.5	14	0.5	6	0.5
合计	4005	100	2688	100	1317	100

Pearson $\chi^2 = 22.45$　$p = 0.000$

表4.8　　　　不同受教育程度城市老年人生理健康自我感知

自我感知	全部 频数	全部 比例（%）	小学及以下 频数	小学及以下 比例（%）	初中及高中 频数	初中及高中 比例（%）	大学及以上 频数	大学及以上 比例（%）
很好	1766	45.7	381	35.5	879	48.5	506	52.0
一般	1824	47.2	558	52.0	835	46.1	431	44.3
较差	217	5.6	104	9.7	83	4.6	30	3.1
很差	34	0.9	21	2.0	9	0.5	4	0.4
说不准	20	0.5	10	0.9	7	0.4	3	0.3
合计	3861	100	1074	100	1813	100	974	100

Pearson $\chi^2 = 114.15$　$p = 0.000$

三 城市老年人慢性疾病患病状况

(一) 不同性别城市老年人慢性疾病患病情况

对城市老年人慢性疾病患病情况进行统计，将城市老年人慢性病划分为心血管疾病、代谢性疾病和其他慢性疾病三大类。从总体上来看，城市老年人中心血管疾病中高血压患病率最高，达到了52.3%，心脏病、动脉硬化和中风的患病分别为15.2%、5.7%和3.3%；在代谢性疾病中，城市老年人骨质疏松的患病率最高，达到了29.3%，高血脂、二型糖尿病、肥胖症的患病率分别为23.9%、13.4%和5.7%；在其他慢性病中，城市老年人关节炎的患病率高达34.2%，肿瘤的患病率为3.1%。

从性别上来看，男性城市老年人和女性城市老年人易患的疾病类型有所差异，通过进一步的Pearson卡方检验显示，肥胖症、骨质疏松和关节炎三种疾病的患病率在不同性别上具有显著性差异（$p \leq 0.01$），其中，女性城市老年人患肥胖症的比例比男性城市老年人高2.1个百分点，患骨质疏松的比例比男性高14.0个百分点，患关节炎的比例比男性高11.4个百分点（见表4.9）。

表4.9　　　　不同性别城市老年人慢性疾病患病情况

疾病		全部		男		女		Pearson χ^2	p
		频数	比例(%)	频数	比例(%)	频数	比例(%)		
心血管疾病	高血压	1795	52.3	761	54.2	1034	50.9	3.63	0.057
	心脏病	522	15.2	208	14.8	314	15.5	0.27	0.606
	动脉硬化	195	5.7	71	5.1	124	6.1	1.70	0.192
	中风	115	3.3	54	3.8	61	3.0	1.83	0.177
代谢性疾病	高血脂	819	23.9	311	22.2	508	25.0	3.73	0.053
	二型糖尿病	459	13.4	184	13.1	275	13.5	0.13	0.715
	肥胖症	194	5.7	62	4.4	132	6.5	6.75	0.009
	骨质疏松	1005	29.3	294	21.0	711	35.0	79.32	0.000
其他慢性病	肿瘤	106	3.1	42	3.0	64	3.2	0.07	0.791
	关节炎	1173	34.2	383	27.3	790	38.9	49.78	0.000

第四章　城市老年人身体活动相关的描述性统计

（二）不同年龄城市老年人慢性疾病患病情况

从年龄段上来看，在心血管疾病方面，71岁及以上年龄组城市老年人中高血压、心脏病、动脉硬化和中风的患病率分别比70岁以下年龄组城市老年人高8.0、5.5、4.0和0.9个百分点，且高血压、心脏病和动脉硬化的患病率在不同年龄组城市老年人中均存在显著性差异（p≤0.01）；在代谢性疾病方面，71岁及以上城市老年人中高血脂、肥胖症和骨质疏松的患病率均高于70岁以下年龄组城市老年人，分别高出0.8、0.99和3.4个百分点；在其他慢性病方面，71岁及以上城市老年人的肿瘤、关节炎的患病率分别比70岁以下年龄组高出1.4和1.7个百分点。可以发现，部分心血管疾病的患病率随着城市老年人年龄的增长而显著升高，（p≤0.01），而代谢性疾病和其他慢性病的患病率在不同年龄段间的差异性不显著（见表4.10）。

表4.10　　　　　不同年龄段城市老年人慢性疾病患病情况

疾病		全部		55—70岁		71岁及以上		Pearson χ^2	p
		频数	比例（%）	频数	比例（%）	频数	比例（%）		
心血管疾病	高血压	1817	52.1	996	48.8	821	56.8	22.06	0.000
	心脏病	532	15.3	265	13.0	267	18.5	19.85	0.000
	动脉硬化	200	5.7	83	4.1	117	8.1	25.48	0.000
	中风	117	3.4	61	3.0	56	3.9	2.07	0.151
代谢性疾病	高血脂	827	23.7	478	23.4	349	24.2	0.27	0.605
	二型糖尿病	471	13.5	277	13.6	194	13.4	0.01	0.910
	肥胖症	198	5.7	109	5.3	89	6.2	1.07	0.300
	骨质疏松	1019	29.2	568	27.8	451	31.2	4.76	0.029
其他慢性病	肿瘤	108	3.1	52	2.5	56	3.9	4.99	0.025
	关节炎	1186	34.0	680	33.3	506	35.0	1.13	0.287

（三）不同地区城市老年人疾病患病情况

从地区分布上来看，在心血管疾病方面，中西部地区城市老年人中心脏病的患病率比东部地区显著高出4.3个百分点（p≤0.01）；在代谢性疾病方面，东部地区城市老年人中高血脂和骨质疏松的患病率分别显著高于中西部地区城市老年人4.9和6.6个百分点，（p≤0.01）；在其他慢性病方面，中西部地区城市老年人关节炎的患病率比东部地区城市老年人高6.1个百分点（p≤0.01）（见表4.11）。

表4.11　　　　　　　不同地区城市老年人慢性疾病患病情况

疾病		全部		东部地区		中西部地区		Pearson χ^2	p
		频数	比例（%）	频数	比例（%）	频数	比例（%）		
心血管疾病	高血压	1810	52.1	1199	52.4	611	51.4	0.34	0.561
	心脏病	531	15.3	316	13.8	215	18.1	11.00	0.001
	动脉硬化	200	5.8	132	5.8	68	5.7	0.00	0.950
	中风	115	3.3	78	3.4	37	3.1	0.22	0.640
代谢性疾病	高血脂	825	23.7	581	25.4	244	20.5	10.31	0.001
	二型糖尿病	469	13.5	337	14.7	132	11.1	8.85	0.003
	肥胖症	198	5.7	148	6.5	50	4.2	7.48	0.006
	骨质疏松	1017	29.3	721	31.5	296	24.9	16.62	0.000
其他慢性病	肿瘤	108	3.1	72	3.1	36	3.0	0.04	0.846
	关节炎	1184	34.1	731	32.0	453	38.1	13.11	0.000

（四）不同受教育程度城市老年人慢性疾病患病情况

从受教育程度来看，在心血管疾病方面，小学及以下受教育程度城市老年人中动脉硬化的患病率，分别比初中及高中、大学及以上城市老年人低2.2和5.9个百分点，差异显著（p≤0.01），而小学及以下受教育程度城市老年人中风的患病率则分别比初中及高中、大学及以上城市老年人高出2.7和3.9个百分点，差异显著（p≤0.01）；在代谢性疾病方面，大学及以上城市老年人高血脂的患病率分别比初中及高中、小学及以下城市老年人高出3.9和13.5个百分点，差异显著（p≤0.01），而小学及以下受教育程度城市老年人肥胖症的患病率则分别比初中及高中、大学及以上城

第四章 城市老年人身体活动相关的描述性统计

市老年人低 3.3 和 2.3 个百分点，差异显著（p≤0.01）；在其他慢性病方面，小学及以下受教育程度城市老年人中关节炎的患病率分别比初中及高中、大学及以上老年人高出 10.8 和 18.1 个百分点，差异显著（p≤0.01）（见表 4.12）。

表 4.12　　不同受教育程度城市老年人慢性疾病患病情况

疾病		小学及以下		初中及高中		大学及以上		Pearson χ^2	p
		频数	比例（%）	频数	比例（%）	频数	比例（%）		
心血管疾病	高血压	491	52.5	867	54.3	401	48.4	7.59	0.022
	心脏病	121	12.9	262	16.4	132	15.9	5.74	0.057
	动脉硬化	31	3.3	88	5.5	76	9.2	28.02	0.000
	中风	52	5.6	47	2.9	14	1.7	21.94	0.000
代谢性疾病	高血脂	148	15.8	406	25.4	243	29.3	49.04	0.000
	二型糖尿病	104	11.1	234	14.6	112	13.5	6.32	0.042
	肥胖症	32	3.4	107	6.7	47	5.7	12.13	0.002
	骨质疏松	256	27.4	462	28.9	255	30.8	2.44	0.295
其他慢性病	肿瘤	20	2.1	48	3.0	36	4.3	7.20	0.027
	关节炎	405	43.3	520	32.5	209	25.2	66.36	0.000

第二节　城市老年人心理健康状况

一　不同性别城市老年人心理健康状况

测量城市老年人心理健康自我评价，将城市老年人心理健康自我评价分为四个等级：非常好，很好，一般，较差。通过调查发现，从总体上看，超过半数的城市老年人认为自己心理健康状况很好或非常好，达到了 56.3%；有 39.3% 的城市老年人认为自己心理健康状况一般；有 4.1% 的城市老年人认为自己心理健康状况较差。

从性别上来看，分别有 57.8% 的男性城市老年人和 55.5% 的女性城市

参与与回报：老年人身体活动收益研究

老年人认为自己心理健康状况很好或非常好，38.8%的男性城市老年人和39.9%的女性城市老年人认为自己心理健康状况一般，3.4%的男性城市老年人和4.6%的女性城市老年人认为自己的心理健康状况较差。总体上男性城市老年人自我心理健康评价稍好于女性城市老年人，但这一性别上的差异不具有显著性（p＞0.01）（见表4.13）。

表4.13　　　　　　不同性别城市老年人心理健康自我评价

自我评价	全部		男		女	
	频数	比例（%）	频数	比例（%）	频数	比例（%）
非常好	492	12.4	197	11.9	295	12.8
很好	1742	44.9	762	45.9	980	42.7
一般	1561	39.4	644	38.8	917	39.9
较差	162	4.1	57	3.4	105	4.6
合计	3957	100	1660	100	2297	100

Pearson $\chi^2 = 6.58$　$p = 0.253$

二　不同年龄段城市老年人心理健康状况

从年龄分组上来看，55—70岁年龄段城市老年人认为自己心理健康状况很好或非常好的比例比71岁及以上年龄段城市老年人高出4.7个百分点；而认为自己心理健康状况较差的，55—70岁城市老年人则比71岁及以上城市老年人低2.9个百分点。总体上，高年龄段城市老年人对自己心理健康状况的评价要比低年龄段城市老年人差，且这一年龄段上的差异具有显著性（p≤0.01）（见表4.14）。

表4.14　　　　　　不同年龄段城市老年人心理健康自我评价

自我评价	全部		55—70岁		71岁及以上	
	频数	比例（%）	频数	比例（%）	频数	比例（%）
非常好	496	12.3	313	12.9	183	11.3
很好	1775	44.0	1096	45.3	679	42.2
一般	1592	39.5	940	38.8	652	40.5
较差	167	4.1	72	3.0	95	5.9

第四章 城市老年人身体活动相关的描述性统计

续表

自我评价	全部		55—70 岁		71 岁及以上	
	频数	比例（%）	频数	比例（%）	频数	比例（%）
合计	4040	100	2421	100	1609	100
Pearson $\chi^2 = 32.78$ $p = 0.000$						

三 不同地区城市老年人心理健康状况

从地区分布上来看，有56.3%的东部地区城市老年人和56.4%的中西部地区城市老年人认为自己心理健康状况很好或非常好；39.5%的东部地区城市老年人和39.6%的中西部地区城市老年人认为自己心理健康状况一般；4.3%的东部地区城市老年人和3.9%的中西部地区城市老年人认为自己心理健康状况较差。总体上不同地区城市老年人自我心理健康状况的评价差异不具有显著性（$p > 0.01$）（见表4.15）。

表4.15　　　　不同地区城市老年人心理健康自我评价

自我评价	全部		东部地区		中西部地区	
	频数	比例（%）	频数	比例（%）	频数	比例（%）
非常好	495	12.3	343	12.8	152	11.4
很好	1766	44.0	1168	43.5	598	45.0
一般	1586	39.5	1060	39.5	526	39.6
较差	167	4.2	115	4.3	52	3.9
合计	4014	100	2686	100	1328	100
Pearson $\chi^2 = 5.88$ $p = 0.318$						

四 不同受教育程度老年人心理健康状况

从受教育程度上来看，受教育程度为小学及以下、初中及高中、大学及以上的城市老年人中，分别有53.3%、58.3%和56.7%的城市老年人认为自己心理健康状况很好或非常好；分别有40.9%、37.8%和40.8%的城市老年人认为自己心理健康状况一般，分另有5.7%、3.9%和2.5%的城市老年人认为自己心理健康状况较差。总体来看，不同受教育程度的城市老年人对自己心理健康状况的评价具有一定的差异，但这种差异不具有显著性（$p > 0.01$）（见表4.16）。

参与与回报：老年人身体活动收益研究

表 4.16　　　　　不同受教育程度城市老年人心理健康自我评价

自我感知	全部 频数	全部 比例（%）	小学及以下 频数	小学及以下 比例（%）	初中及高中 频数	初中及高中 比例（%）	大学及以上 频数	大学及以上 比例（%）
非常好	481	12.4	122	11.4	245	13.3	114	11.7
很好	1709	44.1	446	41.9	826	45.0	437	45.0
一般	1526	39.4	435	40.9	694	37.8	397	40.8
较差	156	4.0	61	5.7	71	3.9	24	2.5
合计	3872	100	1064	100	1836	100	972	100

Pearson $\chi^2 = 24.58$ p = 0.006

通过对城市老年人的调查数据统计分析，发现不同性别、年龄段、地区和受教育程度的城市老年人，对自身的心理健康状况评价存在一定的差异，然而这一差异仅在不同年龄段中具有显著性，主要表现为，71 岁及以上城市老年人自我心理健康状况的评价略差于 70 岁以下年龄段的城市老年人。

第三节　城市老年人家庭收入与医疗开支状况

一　城市老年人家庭年收入

为了解城市老年人家庭基本经济状况，对城市老年人的工资或退休金状况及过去一年中家庭年收入进行调查，并进行描述性统计。从城市老年人家庭年收入来看，家庭年收入处于 2 万—4 万元的老年人家庭占比最大，为 42.2%；其次，28.5% 的城市老年人家庭年收入小于等于 1 万元；家庭年收入为 5 万—8 万元、9 万—15 万元、16 万元及以上的城市老年人比例分别为 21.8%、6.4% 和 1.1%。从总体上来看，大部分老年人家庭年收入较低。

从性别上来看，家庭年收入小于等于 1 万元的女性城市老年人比男性城市老年人高出 3.9 个百分点；家庭年收入为 2 万—4 万元的女性城市老年人比男性城市老年人高出 2.3 个百分点；而家庭年收入为 5 万—8 万元、9 万—15 万元、16 万元及以上的男性城市老年人则分别比女性城市老年人高出 4.2、1.3 和 0.7 个百分点。男性城市老年人的家庭年收入整体上高

第四章　城市老年人身体活动相关的描述性统计

于女性城市老年人,但这一差异不具有统计上的显著性(p>0.01)。

从年龄段上来看,家庭年收入为2万—4万元、低于等于1万元的55—70岁城市老年人,分别比71岁及以上年龄段城市老年人高6.8和1.2个百分点;家庭年收入为5万—8万元、9万—15万元的71岁及以上城市老年人比例,分别比55—70岁城市老年人高出5.2和3.3个百分点;而家庭年收入16万及以上的55—70岁城市老年人比例,比71岁以上城市老年人高出0.6个百分点。总体上城市老年人的家庭年收入在不同年龄段上具有显著性差异(p≤0.01)。

从地区上来看,东部地区城市老年人家庭年收入为5万—8万元、9万—15万元、16万元及以上的比例,分别比中西部地区城市老年人高出11.0、6.0和0.9个百分点;而中西部地区城市老年人家庭年收入在1万元及以下、2万—4万元两个区间内的比例,分别比东部地区城市老年人高出9.1和8.8个百分点。东部地区城市老年人家庭年收入整体上高于中西部地区城市老年人家庭年收入,且这一差异具有显著性(p≤0.01)。

从受教育程度上来看,大学及以上受教育程度的城市老年人中,家庭年收入为16万元及以上的比例,分别比小学及以下、初中及高中受教育程度的城市老年人高出1.7和1.0个百分点;家庭年收入为9万—15万元的比例,分别比小学及以下、初中及高中受教育程度的城市老年人高出13.3和11.5个百分点;家庭年收入为5万—8万元的比例,分别比小学及以下、初中及高中受教育程度的城市老年人高出23.4和14.5个百分点。另一方面,家庭年收入在1万元及以下的小学及以下受教育程度城市老年人中的比例,分别比初中及高中、大学及以上受教育程度的城市老年人显著地高出22.9和30.3个百分点。城市老年人家庭年收入在受教育程度上存在着显著性差异,(p≤0.01),具体表现为随着教育程度提高,家庭年收入也越好(见表4.17)。

表4.17　　　　　城市老年人家庭年收入情况(%)

		≤1万元	2万—4万元	5万—8万元	9万—15万元	≥16万元	合计	Pearson χ^2	p
性别	男性	26.4	40.8	24.1	7.2	1.5	100		
	女性	30.3	43.1	19.9	5.9	0.8	100	17.09	0.002

续表

		≤1万元	2万—4万元	5万—8万元	9万—15万元	≥16万元	合计	Pearson χ^2	p
年龄段	55—70岁	29.0	44.9	19.7	5.1	1.3	100	34.32	0.000
	71岁及以上	27.8	38.1	24.9	8.4	0.7	100		
地区	东部地区	25.5	39.3	25.4	8.4	1.4	100	118.15	0.000
	中西部地区	34.6	48.1	14.4	2.4	0.5	100		
受教育程度	小学及以下	48.1	38.9	10.9	1.9	0.3	100	450.73	0.000
	初中及高中	25.2	50.3	19.8	3.7	1.0	100		
	大学及以上	17.8	30.7	34.3	15.2	2.0	100		
总计		28.5	42.2	21.8	6.4	1.1	100		

二 城市老年人年总医疗开支

为了解城市老年人全年总医疗开支情况，对城市老年人在报销之后自付部分的总医疗开支进行描述性统计分析。从总体上来看，81.1%的城市老年人全年总医疗开支在5000元及以下，12.5%的城市老年人全年总医疗开支为5001—10000元，6.5%的城市老年人全年总医疗开支为10000元以上。

从年龄段上来看，71岁及以上城市老年人中，全年总医疗开支为1001—5000元、5001—10000元和10000元以上的比例，分别比55—70岁城市老年人高出1.3、1.1和1.4个百分点；而全年总医疗开支在1000元及以下的55—70岁城市老年人比例，则比71岁及以上城市老年人高出3.7个百分点。从总体上来看，年龄越大的城市老年人全年总医疗开支越高，但这一差异在统计上不具有显著性（$p>0.01$）。

从地区上来看，全年总医疗开支为1000元及以下的中西部地区城市老年人，要比东部地区城市老年人高4.9个百分点；总医疗开支为1001—5000元的东部地区城市老年人比中西部地区城市老年人高5.0个百分点；总医疗开支为5001—10000元的中西部地区城市老年人比东部地区城市老年人高0.8个百分点；总医疗开支为10000元以上的东部地区城市老年人比中西部地区城市老年人高0.6个百分点。总体上来看，全年总医疗开支在地区间的差异不具有显著性（$p>0.01$）。

从受教育程度上看，全年总医疗开支为1000元及以下、5001—10000

第四章　城市老年人身体活动相关的描述性统计

元的比例，小学及以下受教育程度的城市老年人比初中及高中受教育程度的城市老年人分别高出6.1和0.1个百分点，比大学及以上受教育程度的城市老年人分别高出5.1和0.6个百分点；初中及高中受教育程度的城市老年人中，总医疗支出在10000元以上的比例最高，比小学及以下、大学及以上受教育程度的城市老年人分别高出3.1和0.4个百分点。总体上来看，城市老年人全年总医疗开支在不同受教育程度的城市老年人的差异不具有显著性（p>0.01，见表4.18）。

表4.18　　　　　　城市老年人全年总医疗开支情况（%）

		1000元及以下	1001—5000元	5001—10000元	10000元以上	合计	Pearson χ^2	p
性别	男性					100		
	女性					100		
年龄段	55—70岁	42.5	39.5	12.0	5.9	100	6.46	0.091
	71岁及以上	38.8	40.8	13.1	7.3	100		
地区	东部地区	39.3	41.8	12.2	6.7	100	10.78	0.013
	中西部地区	44.2	36.8	13.0	6.1	100		
受教育程度	小学及以下	45.2	37.9	12.7	4.2	100	17.59	0.007
	初中及高中	39.1	40.9	12.6	7.3	100		
	大学及以上	40.1	40.9	12.1	6.9	100		
	总计	41.0	40.1	12.5	6.5	100		

说明：城市老年人全年总医疗开支是指报销后自付部分的年医疗开支。

（一）城市老年人全年门诊治疗费开支

在分析城市老年人全年总医疗开支的基础上，进一步对主要构成总医疗开支的门诊费、住院费和医药费进行了统计分析。在全年门诊费开支方面，从总体上来看，89.8%的城市老年人全年门诊费用开支在5000元及以下，10.2%的城市老年人全年门诊费用开支为5000元以上。

从年龄段上来看，71岁及以上城市老年人中，全年门诊费用开支为1001—5000元、5000元以上的比例，比55—70岁城市老年人分别高出2.8和3.5个百分点；而全年门诊费用开支在500元及以下的55—70岁的城市老年人比例，则比71岁及以上城市老年人高出5.2个百分点。从总体上来看，城市老年人年龄越大全年门诊费用开支越高，且这一差异具有显著性（p≤0.01）。

从地区上来看，东部地区城市老年人中全年门诊费用开支为1001—5000元、5000元以上的比例，比中西部地区城市老年人分别高出8.4和7.8个百分点；而东部地区城市老年人全年门诊费用开支为501—1000元、500及以下的比例，则比中西部地区城市老年人低2.0和14.1个百分点。城市老年人全年门诊费用在不同地区间存在显著的差异（p≤0.01），具体表现为东部地区城市老年人全年门诊费用支出整体上要高于中西部地区城市老年人。

表4.19　　　　城市老年人全年门诊治疗费开支情况（%）

		500元及以下	501—1000元	1001—5000元	5000元以上	合计	Pearson χ^2	p
性别	男性					100		
	女性					100		
年龄段	55—70岁	40.0	29.6	21.6	8.8	100	20.17	0.000
	71岁及以上	34.8	28.6	24.4	12.3	100		
地区	东部地区	33.1	28.4	25.7	12.9	100	120.10	0.000
	中西部地区	47.2	30.4	17.3	5.1	100		
受教育程度	小学及以下	49.1	30.8	16.1	4.0	100	137.35	0.000
	初中及高中	35.9	29.4	23.3	11.3	100		
	大学及以上	30.7	26.4	29.3	13.5	100		
总计		37.9	29.2	22.7	10.2	100		

说明：城市老年人全年门诊治疗费开支是指报销后自付部分的门诊费用开支。

从受教育程度上来看，大学及以上受教育程度的城市老年人中，全年门诊费用支出在5000元以上的比例，比小学及以下、初中及高中受教育程度的城市老年人分别高出9.5和2.2个百分点；全年门诊费用支出在1001—5000元的比例，比小学及以下、初中及高中受教育程度的老年人分别高出13.2和6个百分点；大学及以上受教育程度的城市老年人全年门诊费用在501—1000元的比例，则比小学及以下、初中及高中受教育程度的城市老年人分别低4.4和3个百分点；大学及以上受教育程度的城市老

第四章 城市老年人身体活动相关的描述性统计

年人全年门诊费用在 500 元及以下的比例，则比小学及以下、初中及高中受教育程度的城市老年人分别低 18.4 和 5.2 个百分点。城市老年人全年门诊费用开支在不同受教育程度的城市老年人中存在显著的差异（$p \leq 0.01$），具体表现为随着受教育程度的提高，城市老年人全年门诊费用开支也随之增高。

（二）城市老年人全年住院费开支

在全年住院费开支方面，总体上看，94.7%的城市老年人全年住院费开支在 10000 元及以下，其中 56.3%的城市老年人全年住院费开支在 1000 元及以下，仅有 5.3%的城市老年人全年住院费开支在 10000 元以上。

从年龄段来看，71 岁及以上城市老年人中，全年住院费开支为 1001—5000 元、5001—10000 元、10000 以上的比例，比 55—70 岁城市老年人分别高 2.0、1.1 和 0.1 个百分点；而全年住院费开支在 1000 元及以下的 55—70 岁城市老年人比例则比 71 岁及以上城市老年人高 3.3 个百分点。总体上城市老年人全年住院费开支在不同年龄段中的差异不具有显著性（$p > 0.01$）。

从地区上来看，东部地区城市老年人中，全年住院费开支为 1000 元及以下、10000 元以上的比例，比中西部地区城市老年人分别高 1.2 和 0.9 个百分点；而东部地区城市老年人全年住院费开支为 1001—5000 元、50001—10000 元的比例，则比中西部地区城市老年人分别低 1.2 和 1 个百分点。总体上城市老年人全年住院费开支在不同地区城市间的差异不具有显著性（$p > 0.01$）。

从受教育程度来看，大学及以上受教育程度的城市老年人中，全年住院费开支在 10000 元以上的比例，分别比小学及以下、初中及高中受教育程度的城市老年人高 1.8 和 0.8 个百分点；大学及以上受教育程度的城市老年人全年住院费开支在 5001—10000 元的比例，比小学及以下受教育程度的城市老年人高 0.8 个百分点，但比初中及高中受教育程度的低 1.9 个百分点；大学及以上受教育程度的城市老年人全年住院费开支在 1001—5000 元的比例，比小学及以下、初中及高中受教育程度的城市老年人均低了 2.2 个百分点；全年住院费开支在 1000 元及以下的比例，比小学及以下受教育程度的城市老年人低 0.4 个百分点，比初中及高中受教育程度的城市老年人高 3.3 个百分点。总体上城市老年人全年住院费开支在不同受教育程度群体中存在一定的差异，然而这一差异不具有显著性（$p > 0.01$，见表4.20）。

表4.20　　　　　　城市老年人全年住院费开支情况（%）

		1000元及以下	1001—5000元	5001—10000元	10000元以上	合计	Pearson χ^2	p
性别	男性					100		
	女性					100		
年龄段	55—70岁	57.6	27.0	10.1	5.3	100	3.54	0.316
	71岁及以上	54.3	29.0	11.2	5.4	100		
地区	东部地区	56.8	27.3	10.2	5.7	100	2.32	0.510
	中西部地区	55.6	28.5	11.2	4.8	100		
受教育程度	小学及以下	58.4	28.2	9.2	4.2	100	9.71	0.137
	初中及高中	54.7	28.2	11.9	5.2	100		
	大学及以上	58.0	26.0	10.0	6.0	100		
总计		56.3	27.8	10.5	5.3	100		

说明：城市老年人全年住院费开支是指报销后自付部分的住院费开支。

（三）城市老年人全年购买药品费用支出情况

在全年购买药品费用开支方面。从总体上看，95.9%的城市老年人全年购买药品的费用支出在5000元及以下，其中50.4%的城市老年人全年购买药品费用支出在500元及以下，仅有4.1%的城市老年人全年购买药品费用开支在5000元以上。

从年龄段来看，71岁及以上城市老年人中，全年购买药品开支为501—1000元、1001—5000元、5000以上的比例，比55—70岁城市老年人分别高2.0、3.2和1.2个百分点；而全年购买药品开支在500元及以下的55—70岁老年人比例，则比71岁及以上城市老年人高6.3个百分点。总体上城市老年人全年购买药品费用开支在不同年龄段中存在一定差异，具体表现为较高年龄组城市老年人全年购买药品费用支出更高，但这一差异不具有显著性（p>0.01）。

从地区来看，中西部地区城市老年人中，全年购买药品费用开支为501—1000元、1001—5000元、5000元以上的比例，比东部地区城市老年人分别高出5.3、2.7和0.9个百分点；而中西部地区城市老年人全年购

第四章 城市老年人身体活动相关的描述性统计

买药品费用开支为500元及以下的比例,则比东部地区老年人低8.7个百分点。城市老年人全年购买药品费用支出在不同地区城市间存在显著性差异（$p \leq 0.01$），具体表现为中西部地区城市老年人全年购买药品费用支出整体上要高于东部地区城市老年人。

从受教育程度来看,大学及以上受教育程度的城市老年人中,全年购买药品费用支出在5000元以上的比例,比小学及以下、初中及高中受教育程度的城市老年人分别高出2.6和1.1个百分点;大学及以上受教育程度的城市老年人全年购买药品费用支出在1001—5000元的比例,则比小学及以下、初中及高中受教育程度的城市老年人分别显著地低1.0和2.3个百分点;大学及以上受教育程度的城市老年人全年购买药品费用在501—1000元的比例,则比小学及以下、初中及高中受教育程度的城市老年人分别显著地低了10.1和2.6个百分点;大学及以上受教育程度的城市老年人全年购买药品费用在500元及以下的比例,比小学及以下、初中及高中受教育程度的城市老年人分别显著地高出8.5和3.8个百分点。城市老年人全年购买药品费用开支在不同受教育程度的城市老年人群体中存在显著性差异（$p \leq 0.01$），具体表现为大学及以上受教育程度的城市老年人群体在全年医药费用支出两端（即500元及以下和5000元以上）的比重最大,而初中及高中受教育程度城市老年人则在1001—5000元这一范围内比重最大,小学及以下受教育程度城市老年人在501—1000元这一范围内比重最大（见表4.21）。

表4.21　　　　城市老年人全年购药费用支出情况（%）

		500元及以下	501—1000元	1001—5000元	5000元以上	合计	Pearson χ^2	p
性别	男性					100		
	女性					100		
年龄段	55—70岁	52.9	28.5	14.9	3.6	100	16.55	0.002
	71岁及以上	46.6	30.5	18.1	4.8	100		
地区	东部地区	53.7	27.4	15.1	3.7	100	25.07	0.000
	中西部地区	45.0	32.7	17.8	4.6	100		

续表

		500元及以下	501—1000元	1001—5000元	5000元以上	合计	Pearson χ^2	p
受教育程度	小学及以下	46.2	35.3	15.8	2.7	100	36.46	0.000
	初中及高中	50.9	27.8	17.1	4.2	100		
	大学及以上	54.7	25.2	14.8	5.3	100		
总计		50.4	29.3	16.2	4.1	100		

说明：城市老年人全年购药费开支是指报销后自付部分的购药费开支。

第四节 城市老年人身体活动PASE得分及其检验

一 城市老年人身体活动情况

根据PASE问卷得分计算方法，计算城市老年人PASE问卷调查的各项身体活动PASE得分。PASE问卷中身体活动分为静坐活动、走路活动、自行车活动、交通活动、家务活动、体育活动6个项目，分别计算各项身体活动PASE得分，并做统计处理。

（一）静坐活动

在每天静坐活动方面。有41.2%的城市老年人报告在过去7天里，常常（5—7天）每天有较长时间的静坐活动，主要从事看电视、用电脑等活动；有21.7%的城市老年人报告很少（1—2天）每天有较长时间的静坐活动；男性城市老年人每天静坐活动多于女性城市老年人，具体有41.9%男性城市老年人，40.6%女性城市老年人报告常常（5—7天）每天有静坐活动。男性城市老年人和女性城市老年人在每天静坐活动上的差异在统计学上不具有显著性（p＞0.01，见表4.22）。

表4.22 城市老年人过去7天每天静坐活动比例

静坐	总体		男		女	
	频数	比例（%）	频数	比例（%）	频数	比例（%）
0	127	3.3	54	3.3	73	3.2
1—2天	845	21.7	379	23.3	466	20.6

第四章 城市老年人身体活动相关的描述性统计

续表

静坐	总体		男		女	
	频数	比例（%）	频数	比例（%）	频数	比例（%）
3—4 天	1315	33.8	513	31.5	802	35.5
5—7 天	1600	41.2	683	41.9	917	40.6
合计	3887	100.0	1629	100.0	2258	100.0

Pearson $\chi^2 = 7.96$ $p = 0.047$

在每天静坐活动时间分配上。有24.6%的城市老年人报告在过去7天里，每天超过4小时的时间花在看电视、用电脑等静坐性活动上；有37.8%的城市老年人报告每天静坐活动的时间在3—4小时之间，仅有6.1%的城市老年人报告每天静坐活动的时间低于1小时。在静坐活动的性别差异方面，女性城市老年人每天静坐活动的时间在4小时以上的比例为25.5%，高于男性城市老年人的23.3%比例。分别有39.6%的男性城市老年人和36.6%的女性城市老年人报告每天静坐活动的时间在3—4小时之内，仅有5.4%的男性城市老年人和6.7%的女性城市老年人报告每天静坐活动的时间低于1小时，城市老年人静坐活动的差异不显著（p > 0.01，见表4.23）。

总体上，在所调查的城市老年人中，静坐活动无论从比例上，还是从每天的时间上都比较高，其中男性城市老年人静坐活动时间总体上高于女性城市老年人静坐活动时间。

表4.23　　　　城市老年人过去7天每天静坐活动时间

静坐	总体		男		女	
	频数	比例（%）	频数	比例（%）	频数	比例（%）
<1 小时	236	6.1	87	5.4	149	6.7
1—2 小时	1212	31.4	516	31.8	696	31.2
3—4 小时	1459	37.8	643	39.6	816	36.6
>4 小时	948	24.6	378	23.3	570	25.5
合计	3855	100.0	1624	100.0	2231	100.0

Pearson $\chi^2 = 7.02$ $p = 0.071$

参与与回报:老年人身体活动收益研究

(二) 走路活动

在每天走路活动方面。有 50.2% 的城市老年人报告在过去 7 天里,常常(5—7 天)每天进行走路活动;有 31.2% 的城市老年人报告常常(3—4 天)每天进行走路活动;仅有 15.8% 的城市老年人报告很少(1—2 天)每天进行走路活动。在走路活动的性别差异方面,不同性别城市老年人中的差异不具有显著性($p > 0.01$,见表 4.24)。

表 4.24　　　　　城市老年人过去 7 天每天走路活动比例

走路	总体 频数	比例(%)	男 频数	比例(%)	女 频数	比例(%)
0	113	2.9	48	2.9	65	2.9
1—2 天	619	15.8	255	15.4	364	16.0
3—4 天	1225	31.2	517	31.3	708	31.1
5—7 天	1970	50.2	832	50.4	1138	50.0
合计	3927	100.0	1652	100.0	2275	100.0

Pearson $\chi^2 = 0.23$　$p = 0.972$

在每天走路活动时间上。有 55.1% 的城市老年人报告在过去 7 天时间里,每天走路活动的时间在 1—2 小时,24.3% 的城市老年人报告每天走路活动时间低于 1 小时,有 15.3% 的城市老年人报告每天走路活动时间在 2—4 小时之间,仅有 5.3% 的城市老年人报告每天走路活动的时间超过 4 小时。有 55.0% 的男性城市老年人和 55.2% 的女性城市老年人报告每天的走路活动时间在 1—2 小时之间。男性城市老年人每天走路活动时间在 4 小时以上的比例(5.4%)略高于女性城市老年人(5.2%)。有 23.3% 的男性城市老年人和 24.9% 的女性城市老年人报告每天的走路时间低于 1 小时。城市老年人走路活动的时间没有显著性差异($p > 0.01$,见表 4.25)。

表 4.25　　　　　城市老年人过去 7 天每天走路活动时间

走路	总体 频数	比例(%)	男 频数	比例(%)	女 频数	比例(%)
<1 小时	916	24.3	370	23.3	546	24.9
1—2 小时	2081	55.1	873	55.0	1208	55.2

第四章 城市老年人身体活动相关的描述性统计

续表

走路	总体		男		女	
	频数	比例（%）	频数	比例（%）	频数	比例（%）
2—4 小时	579	15.3	257	16.2	322	14.7
>4 小时	200	5.3	86	5.4	114	5.2
合计	3776	100.0	1586	100.0	2190	100.0
	Pearson $\chi^2 = 2.41$ p = 0.492					

总体上，城市老年人在过去 7 天内走路活动的比例，大多数城市老年人报告（5—7 天）每天进行走路活动；在每天走路活动的时间上，报告比例较高的城市老年人表示每天走路活动时间在 1—2 小时，男性城市老年人每天走路活动时间在总体上略高于女性城市老年人。

（三）自行车活动

在自行车活动方面。我国是一个自行车大国，自行车是主要的交通工具。本研究调查中，有 11.7% 的城市老年人报告常常（5—7 天）每天骑自行车活动；有 14.3% 的城市老年人报告时常（3—4 天）每天骑自行车活动。有 53.4% 的城市老年人报告在过去 7 天里没有骑自行车活动。在性别方面，15.5% 的男性城市老年人和 8.9% 的女性城市老年人报告常常（5—7 天）每天骑自行车活动；报告在过去 7 天没有骑自行车活动的女性城市老年人比例高于男性城市老年人，分别为 59.7% 和 45.0%，且这一性别上的差异具有显著性（p≤0.01，见表 4.26）。

表 4.26 　　　　　城市老年人过去 7 天骑自行车活动比例

骑自行车	总体		男		女	
	频数	比例（%）	频数	比例（%）	频数	比例（%）
0	1977	53.4	707	45.0	1270	59.7
1—2 天	761	20.6	363	23.1	398	18.7
3—4 天	528	14.3	256	16.3	272	12.8
5—7 天	433	11.7	244	15.5	189	8.9
合计	3699	100.0	1570	100.0	2129	100.0
	Pearson $\chi^2 = 86.92$ p = 0.000					

参与与回报：老年人身体活动收益研究

在每天自行车活动的时间上，有 68.3% 的城市老年人报告在过去 7 天里，每天骑自行车活动时间低于 1 小时；有 24.8% 的城市老年人报告每天骑自行车活动的时间在 1—2 小时之间，仅有 6.9% 的城市老年人报告每天骑自行车活动的时间在 2 小时以上。在性别方面，男性城市老年人骑自行车活动时间每天在 1 小时以上的比例为 36.7%，高于女性城市老年人的 27.6%，且这一性别上的差异具有显著性（p≤0.01，见表 4.27）。

表 4.27　　　　城市老年人过去 7 天每天骑自行车活动时间

骑自行车	总体 频数	总体 比例（%）	男 频数	男 比例（%）	女 频数	女 比例（%）
<1 小时	1715	68.3	717	63.3	998	72.4
1—2 小时	623	24.8	339	29.9	284	20.6
2—4 小时	129	5.1	61	5.4	68	4.9
>4 小时	45	1.8	16	1.4	29	2.1
合计	2512	100.0	1133	100.0	1379	100.0

Pearson $\chi^2 = 1.24$　$p = 0.000$

总体上，骑自行车活动是城市老年人较为普遍的身体活动形式，大多数城市老年人报告在过去的一周内常常（5—7 天）每天骑自行车活动，在每天骑自行车活动的时间上，男性城市老年人每天自行车活动超过 1 小时的比例超过女性城市老年人，且具有显著性差异（p≤0.01）。

（四）交通活动

在交通活动方面。交通活动是指乘汽车等交通工具的活动。在过去 7 天内乘汽车等交通活动方面，有 46.2% 城市老年人报告很少（1—2 天）乘坐，有 21.1% 的城市老年人报告时常（3—4 天）乘坐，有 24.0% 的城市老年人报告没有乘坐。不同性别间利用交通工具的交通活动差异不大，且不具有显著性（p>0.01，见表 4.28）。

表 4.28　　　　城市老年人过去 7 天乘汽车等交通活动比例

乘汽车	总体 频数	总体 比例（%）	男 频数	男 比例（%）	女 频数	女 比例（%）
0	920	24.0	409	25.5	511	22.9

第四章 城市老年人身体活动相关的描述性统计

续表

乘汽车	总体		男		女	
	频数	比例（%）	频数	比例（%）	频数	比例（%）
1—2 天	1771	46.2	700	43.6	1071	48.0
3—4 天	808	21.1	352	21.9	456	20.4
5—7 天	337	8.8	143	8.9	194	8.7
合计	3836	100.0	1604	100.0	2232	100.0

Pearson $\chi^2 = 7.52$ p = 0.057

在交通活动时间方面。在过去 7 天里有 43.1% 的城市老年人报告每次交通活动的时间低于 1 小时；有 43.0% 的城市老年人报告每次交通活动的时间为 1—2 小时，3.4% 的城市老年人报告每次交通活动的时间在 4 小时以上。不同性别城市老年人交通活动时间的差异不具有显著性（p > 0.01，见表 4.29）。

表 4.29　　　　城市老年人过去 7 天每天交通活动时间

交通	总体		男		女	
	频数	比例（%）	频数	比例（%）	频数	比例（%）
<1 小时	1433	43.1	613	43.9	820	42.5
1—2 小时	1431	43.0	594	42.6	837	43.4
2—4 小时	350	10.5	151	10.8	199	10.3
>4 小时	112	3.4	38	2.7	74	3.8
合计	3326	100.0	1396	100.0	1930	100.0

Pearson $\chi^2 = 3.68$ p = 0.298

总体上，城市老年人在过去 7 天里很少（1—2 天）有乘车等交通活动，在乘车等交通活动时间上，男性城市老年人和女性城市老年人情况类似，大部分在 2 小时以下。从交通活动时间上看，与骑自行车、乘车相比，步行是老年人出行的主要方式。

（五）家务活动

在每天家务活动方面。在过去 7 天里有接近一半（48.1%）的城市老年人报告常常（5—7 天）每天进行家务活动，有 31.2% 的城市老年人报告时常（3—4天）每天进行家务活动，仅有4.7%的城市老年人报告没有进行任何家务活动。在性别方面，女性城市老年人家务活动的比例高于男性城市老年人，有56.9%的女性城市老年人报告常常（5—7天）每天做家务，而在男性城市老年人中该比例仅占35.6%，家务活动的比例在性别上存在显著性差异（p≤0.01，见表4.30）。

表4.30　　　　　城市老年人过去7天每天家务活动比例

家务	总体		男		女	
	频数	比例（%）	频数	比例（%）	频数	比例（%）
0天	181	4.7	107	6.7	74	3.3
1—2天	621	16.1	374	23.4	247	10.9
3—4天	1206	31.2	550	34.4	656	28.9
5—7天	1858	48.1	569	35.6	1289	56.9
合计	3866	100.0	1600	100.0	2266	100.0

Pearson $\chi^2 = 211.87$ p=0.000

在每天家务活动时间上，有45.1%的城市老年人报告在过去7天里，每天家务活动的时间在1—2小时，27.0%的城市老年人报告每天家务活动时间在2—4小时，10.9%的城市老年人报告每天家务活动的时间在4小时以上，仅有17.0%的城市老年人报告每天家务活动的时间低于1小时。不同性别的城市老年人家务活动的时间具有显著性差异，女性城市老年人每天家务活动4小时以上的比例（15.1%）显著地高于男性城市老年人（5.0%），有33.6%的女性城市老年人家务活动的时间为每天2—4小时，而在男性城市老年人中仅为17.5%，家务活动时间的性别差异显著（p≤0.01，见表4.31）。

表4.31　　　　　城市老年人过去7天每天家务活动时间

家务	总体		男		女	
	频数	比例（%）	频数	比例（%）	频数	比例（%）
<1小时	655	17.0	442	27.9	213	9.3
1—2小时	1743	45.1	785	49.6	958	42.0
2—4小时	1043	27.0	277	17.5	766	33.6

第四章　城市老年人身体活动相关的描述性统计

续表

家务	总体		男		女	
	频数	比例（%）	频数	比例（%）	频数	比例（%）
>4 小时	423	10.9	79	5.0	344	15.1
合计	3864	100.0	1583	100.0	2281	100.0

Pearson $\chi^2 = 378.79$　$p = 0.000$

总体上，大多数（79.3%）城市老年人报告在过去 7 天里时常（5—7 天）或常常（3—4 天）每天进行家务活动；大部分（83.0%）城市老年人报告每天家务活动时间在 1 小时以上，女性城市老年人无论在家务活动比例上，还是每天家务活动的时间上都显著地高于男性城市老年人（$p \leq 0.01$）。

（六）体育活动

1. 低强度体育活动

在每天低强度体育活动方面。在过去 7 天里有 48.9% 的城市老年人报告时常（5—7 天）每天进行低强度体育活动；有 29.0% 的城市老年人报告常常（3—4 天）每天进行低强度体育活动；仅有 1.2% 的城市老年人报告没有进行低强度体育活动。在性别方面，女性城市老年人每天低强度体育活动的比例和男性城市老年人每天低强度体育活动的比例没有显著性差异（$p > 0.01$，见表 4.32）。

表 4.32　城市老年人过去 7 天每天低强度体育活动比例

低强度体育活动	总体		男		女	
	频数	比例（%）	频数	比例（%）	频数	比例（%）
0 天	40	1.2	20	1.4	20	1.0
1—2 天	709	21.0	276	19.4	433	22.1
3—4 天	981	29.0	415	29.2	566	28.8
5—7 天	1653	48.9	709	49.9	944	48.1
合计	3383	100.0	1420	100.0	1963	100.0

Pearson $\chi^2 = 4.37$　$p = 0.224$

在每天低强度体育活动时间上，有 36.9% 的城市老年人报告在过去 7 天里，每天低强度体育活动时间在 1—2 小时，41.7% 的城市老年人报告每天低强度体育活动时间在2—4小时，1.9%的城市老年人报告每天低强度体育活动的时间在4小时以上，有19.5%的城市老年人报告每天低强度体育活动的时间低于1小时。不同性别的城市老年人低强度体育活动的时间无显著性差异（p>0.01，见表4.33）。

表4.33　　　　城市老年人过去7天每天低强度体育活动时间

低强度体育活动	总体 频数	比例（%）	男 频数	比例（%）	女 频数	比例（%）
<1小时	687	19.5	280	19.1	407	19.8
1—2小时	1299	36.9	527	35.9	772	37.6
2—4小时	1468	41.7	627	42.8	841	40.9
>4小时	67	1.9	32	2.2	35	1.7
合计	3521	100.0	1466	100.0	2055	100.0

Pearson χ^2 = 2.60　p = 0.465

2. 中强度体育活动

在每天中强度体育活动方面。在过去7天里有37.1%的城市老年人报告时常（5—7天）每天进行中强度体育活动；分别有25.1%的城市老年人报告常常（3—4天）每天进行中强度体育活动和间断性（1—2天）每天进行中强度体育活动；有12.7%的城市老年人报告没有进行中强度体育活动。在性别方面，女性城市老年人每天中强度体育活动的比例和男性城市老年人每天中强度体育活动的比例没有显著性差异（p>0.01，见表4.34）。

表4.34　　　　城市老年人过去7天每天中强度体育活动比例

中强度体育活动	总体 频数	比例（%）	男 频数	比例（%）	女 频数	比例（%）
0天	318	12.7	131	12.8	187	12.6
1—2天	631	25.1	252	24.7	379	25.4
3—4天	631	25.1	253	24.8	378	25.4
5—7天	930	37.1	384	37.6	546	36.6
合计	2510	100.0	1020	100.0	1490	100.0

Pearson χ^2 = 0.41　p = 0.938

第四章　城市老年人身体活动相关的描述性统计

在每天中强度体育活动时间上，有42.3%的城市老年人报告在过去7天里，每天中强度体育活动时间在1—2小时，27.9%的城市老年人报告每天中强度体育活动时间在2—4小时，1.5%的城市老年人报告每天中强度体育活动的时间在4小时以上，有28.2%的城市老年人报告每天中强度体育活动的时间低于1小时。不同性别的城市老年人中强度体育活动的时间无显著性差异（p>0.01，见表4.35）。

表4.35　　　　　城市老年人过去7天每天中强度体育活动时间

中强度体育活动	总体 频数	总体 比例（%）	男 频数	男 比例（%）	女 频数	女 比例（%）
<1小时	712	28.2	297	29.1	415	27.6
1—2小时	1068	42.3	414	40.5	654	43.5
2—4小时	705	27.9	291	28.5	414	27.6
>4小时	39	1.5	20	2.0	19	1.3
合计	2524	100.0	1022	100.0	1502	100.0

Pearson $\chi^2 = 3.83$　$p = 0.281$

3. 高强度体育活动

在每天高强度体育活动方面。在过去7天里有28.4%的城市老年人报告时常（5—7天）每天进行高强度体育活动；有18.1%的城市老年人报告常常（3—4天）每天进行高强度体育活动；有31.3的城市老年人报告间断性（1—2天）每天进行高强度体育活动；有22.1%的城市老年人报告没有进行高强度体育活动。在性别方面，女性城市老年人每天高强度体育活动的比例和男性城市老年人每天高强度体育活动的比例没有显著性差异（p>0.01，见表4.36）。

在每天高强度体育活动时间上，有59.0%的城市老年人报告在过去7天里，每天高强度体育活动时间低于1小时，有26.1的城市老年人每天高强度体育活动时间在1—2小时，有13.8%的城市老年人报告每天高强度体育活动时间在2—4小时，1.1%的城市老年人报告每天高强度体育活动的时间在4小时以上。不同性别的城市老年人高强度体育活动的时间无显著性差异（p>0.01，见表4.37）。

表4.36　　　　城市老年人过去7天每天高强度体育活动比例

高强度体育活动	总体 频数	总体 比例（%）	男 频数	男 比例（%）	女 频数	女 比例（%）
0天	485	22.1	179	20.3	306	23.4
1—2天	687	31.3	280	31.7	407	31.1
3—4天	397	18.1	172	19.5	225	17.2
5—7天	623	28.4	251	28.5	372	28.4
合计	2192	100.0	882	100.0	1310	100.0

Pearson $\chi^2 = 3.89$　p = 0.274

表4.37　　　　城市老年人过去7天每天高强度体育活动时间

高强度体育活动	总体 频数	总体 比例（%）	男 频数	男 比例（%）	女 频数	女 比例（%）
<1小时	1279	59.0	523	59.5	756	58.7
1—2小时	566	26.1	222	25.3	344	26.7
2—4小时	298	13.8	125	14.2	173	13.4
>4小时	23	1.1	9	1.0	14	1.1
合计	2166	100.0	879	100.0	1287	100.0

Pearson $\chi^2 = 0.74$　p = 0.865

二　城市老年人身体活动PASE得分及其检验

（一）不同性别城市老年人身体活动PASE得分及其检验

根据PASE分数的计算方法，计算PASE问卷调查的城市老年人交通活动、家务活动、体育活动等三个类别身体活动PASE分数。结果表明，在所有城市老年人中，平均身体活动总PASE分数为111分，其中家务活动PASE分数最高，平均为48.7分；交通活动和体育活动两项身体活动平均分数分别为28.4分和38.7分（见表4.38）。

在不同性别城市老年人中，女性城市老年人身体活动总PASE得分显著地高于男性城市老年人（p≤0.01）。具体来看，在身体活动分项的交通活动PASE得分上，男性城市老年人的分数显著高于女性城市老年人（p≤0.01）；女性城市老年人在身体活动分项的家务活动PASE得分上显著地高于男性城市老年人（p≤0.01）；在身体活动分项的体育活动PASE得分上，男女之间

第四章 城市老年人身体活动相关的描述性统计

在体育活动 PASE 得分上不具有显著性差异（p>0.01，见表 4.38）。

表 4.38　　不同性别城市老年人身体活动 PASE 得分及其检验

PASE 分数类型		n	均值		标准差	均值的 95% 置信区间 下限	均值的 95% 置信区间 上限	F	p
交通活动 PASE 分数	男	1643	30.0	±	26.1	28.7	31.3	10.91	0.001
	女	2291	27.2	±	25.6	26.2	28.3		
	总数	3934	28.4	±	25.8	27.6	29.2		
家务活动 PASE 分数	男	1611	35.5	±	32.8	33.9	37.1	343.05	0.000
	女	2302	57.9	±	40.2	56.3	59.6		
	总数	3913	48.7	±	38.9	47.5	49.9		
体育活动 PASE 分数	男	1565	39.0	±	37.5	37.1	40.8	0.10	0.747
	女	2176	38.6	±	36.9	37.0	40.1		
	总数	3741	38.7	±	37.1	37.6	39.9		
身体活动总 PASE 分数	男	1684	99.4	±	65.3	96.3	102.5	84.86	0.000
	女	2343	119.4	±	69.6	116.6	122.2		
	总数	4027	111.0	±	68.6	108.9	113.2		

（二）不同年龄城市老年人身体活动 PASE 得分及其检验

在不同年龄段城市老年人中，70 岁以下城市老年人在身体活动总 PASE 得分上显著地高于 71 岁及以上城市老年人（p≤0.01）。具体来看，在身体活动分项的交通活动 PASE 得分上，70 岁以下的城市老年人显著地高于 71 岁及以上城市老年人（p≤0.01）；70 岁以下城市老年人身体活动分项的家务活动 PASE 得分显著地高于 71 岁及以上城市老年人（p≤0.01）；在身体活动分项的体育活动 PASE 得分上，70 岁以下城市老年人显著地高于 71 岁及以上城市老年人（p≤0.01，见表 4.39）。

表 4.39　　不同年龄段城市老年人身体活动 PASE 得分及其检验

PASE 分数类型		n	均值		标准差	均值的 95% 置信区间 下限	均值的 95% 置信区间 上限	F	p
交通活动 PASE 分数	55—70 岁	2406	30.1	±	26.8	29.0	31.2	22.00	0.000
	71 岁及以上	1597	26.1	±	24.7	24.9	27.3		
	总数	4003	28.5	±	26.0	27.7	29.3		

续表

PASE 分数类型		n	均值		标准差	均值的95%置信区间 下限	均值的95%置信区间 上限	F	p
家务活动 PASE 分数	55—70 岁	2419	53.8	±	40.5	52.2	55.5	107.08	0.000
	71 岁及以上	1563	40.9	±	35.3	39.2	42.7		
	总数	3982	48.8	±	39.0	47.6	50.0		
体育活动 PASE 分数	55—70 岁	2316	41.3	±	38.2	39.8	42.9	23.99	0.000
	71 岁及以上	1484	35.2	±	36.3	33.4	37.1		
	总数	3800	39.0	±	37.6	37.8	40.2		
身体活动总 PASE 分数	55—70 岁	2469	120.8	±	70.4	118.1	123.6	122.78	0.000
	71 岁及以上	1633	96.7	±	64.8	93.6	99.9		
	总数	4102	111.3	±	69.2	109.1	113.4		

（三）不同地区城市老年人身体活动 PASE 得分及其检验

在不同地区城市老年人中，不同地区城市老年人在身体活动总 PASE 得分上不存在显著性差异（p＞0.01）。具体来看，在身体活动分项的交通活动 PASE 得分上，东部地区城市老年人的平均分数显著地高于中西部地区城市老年人（p≤0.01）；在身体活动分项的家务活动 PASE 得分上，东部地区城市老年人的平均分数略低于中西部地区城市老年人，且这一差异不具有显著性（p＞0.01）；在身体活动分项的体育活动 PASE 得分上，东部地区城市老年人的平均分数高于中西部地区城市老年人，但差异不具有显著性（p＞0.01，见表4.40）。

表4.40 不同地区城市老年人身体活动 PASE 得分及其检验

PASE 分数类型		n	均值		标准差	均值的95%置信区间 下限	均值的95%置信区间 上限	F	p
交通活动 PASE 分数	东部	2666	29.6	±	26.3	29.2	31.5	14.86	0.000
	中西部	1322	26.2	±	25.4	25.3	27.5		
	总数	3988	28.5	±	26.0	27.7	29.3		
家务活动 PASE 分数	东部	2651	48.4	±	39.0	52.8	56.2	0.36	0.551
	中西部	1315	49.2	±	38.8	40.5	43.8		
	总数	3966	48.7	±	39.0	47.6	50.0		

第四章　城市老年人身体活动相关的描述性统计

续表

PASE 分数类型		n	均值		标准差	均值的95%置信区间		F	p
						下限	上限		
体育活动 PASE 分数	东部	2508	39.8	±	38.3	39.7	43.0	4.21	0.040
	中西部	1279	37.1	±	36.0	34.5	37.9		
	总数	3787	38.9	±	37.5	37.8	40.2		
身体活动总 PASE 分数	东部	2746	111.9	±	70.3	118.8	124.7	0.91	0.339
	中西部	1340	109.7	±	66.7	96.4	102.3		
	总数	4086	111.1	±	69.1	109.1	113.4		

（四）不同受教育程度城市老年人身体活动 PASE 得分及其检验

在不同受教育程度的城市老年人中，不同受教育程度的城市老年人在身体活动总 PASE 得分上存在显著性差异（$p \leq 0.01$），初中及高中以上受教育程度的城市老年人得分最高，高于小学以下、大学及以上受教育程度的城市老年人。在身体活动各分项 PASE 得分方面，在交通活动 PASE 得分上，初中及高中受教育程度的城市老年人的平均分数高于小学及以下、大学及以上受教育程度的城市老年人，差异显著（$p \leq 0.01$）；在家务活动 PASE 得分上，小学及以下受教育程度城市老年人的平均分数高于中及高中、大学及以上受教育程度的城市老年人，差异显著（$p \leq 0.01$）；在体育活动 PASE 得分上，初中及高中受教育程度的城市老年人的平均分数高于小学及以下、大学及以上受教育程度城市老年人，差异显著（$p \leq 0.01$，见表 4.41）。

表 4.41　不同受教育程度城市老年人身体活动 PASE 得分及其检验

PASE 分数类型		n	均值		标准差	均值的95%置信区间		F	p
						下限	上限		
交通活动 PASE 分数	小学及以下	1076	25.1	±	25.5	23.6	26.6	13.23	0.000
	初中及高中	1820	30.1	±	26	28.9	31.3		
	大学及以上	944	29.2		25.4	27.6	30.8		
	总数	3840	28.5	±	25.8	27.6	29.3		
家务活动 PASE 分数	小学及以下	1051	51.3	±	41.8	48.8	53.8	14.09	0.000
	初中及高中	1814	50.2	±	39.3	48.4	52		
	大学及以上	971	43		35.1	40.8	45.2		
	总数	3836	48.7	±	39.1	47.5	49.9		

续表

PASE 分数类型		n	均值		标准差	均值的95％置信区间 下限	均值的95％置信区间 上限	F	p
体育活动 PASE 分数	小学及以下	994	38.4	±	38.7	36	40.8	6.50	0.002
	初中及高中	1748	41	±	38.4	39.2	42.8		
	大学及以上	931	35.6		34.8	33.3	37.8		
	总数	3673	38.9	±	37.7	37.7	40.1		
身体活动总 PASE 分数	小学及以下	1087	109.5	±	73.6	105.1	113.9	11.07	0.000
	初中及高中	1865	116.6	±	69.3	113.5	119.8		
	大学及以上	983	104.2		62.4	100.3	108.2		
	总数	3935	111.6	±	69.1	109.4	113.7		

第五章

城市老年人身体活动对慢性疾病患病风险的影响

人口老龄化是社会发展到一定阶段的必然产物。随着社会文明的不断进步，古人所憧憬的"五十者衣帛，七十者食肉"的美好愿望已经成为现实，然而在物质资料不断丰富、人们生活水平逐步提升的同时，伴随而来的是生产、生活方式的转变。科学技术的发展将人类从繁重的体力劳动中解脱出来，传统体力活动为主的生产生活方式逐渐被机械化、自动化所取代，这极大地提高了社会生产效率，为人类提供了丰富的物质生活资料。然而体力活动减少、营养摄入过剩、生活环境恶化等"并发症"也使人类进入了一个"慢性病易感环境"的时代。[1]对老年人群而言，伴随年龄的不断增长，老年人身体的各组织结构和器官功能明显退化，这种退化是一个持续发生的生理机能改变的过程，在生理机能改变的过程中导致慢性病的发生，最终使老年人的健康受到影响，医疗开支增加。慢性疾病已成为老年人群甚至是国家和社会必须面对的突出问题。

身体活动不足所引起的慢性疾病是影响老年人健康的重要因素。据世界卫生组织报道，[2]全球约21%—25%的乳腺癌和结肠癌，27%的糖尿病等慢性疾病的发病率与身体活动不足有关，长期缺乏身体活动导致全球每年约320万人死亡，已成为引发死亡的第四大诱因。身体活动作为促进老年人身心健康、防治慢性疾病的重要手段，在应对老龄化社会的进程中具有难以替代的作用与优势。美国发布的《健康公民2020计划》，列举了28个关键领域、467个健康指标，其中"医疗保障"和"体育健身"是权重

---

[1] 参见国家卫生计生委《健康中国2030热点问题专家谈》，中国人口出版社2016年版。
[2] WHO, *Global Recommendations on physical activity for health*, http://www.who.int.

最高的两项指标，构筑了国民健康的两大支柱，[①] 而体育健身与传统的医疗保障相比，又具有独特的优势和天然的经济性。本章运用统计学方法，对中国城市老年人身体活动量与相关慢性疾病之间的关系进行检验，并从降低患病风险的角度探讨老年人身体活动在保持健康方面所具有的经济性收益。

第一节 城市老年人身体活动与慢性疾病关系的探索性分析

在获得城市老年人样本的身体活动与罹患各类慢性疾病情况相关数据的基础上，利用非参数检验的方法对城市老年人身体活动与罹患慢性疾病之间的关系进行检验。检验的目的是探究城市老年人身体活动与罹患慢性疾病这两类变量之间是否存在相关性，为更加精确地研究城市老年人身体活动对降低其罹患慢性疾病风险、节约医疗资源提供逻辑基础和依据。

一 患心血管疾病与非患病城市老年人身体活动水平差异检验

将问卷调查中涉及的高血压、心脏病、动脉硬化和中风四种慢性疾病归类为心血管疾病，按照是否罹患相关疾病将样本城市老年人分为两个独立的组，检验两组样本城市老年人各项身体活动 PASE 得分的均值是否存在差异。由于样本各项身体活动 PASE 分值的分布未呈正态分布，因此检验方法选择非参数检验中的 Manner – Whitney 检验（下同）。结果如表 5.1 所示，在 α = 0.05 显著性水平下，从城市老年人身体活动总 PASE 得分来看，患有心脏病（p = 0.000）、动脉硬化（p = 0.000）、中风（p = 0.000）的老年人的身体活动总 PASE 分值均显著低于未患病的城市老年人；患高血压的城市老年人身体活动总 PASE 分值与未患病城市老年人没有显著差异（p = 0.388）。从城市老年人不同身体活动 PASE 得分上看，心脏病患者城市老年人的交通活动 PASE 分值（p = 0.000）、家务活动 PASE 分值（p = 0.000）和体育活动 PASE 分值（p = 0.000）均显著低于未患病的城

---

① U.S. Department of Health and Human Services, Public Health Service, *Healthy People 2020: National Health Promotion Objectives*, Washington D.C.: DHEW Publication, 2010.

第五章　城市老年人身体活动对慢性疾病患病风险的影响

市老年人 PASE 分值；动脉硬化患者城市老年人家务活动 PASE 分值（p = 0.002）和体育活动 PASE 分值（p = 0.026）均显著低于未患病的城市老年人 PASE 分值；中风患者城市老年人交通活动 PASE 分值（p = 0.000）、家务活动 PASE 分值（p = 0.000）和体育活动 PASE 分值（p = 0.008）均显著低于未患病的城市老年人 PASE 分值。

表 5.1　城市老年人身体活动与心血管疾病关系的非参数检验结果

PASE 分数类型	是否患病	高血压	心脏病	动脉硬化	中风
身体活动总 PASE 分数	是	116.6132	107.2985	103.3980	91.3909
	否	116.5278	118.6608	117.1936	117.2899
	P	0.388	0.000	0.000	0.000
交通活动 PASE 分数	是	28.4326	26.6140	26.2851	23.5224
	否	29.0104	29.2325	28.8672	28.9000
	P	0.625	0.000	0.069	0.000
家务活动 PASE 分数	是	48.9295	45.4253	42.7098	35.8403
	否	49.0465	49.8001	49.2930	49.3718
	P	0.705	0.000	0.002	0.000
体育活动 PASE 分数	是	39.2510	35.2592	34.4031	32.0282
	否	38.4709	39.6282	39.0334	39.0181
	P	0.845	0.000	0.026	0.008

二　患代谢性疾病与非患病城市老年人身体活动水平差异检验

将城市老年人患高血脂、糖尿病、肥胖症和骨质疏松症四种慢性疾病归类为代谢性疾病，按照是否罹患相关疾病将样本城市老年人分为两个独立的组，检验两组样本的各项身体活动 PASE 得分均值是否存在差异。结果如表 5.2 所示：从城市老年人身体活动总量来看，在 α = 0.05 显著性水平下，患有肥胖症（p = 0.023）的城市老年人身体活动总 PASE 分值显著低于未患病的城市老年人；患高血脂（p = 0.811）、糖尿病（p = 0.079）和骨质疏松症（p = 0.104）的城市老年人身体活动总 PASE 分值与未患病城市老年人没有显著差异。从不同身体活动方式上看，患骨质疏松症城市老年人的交通活动 PASE 分值（p = 0.000）和体育活动 PASE 分值（p = 0.034）均显著低于未患病的城市老年人；患糖尿病城市老年人的家务活动 PASE 分值（p=0.004）显著低于未患病的城市老年人。

表 5.2　城市老年人身体活动与患代谢性疾病关系的非参数检验结果

PASE 分数类型	是否患病	高血脂	糖尿病	肥胖症	骨质疏松
身体活动总PASE 分数	是	117.1576	110.0738	126.9917	113.7325
	否	116.4165	117.4058	116.0289	117.4852
	P	0.811	0.079	0.023	0.104
交通活动PASE 分数	是	28.7450	28.6722	28.7271	26.2648
	否	28.7510	28.7598	28.7510	29.5556
	P	0.408	0.519	0.692	0.000
家务活动PASE 分数	是	49.3443	45.0337	54.0184	50.2812
	否	48.9049	49.5057	48.7347	48.5762
	P	0.631	0.004	0.059	0.335
体育活动PASE 分数	是	39.0684	36.3678	44.2462	37.1865
	否	38.7606	39.1402	38.5432	39.3534
	P	0.479	0.068	0.925	0.034

三　患其他慢性疾病与非患病城市老年人身体活动水平差异检验

将城市老年人中患癌症和关节炎两种慢性疾病归类为其他慢性疾病，按照是否罹患相关疾病将样本城市老年人分为两个独立的组，检验两组样本的各项身体活动 PASE 得分均值是否存在差异。结果如表 5.3 所示：城市老年人身体活动总 PASE 得分，在 $\alpha=0.05$ 显著性水平下，患有癌症（p=0.003）的城市老年人身体活动总 PASE 分值显著低于未患病的城市老年人；患关节炎（p=0.707）的城市老年人身体活动总 PASE 分值与未患病城市老年人没有显著差异。从不同身体活动活动方式上看，患关节炎城市老年人的交通活动 PASE 分值（p=0.000）显著低于未患病的城市老年人，家务活动 PASE 分值（p=0.000）则显著高于未患病的城市老年人；患癌症城市老年人的家务活动 PASE 分值（p=0.035）显著低于未患病的城市老年人。

表5.3 城市老年人身体活动与罹患其他慢性疾病关系的非参数检验结果

PASE 分数类型	是否患病	癌症	关节炎
身体活动总PASE 分数	是	104.7350	116.1170
	否	116.9615	116.7477
	P	0.003	0.707
交通活动PASE 分数	是	24.3402	26.3524
	否	28.8971	29.7176
	P	0.069	0.000
家务活动PASE 分数	是	42.1565	52.8952
	否	49.2221	47.4187
	P	0.035	0.000
体育活动PASE 分数	是	38.2383	36.8694
	否	38.8424	39.6114
	P	0.177	0.159

第二节 城市老年人身体活动对心血管疾病患病风险影响的回归分析

根据中文版PASE问卷对城市老年人慢性疾病的调查数据，运用PASE问卷研发者Washburn对PASE得分的计算方法，计算出城市老年人各项身体活动PASE得分，运用方差分析、二元logistics回归分析对城市老年人身体活动对疾病患病风险的影响进行分析。

一 城市老年人身体活动对心血管疾病患病风险的影响

（一）城市老年人身体活动对心血管疾病总体患病风险的影响趋势

在身体活动与心血管疾病患病风险方面。将城市老年人身体活动总PASE得分分为"低""中""高"三种活动水平组，以身体活动总PASE分值低水平组为参照，"中""高"活动水平组相比"低"活动水平组，心血管疾病的患病风险呈现下降趋势如图5.1所示，在高血压患病风险方面，中水平活动组下降为0.93，高水平活动组下降为0.58；在心脏病患病风险方面，中水平活动组和高水平活动组均下降为0.58；在动脉硬化患病风险方面，中水平活动组下降为 0.53，高水平活动组下降为 0.48；在中风患病风险方面，中水平活动组下降为 0.45，高水平活动组下降为 0.33。

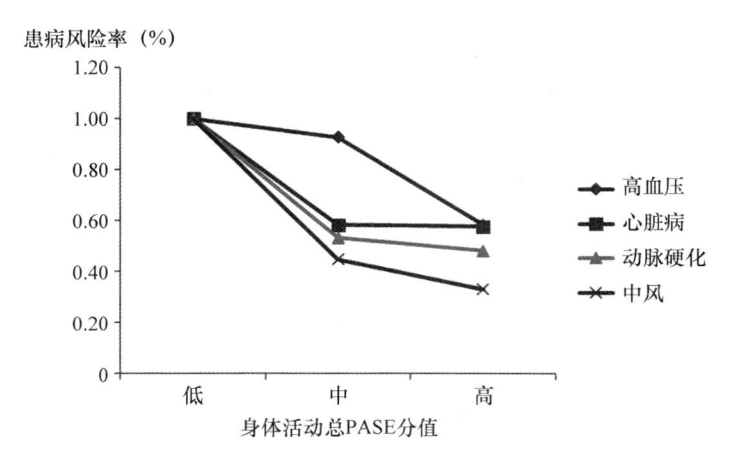

图 5.1 城市老年人身体活动总 PASE 得分与心血管疾病患病风险趋势

在身体活动分项的家务活动与心血管疾病患病风险方面。将城市老年人家务活动 PASE 得分分成"低""中""高"三种活动水平组，以家务活动 PASE 分值低活动水平组为参照，"中""高"活动水平组相比"低"活动水平组，心血管疾病患病风险呈下降趋势如图 5.2 所示，在高血压患病风险方面，中活动水平和高活动水平组均下降为 0.97；在心脏病患病风险

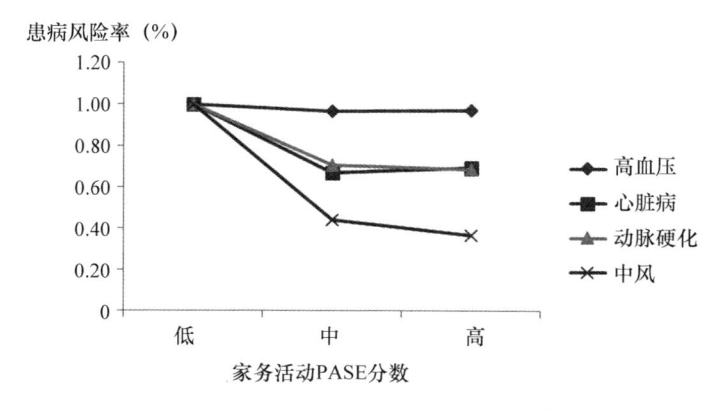

图 5.2 城市老年人家务活动 PASE 得分与心血管疾病患病风险趋势

第五章 城市老年人身体活动对慢性疾病患病风险的影响

方面，中活动水平组均下降为 0.67，高活动水平组下降为 0.69；在动脉硬化患病风险方面，中活动水平组下降为 0.71，高活动水平组下降为 0.68；在中风患病风险方面，中活动水平组均下降为 0.44，高活动水平组下降为和 0.36。

在身体活动分项的交通活动与心血管疾病患病风险方面，将城市老年人交通活动 PASE 得分分成"低""中""高"三种活动水平组，以交通活动 PASE 分值低水平组为参照，"中""高"水平组相比"低"水平组，心血管疾病的患病风险呈现下降的趋势如图 5.3 所示，高血压患病风险方面，中水平组均下降为 0.97，高水平组下降为 0.98；在心脏病患病风险方面，中水平组下降为 0.69，高水平组下降为 0.74；在动脉硬化患病风险方面，中水平组下降为 0.83，高水平组下降为 0.74；在中风患病风险方面，中水平组下降为 0.49，高水平组下降为 0.53。

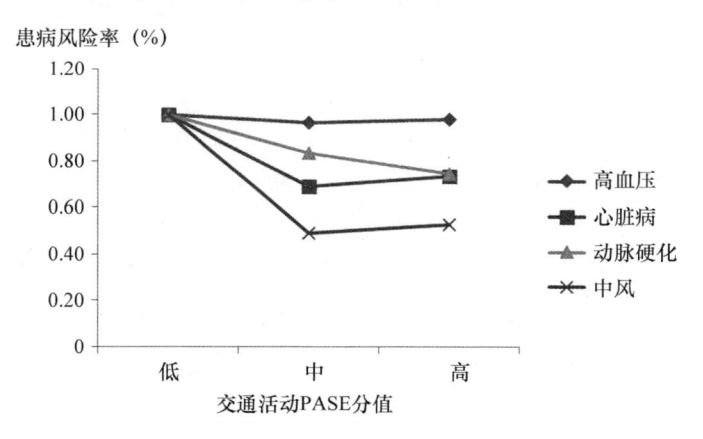

图 5.3　城市老年人交通活动 PASE 得分与心血管疾病患病风险趋势

在身体活动分项的体育锻炼与心血管疾病患病风险方面。将城市老年人体育锻炼 PASE 得分分成"低""中""高"三种活动水平组，以体育锻炼 PASE 分值低水平组为参照，"中""高"水平组相比"低"水平组患病风险趋势如图 5.4 所示，高血压的患病风险略呈上升趋势，中水平组患病风险为 1.00，和低水平组相同，高水平组患病风险上升为 1.03；其他心血管疾病的患病风险呈现下降趋势，在心脏病患病风险方面，中水平组下降为 0.72，高水平组下降为 0.71；在动脉硬化患病风险方面，中水平组下降为 0.77，高水平组下降为 0.66；在中风患病风险方面，中水平组下降为 0.69，高水平组下降为 0.47。

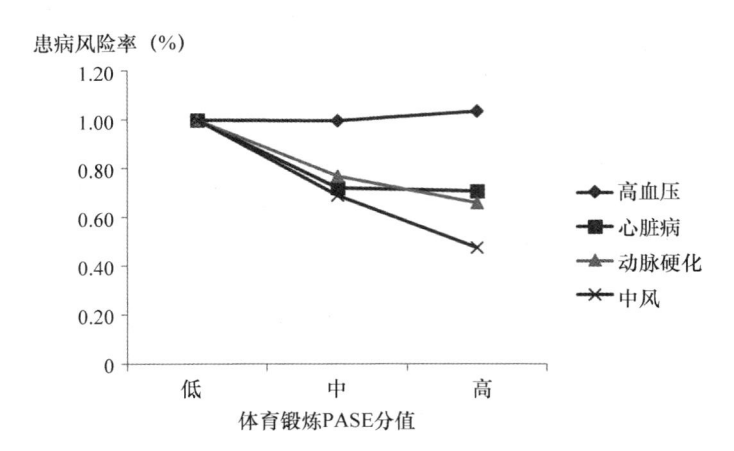

图 5.4　城市老年人体育锻炼 PASE 分值与心血管疾病患病风险趋势

综上所述，在城市老年人身体活动 PASE 得分"低""中""高"分组的三种水平组中，城市老年人身体活动与心血管疾病患病风险，"中""高"身体活动水平组相比"低"身体活动水平组呈现下降趋势，随着身体活动 PASE 得分的增加，心血管疾病的总体患病风险下降。

（二）城市老年人身体活动 PASE 分值与心脏病总体患病风险的回归结果

由城市老年人身体活动 PASE 分值与心脏病患病风险的二元 logistics 回归结果（表 5.4）可见，总体上，城市老年人心脏病的患病风险与其身体活动总 PASE 分值、身体活动分项的交通活动 PASE 分值、家务活动 PASE 分值和体育锻炼 PASE 分值呈显著相关（$p \leqslant 0.05$）。其中身体活动总 PASE 分值的变量系数 B 值为 -0.003，与心脏病的患病风险呈负相关，即每增加一个身体活动总 PASE 分值，其患心脏病的风险下降 0.3%；交通活动 PASE 分值的变量系数 B 值为 -0.006，与心脏病的患病风险呈负相关，即每增加一个交通活动 PASE 分值，其患心脏病的风险下降 0.6%；家务活动 PASE 分值的变量系数 B 值为 -0.003，与心脏病的患病风险呈负相关，即每增加一个家务活动 PASE 分值，其患心脏病的风险下降 0.3%；体育锻炼 PASE 分值的变量系数 B 值为 -0.004，与心脏病的患病风险呈负相关，即每增加一个体育锻炼 PASE 分值，其患心脏病的风险下降 0.4%。

第五章　城市老年人身体活动对慢性疾病患病风险的影响

表5.4　城市老年人身体活动 PASE 分值与心脏病患病风险的回归结果

PASE 分数类型	B	S.E.	Wals	sig.	Exp (B)	Exp (B) 的95% C.I. 下限	Exp (B) 的95% C.I. 上限
身体活动总 PASE 分数	-0.003	0.001	16.352	0.000	0.997	0.995	0.998
交通活动 PASE 分数	-0.006	0.002	8.739	0.003	0.994	0.990	0.998
家务活动 PASE 分数	-0.003	0.001	5.413	0.020	0.997	0.994	1.000
体育锻炼 PASE 分数	-0.004	0.001	7.421	0.006	0.996	0.993	0.999

（三）城市老年人身体活动 PASE 分值与高血压总体患病风险的回归结果

由城市老年人身体活动 PASE 分值与高血压患病风险的二元 logistics 回归结果（表5.5）可见，总体上，城市老年人高血压的患病风险与其身体活动总 PASE 分值、各分项身体活动即交通活动 PASE 分值、家务活动 PASE 分值和体育锻炼 PASE 分值都未呈显著相关（p≤0.05）。

表5.5　城市老年人身体活动 PASE 分值与高血压患病风险的回归结果

PASE 分数类型	B	S.E.	Wals	sig.	Exp (B)	Exp (B) 的95% C.I. 下限	Exp (B) 的95% C.I. 上限
身体活动总 PASE 分数	0.000	0.001	0.284	0.594	1.000	0.999	1.001
交通活动 PASE 分数	-0.002	0.002	1.073	0.300	0.998	0.996	1.001
家务活动 PASE 分数	0.000	0.001	0.067	0.796	1.000	0.998	1.002
体育锻炼 PASE 分数	0.001	0.001	0.887	0.346	1.001	0.999	1.003

（四）城市老年人身体活动 PASE 分值与动脉硬化总体患病风险的回归结果

由身体活动 PASE 分值与动脉硬化患病风险的二元 logistics 回归结果（表5.6）可见，总体上，城市老年人动脉硬化的患病风险与其身体活动总 PASE 分值、各分项身体活动即交通活动 PASE 分值、家务活动 PASE 分值呈显著相关（p≤0.05）。其中城市老年人身体活动总 PASE 分值的变量系数 B 值为-0.005，与动脉硬化的患病风险呈负相关，即每增加一个身体活动总 PASE 分值，其患动脉硬化的风险下降0.5%；城市老年人交通活动 PASE 分值的变量系数 B 值为-0.009，与动脉硬化的患病风险呈负相关，即每增加一个交通活动 PASE 分值，其患动脉硬化的风险下降 0.9%；城市老年人家务活动 PASE 分值的变量系数 B 值为 -0.007，与动脉硬化的患病风险呈负相关，即每增加一个家务活动 PASE 分值，其患动脉硬化的风险下降 0.7%。

表 5.6　城市老年人身体活动 PASE 分值与动脉硬化患病风险的回归结果

PASE 分数类型	B	S. E.	Wals	sig.	Exp(B)	Exp(B) 的 95% C. I. 下限	Exp(B) 的 95% C. I. 上限
身体活动总 PASE 分数	-0.005	0.001	11.482	0.001	0.995	0.992	0.998
交通活动 PASE 分数	-0.009	0.004	4.629	0.031	0.991	0.984	0.999
家务活动 PASE 分数	-0.007	0.002	7.414	0.006	0.993	0.989	0.998
体育锻炼 PASE 分数	-0.003	0.003	1.182	0.277	0.997	0.992	1.002

（五）城市老年人身体活动 PASE 分值与中风总体患病风险的回归结果

由城市老年人身体活动 PASE 分值与中风患病风险的二元 logistics 回归结果（表 5.7）可见，总体上，城市老年人中风的患病风险与其身体活动总 PASE 分值、分项身体活动即家务活动 PASE 分值呈显著相关（p≤0.05）。其中城市老年人身体活动总 PASE 分值的变量系数 B 值为 -0.005，与中风的患病风险呈负相关，即每增加一个身体活动总 PASE 分值，其患中风的风险下降 0.5%；城市老年人家务活动 PASE 分值的变量系数 B 值为 -0.010，与中风的患病风险呈负相关，即每增加一个家务活动 PASE 分值，其患中风的风险下降 1.0%。

表 5.7　城市老年人身体活动 PASE 分值与中风患病风险的回归结果

PASE 分数类型	B	S. E.	Wals	sig.	Exp(B)	Exp(B) 的 95% C. I. 下限	Exp(B) 的 95% C. I. 上限
身体活动总 PASE 分数	-0.005	0.002	8.303	0.004	0.995	0.991	0.998
交通活动 PASE 分数	-0.009	0.005	3.073	0.080	0.991	0.981	1.001
家务活动 PASE 分数	-0.010	0.003	8.056	0.005	0.990	0.984	0.997
体育锻炼 PASE 分数	-0.003	0.003	1.034	0.309	0.997	0.990	1.003

第五章　城市老年人身体活动对慢性疾病患病风险的影响

二　不同性别城市老年人身体活动与心血管疾病患病风险回归分析

（一）不同性别城市老年人身体活动 PASE 分值与心脏病患病风险回归结果

由城市男性老年人身体活动 PASE 分值与心脏病患病风险的二元 logistics 回归结果（表 5.8）可见，城市男性老年人心脏病的患病风险与其身体活动总 PASE 分值、各分项身体活动即交通活动 PASE 分值、体育锻炼 PASE 分值之间呈显著相关（$p \leqslant 0.05$）。其中城市男性老年人身体活动总 PASE 分值的变量系数 B 值为 -0.005，与心脏病的患病风险呈负相关，即城市男性老年人每增加一个身体活动总 PASE 分值，其患心脏病的风险下降 0.5%；城市男性老年人交通活动 PASE 分值的变量系数 B 值为 -0.011，与心脏病的患病风险呈负相关，即城市男性老年人每增加一个交通活动 PASE 分值，其患心脏病的风险下降 1.1%；城市男性老年人体育锻炼 PASE 分值的变量系数 B 值为 -0.010，与心脏病的患病风险呈负相关，即城市男性老年人每增加一个交通活动 PASE 分值，其患心脏病的风险下降 1.0%。

表 5.8　城市男性老年人身体活动 PASE 分值与心脏病患病风险的回归结果

PASE 分数类型	B	S.E.	Wals	sig.	Exp（B）	Exp（B）的95% C.I. 下限	上限
身体活动总 PASE 分数	-0.005	0.001	16.862	0.000	0.995	0.992	0.997
交通活动 PASE 分数	-0.011	0.003	11.073	0.001	0.989	0.983	0.995
家务活动 PASE 分数	-0.003	0.002	1.345	0.246	0.997	0.992	1.002
体育锻炼 PASE 分数	-0.010	0.003	16.501	0.000	0.990	0.985	0.995

由城市女性老年人身体活动 PASE 分值与心脏病患病风险的二元 logistics 回归结果（表 5.9）可见，城市女性老年人心脏病的患病风险与其身体活动总 PASE 分值、各分项身体活动即交通活动 PASE 分值、家务活动 PASE 分值、体育锻炼 PASE 分值都未呈显著相关（$p \geqslant 0.05$）。

（二）不同性别城市老年人身体活动 PASE 分值与高血压患病风险的回归结果

由城市男性老年人身体活动 PASE 分值与高血压患病风险的二元 logistics 回归结果（表 5.10）可见，城市男性老年人高血压的患病风险与其身体活动总 PASE 分值、各分项身体活动即交通活动 PASE 分值、家务活动 PASE 分值、体育锻炼 PASE 分值都未呈显著相关（p≥0.05）。

表 5.9　城市女性老年人身体活动 PASE 分值与心脏病患病风险的回归结果

PASE 分数类型	B	S.E.	Wals	sig.	Exp(B)	Exp(B) 的 95% C.I. 下限	上限
身体活动总 PASE 分数	-0.002	0.001	2.664	0.103	0.998	0.996	1.000
交通活动 PASE 分数	-0.002	0.003	0.673	0.412	0.998	0.992	1.003
家务活动 PASE 分数	-0.003	0.002	2.918	0.088	0.997	0.994	1.000
体育锻炼 PASE 分数	0.000	0.002	0.009	0.925	1.000	0.996	1.003

表 5.10　城市男性老年人身体活动 PASE 分值与高血压患病风险的回归结果

PASE 分数类型	B	S.E.	Wals	sig.	Exp(B)	Exp(B) 的 95% C.I. 下限	上限
身体活动总 PASE 分数	0.001	0.001	2.234	0.135	1.001	1.000	1.003
交通活动 PASE 分数	-0.001	0.002	0.115	0.735	0.999	0.995	1.004
家务活动 PASE 分数	0.003	0.002	2.226	0.136	1.003	0.999	1.006
体育锻炼 PASE 分数	0.002	0.002	1.257	0.262	1.002	0.999	1.005

由城市女性老年人身体活动 PASE 分值与高血压患病风险的二元 logistics 回归结果（表 5.11）可见，城市女性老年人高血压的患病风险与其身体活动总 PASE 分值、交通活动 PASE 分值、家务活动 PASE 分值、体育锻炼 PASE 分值都未呈显著相关（p≥0.05）。

表 5.11　城市女性老年人身体活动 PASE 分值与高血压患病风险的回归结果

PASE 分数类型	B	S.E.	Wals	sig.	Exp(B)	Exp(B) 的 95% C.I. 下限	上限
身体活动总 PASE 分数	0.000	0.001	0.209	0.647	1.000	0.998	1.001
交通活动 PASE 分数	-0.003	0.002	1.949	0.163	0.997	0.993	1.001
家务活动 PASE 分数	0.000	0.001	0.076	0.783	1.000	0.997	1.002
体育锻炼 PASE 分数	0.000	0.001	0.098	0.754	1.000	0.998	1.003

第五章 城市老年人身体活动对慢性疾病患病风险的影响

（三）不同性别城市老年人身体活动 PASE 分值与动脉硬化患病风险的回归结果

由城市男性老年人身体活动 PASE 分值与动脉硬化患病风险的二元 logistics 回归结果（表 5.12）可见，城市男性老年人动脉硬化的患病风险与其身体活动总 PASE 分值、分项身体活动即家务活动 PASE 分值呈显著相关（p≤0.05）。其中身体活动总 PASE 分值的变量系数 B 值为 -0.008，与动脉硬化的患病风险呈负相关，即城市男性老年有每增加一个身体活动总 PASE 分值，其患动脉硬化的风险下降 0.8%；城市男性老年人家务活动 PASE 分值的变量系数 B 值为 -0.012，与动脉硬化的患病风险呈负相关，即城市男性老年人每增加一个家务活动 PASE 分值，其患动脉硬化的风险下降 1.2%。

表 5.12　城市男性老年人身体活动 PASE 分值与动脉硬化患病风险的回归结果

PASE 分数类型	B	S.E.	Wals	sig.	Exp（B）	Exp（B）的 95% C.I. 下限	上限
身体活动总 PASE 分数	-0.008	0.003	8.702	0.003	0.992	0.986	0.997
交通活动 PASE 分数	-0.011	0.007	2.791	0.095	0.989	0.976	1.002
家务活动 PASE 分数	-0.012	0.006	4.439	0.035	0.988	0.977	0.999
体育锻炼 PASE 分数	-0.010	0.005	3.203	0.073	0.991	0.980	1.001

由城市女性老年人身体活动 PASE 分值与动脉硬化患病风险的二元 logistics 回归结果（表 5.13）可见，城市女性老年人动脉硬化的患病风险与其身体活动总 PASE 分值、分项身体活动的家务活动 PASE 分值呈显著相关（p≤0.05）。其中身体活动总 PASE 分值的变量系数 B 值为 -0.005，与动脉硬化的患病风险呈负相关，即城市女性老年人每增加一个身体活动总 PASE 分值，其患动脉硬化的风险下降 0.5%；城市女性老年人家务活动 PASE 分值的变量系数 B 值为 -0.006，与动脉硬化的患病风险呈负相关，即城市女性老年人每增加一个家务活动 PASE 分值，其患动脉硬化的风险下降 0.6%。

表5.13　城市女性老年人身体活动PASE分值与动脉硬化患病风险的回归结果

PASE分数类型	B	S.E.	Wals	sig.	Exp(B)	Exp(B)的95% C.I. 下限	上限
身体活动总PASE分数	-0.005	0.002	7.570	0.006	0.995	0.992	0.999
交通活动PASE分数	-0.010	0.005	3.310	0.069	0.990	0.980	1.001
家务活动PASE分数	-0.006	0.003	4.700	0.030	0.994	0.988	0.999
体育锻炼PASE分数	-0.002	0.003	0.538	0.463	0.998	0.991	1.004

（四）不同性别城市老年人身体活动PASE分值与中风患病风险的回归结果

由城市男性老年人身体活动PASE分值与中风患病风险的二元logistics回归结果（表5.14）可见，城市男性老年人中风的患病风险与其身体活动总PASE分值、分项身体活动的家务活动PASE分值呈显著相关（p≤0.05）。其中城市男性老年人身体活动总PASE分值的变量系数B值为-0.008，与中风的患病风险呈负相关，即城市男性老年人每增加一个身体活动总PASE分值，其患中风的风险下降0.8%；城市男性老年人家务活动PASE分值的变量系数B值为-0.021，与中风的患病风险呈负相关，即每增加一个家务活动PASE分值，其患中风的风险下降2.1%。

表5.14　城市男性老年人身体活动PASE分值与中风患病风险的回归结果

PASE分数类型	B	S.E.	Wals	sig.	Exp(B)	Exp(B)的95% C.I. 下限	上限
身体活动总PASE分数	-0.008	0.003	6.738	0.009	0.992	0.986	0.998
交通活动PASE分数	-0.013	0.008	2.728	0.099	0.987	0.973	1.002
家务活动PASE分数	-0.021	0.008	7.668	0.006	0.979	0.965	0.994
体育锻炼PASE分数	-0.004	0.005	0.592	0.442	0.996	0.987	1.006

由城市女性老年人身体活动PASE分值与中风患病风险的二元logistics回归结果（表5.15）可见，城市老年人中风的患病风险与其身体活动总PASE分值、分项身体活动交通活动PASE分值、家务活动PASE分值、体育锻炼PASE分值都未呈显著相关（p≥0.05）。

第五章　城市老年人身体活动对慢性疾病患病风险的影响

表5.15　城市女性老年人身体活动 PASE 分值与中风患病风险的回归结果

PASE 分数类型	B	S.E.	Wals	sig.	Exp (B)	Exp (B) 的95% C.I. 下限	上限
身体活动总 PASE 分数	-0.004	0.003	1.979	0.160	0.996	0.992	1.001
交通活动 PASE 分数	-0.005	0.007	0.548	0.459	0.995	0.980	1.009
家务活动 PASE 分数	-0.007	0.004	2.434	0.119	0.993	0.985	1.002
体育锻炼 PASE 分数	-0.003	0.005	0.419	0.517	0.997	0.987	1.006

三　不同年龄段城市老年人身体活动与心血管疾病患病风险的回归分析

为进一步探讨城市老年人身体活动对心血管疾病患病风险的影响，将城市老年人分为70岁及以下和70岁以上两个年龄段，分别探讨不同年龄段城市老年人身体活动对心血管疾病患病风险的影响。

（一）不同年龄段城市老年人身体活动 PASE 分值与心脏病患病风险的回归结果

由70岁及以下年龄段城市老年人身体活动 PASE 分值与心脏病患病风险的二元 logistics 回归结果（表5.16）可见，城市老年人心脏病的患病风险与其身体活动总 PASE 分值、分项身体活动的体育锻炼 PASE 分值呈显著相关（p≤0.05）。其中70岁及以下年龄段城市老年人身体活动总 PASE 分值的变量系数 B 值为 -0.002，与心脏病的患病风险呈负相关，即每增加一个身体活动总 PASE 分值，其患心脏病的风险下降0.2%；70岁及以下年龄段城市老年人体育锻炼 PASE 分值的变量系数 B 值为 -0.005，与心脏病的患病风险呈负相关，即每增加一个体育锻炼 PASE 分值，其患心脏病的风险下降0.5%。

表5.16　70岁及以下年龄城市老年人身体活动 PASE 分值与心脏病患病风险的回归结果

PASE 分数类型	B	S.E.	Wals	sig.	Exp (B)	Exp (B) 的95% C.I. 下限	上限
身体活动总 PASE 分数	-0.002	0.001	5.856	0.016	0.998	0.996	1.000
交通活动 PASE 分数	-0.003	0.003	1.506	0.220	0.997	0.991	1.002
家务活动 PASE 分数	-0.002	0.002	0.975	0.323	0.998	0.995	1.002

续表

PASE 分数类型	B	S.E.	Wals	sig.	Exp (B)	Exp (B) 的 95% C.I. 下限	上限
体育锻炼 PASE 分数	-0.005	0.002	6.629	0.010	0.995	0.991	0.999

由 70 周岁以上年龄段城市老年人身体活动 PASE 分值与心脏病患病风险的二元 logistics 回归结果（表 5.17）可见，70 周岁以上年龄段城市老年人心脏病的患病风险与其身体活动总 PASE 分值、分项身体活动的交通活动 PASE 分值呈显著相关（p≤0.05）。其中 70 周岁以上年龄段城市老年人的身体活动总 PASE 分值的变量系数 B 值为 -0.003，与心脏病的患病风险呈负相关，即 70 周岁以上年龄段城市老年人每增加一个身体活动总 PASE 分值，其患心脏病的风险下降 0.3%；70 周岁以上年龄段城市老年人的交通活动 PASE 分值的变量系数 B 值为 -0.009，与心脏病的患病风险呈负相关，即 70 周岁以上年龄段城市老年人每增加一个交通活动 PASE 分值，其患心脏病的风险下降 0.9%。

表 5.17　70 周岁以上年龄城市老年人身体活动 PASE 分值与心脏病患病风险的回归结果

PASE 分数类型	B	S.E.	Wals	sig.	Exp (B)	Exp (B) 的 95% C.I. 下限	上限
身体活动总 PASE 分数	-0.003	0.001	6.116	0.013	0.997	0.995	0.999
交通活动 PASE 分数	-0.009	0.003	8.050	0.005	0.991	0.984	0.997
家务活动 PASE 分数	-0.003	0.002	2.025	0.155	0.997	0.993	1.001
体育锻炼 PASE 分数	-0.002	0.002	0.603	0.437	0.998	0.994	1.003

（二）不同年龄段城市老年人身体活动 PASE 分值与高血压患病风险的回归结果

由 70 岁及以下年龄段城市老年人身体活动 PASE 分值与高血压患病风险的二元 logistics 回归结果（表 5.18）可见，70 岁及以下年龄段城市老年人高血压的患病风险与其身体活动总 PASE 分值、分项身体活动的交通活动 PASE 分值、家务活动 PASE 分值、体育锻炼 PASE 分值都未呈显著相关（p≥0.05）。

第五章 城市老年人身体活动对慢性疾病患病风险的影响

表 5.18　　70 岁及以下年龄城市老年人身体活动 PASE 分值
与高血压患病风险的回归结果

PASE 分数类型	B	S.E.	Wals	sig.	Exp(B)	Exp(B) 的 95% C.I. 下限	Exp(B) 的 95% C.I. 上限
身体活动总 PASE 分数	0.000	0.001	0.074	0.786	1.000	0.999	1.002
交通活动 PASE 分数	-0.003	0.002	1.923	0.165	0.997	0.994	1.001
家务活动 PASE 分数	0.001	0.001	1.192	0.275	1.001	0.999	1.004
体育锻炼 PASE 分数	0.000	0.001	0.051	0.822	1.000	0.997	1.002

由 70 周岁以上年龄段城市老年人身体活动 PASE 分值与高血压患病风险的二元 logistics 回归结果（表 5.19）可见，70 周岁以上年龄段城市老年人高血压的患病风险与其体育锻炼 PASE 分值呈显著相关（$p \leq 0.05$），体育锻炼 PASE 分值的变量系数 B 值为 0.005，与高血压的患病风险呈正相关，即 70 周岁以上年龄段城市老年人每增加一个体育锻炼 PASE 分值，其患高血压的风险上升 0.5%。

表 5.19　　70 周岁以上年龄段老年人身体活动 PASE 分值
与高血压患病风险的回归结果

PASE 分数类型	B	S.E.	Wals	sig.	Exp(B)	Exp(B) 的 95% C.I. 下限	Exp(B) 的 95% C.I. 上限
身体活动总 PASE 分数	0.002	0.001	3.199	0.074	1.002	1.000	1.004
交通活动 PASE 分数	0.001	0.002	0.169	0.681	1.001	0.996	1.006
家务活动 PASE 分数	0.000	0.002	0.070	0.791	1.000	0.997	1.004
体育锻炼 PASE 分数	0.005	0.002	6.580	0.010	1.005	1.001	1.008

（三）不同年龄段城市老年人身体活动 PASE 分值与动脉硬化患病风险回归结果

由 70 岁及以下年龄段城市老年人身体活动 PASE 分值与动脉硬化患病风险的二元 logistics 回归结果（表 5.20）可见，70 岁及以下年龄段城市老年人动脉硬化的患病风险与其身体活动总 PASE 分值、各分项身体活动 PASE 分值即交通活动 PASE 分值、家务活动 PASE 分值、体育锻炼 PASE 分值都未呈显著相关（$p \geq 0.05$）。

表 5.20　70 岁及以下年龄段城市老年人身体活动 PASE 分值
　　　　　　与动脉硬化患病风险的回归结果

PASE 分数类型	B	S.E.	Wals	sig.	Exp（B）	Exp（B）的 95% C.I. 下限	上限
身体活动总 PASE 分数	-0.003	0.002	1.836	0.175	0.997	0.993	1.001
交通活动 PASE 分数	-0.004	0.006	0.564	0.453	0.996	0.985	1.007
家务活动 PASE 分数	-0.003	0.003	0.925	0.336	0.997	0.990	1.003
体育锻炼 PASE 分数	-0.003	0.004	0.413	0.521	0.997	0.990	1.005

由 70 周岁以上年龄段城市老年人身体活动 PASE 分值与动脉硬化患病风险的二元 logistics 回归结果（表 5.21）可见，70 周岁以上年龄段城市老年人动脉硬化的患病风险与其身体活动总 PASE 分值、交通活动 PASE 分值呈显著相关（p≤0.05），其中身体活动总 PASE 分值的变量系数 B 值为 -0.005，与动脉硬化的患病风险呈负相关，即 70 周岁以上年龄段城市老年人每增加一个身体活动总 PASE 分值，其患动脉硬化的风险下降 0.5%；70 周岁以上年龄段城市老年人交通活动 PASE 分值的变量系数 B 值为 -0.011，与动脉硬化的患病风险呈负相关，即每增加一个交通活动 PASE 分值，其患动脉硬化的风险下降 1.1%。

表 5.21　70 周岁以上年龄段城市老年人身体活动 PASE 分值
　　　　　　与动脉硬化患病风险的回归结果

PASE 分数类型	B	S.E.	Wals	sig.	Exp（B）	Exp（B）的 95% C.I. 下限	上限
身体活动总 PASE 分数	-0.005	0.002	5.659	0.017	0.995	0.992	0.999
交通活动 PASE 分数	-0.011	0.006	3.961	0.047	0.989	0.978	1.000
家务活动 PASE 分数	-0.007	0.004	3.320	0.068	0.993	0.986	1.000
体育锻炼 PASE 分数	-0.001	0.004	0.159	0.690	0.999	0.992	1.005

（四）不同年龄段城市老年人身体活动 PASE 分值与中风患病风险的回归结果

由 70 岁及以下年龄段城市老年人身体活动 PASE 分值与中风患病风险的二元 logistics 回归结果（表 5.22）可见，70 岁及以下年龄段城市老年人

第五章　城市老年人身体活动对慢性疾病患病风险的影响

中风的患病风险与其身体活动总 PASE 分值、各分项身体活动即交通活动 PASE 分值、家务活动 PASE 分值、体育锻炼 PASE 分值都未呈显著相关（$p \geq 0.05$）。

表 5.22　70 岁及以下年龄段城市老年人身体活动 PASE 分值与中风患病风险的回归结果

PASE 分数类型	B	S.E.	Wals	sig.	Exp (B)	Exp (B) 的 95% C.I. 下限	Exp (B) 的 95% C.I. 上限
身体活动总 PASE 分数	-0.002	0.002	1.170	0.279	0.998	0.993	1.002
交通活动 PASE 分数	0.000	0.006	0.001	0.980	1.000	0.989	1.011
家务活动 PASE 分数	-0.004	0.004	0.907	0.341	0.996	0.989	1.004
体育锻炼 PASE 分数	-0.004	0.004	0.845	0.358	0.996	0.987	1.005

由 70 周岁以上年龄段城市老年人身体活动 PASE 分值与中风患病风险的二元 logistics 回归结果（表 5.23）可见，70 周岁以上年龄段城市老年人中风的患病风险与其身体活动总 PASE 分值、分项身体活动的交通活动 PASE 分值、家务活动 PASE 分值呈显著相关（$p \leq 0.05$）。其中 70 周岁以上年龄段城市老年人身体活动总 PASE 分值的变量系数 B 值为 -0.013，与中风的患病风险呈负相关，即每增加一个身体活动总 PASE 分值，其患中风的风险下降 1.3%；70 周岁以上年龄段城市老年人交通活动 PASE 分值的变量系数 B 值为 -0.030，与中风的患病风险呈负相关，即每增加一个交通活动 PASE 分值，其患中风的风险下降 3.0%；70 周岁以上年龄段城市老年人家务活动 PASE 分值的变量系数 B 值为 -0.038，与中风的患病风险呈负相关，即每增加一个家务活动 PASE 分值，其患中风的风险下降 3.8%。

表 5.23　70 周岁以上年龄段城市老年人身体活动 PASE 分值与中风患病风险的回归结果

PASE 分数类型	B	S.E.	Wals	sig.	Exp (B)	Exp (B) 的 95% C.I. 下限	Exp (B) 的 95% C.I. 上限
身体活动总 PASE 分数	-0.013	0.004	11.566	0.001	0.987	0.979	0.994
交通活动 PASE 分数	-0.030	0.011	6.943	0.008	0.970	0.949	0.992

续表

PASE 分数类型	B	S. E.	Wals	sig.	Exp (B)	Exp (B) 的95% C. I. 下限	上限
家务活动 PASE 分数	-0.038	0.010	14.185	0.000	0.963	0.944	0.982
体育锻炼分数 PASE	-0.002	0.005	0.149	0.700	0.998	0.988	1.008

四 不同地区城市老年人身体活动与心血管疾病患病风险的回归分析

为进一步探讨城市老年人身体活动对心血管疾病患病风险的影响,将城市老年人分为东部地区和中西部地区两个组别,分别探讨不同地区城市老年人群身体活动与相关心血管疾病患病风险的相关性及其对心血管疾病患病风险的影响。

(一) 不同地区城市老年人身体活动 PASE 分值与心脏病患病风险的回归结果

由东部地区城市老年人身体活动 PASE 分值与心脏病患病风险的二元 logistics 回归结果(表5.24)可见,东部地区城市老年人心脏病的患病风险与其身体活动总 PASE 分值、分项身体活动的交通活动 PASE 分值、家务活动 PASE 分值呈显著相关($p \leq 0.05$)。其中身体活动总 PASE 分值的变量系数 B 值为 -0.003,与心脏病的患病风险呈负相关,即东部地区城市老年人每增加一个身体活动总 PASE 分值,其患心脏病的风险下降 0.3%;东部地区城市老年人交通活动 PASE 分值的变量系数 B 值为 -0.006,与心脏病的患病风险呈负相关,即东部地区城市老年人每增加一个交通活动 PASE 分值,其患心脏病的风险下降 0.6%;东部地区城市老年人家务活动 PASE 分值的变量系数 B 值为 -0.004,与心脏病的患病风险呈负相关,即东部地区城市老年人每增加一个家务活动 PASE 分值,其患心脏病的风险下降 0.4%。

表5.24 东部地区城市老年人身体活动 PASE 分值与心脏病患病风险的回归结果

PASE 分数类型	B	S. E.	Wals	sig.	Exp (B)	Exp (B) 的95% C. I. 下限	上限
身体活动总 PASE 分数	-0.003	0.001	9.317	0.002	0.997	0.995	0.999
交通活动 PASE 分数	-0.006	0.003	4.298	0.038	0.995	0.989	1.000

第五章 城市老年人身体活动对慢性疾病患病风险的影响

续表

PASE 分数类型	B	S. E.	Wals	sig.	Exp (B)	Exp (B) 的 95% C. I. 下限	上限
家务活动 PASE 分数	-0.004	0.002	5.453	0.020	0.996	0.993	0.999
体育锻炼 PASE 分数	-0.003	0.002	2.043	0.153	0.997	0.994	1.001

由中西部地区城市老年人身体活动 PASE 分值与心脏病患病风险的二元 logistics 回归结果（表 5.25）可见，中西部地区城市老年人心脏病的患病风险与其身体活动总 PASE 分值、分项身体活动的体育锻炼 PASE 分值呈显著相关（$p \leq 0.05$），其中身体活动总 PASE 分值的变量系数 B 值为 -0.003，与心脏病的患病风险呈负相关，即中西部地区城市老年人每增加一个身体活动总 PASE 分值，其患心脏病的风险下降 0.3%；中西部地区城市老年人分项身体活动的体育锻炼 PASE 分值的变量系数 B 值为 -0.005，与心脏病的患病风险呈负相关，即中西部地区城市老年人每增加一个体育锻炼 PASE 分值，其患心脏病的风险下降 0.5%。

表 5.25　　中西部地区城市老年人身体活动 PASE 分值
与心脏病患病风险的回归结果

PASE 分数类型	B	S. E.	Wals	sig.	Exp (B)	Exp (B) 的 95% C. I. 下限	上限
身体活动总 PASE 分数	-0.003	0.001	5.913	0.015	0.997	0.995	0.999
交通活动 PASE 分数	-0.006	0.003	3.288	0.070	0.994	0.987	1.000
家务活动 PASE 分数	-0.002	0.002	0.694	0.405	0.998	0.994	1.002
体育锻炼 PASE 分数	-0.005	0.002	5.001	0.025	0.995	0.990	0.999

（二）不同地区城市老年人身体活动 PASE 分值与高血压患病风险的回归结果

由东部地区城市老年人身体活动 PASE 分值与高血压患病风险的二元 logistics 回归结果（表 5.26）可见，东部地区城市老年人高血压的患病风险与其体育锻炼 PASE 分值呈显著相关（$p \leq 0.05$），其体育锻炼 PASE 分值的变量系数 B 值为 0.003，与高血压的患病风险呈正相关，即东部地区城市老年人每增加一个身体活动总 PASE 分值，其患高血压的风险上升 0.3%。

表 5.26　　东部地区城市老年人身体活动 PASE 分值与高血压患病风险的回归结果

PASE 分数类型	B	S.E.	Wals	sig.	Exp(B)	Exp(B) 的 95% C.I. 下限	上限
身体活动总 PASE 分数	0.000	0.001	0.330	0.566	1.000	0.999	1.002
交通活动 PASE 分数	-0.001	0.002	0.568	0.451	0.999	0.995	1.002
家务活动 PASE 分数	0.000	0.001	0.101	0.750	1.000	0.997	1.002
体育锻炼 PASE 分数	0.003	0.001	4.174	0.041	1.003	1.000	1.005

由中西部地区城市老年人身体活动 PASE 分值与高血压患病风险的二元 logistics 回归结果（表 5.27）可见，中西部地区城市老年人高血压的患病风险与其身体活动总 PASE 分值、分项身体活动的交通活动 PASE 分值、家务活动 PASE 分值、体育锻炼 PASE 分值都未呈显著相关（$p \geq 0.05$）。

表 5.27　　中西部地区城市老年人身体活动 PASE 分值与高血压患病风险的回归结果

PASE 分数类型	B	S.E.	Wals	sig.	Exp(B)	Exp(B) 的 95% C.I. 下限	上限
身体活动总 PASE 分数	0.000	0.001	0.039	0.844	1.000	0.998	1.002
交通活动 PASE 分数	-0.002	0.003	0.732	0.392	0.998	0.993	1.003
家务活动 PASE 分数	0.001	0.002	0.590	0.442	1.001	0.998	1.005
体育锻炼 PASE 分数	-0.003	0.002	2.582	0.108	0.997	0.993	1.001

（三）不同地区城市老年人身体活动 PASE 分值与动脉硬化患病风险的回归结果

由东部地区城市老年人身体活动 PASE 分值与动脉硬化患病风险的二元 logistics 回归结果（表 5.28）可见，动脉硬化的患病风险与东部地区老年人身体活动总 PASE 分值呈显著相关（$p \leq 0.05$），其中东部地区城市老年人身体活动总 PASE 分值的变量系数 B 值为 -0.005，与动脉硬化的患病风险呈负相关，即东部地区城市老年人每增加一个身体活动总 PASE 分值，其患动脉硬化的风险下降 0.5%。

第五章　城市老年人身体活动对慢性疾病患病风险的影响

表 5.28　　　东部地区城市老年人身体活动 PASE 分值
与动脉硬化患病风险的回归结果

PASE 分数类型	B	S.E.	Wals	sig.	Exp (B)	Exp (B) 的 95% C.I. 下限	Exp (B) 的 95% C.I. 上限
身体活动总 PASE 分数	-0.005	0.002	8.252	0.004	0.995	0.991	0.998
交通活动 PASE 分数	-0.009	0.005	3.051	0.081	0.991	0.982	1.001
家务活动 PASE 分数	-0.005	0.003	2.815	0.093	0.995	0.989	1.001
体育锻炼 PASE 分数	-0.007	0.004	3.288	0.070	0.993	0.986	1.001

由中西部地区城市老年人身体活动 PASE 分值与动脉硬化患病风险的二元 logistics 回归结果（表 5.29）可见，动脉硬化的患病风险与中西部地区城市老年人身体活动分项的家务活动 PASE 分值呈显著相关（p≤0.05），家务活动 PASE 分值的变量系数 B 值为 -0.011，与动脉硬化的患病风险呈负相关，即中西部地区城市老年人每增加一个家务活动 PASE 分值，其患动脉硬化的风险下降 1.1%。中西部地区城市老年人身体活动总 PASE 分值与动脉硬化患病风险、交通活动 PASE 分值与动脉硬化患病风险、体育锻炼 PASE 分值与动脉硬化患病风险在 p = 0.05 水平下不显著，但从 B 值可以看出它们均呈现出负相关趋势，也即这些身体活动具有降低其患动脉硬化风险的趋势。

表 5.29　　　中西部地区城市老年人身体活动 PASE 分值
与动脉硬化患病风险的回归结果

PASE 分数类型	B	S.E.	Wals	sig.	Exp (B)	Exp (B) 的 95% C.I. 下限	Exp (B) 的 95% C.I. 上限
身体活动总 PASE 分数	-0.005	0.002	3.646	0.056	0.995	0.990	1.000
交通活动 PASE 分数	-0.009	0.007	1.647	0.199	0.991	0.977	1.005
家务活动 PASE 分数	-0.011	0.004	5.865	0.015	0.989	0.981	0.998
体育锻炼 PASE 分数	0.002	0.004	0.328	0.567	1.002	0.995	1.010

（四）不同地区城市老年人身体活动 PASE 分值与中风患病风险的回归结果

由东部地区城市老年人身体活动 PASE 分值与中风患病风险的二元 logistics 回归结果（表5.30）可见，中风的患病风险与东部地区老年人身体活动总 PASE 分值呈显著相关（p≤0.05），其中身体活动总 PASE 分值的变量系数 B 值为 −0.005，与中风的患病风险呈负相关，即东部地区城市老年人每增加一个身体活动总 PASE 分值，其患中风的风险下降0.5%。东部地区城市老年人各分项身体活动 PASE 分值对降低中风患病风险在 p≤0.05 水平下不显著，但从 B 值可以看出它们均呈现出负相关趋势，也即这些身体活动具有降低其中风患病风险的趋势。

表5.30　　东部地区城市老年人身体活动 PASE 分值与中风患病风险的回归结果

PASE 分数类型	B	S. E.	Wals	sig.	Exp (B)	Exp (B) 的95% C. I. 下限	上限
身体活动总 PASE 分数	−0.005	0.002	5.442	0.020	0.995	0.990	0.999
交通活动 PASE 分数	−0.011	0.007	2.987	0.084	0.989	0.976	1.002
家务活动 PASE 分数	−0.007	0.004	3.414	0.065	0.993	0.985	1.000
体育锻炼 PASE 分数	−0.004	0.004	0.814	0.367	0.996	0.988	1.004

由中西部地区城市老年人身体活动 PASE 分值与中风患病风险的二元 logistics 回归结果（表5.31）可见，中风患病风险与中西部地区老年人身体活动总 PASE 分值、分项身体活动的家务活动 PASE 分值呈显著相关（p≤0.05），其中身体活动总 PASE 分值的变量系数 B 值为 −0.008，与中风患病风险呈负相关，即中西部地区城市老年人每增加一个身体活动总 PASE 分值，其患中风的风险下降0.8%；中西部地区城市老年人家务活动 PASE 分值的变量系数 B 值为 −0.020，与中风的患病风险呈负相关，即中西部地区城市老年人每增加一个家务活动 PASE 分值，其患中风的风险下降2.0%。

表5.31　　中西部地区城市老年人身体活动 PASE 分值与中风患病风险的回归结果

PASE 分数类型	B	S. E.	Wals	sig.	Exp (B)	Exp (B) 的95% C. I. 下限	上限
身体活动总 PASE 分数	−0.008	0.004	4.663	0.031	0.992	0.985	0.999

续表

PASE 分数类型	B	S.E.	Wals	sig.	Exp（B）	Exp（B）的95% C.I. 下限	上限
交通活动 PASE 分数	-0.006	0.009	0.525	0.469	0.994	0.976	1.011
家务活动 PASE 分数	-0.020	0.007	7.687	0.006	0.980	0.967	0.994
体育锻炼 PASE 分数	-0.004	0.006	0.483	0.487	0.996	0.984	1.008

五 不同受教育程度城市老年人身体活动与心血管疾病患病风险的回归分析

为进一步探讨城市老年人身体活动对心血管疾病患病风险的影响，将不同受教育程度的城市老年人分为小学及以下、初中和高中、大学及以上三个组别，分别探讨不同受教育程度的城市老年人身体活动对心血管疾病患病风险的影响。

（一）不同受教育程度城市老年人身体活动 PASE 分值与心脏病患病风险的回归结果

由小学及以下受教育程度城市老年人身体活动 PASE 分值与心脏病患病风险的二元 logistics 回归结果（表5.32）可见，心脏病患病风险与小学及以下受教育程度城市老年人身体活动总 PASE 分值、分项身体活动的交通活动 PASE 分值、家务活动 PASE 分值、体育锻炼 PASE 分值都不呈显著相关（p≥0.05），但从相关系数和回归系数上都能看出，小学及以下受教育程度城市老年人身体活动具有降低其心脏病患病风险的趋势。

表5.32 **小学及以下文化程度老年人身体活动 PASE 分值与心脏病患病风险的回归结果**

PASE 分数类型	B	S.E.	Wals	sig.	Exp（B）	Exp（B）的95% C.I. 下限	上限
身体活动总 PASE 分数	-0.001	0.001	1.040	0.308	0.999	0.996	1.001
交通活动 PASE 分数	-0.005	0.004	1.066	0.302	0.995	0.987	1.004
家务活动 PASE 分数	-0.001	0.003	0.233	0.630	0.999	0.994	1.004
体育锻炼 PASE 分数	-0.001	0.003	0.251	0.616	0.999	0.993	1.004

参与与回报：老年人身体活动收益研究

由初中和高中受教育程度城市老年人身体活动 PASE 分值与心脏病患病风险的二元 logistics 回归结果（表 5.33）可见，心脏病患病风险与初中和高中受教育程度城市老年人身体活动总 PASE 分值、分项身体活动的交通活动 PASE 分值、家务活动 PASE 分值、体育锻炼 PASE 分值呈显著相关（$p \leq 0.05$），其中身体活动总 PASE 分值的变量系数 B 值为 -0.005，与心脏病患病风险呈负相关，即初中和高中受教育程度城市老年人每增加一个身体活动总 PASE 分值，其患心脏病的风险下降 0.5%；交通活动 PASE 分值的变量系数 B 值为 -0.011，与心脏病患病风险呈负相关，即初中和高中受教育程度城市老年人每增加一个交通活动 PASE 分值，其患心脏病的风险下降 1.1%；家务活动 PASE 分值的变量系数 B 值为 -0.004，与心脏病患病风险呈负相关，即初中和高中受教育程度城市老年人每增加一个家务活动 PASE 分值，其患心脏病的风险下降 0.4%；体育锻炼 PASE 分值的变量系数 B 值为 -0.007，与心脏病患病风险呈负相关，即初中和高中受教育程度城市老年人每增加一个体育锻炼 PASE 分值，其患心脏病的风险下降 0.7%。

表 5.33　初中和高中受教育程度城市老年人身体活动 PASE 分值与心脏病患病风险的回归结果

PASE 分数类型	B	S.E.	Wals	sig.	Exp（B）	Exp（B）的 95% C.I. 下限	上限
身体活动总 PASE 分数	-0.005	0.001	20.517	0.000	0.995	0.993	0.997
交通活动 PASE 分数	-0.011	0.003	11.114	0.001	0.990	0.983	0.996
家务活动 PASE 分数	-0.004	0.002	5.296	0.021	0.996	0.992	0.999
体育锻炼 PASE 分数	-0.007	0.002	10.883	0.001	0.993	0.988	0.997

由大学及以上受教育程度城市老年人身体活动 PASE 分值与心脏病患病风险的二元 logistics 回归结果（表 5.34）可见，心脏病患病风险与大学及以上受教育程度城市老年人身体活动总 PASE 分值、分项身体活动的交通活动 PASE 分值、家务活动 PASE 分值、体育锻炼 PASE 分值都不呈显著相关（$p \geq 0.05$）。

表 5.34　大学及以上受教育程度城市老年人身体活动 PASE 分值与心脏病患病风险的回归结果

PASE 分数类型	B	S.E.	Wals	sig.	Exp(B)	Exp(B) 的 95% C.I. 下限	上限
身体活动总 PASE 分数	-0.002	0.002	1.582	0.208	0.998	0.995	1.001
交通活动 PASE 分数	-0.004	0.004	1.062	0.303	0.996	0.988	1.004
家务活动 PASE 分数	-0.001	0.003	0.223	0.637	0.999	0.993	1.004
体育锻炼 PASE 分数	-0.002	0.003	0.620	0.431	0.998	0.992	1.004

（二）不同受教育程度城市老年人身体活动 PASE 分值与高血压患病风险的回归结果

由小学及以下受教育程度城市老年人身体活动 PASE 分值与高血压患病风险的二元 logistics 回归结果（表 5.35）可见，高血压患病风险与小学及以下受教育程度城市老年人交通活动 PASE 分值呈显著相关（$p \leqslant 0.05$）。其中交通活动 PASE 分值的变量系数 B 值为 -0.007，与高血压患病风险呈负相关，即小学及以下受教育程度城市老年人每增加一个交通活动 PASE 分值，其患高血压的风险下降 0.7%。

表 5.35　小学及以下文化程度老年人身体活动 PASE 分值与高血压患病风险的回归结果

PASE 分数类型	B	S.E.	Wals	sig.	Exp(B)	Exp(B) 的 95% C.I. 下限	上限
身体活动总 PASE 分数	-0.001	0.001	0.360	0.548	0.999	0.997	1.001
交通活动 PASE 分数	-0.007	0.003	4.460	0.035	0.993	0.987	1.000
家务活动 PASE 分数	-0.002	0.002	0.740	0.390	0.998	0.995	1.002
体育锻炼 PASE 分数	0.001	0.002	0.418	0.518	1.001	0.997	1.005

由初中和高中受教育程度城市老年人身体活动 PASE 分值与高血压患病风险的二元 logistics 回归结果（表 5.36）可见，高血压患病风险与初中和高中受教育程度城市老年人身体活动总 PASE 分值、交通活动 PASE 分值、家务活动 PASE 分值、体育锻炼 PASE 分值都不呈显著相关（$p \geqslant 0.05$）。

表 5.36　初中和高中受教育程度城市老年人身体活动 PASE 分值与高血压患病风险的回归结果

PASE 分数类型	B	S.E.	Wals	sig.	Exp(B)	Exp(B) 的 95% C.I. 下限	上限
身体活动总 PASE 分数	0.001	0.001	0.429	0.512	1.001	0.999	1.002
交通活动 PASE 分数	-0.001	0.002	0.238	0.626	0.999	0.995	1.003
家务活动 PASE 分数	0.000	0.001	0.002	0.963	1.000	0.997	1.003
体育锻炼 PASE 分数	0.002	0.002	1.172	0.279	1.002	0.999	1.005

由大学及以上受教育程度城市老年人身体活动 PASE 分值与高血压患病风险的二元 logistics 回归结果（表 5.37）可见，高血压患病风险与大学及以上受教育程度城市老年人身体活动总 PASE 分值、身体活动分项的交通活动 PASE 分值、家务活动 PASE 分值、体育锻炼 PASE 分值都未呈显著相关（$p \geq 0.05$）。

表 5.37　大学及以上受教育程度城市老年人身体活动 PASE 分值与高血压患病风险的回归结果

PASE 分数类型	B	S.E.	Wals	sig.	Exp(B)	Exp(B) 的 95% C.I. 下限	上限
身体活动总 PASE 分数	0.001	0.001	0.301	0.583	1.001	0.998	1.003
交通活动 PASE 分数	0.002	0.003	0.397	0.529	1.002	0.996	1.008
家务活动 PASE 分数	0.003	0.002	2.142	0.143	1.003	0.999	1.007
体育锻炼 PASE 分数	-0.002	0.002	0.576	0.448	0.998	0.994	1.003

（三）不同受教育程度城市老年人身体活动 PASE 分值与动脉硬化患病风险回归结果

由小学及以下受教育程度城市老年人身体活动 PASE 分值与动脉硬化患病风险的二元 logistics 回归结果（表 5.38）可见，动脉硬化患病风险与小学及以下受教育程度城市老年人身体活动总 PASE 分值、身体活动分项的交通活动 PASE 分值、家务活动 PASE 分值、体育锻炼 PASE 分值都不呈显著相关（$p \geq 0.05$）。

第五章 城市老年人身体活动对慢性疾病患病风险的影响

表 5.38　小学及以下受教育程度城市老年人身体活动 PASE 分值与动脉硬化患病风险的回归结果

PASE 分数类型	B	S.E.	Wals	sig.	Exp(B)	Exp(B) 的 95% C.I. 下限	上限
身体活动总 PASE 分数	-0.005	0.004	1.672	0.196	0.995	0.988	1.002
交通活动 PASE 分数	-0.004	0.010	0.180	0.672	0.996	0.977	1.015
家务活动 PASE 分数	-0.007	0.007	1.121	0.290	0.993	0.980	1.006
体育锻炼 PASE 分数	-0.003	0.007	0.200	0.655	0.997	0.984	1.010

由初中和高中受教育程度城市老年人身体活动 PASE 分值与动脉硬化患病风险的二元 logistics 回归结果（表 5.39）可见，动脉硬化患病风险与初中和高中受教育程度城市老年人身体活动总 PASE 分值、交通活动 PASE 分值、家务活动 PASE 分值均呈显著相关（$p \leq 0.05$），其中身体活动总 PASE 分值的变量系数 B 值为 -0.008，与动脉硬化患病风险呈负相关，即初中和高中受教育程度城市老年人每增加一个身体活动总 PASE 分值，其患动脉硬化的风险下降 0.8%；交通活动 PASE 分值的变量系数 B 值为 -0.014，与动脉硬化患病风险呈负相关，即初中和高中受教育程度城市老年人每增加一个交通活动 PASE 分值，其患动脉硬化的风险下降 1.4%；家务活动 PASE 分值的变量系数 B 值为 -0.010，与动脉硬化患病风险呈负相关，即初中和高中受教育程度城市老年人每增加一个家务活动 PASE 分值，其患动脉硬化的风险下降 1.0%。

表 5.39　初中和高中受教育程度老年人身体活动 PASE 分值与动脉硬化患病风险的回归结果

PASE 分数类型	B	S.E.	Wals	sig.	Exp(B)	Exp(B) 的 95% C.I. 下限	上限
身体活动总 PASE 分数	-0.008	0.002	12.100	0.001	0.992	0.987	0.996
交通活动 PASE 分数	-0.014	0.007	4.144	0.042	0.986	0.974	0.999
家务活动 PASE 分数	-0.010	0.004	7.079	0.008	0.990	0.983	0.997
体育锻炼 PASE 分数	-0.006	0.004	1.626	0.202	0.994	0.986	1.003

由大学及以上受教育程度城市老年人身体活动 PASE 分值与动脉硬化

患病风险的二元 logistics 回归结果（表 5.40）可见，大学及以上受教育程度城市老年人身体活动总 PASE 分值、交通活动 PASE 分值、家务活动 PASE 分值、体育锻炼 PASE 分值与动脉硬化患病风险之间均未呈显著相关（p≥0.05），但从具体相关系数和回归系数上看，总体上大学及以上受教育程度城市老年人身体活动具有降低其动脉硬化患病风险的趋势。

表 5.40　　大学及以上受教育程度城市老年人身体活动 PASE 分值与动脉硬化患病风险的回归结果

PASE 分数类型	B	S.E.	Wals	sig.	Exp（B）	Exp（B）的 95% C.I. 下限	Exp（B）的 95% C.I. 上限
身体活动总 PASE 分数	-0.003	0.002	1.529	0.216	0.997	0.992	1.002
交通活动 PASE 分数	-0.012	0.007	2.780	0.095	0.989	0.975	1.002
家务活动 PASE 分数	-0.001	0.004	0.118	0.732	0.999	0.991	1.006
体育锻炼 PASE 分数	-0.002	0.004	0.178	0.673	0.998	0.990	1.007

（四）不同受教育程度城市老年人身体活动 PASE 分值与中风患病风险回归结果

由小学及以下受教育程度城市老年人身体活动 PASE 分值与中风患病风险的二元 logistics 回归结果（表 5.41）可见，小学及以下受教育程度老年人身体活动总 PASE 分值、分项身体活动的交通活动 PASE 分值、家务活动 PASE 分值、体育锻炼 PASE 分值与中风患病风险之间均未呈显著相关（p≥0.05）。

表 5.41　　小学及以下受教育程度城市老年人身体活动 PASE 分值与中风患病风险的回归结果

PASE 分数类型	B	S.E.	Wals	sig.	Exp（B）	Exp（B）的 95% C.I. 下限	Exp（B）的 95% C.I. 上限
身体活动总 PASE 分数	-0.001	0.002	0.076	0.783	0.999	0.995	1.004
交通活动 PASE 分数	-0.012	0.009	1.967	0.161	0.988	0.971	1.005
家务活动 PASE 分数	0.002	0.004	0.295	0.587	1.002	0.994	1.011
体育锻炼 PASE 分数	-0.001	0.005	0.075	0.784	0.999	0.990	1.008

第五章 城市老年人身体活动对慢性疾病患病风险的影响

由初中和高中受教育程度老年人身体活动 PASE 分值与中风患病风险的二元 logistics 回归结果（表 5.42）可见，中风患病风险与初中和高中受教育程度城市老年人身体活动总 PASE 分值、分项身体活动的家务活动 PASE 分值呈显著相关（p≤0.05），其中身体活动总 PASE 分值的变量系数 B 值为 -0.011，与中风患病风险呈负相关，即初中和高中受教育程度老年人每增加一个身体活动总 PASE 分值，其患中风的风险下降 1.1%；分项身体活动的家务活动 PASE 分值的变量系数 B 值为 -0.027，与中风的患病风险呈负相关，即初中和高中受教育程度老年人每增加一个家务活动 PASE 分值，其患中风的风险下降 2.7%。

表 5.42　　初中和高中受教育程度老年人身体活动 PASE 分值
与中风患病风险的回归结果

PASE 分数类型	B	S.E.	Wals	sig.	Exp(B)	Exp(B) 的 95% C.I. 下限	上限
身体活动总 PASE 分数	-0.011	0.003	11.570	0.001	0.989	0.983	0.995
交通活动 PASE 分数	-0.001	0.007	0.016	0.899	0.999	0.986	1.012
家务活动 PASE 分数	-0.027	0.007	15.102	0.000	0.973	0.960	0.987
体育锻炼 PASE 分数	-0.010	0.006	2.593	0.107	0.990	0.979	1.002

由大学及以上受教育程度城市老年人身体活动 PASE 分值与中风患病风险的二元 logistics 回归结果（表 5.43）可见，大学及以上受教育程度城市老年人身体活动总 PASE 分值与中风的患病风险呈显著负相关（p≤0.05），身体活动总 PASE 分值的变量系数 B 值为 -0.014，即大学及以上受教育程度城市老年人每增加一个身体活动总 PASE 分值，其患中风的风险下降 1.4%。大学及以上城市老年人各分项身体活动的交通活动 PASE 分值、家务活动 PASE 分值、体育锻炼 PASE 分值与中风患病风险未呈显著相关（p≥0.05），但从具体相关系数和回归系数上看，总体上大学及以上受教育程度城市老年人身体活动具有降低中风患病风险的趋势。

表 5.43　　大学及以上受教育程度城市老年人身体活动 PASE 分值
与中风患病风险的回归结果

PASE 分数类型	B	S.E.	Wals	sig.	Exp(B)	Exp(B) 的 95% C.I. 下限	上限
身体活动总 PASE 分数	-0.014	0.007	4.200	0.040	0.986	0.973	0.999
交通活动 PASE 分数	-0.038	0.021	3.313	0.069	0.963	0.925	1.003
家务活动 PASE 分数	-0.024	0.013	3.411	0.065	0.976	0.952	1.001
体育锻炼 PASE 分数	-0.002	0.010	0.038	0.845	0.998	0.980	1.017

第三节　城市老年人身体活动对代谢性疾病患病风险影响的回归分析

一　城市老年人身体活动对代谢性疾病总体患病风险的影响

（一）城市老年人身体活动对代谢性疾病总体患病风险的影响趋势

对城市老年人身体活动与代谢性疾病患病风险的研究。将城市老年人身体活动总 PASE 得分分成"低""中""高"三种活动水平组，以身体活动总 PASE 分值低水平组为参照，如图 5.5 所示，在肥胖症患病风险方面，身体活动总 PASE 分值中水平组上升为 1.28，高水平组上升为 1.35；在高血脂患病风险方面，身体活动总 PASE 分值中水平组上升为 1.04，高水平

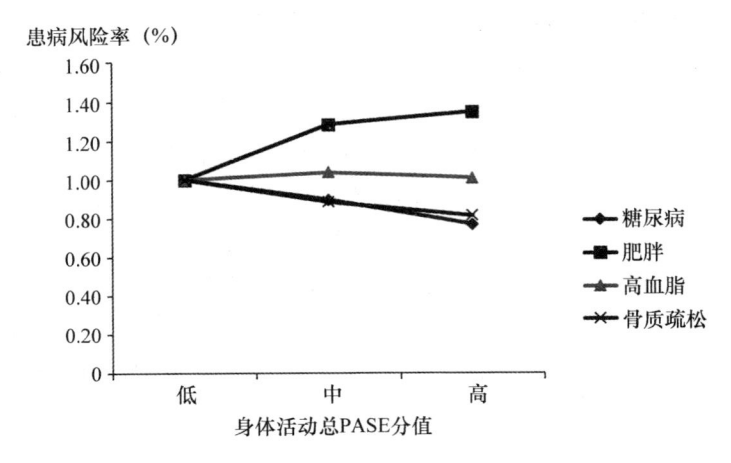

图 5.5　城市老年人身体活动总 PASE 分值与代谢性疾病患病风险趋势

第五章 城市老年人身体活动对慢性疾病患病风险的影响

组上升为 1.01；在糖尿病患病风险方面，身体活动总 PASE 分值中水平组下降为 0.90，高水平组下降为 0.77；在骨质疏松患病风险方面，身体活动总 PASE 分值中水平组下降为 0.89，高水平组下降为 0.82。城市老年人在身体活动与代谢性疾病患病风险方面，总体上随着身体活动量的增加，代谢性疾病患病风险呈下降趋势。

在城市老年人身体活动分项的家务活动与代谢性疾病患病风险方面，将城市老年人家务活动 PASE 得分分为"低""中""高"三种活动水平组，以家务活动 PASE 得分低水平组为参照。如图 5.6 所示，肥胖症患病风险方面，中水平组上升为 1.10，高水平组上升为 1.29；高血脂患病风险方面，中水平组上升为 1.06，高水平组上升为 1.09；糖尿病的患病风险方面，中水平组下降为 0.90，高水平组下降为 0.75；骨质疏松患病风险方面，中水平组上升为 1.09，高水平组上升为 1.18。表明随着家务类活动量的增大，城市老年人患骨质疏松的风险提高。

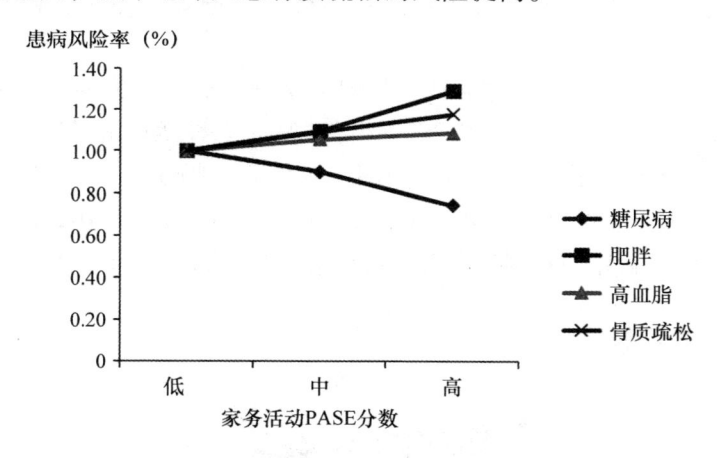

图 5.6　城市老年人家务活动 PASE 分值与代谢性疾病患病风险趋势

在城市老年人身体活动分项的交通活动与代谢性疾病患病风险方面，将城市老年人交通活动 PASE 得分分为"低""中""高"三种活动水平组，以交通活动 PASE 得分低水平组为参照。如图 5.7 所示，交通活动 PASE 分值"中""高"水平组肥胖症患病风险略呈平缓下降趋势，中水平组和低水平组持平，为 1.00，高水平组下降为 0.91；高血脂患病风险呈现上升趋势，中水平组上升为 1.17，高水平组上升为 1.01；糖尿病患病风险呈波动态势，中水平组上升为 1.16，高水平组下降为 0.97；骨质疏松患病风险呈下降的趋势,中水平组下降为 0.92,高水平组下降为 0.65。表明随着交通类身体活动量的增大,患骨质疏松的风险降低。

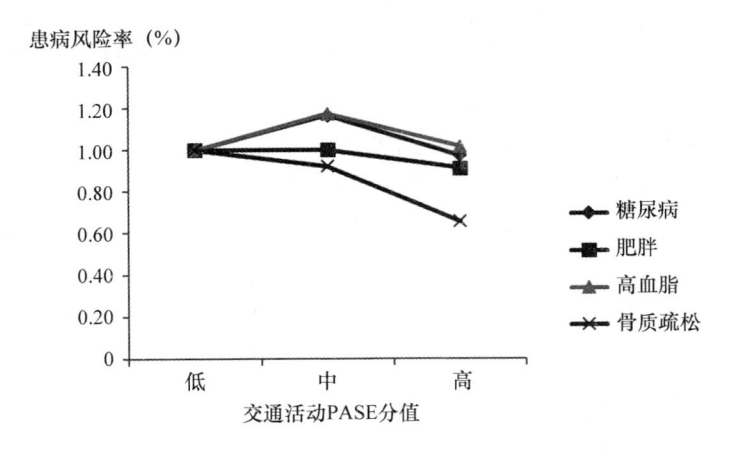

图 5.7　城市老年人交通活动 PASE 分值与代谢性疾病患病风险趋势

在身体活动分项的体育活动与代谢性疾病患病风险方面,将城市老年人体育活动 PASE 得分分为"低""中""高"三种活动水平组,以体育活动 PASE 得分低水平组为参照。如图 5.8 所示,城市老年人"中""高"水平组肥胖症患病风险略呈波动态势,中水平组下降为 0.70,高水平组上升为 1.03;高血脂患病风险呈下降趋势,中水平组下降为 0.87,高水平

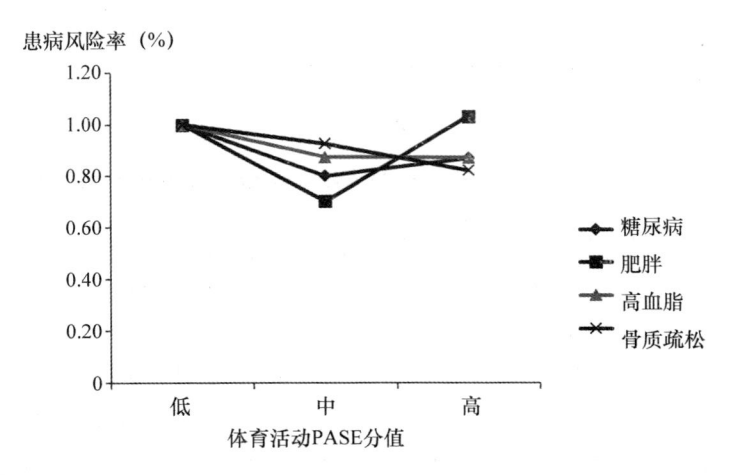

图 5.8　城市老年人体育活动 PASE 分值与代谢性疾病患病风险趋势

第五章　城市老年人身体活动对慢性疾病患病风险的影响

组下降为0.87；糖尿病患病风险呈下降趋势，中水平组下降为0.80，高水平组下降为0.87；骨质疏松患病风险呈下降趋势，中水平组下降为0.93，高水平组下降为0.82。

综上所述，城市老年人按身体活动总PASE得分"低""中""高"分组的三组中，城市老年人身体活动与代谢性疾病患病风险，"中""高"活动水平组相比"低"活动水平组，其代谢性疾病患病风险总体上呈现下降趋势，即随着身体活动的增加，其代谢性疾病的患病风险呈下降趋势。

（二）城市老年人身体活动PASE分值与糖尿病总体患病风险的回归结果

由城市老年人身体活动PASE分值与糖尿病患病风险的二元logistics回归结果（表5.44）可见，总体上，城市老年人糖尿病的患病风险与其身体活动总PASE分值、身体活动分项的家务活动PASE分值呈显著相关（p≤0.05），其中身体活动总PASE分值的变量系数B值为-0.002，与糖尿病患病风险呈负相关，即城市老年人每增加一个身体活动总PASE分值，其患糖尿病的风险下降0.2%；家务活动PASE分值的变量系数B值为-0.005，与糖尿病患病风险呈负相关，即城市老年人每增加一个家务活动PASE分值，其患糖尿病的风险下降0.5%。

表5.44　城市老年人身体活动PASE分值与糖尿病患病风险的回归结果

PASE 分数类型	B	S.E.	Wals	sig.	Exp(B)	Exp(B)的95% C.I. 下限	上限
身体活动总PASE分数	-0.002	0.001	4.099	0.043	0.998	0.996	1.000
交通活动PASE分数	0.000	0.002	0.006	0.941	1.000	0.996	1.005
家务活动PASE分数	-0.005	0.002	8.046	0.005	0.995	0.992	0.999
体育锻炼PASE分数	-0.002	0.002	1.112	0.292	0.998	0.995	1.002

（三）城市老年人身体活动PASE分值与高血脂总体患病风险的回归结果

由城市老年人身体活动PASE分值与高血脂患病风险的二元logistics回归结果（表5.45）可见，总体上，高血脂患病风险与老年人身体活动总PASE分值、身体活动分项的家务活动PASE分值、体育锻炼PASE分值和交通活动PASE分值均未呈显著相关（p≥0.05）。

表 5.45　城市老年人身体活动 PASE 分值与高血脂患病风险的回归结果

PASE 分数类型	B	S.E.	Wals	sig.	Exp (B)	Exp (B) 的 95% C.I. 下限	上限
身体活动总 PASE 分数	0.000	0.001	0.068	0.794	1.000	0.999	1.001
交通活动 PASE 分数	0.000	0.002	0.010	0.922	1.000	0.996	1.003
家务活动 PASE 分数	0.001	0.001	0.184	0.668	1.001	0.998	1.003
体育锻炼 PASE 分数	0.001	0.001	0.211	0.646	1.001	0.998	1.003

（四）城市老年人身体活动 PASE 分值与肥胖症总体患病风险的回归结果

由城市老年人身体活动 PASE 分值与肥胖症患病风险的二元 logistics 回归结果（表 5.46）可见，总体上，城市老年人身体活动总 PASE 分值、身体活动分项的家务活动 PASE 分值与其肥胖症患病风险呈显著相关（$p \leqslant 0.05$），其中身体活动总 PASE 分值的变量系数 B 值为 0.003，且与肥胖症患病风险呈正相关，即城市老年人每增加一个身体活动总 PASE 分值，其患肥胖症的风险增加 0.3%；家务活动 PASE 分值的变量系数 B 值为 0.005，也与肥胖症患病风险呈正相关，即每城市老年人增加一个家务活动 PASE 分值，其患肥胖症的风险增加 0.5%。

表 5.46　城市老年人身体活动 PASE 分值与肥胖症患病风险的回归结果

PASE 分数类型	B	S.E.	Wals	sig.	Exp (B)	Exp (B) 的 95% C.I. 下限	上限
身体活动总 PASE 分数	0.003	0.001	6.530	0.011	1.003	1.001	1.005
交通活动 PASE 分数	0.001	0.003	0.024	0.877	1.001	0.994	1.007
家务活动 PASE 分数	0.005	0.002	6.763	0.009	1.005	1.001	1.010
体育锻炼 PASE 分数	0.003	0.002	2.261	0.133	1.003	0.999	1.007

（五）城市老年人身体活动 PASE 分值与骨质疏松症总体患病风险的回归结果

由城市老年人身体活动 PASE 分值与骨质疏松症患病风险的二元 logistics 回归结果（表 5.47）可见，城市老年人身体活动分项的交通活动 PASE 分值与其骨质疏松症患病风险呈显著相关（$p \leqslant 0.05$），其交通活动

第五章　城市老年人身体活动对慢性疾病患病风险的影响

PASE 分值的变量系数 B 值为 -0.006，与骨质疏松症患病风险呈负相关，即城市老年人每增加一个交通活动 PASE 分值，其患骨质疏松症的风险下降 0.6%。骨质疏松症患病风险与城市老年人身体活动总 PASE 分值，身体活动分项的家务活动 PASE 分值、体育锻炼 PASE 分值均未呈显著相关，但从具体相关系数和回归系数上看，总体上城市老年人身体活动具有降低其骨质疏松症患病风险的趋势。

表 5.47　城市老年人身体活动 PASE 分值与骨质疏松症患病风险的回归结果

PASE 分数类型	B	S.E.	Wals	sig.	Exp (B)	Exp (B) 的 95% C.I. 下限	上限
身体活动总 PASE 分数	-0.001	0.001	1.501	0.221	0.999	0.998	1.000
交通活动 PASE 分数	-0.006	0.002	8.852	0.003	0.994	0.991	0.998
家务活动 PASE 分数	0.001	0.001	1.640	0.200	1.001	0.999	1.004
体育锻炼 PASE 分数	-0.002	0.001	1.570	0.210	0.998	0.996	1.001

二　不同性别城市老年人身体活动与代谢性疾病患病风险的回归分析

（一）不同性别城市老年人身体活动 PASE 分值与糖尿病患病风险的回归结果

从男性城市老年人身体活动 PASE 分值与糖尿病患病风险的二元 logistics 回归结果（表 5.48）可见，糖尿病患病风险与男性城市老年人身体活动总 PASE 分值，身体活动分项的交通活动 PASE 分值、家务活动 PASE 分值、体育锻炼 PASE 分值都不呈显著相关（p≥0.05）。但从具体相关系数和回归系数上看，城市老年人身体活动在总体上表现出降低糖尿病患病风险的趋势。

表 5.48　男性城市老年人身体活动 PASE 分值与糖尿病患病风险的回归结果

PASE 分数类型	B	S.E.	Wals	sig.	Exp (B)	Exp (B) 的 95% C.I. 下限	上限
身体活动总 PASE 分数	-0.003	0.002	3.058	0.080	0.997	0.994	1.000
交通活动 PASE 分数	-0.002	0.004	0.359	0.549	0.998	0.991	1.005
家务活动 PASE 分数	-0.006	0.003	3.183	0.074	0.994	0.988	1.001
体育锻炼 PASE 分数	-0.003	0.003	1.164	0.281	0.997	0.992	1.002

由女性城市老年人身体活动 PASE 分值与糖尿病患病风险的二元 logistics 回归结果（表 5.49）可见，城市老年人身体活动分项的家务活动 PASE 分值与糖尿病患病风险呈显著相关（$p \leqslant 0.05$），家务活动 PASE 分值的变量系数 B 值为 -0.004，与糖尿病患病风险呈负相关，即女性城市老年人每增加一个家务活动 PASE 分值，其患糖尿病的风险下降 0.4%。女性城市老年人身体活动总 PASE 分值，身体活动分项的交通活动 PASE 分值、体育锻炼 PASE 分值未呈显著相关（$p \geqslant 0.05$），但从具体相关系数和回归系数上看，女性城市老年人身体活动以及身体活动分项的交通活动和体育锻炼均具有降低糖尿病患病风险的趋势。

表 5.49 女性城市老年人身体活动 PASE 分值与糖尿病患病风险的回归结果

PASE 分数类型	B	S.E.	Wals	sig.	Exp(B)	Exp(B) 的 95% C.I. 下限	上限
身体活动总 PASE 分数	-0.001	0.001	1.043	0.307	0.999	0.997	1.001
交通活动 PASE 分数	0.002	0.003	0.399	0.528	1.002	0.996	1.008
家务活动 PASE 分数	-0.004	0.002	4.750	0.029	0.996	0.992	1.000
体育锻炼 PASE 分数	-0.001	0.002	0.063	0.801	0.999	0.995	1.004

（二）不同性别城市老年人身体活动 PASE 分值与高血脂患病风险的回归结果

从男性城市老年人身体活动 PASE 分值与高血脂患病风险的二元 logistics 回归结果（表 5.50）可见，男性城市老年人身体活动总 PASE 分值，身体活动分项的交通活动 PASE 分值、家务活动 PASE 分值、体育锻炼 PASE 分值与高血脂患病风险都不呈显著相关（$p \geqslant 0.05$），但总体上呈现降低高血脂患病风险的趋势。

表 5.50 男性城市老年人身体活动 PASE 分值与高血脂患病风险的回归结果

PASE 分数类型	B	S.E.	Wals	sig.	Exp(B)	Exp(B) 的 95% C.I. 下限	上限
身体活动总 PASE 分数	0.000	0.001	0.035	0.851	1.000	0.998	1.002
交通活动 PASE 分数	-0.002	0.003	0.349	0.555	0.998	0.993	1.004
家务活动 PASE 分数	0.001	0.002	0.054	0.816	1.001	0.996	1.005

第五章　城市老年人身体活动对慢性疾病患病风险的影响

续表

PASE 分数类型	B	S.E.	Wals	sig.	Exp (B)	Exp (B) 的 95% C.I. 下限	上限
体育锻炼 PASE 分数	0.000	0.002	0.007	0.935	1.000	0.996	1.004

由女性城市老年人身体活动 PASE 分值与高血脂患病风险的二元 logistics 回归结果（表 5.51）可见，女性城市老年人身体活动总 PASE 分值，身体活动分项的交通活动 PASE 分值、家务活动 PASE 分值、体育锻炼 PASE 分值与高血脂患病风险都不呈显著相关（（$p \geqslant 0.05$），但总体上呈现降低高血脂患病风险的趋势。

表 5.51　女性城市老年人身体活动 PASE 分值与高血脂患病风险的回归结果

PASE 分数类型	B	S.E.	Wals	sig.	Exp (B)	Exp (B) 的 95% C.I. 下限	上限
身体活动总 PASE 分数	0.001	0.001	0.361	0.548	1.001	0.999	1.002
交通活动 PASE 分数	0.002	0.002	0.544	0.461	1.002	0.997	1.006
家务活动 PASE 分数	0.000	0.000	0.012	0.913	1.000	0.997	1.003
体育锻炼 PASE 分数	0.001	0.002	0.659	0.417	1.001	0.998	1.005

（三）不同性别城市老年人身体活动 PASE 分值与肥胖症患病风险的回归结果

从男性城市老年人身体活动 PASE 分值与肥胖症患病风险的二元 logistics 回归结果（表 5.52）可见，男性城市老年人身体活动总 PASE 分值，身体活动分项的交通活动 PASE 分值、家务活动 PASE 分值、体育锻炼 PASE 分值与肥胖症患病风险都不呈显著相关（$p \geqslant 0.05$），但总体上呈现降低肥胖症患病风险的趋势。

表 5.52　男性城市老年人身体活动 PASE 分值与肥胖症患病风险的回归结果

PASE 分数类型	B	S.E.	Wals	sig.	Exp (B)	Exp (B) 的 95% C.I. 下限	上限
身体活动总 PASE 分数	0.003	0.002	2.056	0.152	1.003	0.999	1.007
交通活动 PASE 分数	-0.004	0.006	0.414	0.520	0.996	0.983	1.009

续表

PASE 分数类型	B	S.E.	Wals	sig.	Exp(B)	Exp(B)的95% C.I. 下限	上限
家务活动PASE分数	0.005	0.004	1.370	0.242	1.005	0.997	1.014
体育锻炼PASE分数	0.005	0.003	2.016	0.156	1.005	0.998	1.011

由女性城市老年人身体活动 PASE 分值与肥胖症患病风险的二元 logistics 回归结果（表 5.53）可见，女性城市老年人身体活动总 PASE 分值、身体活动分项的交通活动 PASE 分值、家务活动 PASE 分值、体育锻炼 PASE 分值与肥胖症患病风险都不呈显著相关（p≥0.05），但总体上呈现降低肥胖症患病风险的趋势。

表 5.53 女性城市老年人身体活动 PASE 分值与肥胖症患病风险的回归结果

PASE 分数类型	B	S.E.	Wals	sig.	Exp(B)	Exp(B)的95% C.I. 下限	上限
身体活动总PASE分数	0.003	0.001	3.417	0.065	1.003	1.000	1.005
交通活动PASE分数	0.003	0.004	0.708	0.400	1.003	0.996	1.011
家务活动PASE分数	0.004	0.003	2.680	0.102	1.004	0.999	1.009
体育锻炼PASE分数	0.003	0.003	1.009	0.315	1.003	0.997	1.008

（四）不同性别城市老年人身体活动 PASE 分值与骨质疏松症患病风险的回归结果

由男性老年人身体活动 PASE 分值与骨质疏松症患病风险的二元 logistics 回归结果（表 5.54）可见，男性城市老年人身体活动总 PASE 分值、身体活动分项的交通活动 PASE 分值、家务活动 PASE 分值、体育锻炼 PASE 分值与骨质疏松症患病风险都不呈显著相关（p≥0.05），但从相关系数和回归系数可以看出具有降低骨质疏松症患病风险的趋势。

表 5.54 男性城市老年人身体活动 PASE 分值与骨质疏松症患病风险的回归结果

PASE 分数类型	B	S.E.	Wals	sig.	Exp(B)	Exp(B)的95% C.I. 下限	上限
身体活动总PASE分数	-0.002	0.001	1.628	0.202	0.998	0.996	1.001

第五章　城市老年人身体活动对慢性疾病患病风险的影响

续表

PASE 分数类型	B	S. E.	Wals	sig.	Exp（B）	Exp（B）的95% C. I. 下限	Exp（B）的95% C. I. 上限
交通活动 PASE 分数	-0.002	0.003	0.499	0.480	0.998	0.992	1.004
家务活动 PASE 分数	-0.002	0.002	0.636	0.425	0.998	0.993	1.003
体育锻炼 PASE 分数	-0.002	0.002	0.895	0.344	0.998	0.994	1.002

从女性城市老年人身体活动 PASE 分值与骨质疏松症患病风险的二元 logistics 回归结果（表5.55）可见，骨质疏松症患病风险与女性城市老年人身体活动总 PASE 分值、身体活动分项的交通活动 PASE 分值呈显著相关（$p \leqslant 0.05$），其中身体活动总 PASE 分值的变量系数 B 值为 -0.002，与骨质疏松症患病风险呈负相关，即女性城市老年人每增加一个身体活动总 PASE 分值，其患骨质疏松症的风险下降 0.2%；交通活动 PASE 分值的变量系数 B 值为 -0.007，与骨质疏松症患病风险呈负相关，即女性城市老年人每增加一个交通活动 PASE 分值，其患骨质疏松症的风险下降 0.7%。女性城市老年人家务活动 PASE 分值和体育锻炼 PASE 分值与骨质疏松症患病风险未呈显著相关（$p \geqslant 0.05$）。

表5.55　女性城市老年人身体活动 PASE 分值与骨质疏松症患病风险的回归结果

PASE 分数类型	B	S. E.	Wals	sig.	Exp（B）	Exp（B）的95% C. I. 下限	Exp（B）的95% C. I. 上限
身体活动总 PASE 分数	-0.002	0.001	5.019	0.025	0.998	0.997	1.000
交通活动 PASE 分数	-0.007	0.002	8.008	0.005	0.993	0.988	0.998
家务活动 PASE 分数	-0.001	0.001	0.305	0.581	0.999	0.997	1.002
体育锻炼 PASE 分数	-0.002	0.002	1.477	0.224	0.998	0.995	1.001

三　不同年龄段城市老年人身体活动与代谢性疾病患病风险的回归分析

为进一步研究城市老年人身体活动对代谢性疾病患病风险的影响，将城市老年人分为70周岁及以下和70周岁以上两个年龄段，探讨这两个年龄段城市老年人身体活动对代谢性疾病患病风险的影响。

(一) 不同年龄段城市老年人身体活动 PASE 分值与糖尿病患病风险的回归结果

由 70 周岁及以下年龄段城市老年人身体活动 PASE 分值与糖尿病患病风险的二元 logistics 回归结果（表 5.56）可见，糖尿病患病风险与 70 周岁及以下年龄段城市老年人家务活动 PASE 分值呈显著相关（p≤0.05），家务活动 PASE 分值的变量系数 B 值为 -0.004，与糖尿病患病风险呈负相关，即 70 周岁及以下年龄段城市老年人每增加一个家务活动 PASE 分值，其糖尿病患病风险下降 0.4%。由 70 周岁以上年龄段城市老年人身体活动 PASE 分值与糖尿病患病风险的二元 logistics 回归结果（表 5.56）可见，糖尿病患病风险与 70 周岁以上年龄段老年人家务活动 PASE 分值呈显著相关（p≤0.05），家务活动 PASE 分值的变量系数 B 值为 -0.006，与糖尿病患病风险呈负相关，即 70 周岁以上年龄段城市老年人每增加一个家务活动 PASE 分值，其患糖尿病的风险下降 0.6%。70 周岁以上年龄段城市老年人身体活动、分项身体活动的交通活动 PASE 分值与糖尿病患病风险都不呈显著相关（p≥0.05），但从相关系数和回归系数可以看出具有降低糖尿病患病风险的趋势。

表 5.57　　70 周岁及以下年龄段老年人身体活动 PASE 分值
与糖尿病患病风险的回归结果

PASE 分数类型	B	S.E.	Wals	sig.	Exp(B)	Exp(B) 的 95% C.I. 下限	上限
身体活动总 PASE 分数	-0.001	0.001	1.602	0.206	0.999	0.996	1.001
交通活动 PASE 分数	0.004	0.003	1.819	0.177	1.004	0.998	1.009
家务活动 PASE 分数	-0.004	0.002	3.858	0.050	0.996	0.992	1.000
体育锻炼 PASE 分数	-0.004	0.002	2.549	0.110	0.996	0.992	1.001

表 5.57　　70 周岁以上年龄段城市老年人身体活动 PASE 分值
与糖尿病患病风险的回归结果

PASE 分数类型	B	S.E.	Wals	sig.	Exp(B)	Exp(B) 的 95% C.I. 下限	上限
身体活动总 PASE 分数	-0.002	0.002	1.971	0.160	0.998	0.995	1.001

第五章 城市老年人身体活动对慢性疾病患病风险的影响

续表

PASE 分数类型	B	S.E.	Wals	sig.	Exp (B)	Exp (B) 的 95% C.I. 下限	上限
交通活动 PASE 分数	-0.006	0.004	2.249	0.134	0.994	0.986	1.002
家务活动 PASE 分数	-0.006	0.003	3.894	0.048	0.994	0.988	1.000
体育锻炼 PASE 分数	0.002	0.003	0.336	0.562	1.002	0.996	1.007

（二）不同年龄段城市老年人身体活动 PASE 分值与高血脂患病风险的回归结果

由 70 周岁及以下年龄段城市老年人身体活动 PASE 分值与高血脂患病风险的二元 logistics 回归结果（表 5.58）可见，70 周岁及以下年龄段城市老年人身体活动总 PASE 分值、交通活动 PASE 分值、家务活动 PASE 分值、体育锻炼 PASE 分值与高血脂患病风险均未呈显著相关（p≥0.05）。

表 5.58　70 周岁及以下年龄段城市老年人身体活动 PASE 分值与高血脂患病风险的回归结果

PASE 分数类型	B	S.E.	Wals	sig.	Exp (B)	Exp (B) 的 95% C.I. 下限	上限
身体活动总 PASE 分数	0.001	0.001	0.633	0.426	1.001	0.999	1.002
交通活动 PASE 分数	0.001	0.002	0.179	0.672	1.001	0.997	1.005
家务活动 PASE 分数	0.001	0.002	0.190	0.663	1.001	0.998	1.004
体育锻炼 PASE 分数	0.001	0.002	0.356	0.551	1.001	0.998	1.004

70 周岁以上年龄段城市老年人身体活动 PASE 分值与高血脂患病风险的二元 logistics 回归结果（表 5.59）可见，70 周岁以上年龄段城市老年人身体活动总 PASE 分值、交通活动 PASE 分值、家务活动 PASE 分值、体育锻炼 PASE 分值与高血脂患病风险均未呈显著相关（p≥0.05）。

表 5.59　70 周岁以上年龄段城市老年人身体活动 PASE 分值与高血脂患病风险的回归结果

PASE 分数类型	B	S.E.	Wals	sig.	Exp (B)	Exp (B) 的 95% C.I. 下限	上限
身体活动总 PASE 分数	0.000	0.001	0.002	0.963	1.000	0.998	1.002

续表

PASE 分数类型	B	S.E.	Wals	sig.	Exp(B)	Exp(B) 的95% C.I. 下限	上限
交通活动PASE分数	-0.002	0.003	0.275	0.600	0.998	0.993	1.004
家务活动PASE分数	0.002	0.002	0.644	0.422	1.002	0.998	1.006
体育锻炼PASE分数	0.001	0.002	0.099	0.753	1.001	0.997	1.005

（三）不同年龄段城市老年人身体活动PASE分值与肥胖症患病风险的回归结果

由70周岁及以下年龄段城市老年人身体活动PASE分值与肥胖症患病风险的二元logistics回归结果（表5.60）可见，肥胖症患病风险与70周岁及以下年龄段城市老年人身体活动总PASE分值、身体活动分项的家务活动PASE分值呈显著相关（$p \leqslant 0.05$），其中身体活动总PASE分值的变量系数B值为0.004，与肥胖症患病风险呈正相关，即70周岁及以下年龄段城市老年人每增加一个身体活动总PASE分值，其患肥胖症的风险上升0.4%；家务活动PASE分值的变量系数B值为0.007，与肥胖症患病风险呈正相关，即70周岁及以下年龄段城市老年人每增加一个家务活动PASE分值，其患肥胖症的风险上升0.7%。

表5.60　70周岁及以下年龄段城市老年人身体活动PASE分值与肥胖症患病风险的回归结果

PASE 分数类型	B	S.E.	Wals	sig.	Exp(B)	Exp(B) 的95% C.I. 下限	上限
身体活动总PASE分数	0.004	0.001	8.441	0.004	1.004	1.001	1.007
交通活动PASE分数	0.005	0.004	1.783	0.182	1.005	0.998	1.013
家务活动PASE分数	0.007	0.003	7.581	0.006	1.007	1.002	1.013
体育锻炼PASE分数	0.004	0.003	2.034	0.154	1.004	0.999	1.009

由70周岁以上年龄段城市老年人身体活动PASE分值与肥胖症患病风险的二元logistics回归结果（表5.61）可见，70周岁以上年龄段城市老年人身体活动总PASE分值，以及身体活动分项的交通活动PASE分值、家务活动PASE分值、体育锻炼PASE分值与肥胖症患病风险均未呈显著相

第五章 城市老年人身体活动对慢性疾病患病风险的影响

关（p≥0.05）。

表5.61　70周岁以上年龄段城市老年人身体活动PASE分值
与肥胖症患病风险的回归结果

PASE 分数类型	B	S.E.	Wals	sig.	Exp(B)	Exp(B)的95% C.I. 下限	上限
身体活动总PASE分数	0.002	0.002	0.732	0.392	1.002	0.998	1.006
交通活动PASE分数	-0.008	0.006	1.657	0.198	0.992	0.979	1.004
家务活动PASE分数	0.004	0.004	1.370	0.242	1.004	0.997	1.012
体育锻炼PASE分数	0.003	0.003	0.693	0.405	1.003	0.996	1.010

（四）不同年龄段城市老年人身体活动PASE分值与骨质疏松症患病风险的回归结果

由70周岁及以下年龄段城市老年人身体活动PASE分值与骨质疏松症患病风险的二元logistics回归结果（表5.62）可见，骨质疏松症患病风险与70周岁及以下年龄段城市老年人交通活动PASE分值呈显著相关（p≤0.05），交通活动PASE分值的变量系数B值为-0.006，与骨质疏松症患病风险呈负相关，即70周岁及以下年龄段城市老年人每增加一个交通活动PASE分值，其患骨质疏松症的风险下降0.6%。70周岁及以下年龄段城市老年人身体活动总PASE得分、家务活动PASE得分和体育锻炼PASE得分对降低骨质疏松症患病风险的效果不明显（p≥0.05）。

表5.62　70周岁及以下年龄段城市老年人身体活动PASE分值
与骨质疏松症患病风险的回归结果

PASE 分数类型	B	S.E.	Wals	sig.	Exp(B)	Exp(B)的95% C.I. 下限	上限
身体活动总PASE分数	0.000	0.001	0.068	0.795	1.000	0.998	1.001
交通活动PASE分数	-0.006	0.002	6.899	0.009	0.994	0.989	0.998
家务活动PASE分数	0.002	0.001	1.997	0.158	1.002	0.999	1.005
体育锻炼PASE分数	0.000	0.002	0.003	0.955	1.000	0.997	1.003

由70周岁以上年龄段城市老年人身体活动PASE分值与骨质疏松症患病风险的二元logistics回归结果（表5.63）可见，70周岁以上年龄段城市

老年人身体活动总 PASE 得分，身体活动分项的交通活动 PASE 得分、家务活动 PASE 得分、体育锻炼 PASE 得分与其骨质疏松症患病风险均未呈显著相关（p≥0.05），表明 70 周岁以上年龄段城市老年人身体活动 PASE 总分值，身体活动分项的交通活动 PASE 总分值、家务活动 PASE 总分值、体育锻炼 PASE 总分值对降低其骨质疏松症的患病风险不明显。

表 5.63　　70 周岁以上年龄段城市老年人身体活动 PASE 分值与骨质疏松症患病风险的回归结果

PASE 分数类型	B	S. E.	Wals	sig.	Exp (B)	Exp (B) 的 95% C. I. 下限	上限
身体活动总 PASE 分数	-0.001	0.001	0.584	0.445	0.999	0.997	1.001
交通活动 PASE 分数	-0.004	0.003	1.668	0.197	0.996	0.991	1.002
家务活动 PASE 分数	0.003	0.002	1.814	0.178	1.003	0.999	1.007
体育锻炼 PASE 分数	-0.003	0.002	2.490	0.115	0.997	0.993	1.001

四　不同地区城市老年人身体活动与代谢性疾病患病风险的回归分析

为进一步探讨城市老年人身体活动与代谢性疾病患病风险的相关性及其影响，将城市老年人分为东部地区和中西部地区两个组别，分别分析不同地区城市老年人身体活动与代谢性疾病患病风险的相关性以及对降低代谢性疾病患病风险的影响。

（一）不同地区城市老年人身体活动 PASE 分值与糖尿病患病风险的回归结果

由东部地区城市老年人身体活动 PASE 分值与糖尿病患病风险的二元 logistics 回归结果（表 5.64）可见，东部地区城市老年人家务活动 PASE 分值与糖尿病患病风险呈显著相关（p≤0.05），家务活动 PASE 分值的变量系数 B 值为 -0.004，与糖尿病患病风险呈负相关，即东部地区城市老年人每增加一个家务活动 PASE 分值，其患糖尿病的风险下降 0.4%。从东部地区城市老年人身体活动总 PASE 分值与糖尿病患病风险的相关系数和回归系数可以看出，东部地区城市老年人身体活动总 PASE 分值与糖尿病患病风险呈现负相关趋势，即东部地区城市老年人身体活动具有降低糖尿病患病风险的趋势。

第五章　城市老年人身体活动对慢性疾病患病风险的影响

表 5.64　　　东部地区城市老年人身体活动 PASE 分值
与糖尿病患病风险的回归结果

PASE 分数类型	B	S.E.	Wals	sig.	Exp(B)	Exp(B) 的 95% C.I. 下限	上限
身体活动总 PASE 分数	-0.001	0.001	1.049	0.306	0.999	0.997	1.001
交通活动 PASE 分数	0.002	0.003	0.444	0.505	1.002	0.997	1.007
家务活动 PASE 分数	-0.004	0.002	5.238	0.022	0.996	0.992	0.999
体育锻炼 PASE 分数	0.000	0.002	0.000	1.000	1.000	0.996	1.004

由中西部地区城市老年人身体活动 PASE 分值与糖尿病患病风险的二元 logistics 回归结果（表 5.65）可见，中西部地区城市老年人身体活动总 PASE 分值、交通活动 PASE 分值、家务活动 PASE 分值、体育锻炼 PASE 分值与其糖尿病患病风险都不呈显著相关（$p \geq 0.05$），表明中西部地区城市老年人身体活动、交通活动、家务活动、体育锻炼在降低糖尿病患病风险的作用方面不明显。但从相关系数和回归系数可以看出，中西部地区城市老年人身体活动、交通活动、家务活动、体育锻炼具有降低糖尿病患病风险的趋势。

表 5.65　　　中西部地区城市老年人身体活动 PASE 分值
与糖尿病患病风险的回归结果

PASE 分数类型	B	S.E.	Wals	sig.	Exp(B)	Exp(B) 的 95% C.I. 下限	上限
身体活动总 PASE 分数	-0.003	0.002	3.613	0.057	0.997	0.993	1.000
交通活动 PASE 分数	-0.004	0.005	0.761	0.383	0.996	0.987	1.005
家务活动 PASE 分数	-0.004	0.003	1.864	0.172	0.996	0.990	1.002
体育锻炼 PASE 分数	-0.007	0.004	3.483	0.062	0.993	0.986	1.000

（二）不同地区城市老年人身体活动 PASE 分值与高血脂患病风险的回归结果

由东部地区城市老年人身体活动 PASE 分值与高血脂患病风险的二元 logistics 回归结果（表 5.66）可见，东部地区城市老年人身体活动总 PASE 分值、交通活动 PASE 分值、家务活动 PASE 分值、体育锻炼 PASE 分值与高血脂患病风险均未呈显著相关（p≥0.05），表明东部地区城市老年人身体活动、交通活动、家务活动、体育锻炼在降低高血脂患病风险的作用方面不明显。

表 5.66　　　**东部地区城市老年人身体活动 PASE 分值与高血脂患病风险的回归结果**

PASE 分数类型	B	S.E.	Wals	sig.	Exp (B)	Exp (B) 的 95% C.I. 下限	上限
身体活动总 PASE 分数	0.000	0.001	0.093	0.761	1.000	0.999	1.002
交通活动 PASE 分数	-0.001	0.002	0.089	0.766	0.999	0.995	1.004
家务活动 PASE 分数	0.002	0.001	1.537	0.215	1.002	0.999	1.005
体育锻炼 PASE 分数	0.000	0.002	0.009	0.926	1.000	0.997	1.003

由中西部地区城市老年人身体活动 PASE 分值与高血脂患病风险的二元 logistics 回归结果（表 5.67）可见，中西部地区城市老年人身体活动总 PASE 分值、交通活动 PASE 分值、家务活动 PASE 分值、体育锻炼 PASE 分值与高血脂患病风险均未呈显著相关（p≥0.05），表明中西部地区城市老年人身体活动、交通活动、家务活动、体育锻炼在降低高血脂患病风险的作用方面不明显。

表 5.67　　　**中西部地区城市老年人身体活动 PASE 分值与高血脂患病风险的回归结果**

PASE 分数类型	B	S.E.	Wals	sig.	Exp (B)	Exp (B) 的 95% C.I. 下限	上限
身体活动总 PASE 分数	0.000	0.001	0.004	0.952	1.000	0.998	1.002
交通活动 PASE 分数	0.001	0.003	0.037	0.848	1.001	0.994	1.007
家务活动 PASE 分数	-0.002	0.002	0.787	0.375	0.998	0.994	1.002
体育锻炼 PASE 分数	0.002	0.002	0.553	0.457	1.002	0.997	1.006

（三）不同地区城市老年人身体活动 PASE 分值与肥胖症患病风险的回归结果

由东部地区城市老年人身体活动 PASE 分值与肥胖症患病风险的二元 logistics 回归结果（表 5.68）可见，东部地区城市老年人身体活动总 PASE

第五章　城市老年人身体活动对慢性疾病患病风险的影响

分值、交通活动 PASE 分值、家务活动 PASE 分值、体育锻炼 PASE 分值与肥胖症患病风险未呈负相关（$p \geq 0.05$），表明东部地区城市老年人在身体活动、身体活动分项的交通活动、家务活动、体育锻炼方面降低肥胖症的患病风险的效果不明显。

表 5.68　东部地区城市老年人身体活动 PASE 分值与肥胖症患病风险的回归结果

PASE 分数类型	B	S.E.	Wals	sig.	Exp (B)	Exp (B) 的 95% C.I. 下限	上限
身体活动总 PASE 分数	0.003	0.001	6.502	0.011	1.003	1.001	1.006
交通活动 PASE 分数	0.000	0.004	0.001	0.973	1.000	0.993	1.008
家务活动 PASE 分数	0.008	0.002	11.338	0.001	1.008	1.003	1.013
体育锻炼 PASE 分数	0.002	0.003	0.353	0.552	1.002	0.997	1.007

由中西部地区城市老年人身体活动 PASE 分值与肥胖症患病风险的二元 logistics 回归结果（表 5.69）可见，中西部地区城市老年人身体活动总 PASE 分值、身体活动分项的交通活动 PASE 分值、家务活动 PASE 分值、体育锻炼 PASE 分值与肥胖症患病风险未呈显著负相关（$p \geq 0.05$），表明中西部地区城市老年人在身体活动、身体活动分项的交通活动、家务活动、体育锻炼方面降低肥胖症的患病风险的效果总体上不明显。

表 5.69　中西部地区城市老年人身体活动 PASE 分值与肥胖症患病风险的回归结果

PASE 分数类型	B	S.E.	Wals	sig.	Exp (B)	Exp (B) 的 95% C.I. 下限	上限
身体活动总 PASE 分数	0.002	0.003	0.367	0.545	1.002	0.997	1.007
交通活动 PASE 分数	-0.001	0.007	0.008	0.931	0.999	0.985	1.014
家务活动 PASE 分数	-0.002	0.005	0.244	0.621	0.998	0.988	1.007
体育锻炼 PASE 分数	0.007	0.004	3.627	0.057	1.007	1.000	1.015

（四）不同地区城市老年人身体活动 PASE 分值与骨质疏松症患病风险的回归结果

由东部地区城市老年人身体活动 PASE 分值与骨质疏松症患病风险的

二元 logistics 回归结果（表 5.70）可见，东部地区城市老年人交通活动 PASE 得分与骨质疏松症患病风险呈显著相关（p≤0.05），交通活动 PASE 分值的变量系数 B 值为 -0.007，与骨质疏松症患病风险呈负相关，即东部地区城市老年人每增加一个交通活动 PASE 分值，其患骨质疏松症的风险下降 0.7%。东部地区城市老年人身体活动总 PASE 分值、身体活动分项的家务活动 PASE 分值、体育锻炼 PASE 分值与骨质疏松症患病风险未呈显著负相关（p≥0.05），表明东部地区城市老年人在身体活动、身体活动分项的家务活动、体育锻炼方面降低骨质疏松症患病风险的效果方面不明显。

表 5.70　　东部地区城市老年人身体活动 PASE 分值
与骨质疏松症患病风险的回归结果

PASE 分数类型	B	S.E.	Wals	sig.	Exp (B)	Exp (B) 的 95% C.I. 下限	上限
身体活动总 PASE 分数	-0.001	0.001	1.280	0.258	0.999	0.998	1.001
交通活动 PASE 分数	-0.007	0.002	9.843	0.002	0.993	0.989	0.997
家务活动 PASE 分数	0.002	0.001	2.758	0.097	1.002	1.000	1.005
体育锻炼 PASE 分数	-0.002	0.002	1.780	0.182	0.998	0.995	1.001

由中西部地区城市老年人身体活动 PASE 分值与骨质疏松症患病风险的二元 logistics 回归结果（表 5.71）可见，中西部地区城市老年人身体活动总 PASE 分值、身体活动分项的交通活动 PASE 分值、家务活动 PASE 分值、体育锻炼 PASE 分值与骨质疏松症患病风险未呈显著负相关（p≥0.05），表明中西部地区城市老年人在身体活动、身体活动分项的交通活动、家务活动、体育锻炼方面降低骨质疏松症患病风险的效果总体上不明显。

表 5.71　　中西部地区城市老年人身体活动 PASE 分值
与骨质疏松症患病风险的回归结果

PASE 分数类型	B	S.E.	Wals	sig.	Exp (B)	Exp (B) 的 95% C.I. 下限	上限
身体活动总 PASE 分数	0.000	0.001	0.137	0.711	1.000	0.997	1.002

第五章　城市老年人身体活动对慢性疾病患病风险的影响

续表

PASE 分数类型	B	S.E.	Wals	sig.	Exp (B)	Exp（B）的95% C.I. 下限	上限
交通活动 PASE 分数	-0.003	0.003	0.707	0.401	0.997	0.991	1.004
家务活动 PASE 分数	0.000	0.002	0.004	0.949	1.000	0.996	1.004
体育锻炼 PASE 分数	0.000	0.002	0.022	0.882	1.000	0.995	1.004

五　不同受教育程度城市老年人身体活动与代谢性疾病患病风险的回归分析

为进一步探讨城市老年人身体活动与代谢性疾病患病风险的相关性以及在降低代谢性疾病患病风险方面的影响，将城市老年人分为小学及以下、初中和高中、大学及以上三个组别，分别探讨不同受教育程度城市老年人身体活动与代谢性疾病患病风险的相关性，以及在降低代谢性疾病患病风险方面的影响。

（一）不同受教育程度城市老年人身体活动 PASE 分值与糖尿病患病风险的回归结果

由小学及以下受教育程度城市老年人身体活动 PASE 分值与糖尿病患病风险的二元 logistics 回归结果（表5.72）可见，小学及以下受教育程度城市老年人身体活动总 PASE 分值、交通活动 PASE 分值、家务活动 PASE 分值、体育锻炼 PASE 分值与糖尿病患病风险与都未呈负相关（p≥0.05）。表明小学及以下受教育程度城市老年人在身体活动、身体活动分项的交通活动、家务活动、体育锻炼方面降低糖尿病患病风险的效果总体上不明显。

表5.72　**小学及以下受教育程度城市老年人身体活动 PASE 分值与糖尿病患病风险的回归结果**

PASE 分数类型	B	S.E.	Wals	sig.	Exp (B)	Exp（B）的95% C.I. 下限	上限
身体活动总 PASE 分数	0.000	0.002	0.004	0.949	1.000	0.996	1.003
交通活动 PASE 分数	-0.001	0.005	0.043	0.835	0.999	0.989	1.009
家务活动 PASE 分数	0.000	0.003	0.024	0.878	1.000	0.994	1.007
体育锻炼 PASE 分数	0.000	0.004	0.000	0.998	1.000	0.993	1.007

由初中和高中受教育程度城市老年人身体活动 PASE 分值与糖尿病患病风险的二元 logistics 回归结果（表 5.73）可见，初中和高中受教育程度城市老年人身体活动总 PASE 分值、家务活动 PASE 分值与糖尿病患病风险呈显著相关（$p \leqslant 0.05$），其中身体活动总 PASE 分值的变量系数 B 值为 -0.003，与糖尿病患病风险呈负相关，即初中和高中受教育程度城市老年人每增加一个身体活动总 PASE 分值，其患糖尿病的风险下降 0.3%；初中和高中受教育程度城市老年人家务活动 PASE 分值的变量系数 B 值为 -0.006，与糖尿病患病风险呈负相关，即每增加一个家务活动 PASE 分值，其患糖尿病的风险下降 0.6%。从相关系数和回归系数可以看出，初中和高中受教育程度城市老年人在体育锻炼 PASE 得分方面具有降低糖尿病患病风险的趋势。初中和高中受教育程度城市老年人在交通活动 PASE 得分方面降低糖尿病患病风险不明显。

表 5.73　初中和高中受教育程度城市老年人身体活动 PASE 分值与糖尿病患病风险的回归结果

PASE 分数类型	B	S. E.	Wals	sig.	Exp（B）	Exp（B）的 95% C. I. 下限	上限
身体活动总 PASE 分数	-0.003	0.001	4.307	0.038	0.997	0.995	1.000
交通活动 PASE 分数	0.000	0.003	0.000	0.984	1.000	0.994	1.006
家务活动 PASE 分数	-0.006	0.002	7.440	0.006	0.994	0.989	0.998
体育锻炼 PASE 分数	-0.003	0.002	1.127	0.288	0.997	0.993	1.002

由大学及以上受教育程度城市老年人身体活动 PASE 分值与糖尿病患病风险的二元 logistics 回归结果（表 5.74）可见，大学及以上受教育程度城市老年人身体活动总 PASE 分值、交通活动 PASE 分值、家务活动 PASE 分值、体育锻炼 PASE 分值与糖尿病患病风险均未呈显著负相关（$p \geqslant 0.05$），表明大学及以上受教育程度城市老年人在身体活动、身体活动分项的交通活动、家务活动、体育锻炼方面降低糖尿病患病风险的效果总体上不明显。

第五章　城市老年人身体活动对慢性疾病患病风险的影响

表5.74　大学及以上受教育程度城市老年人身体活动 PASE 分值与糖尿病患病风险的回归结果

PASE 分数类型	B	S.E.	Wals	sig.	Exp(B)	Exp(B) 的 95% C.I. 下限	Exp(B) 的 95% C.I. 上限
身体活动总 PASE 分数	-0.002	0.002	0.610	0.435	0.998	0.995	1.002
交通活动 PASE 分数	0.001	0.005	0.055	0.814	1.001	0.992	1.010
家务活动 PASE 分数	-0.005	0.004	1.989	0.158	0.995	0.988	1.002
体育锻炼 PASE 分数	-0.001	0.004	0.166	0.684	0.999	0.992	1.006

（二）不同受教育程度城市老年人身体活动 PASE 分值与高血脂患病风险的回归结果

由小学及以下受教育程度城市老年人身体活动 PASE 分值与高血脂患病风险的二元 logistics 回归结果（表5.75）可见，小学及以下受教育程度城市老年人身体活动总 PASE 分值、交通活动 PASE 分值、家务活动 PASE 分值、体育锻炼 PASE 分值与高血脂患病风险均未呈显著负相关（$p \geq 0.05$），表明小学及以下受教育程度城市老年人在身体活动、身体活动分项的交通活动、家务活动、体育锻炼方面降低高血脂患病风险的效果总体上不明显。

表5.75　小学及以下受教育程度城市老年人身体活动 PASE 分值与高血脂患病风险的回归结果

PASE 分数类型	B	S.E.	Wals	sig.	Exp(B)	Exp(B) 的 95% C.I. 下限	Exp(B) 的 95% C.I. 上限
身体活动总 PASE 分数	0.001	0.001	0.464	0.496	1.001	0.998	1.004
交通活动 PASE 分数	-0.001	0.004	0.114	0.735	0.999	0.990	1.007
家务活动 PASE 分数	0.000	0.003	0.020	0.886	1.000	0.994	1.005
体育锻炼 PASE 分数	0.004	0.002	1.987	0.159	1.004	0.999	1.008

由初中和高中受教育程度城市老年人身体活动 PASE 分值与高血脂患病风险的二元 logistics 回归结果（表5.76）可见，初中和高中受教育程度城市老年人身体活动总 PASE 分值、交通活动 PASE 分值、家务活动 PASE 分值、体育锻炼 PASE 分值与高血脂的患病风险均未呈显著负相关（$p \geq$

0.05），表明初中和高中受教育程度城市老年人在身体活动、身体活动分项的交通活动、家务活动、体育锻炼方面降低高血脂患病风险的效果总体上不明显。

表5.76　初中和高中受教育程度城市老年人身体活动PASE分值与高血脂患病风险的回归结果

PASE 分数类型	B	S.E.	Wals	sig.	Exp（B）	Exp（B）的95% C.I. 下限	上限
身体活动总PASE分数	-0.001	0.001	1.399	0.237	0.999	0.997	1.001
交通活动PASE分数	0.000	0.003	0.003	0.958	1.000	0.995	1.005
家务活动PASE分数	-0.002	0.002	1.105	0.293	0.998	0.995	1.002
体育锻炼PASE分数	-0.002	0.002	0.683	0.409	0.998	0.995	1.002

由大学及以上受教育程度城市老年人身体活动PASE分值与高血脂患病风险的二元logistics回归结果（表5.77）可见，大学及以上受教育城市老年人身体活动总PASE分值、交通活动PASE分值、家务活动PASE分值、体育锻炼PASE分值与高血脂患病风险均未呈显著负相关（p≥0.05），表明大学及以上受教育程度城市老年人在身体活动、身体活动分项的交通活动、家务活动、体育锻炼方面降低高血脂患病风险的效果总体上不明显。

表5.77　大学及以上受教育程度城市老年人身体活动PASE分值与高血脂患病风险的回归结果

PASE 分数类型	B	S.E.	Wals	sig.	Exp（B）	Exp（B）的95% C.I. 下限	上限
身体活动总PASE分数	0.001	0.001	1.097	0.295	1.001	0.999	1.004
交通活动PASE分数	-0.004	0.004	1.012	0.314	0.996	0.989	1.003
家务活动PASE分数	0.006	0.002	6.513	0.011	1.006	1.001	1.011
体育锻炼PASE分数	0.001	0.002	0.243	0.622	1.001	0.996	1.006

（三）不同受教育程度城市老年人身体活动PASE分值与肥胖症患病风险的回归结果

由小学及以下受教育程度城市老年人身体活动PASE分值与肥胖症患

第五章　城市老年人身体活动对慢性疾病患病风险的影响

病风险的二元 logistics 回归结果（表 5.78）可见，小学及以下受教育程度城市老年人身体活动总 PASE 分值、交通活动 PASE 分值、家务活动 PASE 分值、体育锻炼 PASE 分值与肥胖症患病风险均未呈显著负相关（$p \geq 0.05$），表明小学及以下受教育程度城市老年人在身体活动、身体活动分项的交通活动、家务活动、体育锻炼方面降低肥胖症患病风险的效果总体上不明显，但从相关系数和回归系数可以看出，小学及以下受教育程度城市老年人在身体活动、身体活动分项的交通活动、体育锻炼 PASE 得分方面具有降低肥胖症患病风险的趋势。

表 5.78　小学及以下受教育程度城市老年人身体活动 PASE 分值与肥胖症患病风险的回归结果

PASE 分数类型	B	S.E.	Wals	sig.	Exp (B)	Exp (B) 的 95% C.I. 下限	上限
身体活动总 PASE 分数	-0.005	0.004	1.985	0.159	0.995	0.987	1.002
交通活动 PASE 分数	-0.028	0.015	3.258	0.071	0.972	0.943	1.002
家务活动 PASE 分数	-0.004	0.006	0.372	0.542	0.996	0.985	1.008
体育锻炼 PASE 分数	-0.007	0.008	0.806	0.369	0.993	0.978	1.008

由初中和高中受教育程度城市老年人身体活动 PASE 分值与肥胖症患病风险的二元 logistics 回归结果（表 5.79）可见，初中和高中受教育程度城市老年人身体活动总 PASE 分值、家务活动 PASE 分值与其肥胖症的患病风险呈显著正相关（$p \leq 0.05$），其中身体活动总 PASE 分值的变量系数 B 值为 0.004，即每增加一个身体活动总 PASE 分值，其患肥胖症的风险上升 0.4%；家务活动 PASE 分值的变量系数 B 值为 0.006，即每增加一个家务活动 PASE 分值，其患肥胖症的风险上升 0.6%。

表 5.79　初中和高中受教育程度城市老年人身体活动 PASE 分值与肥胖症患病风险的回归结果

PASE 分数类型	B	S.E.	Wals	sig.	Exp (B)	Exp (B) 的 95% C.I. 下限	上限
身体活动总 PASE 分数	0.004	0.002	6.814	0.009	1.004	1.001	1.007
交通活动 PASE 分数	0.002	0.004	0.226	0.635	1.002	0.994	1.011

续表

PASE 分数类型	B	S.E.	Wals	sig.	Exp (B)	Exp (B) 的 95% C.I. 下限	上限
家务活动 PASE 分数	0.006	0.003	5.013	0.025	1.006	1.001	1.012
体育锻炼 PASE 分数	0.005	0.003	3.269	0.071	1.005	1.000	1.010

由大学及以上受教育程度城市老年人身体活动 PASE 分值与肥胖症患病风险的二元 logistics 回归结果（表 5.80）可见，大学及以上受教育程度城市老年人身体活动总 PASE 得分、交通活动 PASE 得分、家务活动 PASE 得分、体育锻炼 PASE 得分与肥胖症患病风险均未呈显著负相关（$p \geq 0.05$），表明大学及以上受教育程度城市老年人在身体活动、身体活动分项的交通活动、家务活动、体育锻炼方面降低肥胖症患病风险的效果总体上不明显。

表 5.80　大学及以上受教育程度城市老年人身体活动 PASE 分值与肥胖症患病风险的回归结果

PASE 分数类型	B	S.E.	Wals	sig.	Exp (B)	Exp (B) 的 95% C.I. 下限	上限
身体活动总 PASE 分数	0.004	0.002	2.766	0.096	1.004	0.999	1.009
交通活动 PASE 分数	0.006	0.006	1.005	0.316	1.006	0.994	1.018
家务活动 PASE 分数	0.007	0.004	2.249	0.134	1.007	0.998	1.016
体育锻炼 PASE 分数	0.003	0.005	0.337	0.562	1.003	0.994	1.012

（四）不同受教育程度城市老年人身体活动 PASE 分值与骨质疏松症患病风险的回归结果

由小学及以下受教育程度城市老年人身体活动 PASE 分值与骨质疏松症患病风险的二元 logistics 回归结果（表 5.81）可见，小学及以下受教育程度城市老年人身体活动总 PASE 分值、身体活动分项的交通活动 PASE 分值、家务活动 PASE 分值、体育锻炼 PASE 分值与骨质疏松症患病风险与都不呈显著负相关（$p \geq 0.05$），表明小学及以下受教育程度城市老年人身体活动、身体活动分项的交通活动、家务活动、体育锻炼在降低骨质疏松症患病风险方面效果不明显。但从身体活动分项的交通活动 PASE 得分

第五章 城市老年人身体活动对慢性疾病患病风险的影响

的相关系数和回归系数看，交通活动 PASE 得分与降低骨质疏松症的患病风险二者之间存在负相关趋势。

表 5.81　小学及以下受教育程度城市老年人身体活动 PASE 分值与骨质疏松症患病风险的回归结果

PASE 分数类型	B	S. E.	Wals	sig.	Exp (B)	Exp (B) 的 95% C. I. 下限	Exp (B) 的 95% C. I. 上限
身体活动总 PASE 分数	0.000	0.001	0.165	0.685	1.000	0.997	1.002
交通活动 PASE 分数	-0.005	0.004	1.884	0.170	0.995	0.987	1.002
家务活动 PASE 分数	0.000	0.002	0.000	0.990	1.000	0.996	1.004
体育锻炼 PASE 分数	0.001	0.002	0.282	0.595	1.001	0.997	1.006

由初中和高中受教育程度城市老年人身体活动 PASE 分值与骨质疏松症患病风险的二元 logistics 回归结果（表 5.82）可见，初中和高中受教育程度城市老年人交通活动 PASE 分值与骨质疏松症患病风险与呈显著相关（$p \leqslant 0.05$），交通活动 PASE 分值的变量系数 B 值为 -0.007，与骨质疏松症患病风险呈负相关，即初中和高中受教育程度城市老年人每增加一个交通活动 PASE 分值，其患骨质疏松症的风险下降 0.7%。从身体活动总 PASE 得分、分项身体活动的体育锻炼 PASE 得分相关系数和回归系数看，初中和高中受教育程度城市老年人身体活动 PASE 得分和体育锻炼 PASE 得分与降低骨质疏松症的患病风险二者之间存在负相关趋势。

表 5.82　初中和高中受教育程度城市老年人身体活动 PASE 分值与骨质疏松症患病风险的回归结果

PASE 分数类型	B	S. E.	Wals	sig.	Exp (B)	Exp (B) 的 95% C. I. 下限	Exp (B) 的 95% C. I. 上限
身体活动总 PASE 分数	-0.001	0.001	2.321	0.128	0.999	0.997	1.000
交通活动 PASE 分数	-0.007	0.003	6.715	0.010	0.993	0.988	0.998
家务活动 PASE 分数	0.001	0.002	0.187	0.666	1.001	0.997	1.004
体育锻炼 PASE 分数	-0.003	0.002	2.237	0.135	0.997	0.994	1.001

由大学及以上受教育程度城市老年人身体活动 PASE 分值与骨质疏松症患病风险的二元 logistics 回归结果（表 5.83）可见，大学及以上受教育

程度城市老年人身体活动总 PASE 分值、身体活动分项的交通活动 PASE 分值、体育锻炼 PASE 分值与骨质疏松症患病风险都不呈显著负相关（p≥0.05），表明大学及以上受教育程度城市老年人身体活动、身体活动分项的交通活动、体育锻炼在降低骨质疏松症患病风险方面效果不明显。但从身体活动总 PASE 得分、分项身体活动的体育锻炼 PASE 得分相关系数和回归系数看，大学及以上受教育程度城市老年人身体活动 PASE 得分、身体活动分项的交通活动和体育锻炼 PASE 得分与降低骨质疏松症患病风险二者之间存在负相关趋势。大学及以上受教育程度城市老年人骨质疏松症患病风险与家务活动 PASE 分值呈显著正相关（p≤0.05），其家务活动 PASE 分值的变量系数 B 值为 0.005，即每增加一个家务活动 PASE 分值，其患骨质疏松症的风险上升 0.5%。

表 5.83　　大学及以上受教育程度城市老年人身体活动 PASE 分值
与骨质疏松症患病风险的回归结果

PASE 分数类型	B	S. E.	Wals	sig.	Exp (B)	Exp (B) 的 95% C. I. 下限	上限
身体活动总 PASE 分数	-0.001	0.001	0.394	0.530	0.999	0.996	1.002
交通活动 PASE 分数	-0.007	0.004	2.937	0.087	0.993	0.986	1.001
家务活动 PASE 分数	0.005	0.002	3.877	0.049	1.005	1.000	1.009
体育锻炼 PASE 分数	-0.004	0.003	2.476	0.116	0.996	0.990	1.001

第四节　城市老年人身体活动对其他慢性疾病患病风险影响的回归分析

一　城市老年人身体活动对其他慢性疾病总体患病风险的影响

（一）城市老年人身体活动对其他慢性疾病总体患病风险的影响趋势

在身体活动总 PASE 得分与其他慢性疾病患病风险方面，将城市老年人身体活动总 PASE 得分分成"低""中""高"三种活动水平组，以身体活动总 PASE 得分低水平组为参照。如图 5.9 所示，在关节炎患病风险方面，相比低水平组，中水平组上升为 1.08，高水平水平组上升为 1.04；

第五章　城市老年人身体活动对慢性疾病患病风险的影响

在肿瘤患病风险方面，中水平组下降为 0.68，高水平组下降为 0.47。总体上随着身体活动水平的提高，城市老年人肿瘤患病风险呈下降趋势。

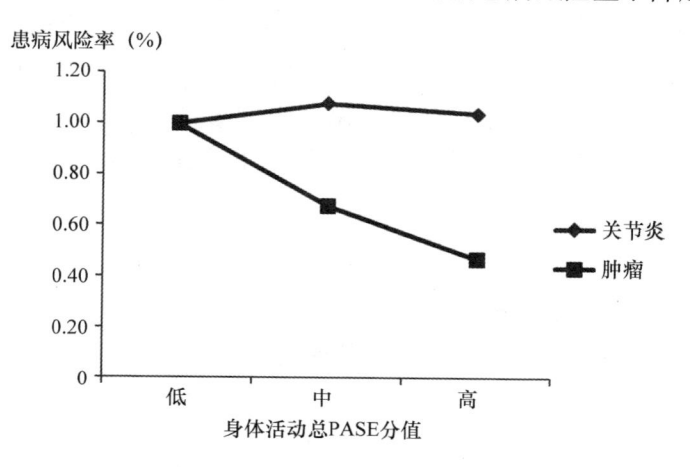

图 5.9　城市老年人身体活动总 PASE 分值与其他慢性疾病患病风险趋势

在身体活动分项的家务活动 PASE 得分与其他慢性疾病患病风险方面，将城市老年人家务活动 PASE 得分分成"低""中""高"三种活动水平组，以家务活动 PASE 得分低水平组为参照。如图 5.10 所示，在关节炎患病风险方面，相比低身体活动水平组，中身体活动水平组上升为 1.26，高身体活动水平组上升为 1.39；在肿瘤患病风险方面，中身体活动水平组下降为 0.68，高身体活动水平组下降为 0.47。总体上随着身体活动水平的提高，城市老年人肿瘤患病风险呈下降趋势。

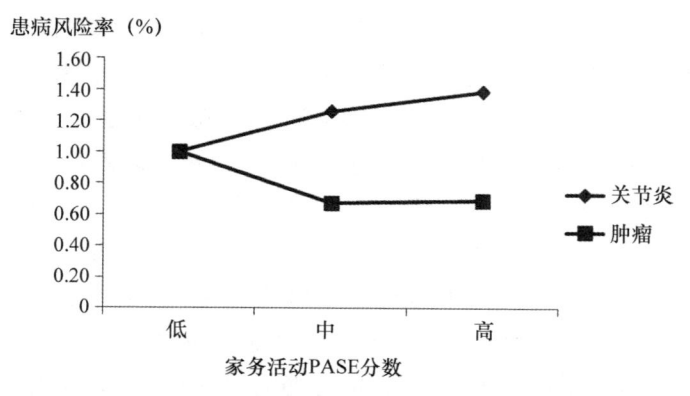

图 5.10　城市老年人家务活动 PASE 分值与其他慢性疾病患病风险趋势

参与与回报：老年人身体活动收益研究

在身体活动分项的交通活动 PASE 得分与其他慢性疾病患病风险方面，将城市老年人按交通活动 PASE 得分，分为"低""中""高"三个水平组。如图 5.11 所示，在关节炎患病风险方面，相比低水平组，中水平组下降为 0.81，高水平组下降为 0.74；在肿瘤患病风险方面，中水平组下降为 0.82，高水平组下降为 0.61。总体上随着身体活动水平的提高，城市老年人关节炎患病风险和肿瘤患病风险呈下降趋势。

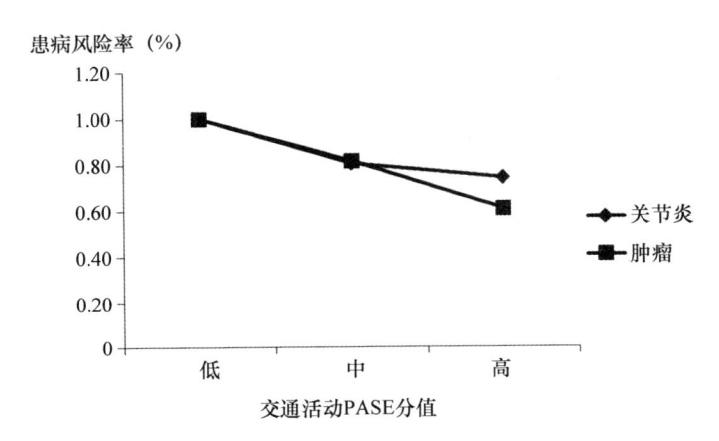

图 5.11　城市老年人交通活动 PASE 分值与其他慢性疾病患病风险趋势

在身体活动分项的体育锻炼 PASE 得分与其他慢性疾病患病风险变化方面，将城市老年人按体育锻炼 PASE 得分分为"低""中""高"三个水平组。如图 5.12 所示，在关节炎患病风险方面，相比低水平组，中水平组下降为 0.96，高水平组下降为 0.88。总体上随着体育锻炼 PASE 得分的提高，城市老年人关节炎患病风险呈下降趋势；在肿瘤的患病风险方面，中水平组下降为 0.69，高水平组下降为 0.88。总体上随着体育锻炼 PASE 得分的提高，城市老年人肿瘤的患病风险也呈现出下降趋势。

综上所述，城市老年人"低""中""高"三种身体活动 PASE 得分水平组中，在身体活动与其他慢性疾病患病风险方面，"中""高"水平组相比"低"水平组，其他慢性疾病患病风险呈现下降趋势，即随着身体活动 PASE 分值的增加，其他慢性疾病的总体患病风险下降。

（二）城市老年人身体活动 PASE 分值与癌症总体患病风险的回归结果

由城市老年人身体活动 PASE 分值与癌症患病风险的二元 logistics 回归

第五章 城市老年人身体活动对慢性疾病患病风险的影响

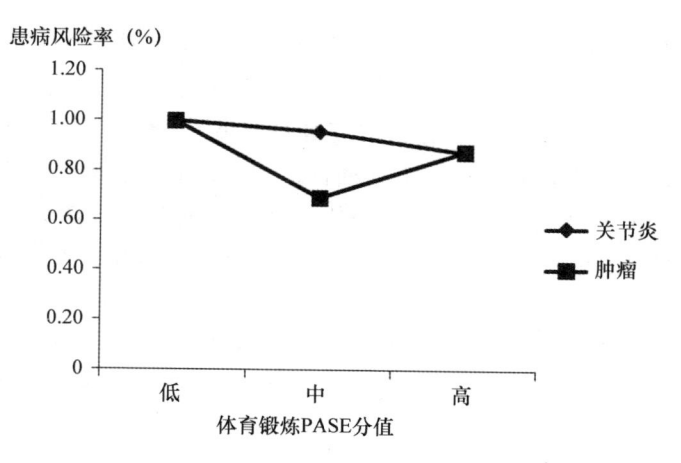

患病风险率（%）

[图表：纵轴为患病风险率0-1.20，横轴为体育锻炼PASE分值（低、中、高），两条折线分别表示关节炎和肿瘤]

图 5.12 城市老年人体育锻炼 PASE 分值与其他慢性疾病患病风险趋势

结果（见表 5.84）可见，总体上，城市老年人身体活动总 PASE 分值、身体活动分项的交通活动 PASE 分值、家务活动 PASE 分值和体育锻炼 PASE 分值与癌症患病风险与都不呈显著相关（$p \geq 0.05$），表明城市老年人身体活动，身体活动分项的交通活动、家务活动、体育锻炼对降低其癌症患病风险不明显。但从城市老年人身体活动总 PASE 得分、分项身体活动的家务活动 PASE 得分与癌症患病风险的相关系数和回归系数看，城市老年人身体活动 PASE 得分和家务活动 PASE 得分与降低癌症患病风险二者之间存在负相关趋势。

表 5.84 城市老年人身体活动 PASE 分值与癌症患病风险的回归结果

PASE 分数类型	B	S.E.	Wals	sig.	Exp(B)	Exp(B) 的 95% C.I. 下限	上限
身体活动总 PASE 分数	-0.003	0.002	3.652	0.056	0.997	0.993	1.000
交通活动 PASE 分数	-0.004	0.005	0.829	0.363	0.996	0.987	1.005
家务活动 PASE 分数	-0.006	0.003	3.808	0.051	0.994	0.988	1.000
体育锻炼 PASE 分数	0.000	0.003	0.002	0.969	1.000	0.994	1.006

（三）城市老年人身体活动 PASE 分值与关节炎总体患病风险的回归结果

由城市老年人身体活动 PASE 分值与关节炎患病风险的二元 logistics 回

归结果（表5.85）可见，总体上，城市老年人身体活动分项的交通活动 PASE 分值、家务活动 PASE 分值与关节炎患病风险呈显著相关（p≤0.05）。其中交通活动 PASE 分值的变量系数 B 值为 -0.007，与关节炎患病风险呈负相关，即每增加一个交通活动 PASE 分值，城市老年人患关节炎的风险下降0.7%；家务活动 PASE 分值的变量系数 B 值为 -0.003，与关节炎患病风险呈负相关，即每增加一个家务活动 PASE 分值，城市老年人患关节炎的风险下降0.3%。城市老年人身体活动总 PASE 分值和身体活动分项的体育锻炼分值与关节炎患病风险未呈显著相关（p≥0.05），表明城市老年人身体活动、身体活动分项的体育锻炼对降低其关节炎患病风险不明显。

表5.85　城市老年人身体活动 PASE 分值与关节炎患病风险的回归结果

PASE 分数类型	B	S. E.	Wals	sig.	Exp（B）	Exp（B）的95% C. I. 下限	上限
身体活动总 PASE 分数	-0.001	0.001	0.911	0.340	0.999	0.998	1.001
交通活动 PASE 分数	-0.007	0.002	16.427	0.000	0.993	0.989	0.996
家务活动 PASE 分数	-0.003	0.001	7.669	0.006	1.003	1.001	1.005
体育锻炼 PASE 分数	-0.002	0.001	2.005	0.157	0.998	0.996	1.001

二　不同性别城市老年人身体活动与其他慢性疾病患病风险的回归分析

（一）不同性别城市老年人身体活动 PASE 分值与癌症患病风险的回归结果

由男性城市老年人身体活动 PASE 分值与癌症患病风险的二元 logistics 回归结果（表5.86）可见，男性城市老年人身体活动总 PASE 分值、身体活动分项的交通活动 PASE 分值、家务活动 PASE 分值、体育锻炼 PASE 分值与癌症患病风险都不呈显著相关（p≥0.05），表明男性城市老年人身体活动，身体活动分项的交通活动、家务活动、体育锻炼对降低其癌症患病风险不明显。

由女性城市老年人身体活动 PASE 分值与癌症患病风险的二元 logistics 回归结果（表5.87）可见，女性城市老年人身体活动总 PASE 分值、身体活动分项的交通活动 PASE 分值、家务活动 PASE 分值、体育锻炼 PASE 分值与癌症患病风险都不呈显著相关（p≥0.05），表明女性城市老年人身体

第五章 城市老年人身体活动对慢性疾病患病风险的影响

活动,身体活动分项的交通活动、家务活动、体育锻炼对降低其癌症患病风险不明显。

表5.86 男性城市老年人身体活动PASE分值与癌症患病风险的回归结果

PASE 分数类型	B	S.E.	Wals	sig.	Exp(B)	Exp(B)的95% C.I. 下限	上限
身体活动总PASE分数	-0.005	0.003	2.250	0.134	0.995	0.989	1.001
交通活动PASE分数	-0.009	0.008	1.341	0.247	0.991	0.975	1.006
家务活动PASE分数	-0.009	0.007	1.832	0.176	0.991	0.978	1.004
体育锻炼PASE分数	-0.001	0.005	0.068	0.795	0.999	0.989	1.008

表5.87 女性城市老年人身体活动PASE分值与癌症患病风险的回归结果

PASE 分数类型	B	S.E.	Wals	sig.	Exp(B)	Exp(B)的95% C.I. 下限	上限
身体活动总PASE分数	-0.003	0.002	1.902	0.168	0.997	0.993	1.001
交通活动PASE分数	-0.001	0.006	0.073	0.787	0.999	0.988	1.009
家务活动PASE分数	-0.007	0.004	3.528	0.060	0.993	0.986	1.000
体育锻炼PASE分数	0.001	0.004	0.068	0.794	1.001	0.994	1.008

(二)不同性别城市老年人身体活动PASE分值与关节炎患病风险的回归结果

由男性城市老年人身体活动PASE分值与关节炎患病风险的二元logistics回归结果(表5.88)可见,男性城市老年人身体活动分项的交通活动PASE分值与关节炎患病风险呈显著相关($p \leq 0.05$),交通活动PASE分值的变量系数B值为-0.006,与关节炎患病风险呈负相关,即男性城市老年人每增加一个交通活动PASE分值,其患关节炎的风险下降0.6%。男性城市老年人身体活动总PASE分值、身体活动分项的家务活动PASE分值、体育锻炼PASE分值与关节炎患病风险都不呈显著相关($p \geq 0.05$),表明男性城市老年人身体活动,身体活动分项的家务活动、体育锻炼对降低其关节炎的患病风险不明显。

表 5.88　男性城市老年人身体活动 PASE 分值与关节炎患病风险的回归结果

PASE 分数类型	B	S.E.	Wals	sig.	Exp(B)	Exp(B) 的 95% C.I. 下限	上限
身体活动总 PASE 分数	-0.001	0.001	1.269	0.260	0.999	0.997	1.001
交通活动 PASE 分数	-0.006	0.003	4.169	0.041	0.994	0.989	1.000
家务活动 PASE 分数	0.001	0.002	0.238	0.625	1.001	0.997	1.005
体育锻炼 PASE 分数	-0.002	0.002	1.307	0.253	0.998	0.994	1.002

由女性城市老年人身体活动 PASE 分值与关节炎患病风险的二元 logistics 回归结果（表 5.89）可见，女性城市老年人身体活动分项的交通活动 PASE 分值与关节炎患病风险呈显著相关（$p \leqslant 0.05$），交通活动 PASE 分值的变量系数 B 值为 -0.008，与关节炎患病风险呈负相关，即女性城市老年人每增加一个交通活动 PASE 分值，其患关节炎的风险下降 0.8%。女性城市老年人身体活动总 PASE 分值、身体活动分项的家务活动 PASE 分值、体育锻炼 PASE 分值与关节炎患病风险不呈显著相关（$p \geqslant 0.05$），表明女性城市老年人身体活动，身体活动分项的家务活动、体育锻炼对降低其关节炎患病风险不明显。

表 5.89　女性城市老年人身体活动 PASE 分值与关节炎患病风险的回归结果

PASE 分数类型	B	S.E.	Wals	sig.	Exp(B)	Exp(B) 的 95% C.I. 下限	上限
身体活动总 PASE 分数	-0.001	0.001	1.979	0.159	0.999	0.997	1.000
交通活动 PASE 分数	-0.008	0.002	9.772	0.002	0.992	0.988	0.997
家务活动 PASE 分数	0.001	0.001	0.808	0.369	1.001	0.999	1.004
体育锻炼 PASE 分数	-0.001	0.002	0.757	0.384	0.999	0.996	1.002

三　不同年龄段的城市老年人身体活动与其他慢性疾病患病风险的回归分析

为进一步探讨城市老年人身体活动对其他慢性疾病患病风险的影响，将城市老年人分为 70 周岁及以下和 70 周岁以上两个年龄段，分别分析不同年龄段城市老年人群身体活动对其他慢性疾病患病风险的影响。

第五章　城市老年人身体活动对慢性疾病患病风险的影响

（一）不同年龄段城市老年人身体活动 PASE 分值与癌症患病风险的回归结果

由 70 周岁及以下年龄段城市老年人身体活动 PASE 分值与癌症患病风险的二元 logistics 回归结果（表 5.90）可见，70 周岁及以下年龄段城市老年人身体活动总 PASE 分值，身体活动分项的交通活动 PASE 分值、家务活动 PASE 分值、体育锻炼 PASE 分值与癌症患病风险都不呈显著相关（p≥0.05），表明 70 周岁及以下年龄段城市老年人身体活动，身体活动分项的交通活动、家务活动、体育锻炼对降低癌症患病风险不明显。

表 5.90　70 周岁及以下年龄段城市老年人身体活动 PASE 分值与癌症患病风险的回归结果

PASE 分数类型	B	S.E.	Wals	sig.	Exp (B)	Exp (B) 的 95% C.I. 下限	上限
身体活动总 PASE 分数	-0.002	0.002	0.974	0.324	0.998	0.993	1.002
交通活动 PASE 分数	0.001	0.006	0.009	0.926	1.001	0.989	1.012
家务活动 PASE 分数	-0.007	0.004	2.781	0.095	0.993	0.985	1.001
体育锻炼 PASE 分数	0.000	0.004	0.015	0.903	1.000	0.993	1.008

由 70 周岁以上年龄段城市老年人身体活动 PASE 分值与癌症患病风险的二元 logistics 回归结果（表 5.91）可见，70 周岁以上年龄段城市老年人身体活动总 PASE 分值、交通活动 PASE 分值、家务活动 PASE 分值、体育锻炼 PASE 分值与癌症患病风险都不呈显著相关（p≥0.05），表明 70 周岁以上年龄段城市老年人身体活动，身体活动分项的交通活动、家务活动、体育锻炼对降低癌症患病风险的影响不明显。

表 5.91　70 周岁以上年龄段城市老年人身体活动 PASE 分值与癌症患病风险的回归结果

PASE 分数类型	B	S.E.	Wals	sig.	Exp (B)	Exp (B) 的 95% C.I. 下限	上限
身体活动总 PASE 分数	-0.003	0.002	1.303	0.254	0.997	0.992	1.002
交通活动 PASE 分数	-0.009	0.007	1.486	0.223	0.991	0.977	1.005
家务活动 PASE 分数	-0.002	0.005	0.219	0.640	0.998	0.989	1.007

续表

PASE 分数类型	B	S.E.	Wals	sig.	Exp (B)	Exp (B) 的 95% C.I. 下限	上限
体育锻炼 PASE 分数	0.001	0.004	0.053	0.817	1.001	0.993	1.009

（二）不同年龄段城市老年人身体活动 PASE 分值与关节炎患病风险的回归结果

由 70 周岁及以下年龄段城市老年人身体活动 PASE 分值与关节炎症患病风险的二元 logistics 回归结果（表 5.92）可见，70 周岁及以下年龄段城市老年人交通活动 PASE 分值与关节炎患病风险呈显著相关（p≤0.05），交通活动 PASE 分值的变量系数 B 值为 -0.006，与关节炎患病风险呈负相关，即 70 周岁及以下年龄段城市老年人每增加一个交通活动 PASE 分值，其患关节炎的风险下降 0.6%。70 周岁及以下年龄段城市老年人身体活动总 PASE 分值，身体活动分项的家务活动 PASE 分值、体育锻炼 PASE 分值与关节炎患病风险未呈显著相关（p≥0.05），表明 70 周岁及以下年龄段城市老年人身体活动，身体活动分项的交通活动、家务活动、体育锻炼对降低关节炎患病风险不明显。

表 5.92 70 周岁及以下年龄段城市老年人身体活动 PASE 分值与关节炎患病风险的回归结果

PASE 分数类型	B	S.E.	Wals	sig.	Exp (B)	Exp (B) 的 95% C.I. 下限	上限
身体活动总 PASE 分数	0.000	0.001	0.000	0.998	1.000	0.998	1.002
交通活动 PASE 分数	-0.006	0.002	6.366	0.012	0.994	0.989	0.999
家务活动 PASE 分数	0.003	0.001	3.556	0.059	1.003	1.000	1.005
体育锻炼 PASE 分数	0.000	0.001	0.032	0.858	1.000	0.997	1.003

由 70 周岁以上年龄段城市老年人身体活动 PASE 分值与关节炎患病风险的二元 logistics 回归结果（表 5.93）可见，70 周岁以上年龄段城市老年人身体活动分项的交通活动 PASE 分值、家务活动 PASE 分值与关节炎患病风险呈显著相关（p≤0.05），其中交通活动 PASE 分值的变量系数 B 值为 -0.010，与关节炎患病风险呈负相关，即 70 周岁以上年龄段城市老年

第五章　城市老年人身体活动对慢性疾病患病风险的影响

人每增加一个交通活动 PASE 分值,其患关节炎的风险下降 1.0%;70 周岁以上年龄段城市老年人身体活动分项的家务活动 PASE 分值变量系数 B 值为 0.004,与关节炎患病风险呈正相关,即每增加一个家务活动 PASE 分值,其患关节炎的风险上升 0.4%。从 70 周岁以上年龄段城市老年人身体活动分项的体育活动 PASE 分值与患关节炎风险的相关系数和回归系数可以看出,二者之间存在负相关趋势。

表 5.93　　70 周岁以上年龄段城市老年人身体活动 PASE 分值
与关节炎患病风险的回归结果

PASE 分数类型	B	S.E.	Wals	sig.	Exp(B)	Exp(B) 的 95% C.I. 下限	Exp(B) 的 95% C.I. 上限
身体活动总 PASE 分数	-0.001	0.001	2.023	0.155	0.999	0.997	1.001
交通活动 PASE 分数	-0.010	0.003	10.884	0.001	0.990	0.984	0.996
家务活动 PASE 分数	0.004	0.002	5.042	0.025	1.004	1.001	1.008
体育锻炼 PASE 分数	-0.004	0.002	3.706	0.054	0.996	0.992	1.000

四　不同地区城市老年人身体活动与其他慢性疾病患病风险的回归分析

为进一步探讨不同地区城市老年人身体活动与其他慢性疾病患病风险的影响,将城市老年人分为东部地区和中西部地区两个组别,分别探讨不同地区城市老年人身体活动对其他慢性疾病患病风险的影响。

(一)不同地区城市老年人身体活动 PASE 分值与癌症患病风险的回归结果

由东部地区老年人身体活动 PASE 分值与癌症患病风险的二元 logistics 回归结果(表 5.94)可见,东部地区老年人身体活动总 PASE 分值、体育锻炼 PASE 分值与癌症患病风险呈显著相关($p \leq 0.05$),其中身体活动总 PASE 分值的变量系数 B 值为 -0.005,与癌症患病风险呈负相关,即每增加一个身体活动总 PASE 分值,其患癌症的风险下降 0.5%;体育锻炼 PASE 分值的变量系数 B 值为 -0.010,与癌症的患病风险呈负相关,即每增加一个体育锻炼 PASE 分值,其患癌症的风险下降 1.0%。

由中西部地区城市老年人身体活动 PASE 分值与癌症患病风险的二元 logistics 回归结果(表 5.95)可见,中西部地区城市老年人体育锻炼 PASE

分值与癌症的患病风险呈显著相关（p≤0.05），体育锻炼PASE分值的变量系数B值为-0.011，与癌症患病风险呈负相关，即每增加一个体育锻炼PASE分值，其患癌症的风险下降1.1%。

表5.94　　　　东部地区城市老年人身体活动PASE分值
与癌症患病风险的回归结果

PASE 分数类型	B	S.E.	Wals	sig.	Exp(B)	Exp(B)的95% C.I. 下限	上限
身体活动总PASE分数	-0.005	0.002	5.975	0.015	0.995	0.990	0.999
交通活动PASE分数	-0.005	0.005	0.728	0.394	0.995	0.985	1.006
家务活动PASE分数	-0.004	0.004	1.278	0.258	0.996	0.989	1.003
体育锻炼分数PASE	-0.010	0.005	4.642	0.031	0.990	0.980	0.999

（二）不同地区城市老年人身体活动PASE分值与关节炎患病风险的回归结果

由东部地区城市老年人身体活动PASE分值与关节炎患病风险的二元logistics回归结果（表5.96）可见，东部地区老年人身体活动分项的交通活动PASE分值与关节炎患病风险呈显著相关（p≤0.05），交通活动PASE分值的变量系数B值为-0.008，与关节炎患病风险呈负相关，即每增加一个交通活动PASE分值，其患关节炎的风险下降0.8%。东部地区老年人身体活动PASE分值，分项的家务活动PASE分值、体育锻炼PASE分值与关节炎患病风险相关不明显。

表5.95　　　　中西部地区城市老年人身体活动PASE分值
与癌症患病风险的回归结果

PASE 分数类型	B	S.E.	Wals	sig.	Exp(B)	Exp(B)的95% C.I. 下限	上限
身体活动总PASE分数	0.000	0.003	0.006	0.937	1.000	0.995	1.006
交通活动PASE分数	-0.004	0.008	0.248	0.618	0.996	0.980	1.012
家务活动PASE分数	-0.012	0.006	3.710	0.054	0.988	0.977	1.000
体育锻炼PASE分数	0.011	0.004	8.924	0.003	1.011	1.004	1.018

第五章　城市老年人身体活动对慢性疾病患病风险的影响

表 5.96　　　东部地区城市老年人身体活动 PASE 分值
与关节炎患病风险的回归结果

PASE 分数类型	B	S.E.	Wals	sig.	Exp(B)	Exp(B) 的 95% C.I. 下限	上限
身体活动总 PASE 分数	-0.001	0.001	0.906	0.341	0.999	0.998	1.001
交通活动 PASE 分数	-0.008	0.002	12.352	0.000	0.992	0.987	0.996
家务活动 PASE 分数	0.003	0.001	3.592	0.058	1.003	1.000	1.005
体育锻炼 PASE 分数	-0.002	0.001	1.358	0.244	0.998	0.995	1.001

由中西部地区城市老年人身体活动 PASE 分值与关节炎患病风险的二元 logistics 回归结果（表 5.97）可见，中西部地区城市老年人交通活动 PASE 分值、家务活动 PASE 分值与关节炎患病风险呈显著相关（$p \leq 0.05$），交通活动 PASE 分值的变量系数 B 值为 -0.006，与关节炎患病风险呈负相关，即每增加一个交通活动 PASE 分值，其患关节炎的风险下降 0.6%；家务活动 PASE 分值的变量系数 B 值为 0.004，与关节炎的患病风险呈正相关，即每增加一个家务活动 PASE 分值，其患关节炎的风险上升 0.4%。

表 5.97　　　中西部地区城市老年人身体活动 PASE 分值
与关节炎患病风险的回归结果

PASE 分数类型	B	S.E.	Wals	sig.	Exp(B)	Exp(B) 的 95% C.I. 下限	上限
身体活动总 PASE 分数	-0.001	0.001	0.222	0.638	0.999	0.997	1.002
交通活动 PASE 分数	-0.006	0.003	4.116	0.042	0.994	0.988	1.000
家务活动 PASE 分数	0.004	0.002	4.424	0.035	1.004	1.000	1.008
体育锻炼 PASE 分数	-0.002	0.002	1.011	0.315	0.998	0.994	1.002

五　不同受教育程度城市老年人身体活动与其他慢性疾病患病风险的回归分析

为进一步探讨城市老年人身体活动对其他慢性疾病患病风险的影响，将城市老年人受教育程度分为小学及以下、初中和高中、大学及以上三个组别，分别探讨不同受教育程度城市老年人身体活动对其他慢性疾病患病风险的影响。

（一）不同受教育程度城市老年人身体活动 PASE 分值与癌症患病风险回归结果

由小学及以下受教育程度城市老年人身体活动 PASE 分值与癌症患病风险的二元 logistics 回归结果（表5.98）可见，小学及以下受教育程度城市老年人身体活动分项的家务活动 PASE 分值与癌症患病风险呈显著相关（$p \leq 0.05$），家务活动 PASE 分值的变量系数 B 值为 -0.017，与癌症患病风险呈负相关，即每增加一个家务活动 PASE 分值，其患癌症的风险下降1.7%。小学及以下受教育程度城市老年人身体活动 PASE 分值，身体活动分项的交通活动 PASE 分值、体育锻炼 PASE 分值与癌症患病风险不相关，表明小学及以下受教育程度城市老年人身体活动，身体活动分项的交通活动、体育锻炼对降低癌症患病风险不明显。

表5.98　小学及以下受教育程度城市老年人身体活动 PASE 分值与癌症患病风险的回归结果

PASE 分数类型	B	S.E.	Wals	sig.	Exp（B）	Exp（B）的95% C.I. 下限	上限
身体活动总 PASE 分数	-0.005	0.004	1.923	0.165	0.995	0.988	1.002
交通活动 PASE 分数	-0.003	0.010	0.067	0.795	0.997	0.979	1.017
家务活动 PASE 分数	-0.017	0.008	4.104	0.043	0.984	0.968	0.999
体育锻炼 PASE 分数	0.004	0.005	0.583	0.445	1.004	0.993	1.015

由初中和高中受教育程度城市老年人身体活动 PASE 分值与癌症患病风险的二元 logistics 回归结果（表5.99）可见，初中和高中受教育程度城市老年人身体活动总 PASE 分值、交通活动 PASE 分值、家务活动 PASE 分值、体育锻炼 PASE 分值与癌症患病风险都不呈显著相关（$p \geq 0.05$），表明初中和高中受教育程度城市老年人身体活动，身体活动分项的家务活动、交通活动、体育锻炼对降低其癌症的患病风险不明显。

由大学及以上受教育程度城市老年人身体活动 PASE 分值与癌症患病风险的二元 logistics 回归结果（表5.100）可见，大学及以上受教育程度老年人身体活动分项的体育锻炼 PASE 分值与癌症患病风险呈显著相关（$p \leq 0.05$），体育锻炼 PASE 分值的变量系数 B 值为 -0.018，与癌症患病风

第五章　城市老年人身体活动对慢性疾病患病风险的影响

险呈负相关，即每增加一个体育锻炼 PASE 分值，其患癌症的风险下降 1.8%。大学及以上受教育程度城市老年人身体活动 PASE 分值，身体活动分项的交通活动 PASE 分值、家务活动 PASE 分值与癌症患病风险不相关，表明大学及以上受教育程度城市老年人身体活动，身体活动分项的交通活动、家务活动对降低癌症患病风险不明显。

表 5.99　初中和高中受教育程度城市老年人身体活动 PASE 分值与癌症患病风险的回归结果

PASE 分数类型	B	S.E.	Wals	sig.	Exp (B)	Exp (B) 的 95% C.I. 下限	上限
身体活动总 PASE 分数	0.000	0.002	0.024	0.878	1.000	0.995	1.004
交通活动 PASE 分数	-0.001	0.006	0.015	0.902	0.999	0.987	1.012
家务活动 PASE 分数	-0.005	0.005	1.243	0.265	0.995	0.986	1.004
体育锻炼 PASE 分数	0.004	0.004	1.478	0.224	1.004	0.997	1.012

表 5.100　大学及以上受教育程度城市老年人身体活动 PASE 分值与癌症患病风险的回归结果

PASE 分数类型	B	S.E.	Wals	sig.	Exp (B)	Exp (B) 的 95% C.I. 下限	上限
身体活动总 PASE 分数	-0.006	0.003	3.126	0.077	0.994	0.987	1.001
交通活动 PASE 分数	-0.011	0.009	1.314	0.252	0.989	0.972	1.008
家务活动 PASE 分数	-0.001	0.005	0.010	0.921	0.999	0.989	1.010
体育锻炼 PASE 分数	-0.018	0.008	4.528	0.033	0.982	0.966	0.999

（二）不同受教育程度城市老年人身体活动 PASE 分值与关节炎患病风险的回归结果

由小学及以下受教育程度城市老年人身体活动 PASE 分值与关节炎患病风险的二元 logistics 回归结果（表 5.101）可见，小学及以下受教育程度老年人身体活动总 PASE 分值，身体活动分项的交通活动 PASE 分值、家务活动 PASE 分值、体育锻炼 PASE 分值与关节炎患病风险都未呈显著相关（p≥0.05），表明小学及以下受教育程度城市老年人身体活动，身体活动分项的交通活动、家务活动、体育锻炼对降低关节炎患病风险的影响不明显。

表 5.101　小学及以下受教育程度城市老年人身体活动 PASE 分值
与关节炎患病风险的回归结果

PASE 分数类型	B	S.E.	Wals	sig.	Exp(B)	Exp(B) 的 95% C.I. 下限	上限
身体活动总 PASE 分数	0.000	0.001	0.159	0.690	1.000	0.998	1.003
交通活动 PASE 分数	-0.004	0.003	1.190	0.275	0.996	0.990	1.003
家务活动 PASE 分数	0.004	0.002	3.634	0.057	1.004	1.000	1.008
体育锻炼 PASE 分数	-0.001	0.002	0.177	0.674	0.999	0.995	1.003

由初中和高中受教育程度城市老年人身体活动 PASE 分值与关节炎患病风险的二元 logistics 回归结果（表 5.102）可见，初中和高中受教育程度老年人身体活动总 PASE 分值、交通活动 PASE 分值与关节炎患病风险呈显著相关（$p \leq 0.05$）。其中身体活动总 PASE 分值的变量系数 B 值为 -0.002，与关节炎患病风险呈负相关，即每增加一个身体活动总 PASE 分值，其患关节炎的风险下降 0.2%；交通活动 PASE 分值的变量系数 B 值为 -0.010，与关节炎患病风险呈负相关，即每增加一个交通活动 PASE 分值，其患关节炎的风险下降 1.0%。初中和高中受教育程度城市老年人交通活动、体育锻炼对降低关节炎患病风险的影响不明显。

表 5.102　初中和高中受教育程度城市老年人身体活动 PASE 分值
与关节炎患病风险的回归结果

PASE 分数类型	B	S.E.	Wals	sig.	Exp(B)	Exp(B) 的 95% C.I. 下限	上限
身体活动总 PASE 分数	-0.002	0.001	5.045	0.025	0.998	0.996	1.000
交通活动 PASE 分数	-0.010	0.003	12.660	0.000	0.990	0.985	0.996
家务活动 PASE 分数	0.000	0.002	0.000	0.998	1.000	0.997	1.003
体育锻炼 PASE 分数	-0.002	0.002	1.897	0.168	0.998	0.994	1.001

由大学及以上受教育程度城市老年人身体活动 PASE 分值与关节炎患病风险的二元 logistics 回归结果（表 5.103）可见，大学及以上受教育程度城市老年人家务活动 PASE 分值与关节炎患病风险呈显著相关（p≤

0.05），家务活动 PASE 分值的变量系数 B 值为 0.008，与关节炎患病风险呈正相关，即每增加一个家务活动 PASE 分值，其患关节炎的风险上升 0.8%。大学及以上受教育程度城市老年人身体活动、交通活动、体育锻炼对降低关节炎患病风险的影响不明显。

表 5.103　大学及以上受教育程度城市老年人身体活动 PASE 分值与关节炎患病风险的回归结果

PASE 分数类型	B	S. E.	Wals	sig.	Exp（B）	Exp（B）的 95% C. I. 下限	上限
身体活动总 PASE 分数	0.001	0.001	0.191	0.662	1.001	0.998	1.003
交通活动 PASE 分数	-0.007	0.004	2.782	0.095	0.993	0.985	1.001
家务活动 PASE 分数	0.008	0.002	9.317	0.002	1.008	1.003	1.012
体育锻炼 PASE 分数	-0.002	0.003	0.518	0.472	0.998	0.992	1.004

第五节　城市老年人身体活动对降低慢性疾病患病风险讨论

据世界卫生组织评估，全世界每年因身体活动不足而引发相关疾病死亡的人数达 330 万人，同时指出积极的身体活动能够降低 23 种疾病患病风险。老年人缺乏身体活动导致慢性疾病增加，从而增加医疗开支，而适当的身体活动能够降低慢性疾病的患病风险，从而减少医疗开支，从经济学成本效益分析理论来看，这就是一种经济性收益。本研究通过城市老年人身体活动对心血管疾病、代谢性疾病和其他慢性疾病患病风险的影响，检验并证实了我国城市老年人身体活动对降低慢性疾病患病风险具有积极的影响，现结合国内外相关研究对老年人身体活动对不同慢性疾病患病风险影响做进一步讨论，以更好地揭示老年人身体活动所具有的经济性收益。

一　城市老年人身体活动对降低心血管疾病患病风险的影响

心血管疾病作为一种慢性疾病，受到遗传因素、环境因素和生活方式的共同影响，其中遗传因素决定了个体对心血管疾病的易感性，而环境因

参与与回报：老年人身体活动收益研究

素和包括身体活动在内的生活方式则是诱发心血管疾病的外部原因。本研究重点揭示身体活动对我国城市老年人心血管疾病患病风险的影响，在控制干扰因素方面重点考虑国内外文献报道中可能影响心血管疾病发生且与老年人日常生活相关的各类因素，如 BMI 指标、吸烟等。CHNS[①] 研究发现，成年人 BMI 的变化与高血压的患病风险呈显著的正相关；又如吸烟状况，在一项关于吸烟、二手烟暴露与脑卒中的关联的病理对照研究中证实，[②] 吸烟可使脑卒中的死亡风险增加 10%（OR = 1.10；95% CI：1.05 – 1.16）。在将这些诱发心血管疾病的危险因素作为控制变量对调查结果进行分析后发现，我国城市老年人心血管疾病的患病状况与其身体活动存在着相关性，且能降低心血管疾病的患病风险，研究结果与国外研究的报道一致。国外相关研究显示，身体活动与心脏病[③]、高血压[④]、动脉硬化[⑤]、中风[⑥]等心血管疾病之间存在着确切的关联，且身体活动量的提升能够有效降低心血管疾病的患病风险。[⑦]

城市老年人身体活动对慢性疾病患病风险影响的数据分析显示，城市老年人不同类型、不同强度的身体活动对不同心血管疾病患病风险的影响存在差异，具体表现为交通活动、家务活动和体育活动等不同类型、不同强度的身体活动与心血管疾病患病状况存在着不同程度的相关性。国内外

[①] Ren, Q., Su, C., Wamg, H., et al., "Change in Body Mass Index and its Impact on Incidence of Hypertension in 18 – 65 Year Old Chinese Adults", *INT J Environ RES Public Health*, Vol. 13, No. 3, 2016.

[②] Hou, L., Han, W., Jiang, J., et al., "Passive Smoking and Stroke in Men and Women: a National Population – Based Case – Control Study in China", *SCI REP*, Vol. 31, No. 7, 2017.

[③] Jason, T., McGannon, K. R., Blanchard, C. M., et al., "A Systematic Gender – Based Review of Physical Activity Correlates in Coronary Heart Disease Patients", *International Review of Sport And Exercise Psychology*, Vol. 8, No. 1, 2015.

[④] Diaz, K. M., Booth, J. N., Seals, S. R., et al., "Physical Activity and Incident Hypertension in African Americans the Jackson Heart Study", *Hypertension*, Vol. 15, No. 3, 2017.

[⑤] Gerage, A. M., Benedetti, T. R. B., Farah, B. Q., et al., "Sedentary Behavior and Light Physical Activity Are Associated with Brachial and Central Blood Pressure in Hypertensive Patients", *PLOS ONE*, Vol. 10, No. 12, 2015.

[⑥] Butler, E. N., Evenson, K. R., "Prevalence of Physical Activity and Sedentary Behavior Among Stroke Survivors in the United States", *Topics In Stroke Rehabilitation*, Vol. 21, No. 3, 2014.

[⑦] Kohl, H. R., Craig, C. L., Lambert, E. V., et al., "The Pandemic of Physical Inactivity: Global Action for Public Health", *LANCET*, Vol. 380, No. 9838, 2012.

第五章 城市老年人身体活动对慢性疾病患病风险的影响

也有类似的研究报道，于洪军等以清华大学老年人群为研究对象，[①] 利用 PASE 问卷调查研究身体负荷对老年人慢性疾病患病率的影响，研究证实，积极参与身体活动的老年人群相对于不经常活动的老年人患高血压、心脏病的风险率明显降低，而在身体活动的具体类型上，骑自行车等交通性身体活动负荷越高，降低患病风险的效果越好；Koolhaas 等[②]在对老年人群的长期随访研究中发现，冠心病（CHD）的患病风险与家务活动和自行车活动等身体活动形式存在着关联性；Sattelmair 等[③]采用 Meta 研究表明，每周 150 分钟以上中等强度的身体活动可以降低 14% 的心脏病患病风险（HR = 0.86；95% CI：0.77—0.96），而每周 300 分钟以上的中等强度身体活动可以降低 20% 的患病风险（HR = 0.80；95% CI：0.74—0.88）。也有研究认为，[④] 心脏病的患病风险与步行活动、园艺劳动等身体活动方式不存在相关性，这可能与研究对象的选取有关。总体而言，身体活动量的不足是患心血管疾病的重要风险因素，不同心血管疾病的患病风险与不同类型、不同强度的身体活动存在着不同程度的关联，积极的身体活动能够有效地降低患心血管疾病的风险，本研究也验证了这一结果。

对于已患有心血管疾病的老年人而言，身体活动量与心血管疾病的死亡风险紧密相关。据中国慢性病前瞻性研究（CKB）报道，[⑤] 已罹患心血管疾病的人群，其身体活动量与总死亡及心血管病死亡风险负相关，而身体活动每增加 10MET – h/D，总死亡的风险下降 26%（HR = 0.74，95% CI：0.70—0.78），心血管疾病死亡的风险下降 31%（HR = 0.69，95%

[①] 参见于洪军、仇军《身体活动负荷对我国老年人患慢性疾病风险率的影响研究——基于对清华大学老年人群 PASE 问卷的流行病学调查》，《中国体育科技》2013 年第 2 期。

[②] Koolhaas, C. M., Dhana, K., Golubic, R., et al., "Physical Activity Types and Coronary Heart Disease Risk in Middle – Aged and Elderly Persons", *American Journal of Epidemiology*, Vol. 183, No. 8, 2016.

[③] Sattelmair, J., Pertman, J., Ding, E. L., et al., "Dose Response Between Physical Activity and Risk of Coronary Heart Disease A Meta – Analysis", *Circulation*, Vol. 124, No. 37, 2011.

[④] Jason, T., McGannon, K. R., Blanchard, C. M., et al., "A Systematic Gender – Based Review of Physical Activity Correlates in Coronary Heart Disease Patients", *International Review of Sport And Exercise Psychology*, Vol. 8, No. 1, 2015.

[⑤] Tian, X., Du, H., Li, L., et al., "Fruit Consumption and Physical Activity in Relation to All – Cause and Cardiovascular Mortality Among 70000 Chinese Adults with Pre – Existing Vascular Disease", *PLOS ONE*, Vol. 12, No. 4, 2017.

CI：0.64—0.74）；SHEN C（2016）在对我国香港老年人的基线调查中发现，[1] 与不经常参加身体活动的老年人相比，有规律地进行有氧运动或我国传统的健身活动（如太极拳、八段锦）可以有效降低心血管疾病的死亡风险（HR=0.71，95% CI：0.63—0.80；HR=0.77，95% CI：0.70—0.85）。国外相关的研究也证实，[2] 身体活动是控制与改善心血管疾病病情的积极干预方式，保持一定强度的身体活动能够使心血管疾病的死亡风险下降[3]。总体上，本研究结果与国内外相关研究报道较为一致，提示老年人通过身体活动量的适宜提升能够降低心血管疾病的患病风险，不同类型、不同强度的身体活动对不同的心血管疾病有着不同程度的影响。而本研究结果对城市老年人身体活动具体形式与心血管疾病患病风险的关联情况与国外相关研究果在某些方面有所差异，可能与研究样本的选取、不同国家老年人的生活方式和行为习惯等因素有关。

二 城市老年人身体活动对降低代谢性疾病患病风险的影响

代谢性疾病在慢性疾病中占有很大的比例，包括肥胖症，糖、血脂代谢异常等一系列相关疾病。这些疾病与不健康的饮食和不足的身体活动紧密联系。第57届世界卫生大会为非传染性疾病综合预防和控制提出了一份全球性战略的决议，名为"饮食、身体活动与健康全球战略"[4]，决议指出："不健康饮食和缺乏身体活动是非传染性疾病包括Ⅱ型糖尿病、某些类型肿瘤发生的最主要原因，并且在很大程度上造成全球疾病负担、死亡和残疾。"长期以来，在身体活动量不足与代谢性疾病患病风险的因果关系上，已有不少大规模、长期的流行病学的研究证据证实。近年来，国外

---

[1] Shen, C., Lee, S.Y., Lam, T.H., et al., "Traditional Chinese Exercise Associated with Lower Mortality Rates in Old People? Evidence from a Prospective Chinese Elderly Cohort Study in Hong Kong", *AM J Epidemiol*, Vol.183, No.1, 2016.

[2] Morris, J.H., Oliver, T., Kroll, T., et al., "From Physical and Functional to Continuity with Pre-Stroke Self and Participation in Valued Activities: A Qualitative Exploration of Stroke Survivors', Carers' and Physiotherapists' Perceptions of Physical Activity After Stroke", *Disability And Rehabilitation*, Vol.37, No.1, 2015.

[3] Treff, C., Bensenor, I.M., Lotufo, P.A., "Leisure-Time and Commuting Physical Activity and High Blood Pressure: the Brazilian Longitudinal Study of Adult Health (ELSA-Brasil)", *Journal of Human Hypertension*, Vol.31, No.4, 2017.

[4] 第57届世界卫生大会：《饮食、身体活动与全球健康战略》，《营养健康新观察》2005年第3期。

第五章 城市老年人身体活动对慢性疾病患病风险的影响

相关研究再次证实身体活动可以改善血糖控制，降低Ⅱ型糖尿病患者心血管疾病的发病率和死亡率，[1]而身体活动不足与糖尿病的患病风险[2]以及糖尿病患者病情的控制[3]有着紧密的联系。Arshad 等[4]采用 EPIC-2 问卷对 200 名糖尿病患者的身体活动水平进行研究，观察发现：85 例（81.7%）的男性糖尿病患者和 80 例（83.3%）的女性糖尿病患者每天步行不超过一英里。Arshad 研究还发现，低水平的身体活动不利于糖尿病病情的控制。Sung（2011）对患有糖尿病的老年人进行了约 10 个月的追踪调研，[5]期间通过 actigraph 加速器和血液检测分别收集受试者的日常身体活动水平及相关生化指标数据，结果显示，日常身体活动水平的提高可以降低糖尿病患者的空腹血糖（FBG）。Ghaderpanahi 等[6]对伊朗德黑兰地区 1552 名居民的横断面研究显示，所有非肥胖受试者中等强度身体活动与Ⅱ型糖尿病患病风险的降低呈显著相关（OR = 0.56；95% CI：0.35 - 0.91 及 OR = 0.50；95% CI：0.26 - 0.94）。而肥胖患者的身体活动水平与Ⅱ型糖尿病的患病风险不存在相关（OR = 0.64；95% CI：0.30 - 1.39）。尽管大量的研究证实了身体活动与Ⅱ型糖尿病的相关性，本研究也发现Ⅱ型糖尿病的患病率与衡量家务活动负荷的 PASE 得分和低强度体育活动负荷的 PASE 得分呈显著相关，能够有效降低城市老年人代谢性疾病患病风险，但在具体的身体活动方式、种类、强度和频率方面还有待进一步研究。

世界卫生组织报道，全球成年人中有 10% 以上为肥胖人口，肥胖人口是肥胖症的高发人群。肥胖症是体内脂肪过度堆积并引发以脂类代谢紊乱

---

[1] Hamasaki, H., "Daily Physical Activity and Type 2 Diabetes: A Review", *World Journal of Diabetes*, Vol. 7, No. 12, 2016.

[2] Wareham, N. J., "Epidemiological Studies of Physical Activity and Diabetes Risk, and Implications for Diabetes Prevention", *Applied Physiology Nutrition And Metabolism – Physiologie Appliquee Nutrition Et Metabolisme*, Vol. 32, No. 4, 2007.

[3] Siomos, M. Z., Andreoni, M., Buchholz, S. W., et al., "A Guide to Physical Activity for Individuals With Diabetes", *JNP – Journal For Nurse Practitioners*, Vol. 13, No. 1, 2016.

[4] Arshad, R., Binyounis, B., Masood, J., et al., "Pattern of Physical Activity Among Persons with Type - 2 Diabetes with Special Consideration to Daily Routine", *Pakistan Journal of Medical Sciences*, Vol. 32, No. 1, 2016.

[5] Sung, K., "Relationship of Daily Activity and Biochemical Variables in the Elderly with Diabetes Mellitus", *Journal of Korean Academy of Nursing*, Vol. 41, No. 2, 2011.

[6] Ghaderpanahi, M., Fakhrzadeh, H., Sharifi, F., et al., "Association of Physical Activity with Risk of Type 2 Diabetes", *Iranian Journal of Public Health*, Vol. 40, No. 1, 2011.

参与与回报:老年人身体活动收益研究

为主的代谢性疾病,同时,肥胖也是糖尿病、心血管疾病等其他慢性疾病的重要危险因素。2016 年,世界著名医学杂志《柳叶刀》发表全球成年人体重调查报告,调查指出我国成年人肥胖人口数量已经超越美国,成为全球肥胖人口最多的国家。充足的证据显示,肥胖症的发病除了和遗传相关[1],膳食结构不合理[2]及身体活动不足[3]等也是重要的关联因素。Winkler 等[4]综述了身体活动对肥胖症及相关代谢性疾病的研究成果,并回顾了身体活动与肥胖症关联的流行病学研究。就老年人群而言,预防和改善肥胖症的方法主要包括膳食干预和身体活动干预两种途径,[5] 而国外针对老年人肥胖症的最新研究不断证实身体活动对肥胖症积极的干预效果是最为明显和可靠的。[6] 本研究也证实不同强度身体活动对降低肥胖症患病风险具有积极的效果和影响。当前,关于身体活动与肥胖症的关联研究已深入到基因水平,其生物学机制已经愈加清晰,但也需要清醒地认识到人作为高级生物其机体的肥胖不同于动物实验模型中的肥胖,人类作为社会性的高级生物其肥胖症的产生和发展受许多因素综合影响,在关注身体活动对肥胖症积极干预作用的同时,还需要从整体出发,区别对待。

骨质疏松症是一种常见的骨骼疾病,表现为"多孔"的骨骼,机体全

---

[1] O'rahilly, S., Farooqi, S., "Genetics of Obesity", *Philosophical Transactions of The Royal Society B - Biological Sciences*, Vol. 361, No. 1471, 2006.

[2] Stephens, S. K., Cobiac L. J., Veerman, J. L., "Improving Diet and Physical Activity to Reduce Population Prevalence of Overweight and Obesity: An Overview of Current Evidence", *Preventive Medicine*, No. 62, 2014.

[3] Frank, L. D., Andresen, M. A., Schmid, T. L., "Obesity Relationships with Community Design, Physical Activity, and Time Spent in Cars", *American Journal of Preventive Medicine*, Vol. 27, No. 2, 2004.

[4] Winkler, S., Hebestreit, A., Ahrens, W., "Physical Activity and Obesity", *Bundesgesundheitsblatt - Gesundheitsforschung - Gesundheitsschutz*, Vol. 55, No. 1, 2012.

[5] Volpe, S. L., Sukumar, D., Milliron, B. J., et al., "Obesity Prevention in Older Adults", *Current Obesity Reports*, Vol. 5, No. 2, 2016.

[6] Rupp, K., Ross, S. E. T., Lang, W., et al., "Response to a Standard Behavioral Weight Loss Intervention by Age of Onset of Obesity", *Obesity Science & Practice*, Vol. 2, No. 3, 2016; Germain, C. M., Vasquez, E., Batsis, J. A., "Physical Activity, Central Adiposity, and Functional Limitations in Community - Dwelling Older Adults", *Journal of Geriatric Physical Therapy*, Vol. 39, No. 2, 2016; Judice, P. B., Silva, A. M., Santos, D. A., et al., "Associations of Breaks in Sedentary Time with Abdominal Obesity in Portuguese Older Adults", *AGE*, Vol. 37, No. 2, 2015.

第五章　城市老年人身体活动对慢性疾病患病风险的影响

身性骨量减少，骨组织微观结构退化，骨强度降低。① 全球约有 2 亿人患有骨质疏松症，流行病学的研究表明，骨质疏松症发病的危险因素多种多样，如年龄、遗传性疾病、内分泌疾病等，预防是降低骨质疏松症发生的最佳方式。② 而身体活动被认为是一种有效的预防和治疗手段，对骨质量的维持和改善有积极作用。③

　　Horge 等④的动物实验结果也证实了这样的观点，身体活动的干预对绝经后女性的生活质量而言更为重要。⑤ 身体活动对骨质疏松的防治效果毋庸置疑，但不同的活动方式，对机体的作用部位和效果都不一样，需要科学的指导与设计。当前，全球范围内的 19 个骨质疏松症临床实践指南都包含了身体活动和运动安全建议，但这些建议都相对模糊，各种指南的具体建议也不尽相同。⑥ 而我国的《中国人群骨质疏松症防治手册 2013 版》对身体活动的介绍也较为单一，⑦ 无法为老年人群，特别是骨质疏松症患者提供科学的指导与实际的帮助。虽然包括本课题在内的大量研究都支持和验证了身体活动对降低老年人代谢性慢性疾病风险具有积极的影响，但如何在老年人实际活动过程中进行具体的科学指导，使老年人身体活动和身体锻炼更有针对性，更具科学性，则是一个需要重视和研究的课题。

---

　　① Ahlborg, H. G., Rosengren, B. E., Jarvinen, T. L. N., et al., "Prevalence of Osteoporosis and Incidence of Hip Fracture in Women – Secular Trends over 30 Years", *BMC Musculoskeletal Disorders*, Vol. 11, No. 1, 2010.

　　② Castrogiovanni, P., Trovato, F. M., Szychlinska, M. A., et al., "The Importance of Physical Activity in Osteoporosis. From the Molecular Pathways to the Clinical Evidence", *Histology and Histopathology*, Vol. 31, No. 11, 2016.

　　③ Avdic, D., "Physical Activity in Osteoporosis Prevention", *Health MED*, Vol. 2, No. 1, 2008.

　　④ Horge, M., Craciun, C., Tripon, S., et al., "Moderate Physical Activity Improves Rat Bone Ultrastructure in Experimental Osteoporosis", *ACTA Endocrinologica – Bucharest*, Vol. 12, No. 4, 2016.

　　⑤ Caputo, E. L., Costa, M. Z., "Influence of Physical Activity on Quality of Life in Postmenopausal Women with Osteoporosis", *Revista Brasileira De Reumatologia*, Vol. 54, No. 6, 2014; Pietras, M., Pietras, P., Malczewski, D., et al., "The Use of Different Forms of Physical Training in Patients with Postmenopausal Osteoporosis", *ACTA Balneologica*, Vol. 58, No. 1, 2016.

　　⑥ Aemstrong, J. J., Rodrigues, I. B., Wasiut, T., et al., "Quality Assessment of Osteoporosis Clinical Practice Guidelines for Physical Activity and Safe Movement: An AGREE II Appraisal", *Archives of Osteoporosis*, Vol. 11, No. 1, 2016.

　　⑦ 参见邹军、章岚、任弘等《运动防治骨质疏松专家共识》，《中国骨质疏松杂志》2015 年第 11 期。

三 城市老年人身体活动对降低其他慢性疾病患病风险的影响

城市老年人身体活动对其他慢性疾病患病风险影响的数据分析显示，城市老年人不同类型、强度的身体活动对癌症、关节炎疾病患病风险的影响存在差异，具体表现为交通活动、家务活动和体育锻炼等不同类型、不同强度的身体活动与癌症、关节炎患病状况存在着不同程度的相关性。国内外也有类似的研究报道，[1] 不同程度的身体活动可以降低部分肿瘤疾病的患病风险。据 Steindorf 报道，[2] 大约9%—19%的常见癌症（包括结肠癌、乳腺癌、子宫内膜癌、前列腺癌、胃癌和卵巢癌等）的发病可归因于缺乏足够的身体活动。Moore 等[3]采用多变量 COX 回归分析探讨了身体活动与26种癌症发病率关联的风险比（HR），结果显示，在身体活动的干预下，有13种癌症的风险比下降，分别是食管腺癌（HR, 0.58; 95% CI: 0.37 - 0.89）、肝癌（HR, 0.73; 95% CI: 0.55 - 0.98）、肺癌（HR, 0.74; 95% CI: 0.71 - 0.77）、肾癌（HR, 0.77; 95% CI: 0.70 - 0.85）、胃癌（HR, 0.78; 95% CI: 0.64 - 0.95）、子宫内膜癌（HR, 0.79; 95% CI: 0.68 - 0.92）、骨髓性白血病（HR, 0.80; 95% CI: 0.70 - 0.92）、骨髓瘤（HR, 0.83; 95% CI: 0.72 - 0.95）、结肠癌（HR, 0.84; 95% CI: 0.77 - 0.91）、头颈部肿瘤（HR, 0.85; 95% CI: 0.78 - 0.93）、直肠癌（HR, 0.87; 95% CI: 0.80 - 0.95）、膀胱癌（HR, 0.87; 95% CI: 0.82 - 0.92）和乳腺癌（HR, 0.90; 95% CI: 0.87 - 0.93）。当前所做的研究对于结肠癌和直肠癌的关联证据最为一致，身体活动水平较高的人群和缺乏身体活动的人群相比，可降低40%—50%的患病风险。[4] Gol-

---

[1] Clague, J., Bernstein, L., "Physical Activity and Cancer", *Current Oncology Reports*, Vol. 14, No. 6, 2012; Tarasenko, Y. N., Miller, E. A., Chen, C., et al., "Physical Activity Levels and Counseling by Health Care Providers in Cancer Survivors", *Preventive Medicine*, No. 99, 2017.

[2] Steindorf, K., "The Role of Physical Activity in Primary Cancer Prevention", *European Review of Aging And Physical Activity*, Vol. 10, No. 1, 2013.

[3] Moore, S. C., Lee, I. M., Weiderpass, E., et al., "Association of Leisure - Time Physical Activity with Risk of 26 Types of Cancer in 1.44 Million Adults", *JAMA Internal Medicine*, Vol. 176, No. 6, 2016.

[4] Hardman, A. E., "Physical Activity and Cancer Risk", *Proceedings of The Nutrition Society*, Vol. 60, No. 1, 2000.

第五章 城市老年人身体活动对慢性疾病患病风险的影响

shiri 等[1],通过 Kriska 回顾性身体活动问卷对结肠癌和直肠癌患者进行身体活动的调查,发现中等强度体育活动可以显著降低这两种癌症的发病率,而家务活动和职业活动的相关性并不明显。Arem 等(2014)对 293511 名样本在过去十年的中等以上强度身体活动与癌症死亡率之间的关系进行研究,[2] 结果显示,有 15001 人死于癌症,而每周 7 小时以上中等强度身体活动的人群癌症死亡风险率较低(HR = 0.89,95% CI:0.84 - 0.94;p < 0.01)。身体活动对于降低癌症患病风险和癌症死亡风险的影响显而易见,老年人身体活动对于维护健康进而节约医疗开支所具有经济性收益显而易见。

关节炎患者表现出有氧工作能力下降,关节功能受限,心血管患病风险提高等特征,而身体活动可以通过其抗炎作用和心理改善等功能减轻关节炎的症状。[3] Callahan[4] 报道,适度增加身体活动可以有效地减轻关节炎的症状,改善关节的功能状态。Conn VS 等[5]通过 Meta 分析,合成了 4111 例受试者的 28 项研究,结果显示,身体活动能够对身体行为产生中度积极的作用,对疼痛和身体功能恢复产生轻度积极的影响。当然,关节炎包括骨关节炎(OA)和类风湿性关节炎(PA)等不同类型,身体活动的干预效果存在差异。对于身体活动改善关节炎的机制,自我效能作用是当前较为一致的解释。[6] Ananian 等[7]基于社会生态模型的横断面研究认为,针

---

[1] Golshiri, P., Rasooli, S., Emami, M., et al., "Effects of Physical Activity on Risk of Colorectal Cancer: A Case - Control Study", *International Journal of Preventive Medicine*, Vol. 7, No. 1, 2011.

[2] Arem, H., Moore, S. C., Park, Y., et al., "Physical Activity and Cancer – Specific Mortality in the NIH – AARP Diet and Health Study Cohort", *International Journal of Cancer*, Vol. 135, No. 2, 2014.

[3] Quinn, T., Frits, B. S. M., Von – Heideken, J., et al., "Validity of the Nurses' Health Study Physical Activity Questionnaire in Estimating Physical Activity in Adults with Rheumatoid Arthritis", *BMC Musculoskeletal Disorders*, Vol. 18, No. 1, 2017.

[4] Callahan, L. F., "Physical Activity Programs for Chronic Arthritis", *Current Opinion in Rheumatology*, Vol. 21, No. 2, 2009.

[5] Conn, V. S., Hafdahl, A. R., Minor, M. A., et al., "Physical Activity Interventions Among Adults with Arthritis: Meta – Analysis of outcomes", *Seminars in Arthritis And Rheumatism*, Vol. 37, No. 5, 2008.

[6] Greene, B. L., Haldeman, G. F., Kaminski, A., et al., "Factors Affecting Physical Activity Behavior in Urban Adults with Arthritis Who Are Predominantly African – American and Female", *Physical Therapy*, Vol. 86, No. 4, 2006.

[7] Ananian, C. A. D., Churan, C., Adams, M. A., "Correlates of Physical Activity among Blacks and Whites with Arthritis", *American Journal of Health Behavior*, Vol. 39, No. 4, 2015.

对关节炎患者的身体活动干预措施应侧重于提高运动的自我效能，加强锻炼行为的沟通和指导。

总体上，基于 PASE 问卷调查所做的城市老年人身体活动对降低其慢性疾病患病风险的实证性研究，其结果与国内外相关研究结果基本一致，这些研究提示，城市老年人通过适宜的身体活动能够降低慢性疾病的患病风险。城市老年人不同类型、不同强度的身体活动对不同的慢性疾病有着不同程度的影响。而城市老年人身体活动的具体形式与慢性疾病患病风险的关联情况与国外相关研究成果有所差异，可能与研究样本的选取、不同国家老年人的生活方式和行为习惯等因素有关，这是后续研究需要进一步关注和探讨的问题。

第六节　研究小结

本章运用方差分析、二元 logistics 回归等数理统计方法，对城市老年人身体活动对降低慢性疾病患病风险的影响进行研究。研究首先运用非参数方差检验的方法对城市老年人身体活动与罹患慢性疾病之间的关系进行检验，检验城市老年人身体活动与罹患慢性疾病这两类变量之间是否存在相关性，为更加精确地研究城市老年人身体活动对降低其罹患慢性疾病风险、节约医疗资源提供逻辑基础和依据。方差分析表明，城市老年人身体活动与慢性疾病的患病之间存在着负相关的趋势，为后续进一步分析城市老年人身体活动对慢性疾病患病风险的经济性收益影响提供了基础。

对城市老年人身体活动与不同慢性疾病患病风险的二元 logistics 回归分析发现，城市老年人不同类型的身体活动对不同慢性疾病患病风险的具体影响存在着显著差异，总体表现为：

第一，在身体活动总量上。在血管疾病患病风险方面，城市老年人每增加一个身体活动总 PASE 分值，其患心脏病的风险下降 0.3%、患动脉硬化的风险下降 0.5%、患中风的风险下降 0.5%。在代谢性疾病患病风险方面，城市老年人每增加一个身体活动总 PASE 分值，其患糖尿病的风险下降 0.2%。在其他慢性疾病患病风险方面，城市老年人身体活动与其患病风险无显著影响。

第二，在身体活动分项的交通活动上。在血管疾病患病风险方面，城

第五章　城市老年人身体活动对慢性疾病患病风险的影响

市老年人即每增加一个交通活动 PASE 分值，其患心脏病的风险下降 0.6%、患动脉硬化的风险下降 0.9%。在代谢性疾病患病风险方面，城市老年人每增加一个交通活动 PASE 分值，其患糖尿病的风险下降 0.6%。在其他慢性疾病患病风险方面，城市老年人每增加一个交通活动 PASE 分值，其患关节炎的风险下降 0.7%。

第三，在身体活动分项的家务活动上。在心血管疾病患病风险方面，城市老年人每增加一个家务活动 PASE 分值，其患心脏病的风险下降 0.3%、患动脉硬化的风险下降 0.7%、患中风的风险下降 1.0%。在代谢性疾病患病风险方面，城市老年人每增加一个家务活动 PASE 分值，其患糖尿病的风险下降 0.5%。在其他慢性疾病患病风险方面，城市老年人每增加一个家务活动 PASE 分值，其患关节炎的风险下降 0.3%。

第四，在身体活动分项的体育锻炼上。在心血管疾病患病风险方面，城市老年人每增加一个体育锻炼 PASE 分值，其患心脏病的风险下降 0.4%。在代谢性疾病患病风险方面，城市老年人身体活动对患病风险无显著影响。在其他慢性疾病患病风险方面，城市老年人身体活动与其他慢性疾病患病风险无显著影响。此外，研究还发现，城市老年人身体活动的增加与肥胖症的患病风险呈正相关，即每增加一个身体活动总 PASE 分值，其患肥胖症的风险增加 0.3%；城市老年人每增加一个家务活动 PASE 分值，其患肥胖症的风险增加 0.5%。这一现象可能与受调查城市老年人已患有相关慢性疾病后遵医嘱或主动增加身体活动量有关。

总体而言，城市老年人身体活动对于降低慢性疾病患病风险具有积极的意义，这在不同性别、不同年龄段、不同地区和不同受教育程度等多个维度的分析中都得到证实。表明城市老年人通过适当的身体活动能够有效地降低心血管、代谢性等各种慢性疾病的患病风险，进而可以通过规避和降低各种慢性疾病的患病风险获得良好的经济性收益。

第六章

城市老年人身体活动对医疗开支收益的影响

医疗开支能够直接反映老年人的身体状况,同时也能够在一定程度上衡量整个社会为保持老年人的健康所付出的成本,具有直接的、显性的经济价值和经济意义。2001年,经合组织(OECD)的研究报告就指出,2000年经合组织成员国老年人健康相关及长期护理的开支平均占GDP比例为6%。该报告预测,由于人口老龄化,其成员国与年龄相关的社会开支(包括老年人和儿童,以及保健开支)占GDP的比重将在50年内平均增长6—7个百分点,达到平均26%左右的水平。在这些开支的增长中,社会养老、卫生保健和长期护理支出将占到近一半[1]。因此,在人口老龄化背景下,老年人的卫生保健开支将成为我国社会经济不可忽视的重要问题。据估计,2013年我国老年人卫生保健开支占GDP的比例在3.5%左右,[2] 而根据国家统计局数据,2016年全国医疗卫生开支总额约为3.3万亿元人民币,按照同比例换算,全国老年人医疗卫生开支总额将在2.1万亿元左右。

在影响老年人身体健康和医疗开支的诸多因素之中,缺乏运动成为主要的危险因素之一。一项覆盖全球93.2%人口的研究表明,2013年因缺乏运动为全球医疗保健系统所带来的负担约为538亿美元,所导致的死亡造成生产性损失达137亿美元,并造成1340万伤残调整生命年

---

[1] Dang, T., Antolin, P., Oxley, H., *Fiscal Implication of Aging: Projections of Age-Related Spending*, 2001.

[2] 李文川、刘春梅:《老年人体育锻炼行为与医疗支出的相关性研究》,《南京体育学院学报》(自然科学版)2016年第2期。

第六章　城市老年人身体活动对医疗开支收益的影响

（DALYs）。[1] 另有研究指出，在西方发达国家，全国医疗保健开支的1.0%—2.6%是缺乏运动造成的。[2] 因此，引导老年人有意识地进行以增进健康为目的身体活动，可能是减少整个社会老年人医疗卫生开支的可行方法之一。本章使用统计学方法，对中国城市老年人身体活动量与医疗开支之间的相关性进行检验，并以医疗开支为指征探讨老年人进行身体活动在保持健康方面是否具有经济性收益。

第一节　城市老年人身体活动与医疗开支关系的探索性分析

在获得城市老年人样本的身体活动与医疗开支数据的基础上，本节利用方差分析对城市老年人身体活动与医疗开支之间的关系进行探索性分析，目的是探究城市老年人身体活动与医疗开支这两类变量之间是否存在相关性，为下一步更加精确地研究城市老年人身体活动对医疗开支、收益影响提供逻辑基础和依据。

一　不同医疗开支水平下城市老年人身体活动量的差异

在"医疗开支"一项中，对不同选项的城市老年人的各项身体活动PASE得分进行方差分析。先对依据医疗开支选项划分的各组数据进行方差齐性检验，取显著性水平 $\alpha = 0.05$，则在以医疗开支水平分组的条件下，身体活动总PASE分数的各组数据方差不齐（sig. < 0.05），身体活动分项的交通活动PASE分数、家务活动PASE分数和体育锻炼PASE分数的各组数据方差齐（见表6.1）。

在纳入同一方差分析的各组数据方差齐时，采用One-Way ANOVA检验组间差异的显著性；方差不齐的情况下，则采用Welch's ANOVA方法，结果如表6.2所示。结果表明：城市老年人年医疗开支在0—1000元、

---

[1] Ding, D., Lawson, K. D., Kolbe-Alexander, T. L., et al., "The Economic Burden of Physical Inactivity: a Global Analysis of Major Non-Communicable Diseases", *The Lancet*, Vol. 388, No. 10051, 2016.

[2] Pratt, M., Norris, J., Lobelo, F., et al., "The Cost of Physical Inactivity: Moving into the 21st Century", *British Journal of Sports Medicine*, Vol. 48, No. 3, 2014.

参与与回报:老年人身体活动收益研究

1001—5000 元、5001—10000 元和 10000 元以上的总 PASE 分数均值分别为 107.08、103.21、102.39 和 96.86,年医疗开支处于不同区间的城市老年人,总 PASE 分数均值差异在 $\alpha = 0.05$ 水平下不显著(sig. = 0.076),但从数据趋势和显著性水平综合来看,仍可以看出随着城市老年人年医疗开支的增加,身体活动总 PASE 分数均值有依次降低的趋势。

表 6.1　　城市老年人医疗开支水平分组的方差齐性检验结果

因变量	Levene 统计	sig.
身体活动总 PASE 分数	3.167	0.023
交通活动 PASE 分数	0.984	0.399
家务活动 PASE 分数	2.291	0.076
体育锻炼 PASE 分数	0.930	0.425

医疗开支处于不同区间的城市老年人,身体活动分项的家务活动 PASE 分数均值有显著差异(sig. < 0.05),年医疗开支在 0—1000 元、1001—5000 元、5001—10000 元和 10000 元以上的身体活动分项的家务活动 PASE 分数均值分别为 46.31、44.71、41.54 和 40.33,呈现随着医疗开支的增加而依次降低的趋势。身体活动分项的交通活动 PASE 分数的均值和体育锻炼 PASE 分数的均值则没有显著差异(sig. > 0.05)。

表 6.2　　不同医疗开支区间的城市老年人各类型身体活动 PASE 分数均值差异比较

PASE 分数类型	选项区间	n	均值	标准差	95% 置信区间 下限	95% 置信区间 上限	sig.
身体活动总 PASE 分数	0—1000 元	1448	107.08	66.48	103.65	110.51	0.076
	1001—5000 元	1429	103.21	62.94	99.95	106.48	
	5001—10000 元	435	102.39	67.72	96.01	108.77	
	10000 元以上	224	96.86	67.48	87.98	105.75	
交通活动 PASE 分数	0—1000 元	1395	27.70	25.09	26.38	29.02	0.404
	1001—5000 元	1366	27.20	23.38	25.97	28.44	
	5001—10000 元	424	27.90	26.40	24.84	25.71	
	10000 元以上	215	24.12	24.74	20.80	27.46	

第六章 城市老年人身体活动对医疗开支收益的影响

续表

PASE 分数类型	选项区间	n	均值	标准差	95%置信区间 下限	95%置信区间 上限	sig.
家务活动 PASE 分数	0—1000 元	1402	46.31	36.77	44.39	48.24	0.029
	1001—5000 元	1381	44.71	35.77	42.82	46.60	
	5001—10000 元	430	41.54	33.95	38.32	44.76	
	10000 元以上	218	40.33	37.43	35.34	45.33	
体育锻炼 PASE 分数	0—1000 元	1287	38.67	35.31	36.74	40.61	0.547
	1001—5000 元	1264	37.61	35.03	35.68	39.54	
	5001—10000 元	366	39.97	39.85	35.87	44.06	
	10000 元以上	186	41.26	34.70	36.24	46.28	

二 不同门诊费用水平下城市老年人身体活动量的差异

在"门诊费用"一项中,对不同选项的城市老年人的各项身体活动 PASE 得分进行方差分析。先对依据门诊费用选项而划分的各组数据进行方差齐性检验,取显著性水平 α=0.05,门诊费用水平分组也即身体活动总 PASE 分数、分项的交通活动 PASE 分数、家务活动 PASE 分数和体育锻炼 PASE 分数的各组数据方差齐(见表6.3)。

表6.3　城市老年人门诊费用水平分组的方差齐性检验结果

因变量	Levene 统计	sig.
身体活动总 PASE 分数	0.233	0.873
交通活动 PASE 分数	0.551	0.647
家务活动 PASE 分数	1.132	0.335
体育锻炼 PASE 分数	0.467	0.705

采用 One-Way ANOVA 检验组间差异的显著性,结果如表6.4所示。结果表明:门诊费用处于不同区间的城市老年人,身体活动总 PASE 均值差异在 α=0.05 水平下不显著(sig.=0.075)。门诊费用在 0—500 元、501—1000 元、1001—5000 元和 5000 元以上的身体活动总 PASE 分数均值分别为 105.92、104.51、106.69 和 94.35,门诊费用最高组的城市老年人身体活动总 PASE 分数均值最低。

门诊费用处于不同区间的城市老年人，身体活动分项的交通活动 PASE 分数均值有显著差异（sig. < 0.05），门诊费用在 0—500 元、501—1000 元、1001—5000 元和 5000 元以上的交通活动 PASE 分数均值分别为 26.84、26.92、29.52 和 24.89；身体活动分项的家务活动 PASE 分数和体育锻炼 PASE 分数的均值则没有显著差异（sig. > 0.05）。

表 6.4　　不同门诊费区间的城市老年人各类型身体活动 PASE 分数均值差异比较

PASE 分数类型	选项区间	n	均值	标准差	95% 置信区间 下限	95% 置信区间 上限	sig.
身体活动总 PASE 分数	0—500 元	1364	105.92	65.53	102.44	109.40	0.075
	501—1000 元	1062	104.51	64.20	100.65	108.38	
	1001—5000 元	815	106.69	67.19	102.07	111.31	
	5000 元以上	361	94.35	65.84	87.54	101.17	
交通活动 PASE 分数	0—500 元	1321	26.84	24.78	25.51	28.18	0.035
	501—1000 元	1020	26.92	23.23	25.49	28.35	
	1001—5000 元	783	29.52	26.41	27.67	31.37	
	5000 元以上	343	24.89	22.12	22.54	27.23	
家务活动 PASE 分数	0—500 元	1324	45.99	37.00	44.00	47.99	0.389
	501—1000 元	1025	44.96	36.06	42.75	47.17	
	1001—5000 元	798	43.98	35.95	41.49	46.48	
	5000 元以上	345	43.62	36.01	39.81	47.43	
体育锻炼 PASE 分数	0—500 元	1214	37.98	33.79	36.08	39.89	0.415
	501—1000 元	948	39.02	36.58	36.69	41.35	
	1001—5000 元	709	40.08	38.17	37.26	42.89	
	5000 元以上	284	36.48	34.94	32.40	40.56	

三　不同住院费用水平下城市老年人身体活动量的差异

在"住院费用"一项中，对不同选项的城市老年人的各项身体活动 PASE 得分分数进行方差分析。先对依据住院费用选项而划分的各组数据进行方差齐性检验，取显著性水平 $\alpha = 0.05$，则在以住院费用水平分组的条件下，身体活动总 PASE 分数和交通活动 PASE 分数的各组数据方差齐，家务活动 PASE 分数和体育锻炼 PASE 分数的各组数据方差不齐

第六章　城市老年人身体活动对医疗开支收益的影响

（见表 6.5）。

表 6.5　城市老年人住院费用水平分组的方差齐性检验结果

因变量	Levene 统计	sig.
身体活动总 PASE 分数	1.143	0.330
交通活动 PASE 分数	0.718	0.541
家务活动 PASE 分数	5.869	0.001
体育锻炼 PASE 分数	3.697	0.011

根据方差齐性采用 One-Way ANOVA 或 Welch's ANOVA 方法检验组间差异的显著性，结果如表 6.6 所示。结果表明：住院费用处于不同区间的城市老年人，身体活动总 PASE 分数均值差异在 $\alpha=0.05$ 水平下不显著（sig. = 0.052），住院费用在 0—1000 元、1001—5000 元、5001—10000 元和 10000 元以上的总 PASE 分数均值分别为 106.70、99.28、101.34 和 97.76，住院费用最低组的城市老年人，身体活动总 PASE 分数均值最高；住院费用最高组的城市老年人，身体活动总 PASE 分数均值最低。

住院费用处于不同区间的城市老年人，家务活动 PASE 分数均值有非常显著差异（sig. < 0.01），住院费用在 0—1000 元、1001—5000 元、5001—10000 元和 10000 元以上的家务活动 PASE 分数均值分别为 46.37、42.59、38.05 和 37.33，呈现随着住院费用的增加 PASE 分数依次降低的趋势；交通活动 PASE 分数和体育锻炼 PASE 分数的均值则没有显著差异（sig. > 0.05）。

表 6.6　不同住院费区间的城市老年人各类型身体活动 PASE 分数均值差异比较

PASE 分数类型	选项区间	n	均值	标准差	95% 置信区间 下限	95% 置信区间 上限	sig.
身体活动总 PASE 分数	0—1000 元	1759	106.70	65.21	103.65	109.75	0.052
	1001—5000 元	867	99.28	62.48	95.12	103.45	
	5001—10000 元	326	101.34	69.44	93.77	108.91	
	10000 元以上	163	97.76	65.67	87.62	107.93	

续表

PASE 分数类型	选项区间	n	均值	标准差	95%置信区间 下限	95%置信区间 上限	sig.
交通活动 PASE 分数	0—1000 元	1701	27.41	23.88	26.28	28.55	0.578
	1001—5000 元	832	26.46	24.29	24.81	28.12	
	5001—10000 元	312	24.89	23.63	22.26	27.53	
	10000 元以上	154	26.98	26.64	22.74	31.22	
家务活动 PASE 分数	0—1000 元	1703	46.37	37.18	44.61	48.14	0.000
	1001—5000 元	839	42.59	34.92	40.22	44.96	
	5001—10000 元	319	38.05	32.73	34.45	41.66	
	10000 元以上	160	37.33	31.32	32.44	42.22	
体育锻炼 PASE 分数	0—1000 元	1581	37.94	33.80	36.28	39.61	0.205
	1001—5000 元	733	38.21	32.62	35.84	40.57	
	5001—10000 元	293	44.02	49.42	38.34	49.70	
	10000 元以上	135	42.50	40.98	35.53	49.48	

四 不同购药费用水平下城市老年人身体活动量的差异

在"购药费用"一项中,对不同选项的城市老年人的各项身体活动 PASE 得分进行方差分析。先对依据购药费用选项而划分的各组数据进行方差齐性检验,取显著性水平 $\alpha = 0.05$,则在以购药费用水平分组的条件下,身体活动总 PASE 分数、交通活动 PASE 分数和家务活动 PASE 分数的各组数据方差齐,体育锻炼 PASE 分数的各组数据方差不齐(见表6.7)。

表6.7　城市老年人购药费用水平分组的方差齐性检验结果

因变量	Levene 统计	sig.
身体活动总 PASE 分数	2.083	0.100
交通活动 PASE 分数	1.150	0.328
家务活动 PASE 分数	0.637	0.591
体育锻炼 PASE 分数	2.660	0.047

根据方差齐性采用 One-Way ANOVA 或 Welch's ANOVA 方法检验组间差异的显著性,结果如表6.8所示。结果表明:在 $\alpha = 0.05$ 显著性水平

下，医疗开支处于不同区间的城市老年人，身体活动总 PASE 分数、交通活动 PASE 分数、家务活动 PASE 分数和体育锻炼 PASE 分数的均值均没有显著差异。

表6.8　　　　不同购药费区间的城市老年人各类型身体活动 PASE
分数均值差异比较

PASE 分数类型	选项区间	n	均值	标准差	95% 置信区间 下限	95% 置信区间 上限	sig.
身体活动总 PASE 分数	0—500 元	1743	104.75	63.66	101.76	107.74	0.367
	501—1000 元	1006	102.93	63.48	99.00	106.86	
	1001—5000 元	554	101.51	68.63	95.78	107.24	
	5000 元以上	138	103.35	70.92	91.41	115.28	
交通活动 PASE 分数	0—500 元	1681	27.39	23.90	26.24	28.53	0.636
	501—1000 元	965	26.42	24.31	24.88	27.96	
	1001—5000 元	538	26.04	24.19	23.99	28.09	
	5000 元以上	128	25.31	26.18	20.73	29.89	
家务活动 PASE 分数	0—500 元	1689	45.87	36.45	44.13	47.61	0.238
	501—1000 元	976	44.34	36.88	42.02	46.66	
	1001—5000 元	544	42.95	35.47	39.96	45.94	
	5000 元以上	132	43.70	35.96	37.51	49.89	
体育锻炼 PASE 分数	0—500 元	1535	37.25	32.49	35.63	38.88	0.384
	501—1000 元	894	38.27	35.24	35.96	40.58	
	1001—5000 元	480	38.87	38.72	35.40	42.34	
	5000 元以上	120	42.63	37.99	35.76	49.50	

第二节　城市老年人身体活动对医疗开支收益影响的回归分析

采用线性回归模型对城市老年人身体活动变量和医疗开支变量进行回归分析。其中，将身体活动总 PASE 分数、交通活动 PASE 分数、家务活动 PASE 分数和体育锻炼 PASE 分数作为因变量；将年医疗开支、门诊费用、住院费用和购药费用作为自变量。同时，每组回归都将以经济水平、吸烟习惯和子女数量为三个控制变量,以控制这三个干扰变量对研究结果的影响。同时,从对城市老年人医疗开支变量的描述性统计中可以看到,医疗开支变量的分布是右偏的。因此,数据统计处理时对纳入回归模型的自变量和因变量均作取对数处理,而不改变其相对关系。做取对数处理后,回归系数反映的是自变量每提高一倍时,因变量的变化率。

一 城市老年人身体活动对医疗开支收益影响的回归分析

（一）城市老年人身体活动 PASE 分数与医疗开支的回归结果

以城市老年人年医疗开支为因变量进行回归,结果如表 6.9 所示。结果表明,城市老年人身体活动总 PASE 分数与年医疗开支之间呈非常显著的负相关关系（sig. < 0.01）,回归系数为 - 0.140,意味着城市老年人的身体活动总 PASE 分数每增加一倍,年医疗开支就相应地降低 14.0%。

城市老年人身体活动分项 PASE 分数的回归结果表明：交通活动 PASE 分数与年医疗开支之间的相关关系不显著（sig. > 0.05）；家务活动 PASE 分数与年医疗开支之间呈非常显著的负相关关系（sig. < 0.01）,回归系数为 - 0.090；体育锻炼 PASE 分数与年医疗开支之间的相关关系不显著（sig. > 0.05）。综合来看,身体活动的各类型中,与年医疗开支降低具有最大关联的是家务活动。

表 6.9　城市老年人身体活动 PASE 分数与年医疗开支的回归结果

PASE 分数类型	回归系数	sig.	回归系数的 95% 置信区间 下限	回归系数的 95% 置信区间 上限
身体活动总 PASE 分数	- 0.140	0.000	- 0.216	- 0.064
交通活动 PASE 分数	- 0.003	0.933	- 0.069	0.063
家务活动 PASE 分数	- 0.090	0.002	- 0.146	- 0.033
体育锻炼 PASE 分数	0.021	0.426	- 0.031	0.072

（二）不同性别城市老年人身体活动 PASE 分数与年医疗开支的回归结果

将城市老年人分为男性和女性两个组别,分别进行身体活动 PASE 分数与年医疗开支回归分析,发现身体活动 PASE 分数与年医疗开支的相关性呈现出性别差异。

第六章　城市老年人身体活动对医疗开支收益的影响

以男性城市老年人的年医疗开支为因变量进行回归，结果如表6.10所示。结果表明，对男性城市老年人来说，无论是身体活动总PASE分数还是交通活动、家务活动、体育锻炼三个分项身体活动PASE分数，与年医疗开支之间的相关关系均不显著（sig.＞0.05）。

表6.10　男性城市老年人身体活动PASE分数与年医疗开支的回归结果

PASE分数类型	回归系数	sig.	回归系数的95%置信区间 下限	上限
身体活动总PASE分数	－0.073	0.211	－0.189	0.042
交通活动PASE分数	－0.081	0.138	－0.188	0.026
家务活动PASE分数	－0.017	0.686	－0.100	0.066
体育锻炼PASE分数	0.036	0.369	－0.043	0.115

以女性城市老年人的年医疗开支为因变量进行回归，结果如表6.11所示。结果表明，女性老年人身体活动总PASE分数与年医疗开支之间呈非常显著的负相关关系（sig.＜0.01），回归系数为－0.205，意味着女性城市老年人身体活动量每提高一倍，年医疗开支相应降低20.5%。家务活动PASE分数与年医疗开支之间的负相关关系也非常显著（sig.＜0.01），回归系数为－0.171，意味着女性城市老年人家务活动量每提高一倍，年医疗开支相应降低17.1%。城市老年人交通活动PASE分数和体育锻炼PASE分数与年医疗开支之间的相关关系则不显著（sig.＞0.05）。

表6.11　女性城市老年人身体活动PASE分数与年医疗开支的回归结果

PASE分数类型	回归系数	sig.	回归系数的95%置信区间 下限	上限
身体活动总PASE分数	－0.205	0.000	－0.310	－0.101
交通活动PASE分数	0.049	0.266	－0.037	0.136
家务活动PASE分数	－0.171	0.000	－0.256	－0.086
体育锻炼PASE分数	0.005	0.881	－0.064	0.074

对比男性和女性身体活动与年医疗开支的回归结果可以发现，城市老年人身体活动与年医疗开支之间的负相关性在女性群体中表现得比在男性

群体中更显著。

(三) 不同年龄段城市老年人身体活动 PASE 分数与年医疗开支的回归结果

将城市老年人分为 70 岁及以下和 70 岁以上两个组别分别进行回归,发现身体活动 PASE 分数与年医疗开支的相关性呈现出年龄差异。

以 70 岁及以下城市老年人的年医疗开支为因变量进行回归,结果如表 6.12 所示。结果表明,70 岁及以下城市老年人身体活动总 PASE 分数与年医疗开支之间的相关关系在 $\alpha = 0.05$ 水平下不显著(sig. = 0.061),但可以认为二者有负相关的趋势(回归系数为 -0.102)。家务活动 PASE 分数与年医疗开支呈非常显著的负相关关系(sig. < 0.01),回归系数为 -0.112,意味着 70 岁以下城市老年人家务活动量每提高一倍,年医疗开支相应降低 11.2%。70 岁以下城市老年人交通活动 PASE 分数和体育锻炼 PASE 分数与年医疗开支之间的相关关系均不显著(sig. > 0.05)。

表 6.12 70 岁及以下城市老年人身体活动 PASE 分数与年医疗开支的回归结果

PASE 分数类型	回归系数	sig.	回归系数的95%置信区间 下限	上限
身体活动总 PASE 分数	-0.102	0.061	-0.210	0.005
交通活动 PASE 分数	0.056	0.198	-0.029	0.142
家务活动 PASE 分数	-0.112	0.002	-0.184	-0.040
体育锻炼 PASE 分数	0.005	0.895	-0.063	0.072

以 70 岁以上城市老年人的年医疗开支为因变量进行回归,结果如表 6.13 所示。结果表明,70 岁以上老年人身体活动总 PASE 分数与年医疗开支之间呈非常显著的负相关关系(sig. < 0.01),回归系数为 -0.161,意味着 70 岁以上城市老年人每提高一倍身体活动量,年医疗开支降低 16.1%。70 岁以上城市老年人交通活动 PASE 分数、家务活动 PASE 分数和体育锻炼 PASE 分数与年医疗开支之间的相关关系均不显著(sig. > 0.05)。

对比两个年龄组别的回归结果可以发现,城市老年人身体活动总量与年医疗开支的负相关性在 70 岁以上城市老年人群体中体现得更明显,但家务活动与年医疗开支的相关性在 70 岁及以下城市老年人群体中更显著。

第六章 城市老年人身体活动对医疗开支收益的影响

表6.13 70岁以上城市老年人身体活动 PASE 分数与年医疗开支的回归结果

PASE 分数类型	回归系数	sig.	回归系数的95%置信区间	
			下限	上限
身体活动总 PASE 分数	-0.161	0.005	-0.274	-0.049
交通活动 PASE 分数	-0.080	0.130	-0.184	0.024
家务活动 PASE 分数	-0.042	0.382	-0.136	0.052
体育锻炼 PASE 分数	0.046	0.255	-0.033	0.126

（四）不同地区城市老年人身体活动 PASE 分数与年医疗开支的回归结果

将城市老年人分为东部地区和中西部地区两个组别分别进行回归，发现身体活动 PASE 分数与年医疗开支的相关性呈现地区差异。

以东部地区城市老年人的年医疗开支为因变量进行回归，结果如表6.14所示。结果表明，东部地区城市老年人身体活动总 PASE 分数与年医疗开支之间呈非常显著的负相关关系（sig. <0.01），回归系数为 -0.140，意味着东部地区城市老年人身体活动量每提高一倍，医疗开支相应减少14.0%。东部地区城市老年人交通活动 PASE 分数、家务活动 PASE 分数和体育锻炼 PASE 分数与年医疗开支之间的相关关系均不显著（sig. >0.05）。

表6.14 东部地区城市老年人身体活动 PASE 分数与年医疗开支的回归结果

PASE 分数类型	回归系数	sig.	回归系数的95%置信区间	
			下限	上限
身体活动总 PASE 分数	-0.140	0.004	-0.235	-0.046
交通活动 PASE 分数	-0.041	0.340	-0.126	0.044
家务活动 PASE 分数	-0.066	0.071	-0.137	0.006
体育锻炼 PASE 分数	0.019	0.576	-0.047	0.084

以中西部地区城市老年人的年医疗开支为因变量进行回归，结果如表6.15所示。结果表明，中西部地区城市老年人身体活动总 PASE 分数与年医疗开支之间呈非常显著的负相关关系（sig. <0.01），回归系数为-0.175，意味着中西部地区城市老年人每提高一倍身体活动量，年医疗

开支降低 17.5%。中西部城市老年人家务活动 PASE 分数与年医疗开支呈非常显著的负相关关系（sig. <0.01），回归系数为 -0.130，意味着中西部地区城市老年人每提高一倍家务活动量，年医疗开支降低 13.0%。中西部城市老年人交通活动 PASE 分数和体育锻炼 PASE 分数与年医疗开支之间的相关关系均不显著（sig. >0.05）。

表 6.15 中西部地区城市老年人身体活动 PASE 分数与年医疗开支的回归结果

PASE 分数类型	回归系数	sig.	回归系数的95%置信区间	
			下限	上限
身体活动总 PASE 分数	-0.175	0.008	-0.304	-0.045
交通活动 PASE 分数	0.004	0.933	-0.099	0.108
家务活动 PASE 分数	-0.130	0.006	-0.223	-0.037
体育锻炼 PASE 分数	0.037	0.376	-0.045	0.120

对比两个地区组别的回归结果可以发现，相比于东部地区，中西部地区城市老年人身体活动总量及家务活动与年医疗开支的负相关性都更高，也即意味着中西部地区城市老年人的身体活动对降低年医疗开支的收益更明显。

（五）不同受教育程度城市老年人 PASE 分数与年医疗开支的回归结果

将城市老年人分为低受教育程度、中受教育程度和高受教育程度三个组别分别进行回归，发现身体活动 PASE 分数与年医疗开支的相关性在不同受教育程度的城市老年人群体中呈现差异。

以低受教育程度城市老年人的年医疗开支为因变量进行回归，结果如表 6.16 所示。结果表明，低受教育程度城市老年人身体活动总 PASE 分数与年医疗开支之间呈非常显著的负相关关系（sig. <0.01），回归系数为 -0.165，意味着低受教育程度城市老年人身体活动量每提高一倍，医疗开支相应减少 16.5%。低受教育程度城市老年人家务活动 PASE 分数与年医疗开支呈非常显著的负相关关系（sig. <0.01），回归系数为 -0.158，意味着低受教育程度城市老年人家务劳动 PASE 分数每提高一倍，医疗开支相应减少 15.8%。城市老年人交通活动 PASE 分数和体育锻炼 PASE 分数与年医疗开支之间的相关关系均不显著（sig. >0.05）。

第六章　城市老年人身体活动对医疗开支收益的影响

表 6.16　低受教育程度城市老年人身体活动 PASE 分数与年医疗开支的回归结果

PASE 分数类型	回归系数	sig.	回归系数的 95% 置信区间 下限	上限
身体活动总 PASE 分数	-0.165	0.009	-0.288	-0.042
交通活动 PASE 分数	-0.008	0.894	-0.133	0.116
家务活动 PASE 分数	-0.158	0.004	-0.265	-0.051
体育锻炼 PASE 分数	0.120	0.039	0.006	0.235

以中受教育程度城市老年人的年医疗开支为因变量进行回归，结果如表 6.17 所示。结果表明，中受教育程度城市老年人身体活动总 PASE 分数与年医疗开支之间呈非常显著的负相关关系（sig. < 0.01），回归系数为 -0.158，意味着中受教育程度城市老年人身体活动量每提高一倍，年医疗开支相应减少 15.8%。中受教育程度城市老年人家务活动 PASE 分数与年医疗开支呈显著的负相关关系（sig. < 0.05），回归系数为 -0.100，意味着中受教育程度城市老年人身体活动量每提高一倍，医疗开支相应减少 10.0%。中受教育程度城市老年人交通活动 PASE 分数和体育锻炼 PASE 分数与年医疗开支之间的相关关系均不显著（sig. > 0.05）。

表 6.17　中受教育程度城市老年人身体活动 PASE 分数与年医疗开支的回归结果

PASE 分数类型	回归系数	sig.	回归系数的 95% 置信区间 下限	上限
身体活动总 PASE 分数	-0.158	0.005	-0.269	-0.048
交通活动 PASE 分数	-0.028	0.565	-0.125	0.068
家务活动 PASE 分数	-0.100	0.015	-0.181	-0.019
体育锻炼 PASE 分数	0.032	0.388	-0.041	0.105

对高受教育程度城市老年人以年医疗开支为因变量进行回归，结果如表 6.18 所示。结果表明，对于高受教育程度的城市老年人来说，无论是身体活动总 PASE 分数还是交通活动、家务活动、体育锻炼三个分项身体活动 PASE 分数，与年医疗开支之间的相关关系均不显著（sig. >

0.05)。

表6.18　　高受教育程度城市老年人身体活动 PASE 分数
与年医疗开支的回归结果

PASE 分数类型	回归系数	sig.	回归系数的95%置信区间	
			下限	上限
身体活动总 PASE 分数	-0.073	0.480	-0.278	0.131
交通活动 PASE 分数	-0.076	0.296	-0.218	0.066
家务活动 PASE 分数	0.005	0.938	-0.118	0.128
体育锻炼 PASE 分数	-0.024	0.622	-0.122	0.073

对比低、中、高三个受教育程度组别的回归结果可以发现，受教育程度越高的城市老年人，其身体活动与年医疗开支的相关性越低。

二　城市老年人身体活动对门诊费用收益影响的回归分析

（一）城市老年人身体活动 PASE 分数与门诊费用的回归结果

以门诊费用为因变量进行回归，结果如表6.19所示。结果表明，城市老年人身体活动总 PASE 分数与门诊费用的相关性存在显著的负相关关系（sig. <0.05），回归系数为 -0.067，意味着城市老年人身体活动总 PASE 分数每增加一倍，相应门诊费用就降低6.7%。城市老年人身体活动分项 PASE 分数的回归结果表明，其交通活动 PASE 分数、家务活动 PASE 分数和体育锻炼 PASE 分数与门诊费用之间的相关关系均不显著（sig. >0.05）。

表6.19　　城市老年人身体活动总 PASE 分数与门诊费用的回归结果

PASE 分数类型	回归系数	sig.	回归系数的95%置信区间	
			下限	上限
身体活动总 PASE 分数	-0.067	0.025	-0.126	-0.008
交通活动 PASE 分数	0.023	0.388	-0.030	0.076
家务活动 PASE 分数	-0.012	0.590	-0.057	0.033
体育锻炼 PASE 分数	-0.018	0.398	-0.059	0.023

第六章　城市老年人身体活动对医疗开支收益的影响

（二）不同性别城市老年人身体活动 PASE 分数与门诊费用的回归结果

将不同性别城市老年人分为男性和女性两个组别分别进行回归，发现城市老年人身体活动 PASE 分数与门诊费用的相关性呈现性别差异。

以男性城市老年人的年医疗开支为因变量进行回归，结果如表 6.20 所示。结果表明，对男性城市老年人来说，无论是身体活动总 PASE 分数还是交通活动、家务活动、体育锻炼三个分项身体活动 PASE 分数，与门诊费用之间的相关关系均不显著（sig. ≥0.05）。

表6.20　男性城市老年人身体活动 PASE 分数与门诊费用的回归结果

PASE 分数类型	回归系数	sig.	回归系数的95%置信区间 下限	回归系数的95%置信区间 上限
身体活动总 PASE 分数	−0.005	0.909	−0.090	0.080
交通活动 PASE 分数	−0.033	0.456	−0.119	0.053
家务活动 PASE 分数	0.024	0.479	−0.042	0.089
体育锻炼 PASE 分数	0.034	0.282	−0.028	0.096

以女性城市老年人的门诊费用为因变量进行回归，结果如表 6.21 所示。结果表明，女性城市老年人身体活动总 PASE 分数与门诊费用之间呈非常显著的负相关关系（sig. <0.01），回归系数为 −0.163，意味着女性城市老年人身体活动 PASE 分数每提高一倍，门诊费用相应降低 16.3%。城市老年人家务活动 PASE 分数、体育锻炼 PASE 分数与门诊费用之间的负相关关系也很显著（sig. <0.05），回归系数分别为 −0.084 和 −0.064，意味着女性城市老年人家务活动 PASE 分数每提高一倍，门诊费用相应降低 8.4%，体育锻炼 PASE 分数每提高一倍，门诊费用相应降低 6.4%。城市老年人交通活动 PASE 分数与门诊费用之间则呈正相关（回归系数为 0.075，sig. <0.05）。

对比城市男性和女性老年人身体活动 PASE 分数与门诊费用的回归结果可以发现，城市老年人身体活动与门诊费用之间的负相关性在女性群体中表现得比在男性群体中更显著。

表6.21　女性城市老年人身体活动PASE分数与门诊费用的回归结果

PASE分数类型	回归系数	sig.	回归系数的95%置信区间 下限	上限
身体活动总PASE分数	-0.163	0.000	-0.247	-0.079
交通活动PASE分数	0.075	0.034	0.006	0.144
家务活动PASE分数	-0.084	0.014	-0.151	-0.017
体育锻炼PASE分数	-0.064	0.023	-0.119	-0.009

（三）不同年龄段城市老年人身体活动PASE分数与门诊费用的回归结果

将城市老年人分为70岁及以下和70岁以上两个组别分别进行回归，发现城市老年人身体活动PASE分数与门诊费用的相关性呈现年龄差异。

以70岁及以下城市老年人的门诊费用为因变量进行回归，结果如表6.22所示。结果表明，对于70岁及以下城市老年人，身体活动总PASE分数、家务活动PASE分数和体育锻炼PASE分数与门诊费用之间的相关关系均不显著（sig.＞0.05）。交通活动PASE分数与门诊费用之间则呈正相关（回归系数为0.011，sig.＜0.05）。

表6.22　70岁及以下城市老年人身体活动PASE分数与门诊费用的回归结果

PASE分数类型	回归系数	sig.	回归系数的95%置信区间 下限	上限
身体活动总PASE分数	0.011	0.796	-0.075	0.098
交通活动PASE分数	0.082	0.020	0.013	0.151
家务活动PASE分数	-0.009	0.765	-0.066	0.049
体育锻炼PASE分数	-0.033	0.224	-0.086	0.020

以70岁以上城市老年人的门诊费用为因变量进行回归，结果如表6.23所示。结果表明，70岁以上城市老年人身体活动总PASE分数与门诊费用之间呈显著的负相关关系（sig.＜0.05），回归系数为-0.106，意味着70岁以上城市老年人身体活动PASE分数每提高一倍，门诊费用降低10.6%。城市老年人交通活动PASE分数、家务活动PASE分数和体育锻炼PASE分数与门诊费用之间的相关关系均不显著（sig.＞0.05）。

第六章　城市老年人身体活动对医疗开支收益的影响

表6.23　70岁以上城市老年人身体活动PASE分数与门诊费用的回归结果

PASE 分数类型	回归系数	sig.	回归系数的95%置信区间	
			下限	上限
身体活动总PASE分数	-0.106	0.013	-0.190	-0.022
交通活动PASE分数	-0.049	0.242	-0.132	0.033
家务活动PASE分数	0.008	0.826	-0.065	0.081
体育锻炼PASE分数	0.013	0.689	-0.051	0.077

对比城市老年人两个年龄组别的身体活动PASE分数与门诊费用回归结果可以发现，城市老年人身体活动量与门诊费用的负相关性在70岁以上城市老年人群体中更显著。

（四）不同地区城市老年人身体活动PASE分数与门诊费用的回归结果

将城市老年人分为东部地区和中西部地区两个组别分别进行身体活动PASE分数与门诊费用回归分析，发现东部地区和中西部地区城市老年人身体活动PASE分数与门诊费用的相关性呈现出地区差异。

以东部地区城市老年人的门诊费用为因变量进行回归，结果如表6.24所示。结果表明，东部地区城市老年人身体活动总PASE分数与门诊费用之间呈显著的负相关关系（sig.<0.05），回归系数为-0.081，意味着东部地区城市老年人身体活动PASE分数每提高一倍，门诊费用相应减少8.1%。东部地区城市老年人交通活动PASE分数、家务活动PASE分数和体育锻炼PASE分数与门诊费用之间的相关关系均不显著（sig.>0.05）。

表6.24　东部地区城市老年人身体活动PASE分数与门诊费用的回归结果

PASE 分数类型	回归系数	sig.	回归系数的95%置信区间	
			下限	上限
身体活动总PASE分数	-0.081	0.029	-0.154	0.008
交通活动PASE分数	-0.033	0.345	-0.102	0.036
家务活动PASE分数	0.015	0.599	-0.041	0.071
体育锻炼PASE分数	-0.032	0.227	-0.085	0.020

对中西部地区城市老年人以门诊费用为因变量进行回归，结果如表

6.25 所示。结果表明,对于中西部地区的城市老年人来说,无论是身体活动总 PASE 分数还是交通活动、家务活动、体育锻炼三个分项身体活动 PASE 分数,与门诊费用之间的相关关系均不显著(sig. >0.05)。

表6.25　中西部地区城市老年人身体活动 PASE 分数与门诊费用的回归结果

PASE 分数类型	回归系数	sig.	回归系数的95%置信区间 下限	上限
身体活动总 PASE 分数	-0.051	0.318	-0.151	0.049
交通活动 PASE 分数	0.078	0.060	-0.003	0.160
家务活动 PASE 分数	-0.049	0.186	-0.122	0.024
体育锻炼 PASE 分数	0.015	0.642	-0.049	0.079

对比城市老年人两个年龄组别的身体活动 PASE 分数与门诊费用回归结果可以发现,相比于中西部地区,东部地区城市老年人身体活动总 PASE 分数与门诊费用的负相关性更高,可以认为东部地区城市老年人身体活动对降低门诊费用的效果更明显。

(五)不同受教育程度城市老年人 PASE 身体活动分数与门诊费用的回归结果

将城市老年人分为低受教育程度、中受教育程度和高受教育程度三个组别分别进行身体活动 PASE 分数与门诊费用回归分析,发现身体活动 PASE 分数与门诊费用的相关性在不同受教育程度的城市老年人群体中呈现差异。

以低受教育程度城市老年人的门诊费用为因变量进行回归,结果如表6.26 所示。结果表明,低受教育程度城市老年人身体活动总 PASE 分数与门诊费用之间呈非常显著的负相关关系(sig. <0.01),回归系数为 -0.139,意味着低受教育程度城市老年人身体活动 PASE 分数每提高一倍,门诊费用相应减少13.9%。低受教育程度城市老年人家务活动 PASE 分数与门诊费用呈显著的负相关关系(sig. <0.05),回归系数为 -0.087,意味着低受教育程度城市老年人家务活动 PASE 分数每提高一倍,门诊费用相应减少8.7%。低受教育程度城市老年人交通活动 PASE 分数和体育锻炼 PASE 分数与门诊费用之间的相关关系均不显著(sig. >0.05)。

第六章　城市老年人身体活动对医疗开支收益的影响

表6.26　低受教育程度城市老年人身体活动PASE分数
与门诊费用的回归结果

PASE分数类型	回归系数	sig.	回归系数的95%置信区间	
			下限	上限
身体活动总PASE分数	-0.139	0.003	-0.231	-0.047
交通活动PASE分数	-0.008	0.859	-0.099	0.083
家务活动PASE分数	-0.087	0.028	-0.164	-0.009
体育锻炼PASE分数	0.043	0.307	-0.039	0.124

以中受教育程度城市老年人的门诊费用为因变量进行回归，结果如表6.27所示。结果表明，中受教育程度老年人身体活动总PASE分数与门诊费用之间的相关关系在 $\alpha=0.05$ 水平下不显著（sig.=0.056），但可以看出二者呈现负相关的趋势（回归系数为-0.081）。中受教育程度老年人交通活动PASE分数、家务活动PASE分数和体育锻炼PASE分数与门诊费用之间的相关关系均不显著（sig.>0.05）。

表6.27　中受教育程度城市老年人身体活动PASE分数
与门诊费用的回归结果

PASE分数类型	回归系数	sig.	回归系数的95%置信区间	
			下限	上限
身体活动总PASE分数	-0.081	0.056	-0.165	0.002
交通活动PASE分数	0.049	0.208	-0.027	0.126
家务活动PASE分数	-0.008	0.802	-0.070	0.054
体育锻炼PASE分数	-0.046	0.111	-0.103	0.011

以高受教育程度城市老年人的门诊费用为因变量进行回归，结果如表6.28所示。结果表明，对于高受教育程度的城市老年人，无论是身体活动总PASE分数，还是交通活动、家务活动、体育锻炼三个分项身体活动PASE分数，与门诊费用之间的相关关系均不显著（sig.>0.05）。

对比低、中、高三个受教育程度组别的城市老年人身体活动总PASE分数与门诊费用的回归结果可以发现，受教育程度越高的城市老年人，其身体活动与门诊费用的相关性越低。

表6.28　　　　高受教育程度城市老年人身体活动 PASE 分数
与门诊费用的回归结果

PASE 分数类型	回归系数	sig.	回归系数的95%置信区间 下限	上限
身体活动总 PASE 分数	0.082	0.326	-0.081	0.245
交通活动 PASE 分数	-0.079	0.213	-0.203	0.045
家务活动 PASE 分数	0.085	0.119	-0.022	0.193
体育锻炼 PASE 分数	0.001	0.978	-0.085	0.087

三　城市老年人身体活动对住院费用收益影响的回归分析

（一）城市老年人身体活动 PASE 分数与住院费用的回归结果

以住院费用为因变量、身体活动 PASE 分数为自变量，对城市老年人身体活动与门诊费用进行回归分析，结果如表6.29所示。以城市老年人身体活动总 PASE 分数为自变量的回归结果表明，城市老年人身体活动总 PASE 分数与住院费用之间呈非常显著的负相关关系（sig. <0.01），回归系数为 -0.118，意味着城市老年人的身体活动总 PASE 分数每提高一倍，相应的住院费用就降低11.8%。

表6.29　　　城市老年人身体活动 PASE 分数与住院费用的回归结果

PASE 分数类型	回归系数	sig.	回归系数的95%置信区间 下限	上限
身体活动总 PASE 分数	-0.118	0.003	-0.196	-0.041
交通活动 PASE 分数	-0.078	0.026	-0.147	-0.009
家务活动 PASE 分数	-0.077	0.010	-0.135	-0.018
体育锻炼 PASE 分数	0.030	0.274	-0.024	0.083

以城市老年人身体活动分项 PASE 分数为自变量的回归结果表明，城市老年人交通活动 PASE 分数、家务活动 PASE 分数与住院费用之间呈显著的负相关关系（sig. <0.05），回归系数分别为 -0.078 和 -0.077，意味着城市老年人的交通活动 PASE 分数每提高一倍，相应的住院费用就降低7.8%，城市老年人家务活动 PASE 分数每提高一倍，相应的住院费用就降低7.7%。城市老年人体育锻炼 PASE 分数与住院费用之间的相关关

系不显著（sig. >0.05）。综合来看，身体活动的各类型中，与住院费用降低具有最大关联的身体活动是交通活动和家务活动。

（二）不同性别城市老年人PASE分数与住院费用的回归结果

将城市老年人分为男性和女性两个组别，分别进行身体活动PASE分数与年医疗开支回归分析，发现城市老年人身体活动PASE分数与住院费用的相关性呈现性别差异。

以男性城市老年人的住院费用为因变量，以男性城市老年人身体活动PASE分数为自变量进行回归，结果如表6.30所示。结果表明，对于男性城市老年人来说，无论是身体活动总PASE分数还是交通活动、家务活动、体育锻炼三个分项身体活动PASE分数，与住院费用之间的相关关系均不显著（sig. >0.05）。

表6.30　男性城市老年人身体活动PASE分数与住院费用的回归结果

PASE 分数类型	回归系数	sig.	回归系数的95%置信区间	
			下限	上限
身体活动总PASE分数	-0.073	0.190	-0.182	0.036
交通活动PASE分数	-0.076	0.158	-0.183	0.030
家务活动PASE分数	-0.012	0.767	-0.093	0.069
体育锻炼PASE分数	0.023	0.553	-0.054	0.100

以女性城市老年人的住院费用为因变量进行回归，结果如表6.31所示。结果表明，女性城市老年人身体活动总PASE分数与住院费用之间呈非常显著的负相关关系（sig. <0.01），回归系数为-0.183，意味着女性城市老年人身体活动PASE分数每提高一倍，其住院费用相应降低18.3%。女性城市老年人家务活动PASE分数与住院费用之间的负相关关系也非常显著（sig. <0.01），回归系数为-0.163，表明女性城市老年人家务活动PASE分数每提高一倍，其住院费用相应降低16.3%。女性城市老年人交通活动PASE分数和体育锻炼PASE分数与住院费用之间的相关关系则不显著（sig. >0.05）。

对比城市男性和女性老年人身体活动PASE分数与住院费用的回归结果可以发现，城市老年人身体活动与住院费用之间的负相关性在女性群体中表现得比在男性群体中更显著。

表6.31　女性城市老年人身体 PASE 分数与住院费用的回归结果

PASE 分数类型	回归系数	sig.	回归系数的95%置信区间 下限	上限
身体活动总 PASE 分数	-0.183	0.002	-0.296	-0.070
交通活动 PASE 分数	-0.082	0.086	-0.175	0.012
家务活动 PASE 分数	-0.163	0.001	-0.254	-0.071
体育锻炼 PASE 分数	0.023	0.546	-0.052	0.098

（三）不同年龄段城市老年人身体活动 PASE 分数与住院费用的回归结果

将城市老年人分为70岁及以下和70岁以上两个组别分别进行身体活动 PASE 分数与住院费用回归分析，发现城市老年人身体活动 PASE 分数与住院费用的相关性呈现年龄差异。

以70岁及以下城市老年人的住院费用为因变量，身体活动 PASE 得分为自变量进行回归分析，结果如表6.32所示。结果表明，70岁及以下城市老年人身体活动总 PASE 分数与住院费用之间呈显著的负相关关系（sig. <0.05），回归系数为 -0.124，意味着70岁及以下城市老年人身体活动总 PASE 分数每提高一倍，住院费用相应减少12.4%。城市老年人家务活动 PASE 分数与住院费用呈非常显著的负相关关系（sig. <0.01），回归系数为 -0.127，意味着70岁及以下城市老年人家务活动 PASE 分数每提高一倍，住院费用相应减少12.7%。城市老年人交通活动 PASE 分数和体育锻炼 PASE 分数与住院费用之间的相关关系均不显著（sig. >0.05）。

表6.32　70岁及以下城市老年人身体活动 PASE 分数与住院费用的回归结果

PASE 分数类型	回归系数	sig.	回归系数的95%置信区间 下限	上限
身体活动总 PASE 分数	-0.124	0.043	-0.243	0.004
交通活动 PASE 分数	-0.019	0.682	-0.111	0.073
家务活动 PASE 分数	-0.127	0.001	-0.204	-0.051
体育锻炼 PASE 分数	0.017	0.644	-0.055	0.088

第六章 城市老年人身体活动对医疗开支收益的影响

以 70 岁以上城市老年人的住院费用为因变量，身体活动 PASE 得分为自变量进行回归分析，结果如表 6.33 所示。结果表明，70 岁以上城市老年人身体活动总 PASE 分数与住院费用之间呈显著的负相关关系（sig. < 0.05），回归系数为 -0.116，意味着 70 岁以上城市老年人身体活动 PASE 分数每提高一倍，住院费用相应减少 11.6%。交通活动 PASE 分数与住院费用呈非常显著的负相关关系（sig. < 0.01），回归系数为 -0.165，意味着 70 岁以上城市老年人交通活动 PASE 分数每提高一倍，住院费用相应减少 16.5%。70 岁以上城市老年人家务活动 PASE 分数、体育锻炼 PASE 分数、工作相关 PASE 分数与住院费用之间的相关关系均不显著（sig. > 0.05）。

表 6.33 70 岁以上城市老年人身体活动 PASE 分数与住院费用的回归结果

PASE 分数类型	回归系数	sig.	回归系数的 95% 置信区间	
			下限	上限
身体活动总 PASE 分数	-0.116	0.030	-0.220	-0.011
交通活动 PASE 分数	-0.165	0.002	-0.268	-0.061
家务活动 PASE 分数	0.009	0.855	-0.084	0.101
体育锻炼 PASE 分数	0.044	0.284	-0.037	0.124

对比城市老年人两个年龄组别的回归结果可以发现，身体活动对两个年龄段的城市老年人都有减少住院费用的积极意义，但不同类别的身体活动对不同年龄段的老年人作用不同：对于 70 岁及以下的城市老年人，家务活动对减少住院费用的贡献更大；对于 70 岁以上的城市老年人，交通活动对减少住院费用的贡献更大。

（四）不同地区城市老年人身体活动 PASE 分数与住院费用的回归结果

将城市老年人分为东部地区和中西部地区两个组别，分别以其住院费用为因变量，身体活动 PASE 得分为自变量进行回归分析，发现城市老年人身体活动 PASE 分数与住院费用的相关性呈现出地区差异。

以东部地区城市老年人的住院费用为因变量，身体活动 PASE 得分为自变量进行回归，结果如表 6.34 所示。结果表明，东部地区城市老年人身体活动总 PASE 分数与住院费用之间呈显著的负相关关系（sig. < 0.05），回归系数为 -0.113，意味着东部地区城市老年人身体活动总

PASE 分数每提高一倍，其住院费用相应减少 11.3%。城市老年人交通活动 PASE 分数、家务活动 PASE 分数与住院费用之间的负相关关系也很显著（sig. <0.05），回归系数分别为 -0.109 和 -0.097，意味着东部地区城市老年人交通活动 PASE 分数每提高一倍，其住院费用相应减少 10.9%，家务活动 PASE 分数每提高一倍，其住院费用相应减少 9.7%。东部地区城市老年人体育锻炼 PASE 分数与住院费用之间的相关关系不显著（sig. >0.05）。

表 6.34 东部地区城市老年人身体活动 PASE 分数与住院费用的回归结果

PASE 分数类型	回归系数	sig.	回归系数的95%置信区间 下限	上限
身体活动总 PASE 分数	-0.113	0.028	-0.213	-0.012
交通活动 PASE 分数	-0.109	0.020	-0.200	-0.017
家务活动 PASE 分数	-0.097	0.013	-0.173	-0.020
体育锻炼 PASE 分数	0.053	0.146	-0.018	0.124

以中西部地区城市老年人的住院费用为因变量，身体活动 PASE 得分为自变量进行回归，结果如表 6.35 所示。结果表明，中西部地区城市老年人身体活动总 PASE 分数与住院费用之间呈显著的负相关关系（sig. <0.05），回归系数为 -0.144，意味着中西部地区城市老年人身体活动总 PASE 分数每提高一倍，住院费用相应减少 14.4%。中西部城市老年人交通活动 PASE 分数、家务活动 PASE 分数和体育锻炼 PASE 分数与住院费用之间的相关关系均不显著（sig. >0.05）。

表 6.35 中西部地区城市老年人身体活动 PASE 分数与住院费用的回归结果

PASE 分数类型	回归系数	sig.	回归系数的95%置信区间 下限	上限
身体活动总 PASE 分数	-0.144	0.022	-0.267	-0.021
交通活动 PASE 分数	-0.019	0.716	-0.121	0.083
家务活动 PASE 分数	-0.060	0.195	-0.150	0.031
体育锻炼 PASE 分数	0.006	0.878	-0.073	0.085

第六章 城市老年人身体活动对医疗开支收益的影响

对比东部和中西部两个地区组别老年人身体活动 PASE 分数与住院费用的回归结果可以发现，相比于东部地区，中西部地区城市老年人身体活动总量和交通活动与住院费用的负相关性更高，也即意味着总体上中西部地区城市老年人身体活动和交通活动对其住院费用的减少更明显，更具有经济性意义。

（五）不同受教育程度城市老年人身体活动 PASE 分数与住院费用的回归结果

将城市老年人分为低受教育程度、中受教育程度和高受教育程度三个组别，分别以其住院费用为因变量，身体活动 PASE 得分为自变量进行回归，发现身体活动 PASE 分数与住院费用的相关性在不同受教育程度的城市老年人群体中呈现差异。

以低受教育程度城市老年人的住院费用为因变量，身体活动 PASE 得分为自变量进行回归，结果如表 6.36 所示。结果表明，低受教育程度老年人身体活动总 PASE 分数与住院费用之间呈非常显著的负相关关系（sig. <0.01），回归系数为 -0.167，意味着低受教育程度城市老年人身体活动总 PASE 分数每提高一倍，其住院费用相应减少 16.7%。低受教育程度城市老年人家务活动 PASE 分数与住院费用呈显著的负相关关系（sig. <0.05），回归系数为 -0.103，意味着低受教育程度城市老年人家务活动 PASE 分数每提高一倍，其住院费用相应减少 10.3%。低受教育程度城市老年人交通活动 PASE 分数和体育锻炼 PASE 分数与住院费用之间的相关关系均不显著（sig. >0.05）。

表 6.36　　　低受教育程度城市老年人身体活动 PASE 分数
与住院费用的回归结果

PASE 分数类型	回归系数	sig.	回归系数的95%置信区间	
			下限	上限
身体活动总 PASE 分数	-0.167	0.004	-0.280	-0.054
交通活动 PASE 分数	-0.095	0.102	-0.209	0.019
家务活动 PASE 分数	-0.103	0.040	-0.200	-0.005
体育锻炼 PASE 分数	0.099	0.056	-0.003	0.202

以中受教育程度城市老年人的住院费用为因变量，身体活动 PASE 分数为自变量进行回归，结果如表 6.37 所示。结果表明，中受教育程度老

年人身体活动总 PASE 分数与住院费用之间呈非常显著的负相关关系（sig. <0.01），回归系数为 -0.140，意味着中受教育程度城市老年人身体活动 PASE 分数每提高一倍，其住院费用相应减少 14.0%。中受教育程度城市老年人家务活动 PASE 分数与住院费用呈非常显著的负相关关系（sig. <0.01），回归系数为 -0.098，也即意味着中受教育程度城市老年人家务活动 PASE 分数每提高一倍，其住院费用相应减少 9.8%。中受教育程度城市老年人交通活动 PASE 分数和体育锻炼 PASE 分数与住院费用之间的相关关系均不显著（sig. >0.05）。

表 6.37　　　　中受教育程度城市老年人身体活动 PASE 分数与住院费用的回归结果

PASE 分数类型	回归系数	sig.	回归系数的95%置信区间 下限	回归系数的95%置信区间 上限
身体活动总 PASE 分数	-0.140	0.006	-0.240	-0.040
交通活动 PASE 分数	-0.062	0.171	-0.151	0.027
家务活动 PASE 分数	-0.098	0.008	-0.170	-0.026
体育锻炼 PASE 分数	-0.012	0.733	-0.078	0.055

以高受教育程度城市老年人的住院费用为因变量，身体活动 PASE 得为自变量分进行回归，结果如表 6.38 所示。结果表明，对于高受教育程度的城市老年人，无论是身体活动总 PASE 分数还是交通活动、家务活动、体育锻炼三个分项身体活动 PASE 分数，与住院费用之间的相关关系均不显著（sig. >0.05）。

表 6.38　　　　高受教育程度城市老年人身体活动 PASE 分数与住院费用的回归结果

PASE 分数类型	回归系数	sig.	回归系数的95%置信区间 下限	回归系数的95%置信区间 上限
身体活动总 PASE 分数	-0.017	0.897	-0.282	0.247
交通活动 PASE 分数	-0.159	0.111	-0.354	0.037
家务活动 PASE 分数	-0.011	0.896	-0.183	0.160
体育锻炼 PASE 分数	0.016	0.813	-0.116	0.148

第六章 城市老年人身体活动对医疗开支收益的影响

对比低、中、高三个受教育程度组别城市老年人身体活动 PASE 分数与住院费用的回归结果可以发现,受教育程度越高的城市老年人,其身体活动与住院费用的相关性越低。

四 城市老年人身体活动对购药费用收益影响的回归分析

（一）城市老年人身体活动 PASE 分数与购药费用的回归结果

以购药费用为因变量,身体活动 PASE 分数为自变量,对城市老年人身体活动对购药费用的影响进行回归分析。结果如表 6.39 所示,城市老年人身体活动总 PASE 分数与购药费用之间呈显著的负相关关系（sig. < 0.05）,回归系数为 -0.065,意味着城市老年人的身体活动总 PASE 分数每提高一倍,相应的购药费用就降低 6.5%。以身体活动分项 PASE 分数为自变量的回归结果表明：城市老年人交通活动 PASE 分数与购药费用之间呈显著的负相关关系（sig. < 0.05）,回归系数为 -0.058,即意味着城市老年人的交通活动 PASE 分数每提高一倍,相应的购药费用就降低 5.8%。城市老年人家务活动 PASE 分数、体育锻炼 PASE 分数与购药费用之间的相关关系均不显著（sig. > 0.05）。综合来看,城市老年人各种类型的身体活动中,与购药费用降低具有最大关联的是交通活动。

表 6.39　城市老年人身体活动 PASE 分数与购药费用的回归结果

PASE 分数类型	回归系数	sig.	回归系数的95%置信区间 下限	回归系数的95%置信区间 上限
身体活动总 PASE 分数	-0.065	0.025	-0.121	-0.008
交通活动 PASE 分数	-0.058	0.023	-0.108	-0.008
家务活动 PASE 分数	-0.002	0.917	-0.045	0.040
体育锻炼 PASE 分数	-0.003	0.888	-0.042	0.036

（二）不同性别城市老年人身体活动 PASE 分数与购药费用的回归结果

将城市老年人分为男性和女性两个组别分别进行回归,发现城市老年人身体活动 PASE 分数与购药费用的相关性呈现性别差异。

以男性城市老年人的购药费用为因变量,身体活动 PASE 得分为自变量进行回归,结果如表 6.40 所示。结果表明,男性城市老年人身体活动总 PASE 分数与购药费用之间呈非常显著的负相关关系（sig. <0.01），回归系数为 -0.107，意味着男性城市老年人身体活动 PASE 分数每提高一倍，购药费用相应减少 10.7%。男性城市老年人交通活动 PASE 分数与购药费用之间的负相关关系也非常显著（sig. <0.01），回归系数为 -0.107，意味着男性城市老年人身体活动 PASE 分数每提高一倍，购药费用相应减少 10.7%。男性城市老年人家务活动 PASE 分数、体育锻炼 PASE 分数与购药费用之间的相关关系不显著（sig. >0.05）。

表 6.40　男性城市老年人身体活动 PASE 分数与购药费用的回归结果

PASE 分数类型	回归系数	sig.	回归系数的95%置信区间 下限	回归系数的95%置信区间 上限
身体活动总 PASE 分数	-0.107	0.008	-0.186	-0.028
交通活动 PASE 分数	-0.107	0.007	-0.184	-0.029
家务活动 PASE 分数	0.028	0.356	-0.031	0.086
体育锻炼 PASE 分数	-0.039	0.174	-0.095	0.017

以女性城市老年人的购药费用为因变量，身体活动 PASE 得分为自变量进行回归，结果如表 6.41 所示。结果表明，对于女性城市老年人来说，无论是身体活动总 PASE 分数还是交通活动、家务活动、体育锻炼三个分项身体活动 PASE 分数，与购药费用之间的相关关系均不显著（sig. >0.05）。

表 6.41　女性城市老年人身体活动 PASE 分数与购药费用的回归结果

PASE 分数类型	回归系数	sig.	回归系数的95%置信区间 下限	回归系数的95%置信区间 上限
身体活动总 PASE 分数	-0.032	0.449	-0.114	0.050
交通活动 PASE 分数	-0.022	0.528	-0.089	0.045
家务活动 PASE 分数	-0.048	0.153	-0.114	0.018
体育锻炼 PASE 分数	0.022	0.426	-0.032	0.076

对比男性和女性城市老年人的回归结果可以发现，城市老年人身体活动与购药费用之间的负相关性在男性群体中表现得比在女性群体中更

第六章　城市老年人身体活动对医疗开支收益的影响

显著。

（三）不同年龄段城市老年人身体活动 PASE 分数与购药费用的回归结果

将城市老年人分为 70 岁及以下和 70 岁以上两个组别分别进行回归，发现身体活动 PASE 分数与购药费用的相关性呈现年龄差异。

以 70 岁及以下城市老年人的购药费用为因变量，身体活动 PASE 得分为自变量进行回归，结果如表 6.42 所示。结果表明，对于 70 岁及以下的城市老年人来说，无论是身体活动总 PASE 分数，还是交通活动、家务活动、体育锻炼三个分项身体活动 PASE 分数，与购药费用之间的相关关系均不显著（sig. > 0.05）。

表6.42　70 岁及以下城市老年人身体活动 PASE 分数与购药费用的回归结果

PASE 分数类型	回归系数	sig.	回归系数的95%置信区间	
			下限	上限
身体活动总 PASE 分数	0.015	0.731	-0.070	0.099
交通活动 PASE 分数	-0.011	0.747	-0.076	0.054
家务活动 PASE 分数	-0.007	0.803	-0.062	0.048
体育锻炼 PASE 分数	0.030	0.238	-0.020	0.081

以 70 岁以上城市老年人的购药费用为因变量，身体活动 PASE 得分为自变量进行回归，结果如表 6.43 所示。结果表明，70 岁以上老年人身体活动总 PASE 分数与购药费用之间呈非常显著的负相关关系（sig. < 0.01），回归系数为 -0.134，意味着 70 岁以上城市老年人身体活动 PASE 分数每提高一倍，购药费用相应减少 13.4%。交通活动 PASE 分数与购药费用之间也呈非常显著的负相关关系（sig. < 0.01），回归系数为 -0.119，也意味着 70 岁以上城市老年人交通活动 PASE 分数每提高一倍，购药费用相应减少 11.9%。70 岁以上老年人家务活动 PASE 分数、体育锻炼 PASE 分数与购药费用之间的相关关系均不显著（sig. > 0.05）。

对比两个年龄组别城市老年人身体活动 PASE 分数与购药费用的回归结果，可以发现，城市老年人身体活动量与购药费用的负相关性在 70 岁以上老年人群体中更显著。也就是说 70 岁以上老年人群体身体活动对购药费用降低更有作用、效果也更明显。

表6.43 70岁以上城市老年人身体活动PASE分数与购药费用的回归结果

PASE分数类型	回归系数	sig.	回归系数的95%置信区间 下限	回归系数的95%置信区间 上限
身体活动总PASE分数	-0.134	0.001	-0.212	-0.056
交通活动PASE分数	-0.119	0.003	-0.196	-0.042
家务活动PASE分数	0.012	0.742	-0.057	0.080
体育锻炼PASE分数	-0.047	0.131	-0.107	0.014

（四）不同地区城市老年人PASE分数与购药费用的回归结果

将城市老年人分为东部地区和中西部地区两个组别分别进行身体活动PASE得分与购药费用的回归分析，发现不同地区城市老年人身体活动PASE分数与购药费用的相关性呈现地区差异。

以东部地区城市老年人的购药费用为因变量，身体活动PASE得分为自变量进行回归，结果如表6.44所示。结果表明，东部地区城市老年人身体活动总PASE分数与购药费用之间呈显著的负相关关系（sig. < 0.05），回归系数为-0.077，意味着东部地区城市老年人身体活动PASE分数每提高一倍，购药费用相应减少7.7%。东部地区城市老年人交通活动PASE分数与购药费用之间的负相关关系也很显著（sig. < 0.05），回归系数为-0.070，意味着东部地区城市老年人交通活动PASE分数每提高一倍，购药费用相应减少7.0%。东部地区城市老年人家务活动PASE分数、体育锻炼PASE分数与购药费用之间的相关关系不显著（sig. > 0.05）。

表6.44 东部地区城市老年人身体活动PASE分数与购药费用的回归结果

PASE分数类型	回归系数	sig.	回归系数的95%置信区间 下限	回归系数的95%置信区间 上限
身体活动总PASE分数	-0.077	0.034	-0.147	-0.006
交通活动PASE分数	-0.070	0.035	-0.135	-0.005
家务活动PASE分数	-0.012	0.651	-0.067	0.042
体育锻炼PASE分数	-0.011	0.679	-0.061	0.040

以中西部地区城市老年人的购药费用为因变量，身体活动PASE得分为自变量进行回归，结果如表6.45所示。结果表明，对于中西部地区城

市老年人来说,无论是身体活动总 PASE 分数还是交通活动、家务活动、体育锻炼三个分项 PASE 分数,与购药费用之间的相关关系均不显著(sig. >0.05)。

表6.45　中西部地区城市老年人身体活动 PASE 分数与购药费用的回归结果

PASE 分数类型	回归系数	sig.	回归系数的95%置信区间	
			下限	上限
身体活动总 PASE 分数	-0.073	0.123	-0.165	0.020
交通活动 PASE 分数	-0.037	0.331	-0.112	0.038
家务活动 PASE 分数	-0.014	0.686	-0.081	0.053
体育锻炼 PASE 分数	0.021	0.476	-0.038	0.080

对比东部和中西部两个地区城市老年人身体活动 PASE 分数与购药费用的回归结果可以发现,相比于中西部地区,东部地区城市老年人身体活动与购药费用的负相关性更高。也就是说,东部地区老年人身体活动对购药费用降低更有作用、效果也更明显。

(五)不同受教育程度城市老年人身体活动 PASE 分数与购药费用的回归结果

将城市老年人分为低受教育程度、中受教育程度和高受教育程度三个组别分别进行身体活动 PASE 得分与购药费用的回归分析,发现身体活动 PASE 得分与购药费用的相关性在不同受教育程度的城市老年人群体中呈现差异。

以低受教育程度城市老年人的购药费用为因变量,身体活动 PASE 得分为自变量进行回归分析,结果如表6.46所示。结果表明,低受教育程度城市老年人身体活动总 PASE 分数与购药费用之间的相关关系在 α = 0.05 水平下不显著(sig. =0.068),但可以看出二者有负相关的趋势(回归系数为 -0.077)。低受教育程度城市老年人交通活动 PASE 分数、家务活动 PASE 分数和体育锻炼 PASE 分数与购药费用之间的相关关系均不显著(sig. >0.05)。

以中受教育程度城市老年人的购药费用为因变量,身体活动 PASE 得分为自变量进行回归分析,结果如表6.47所示。结果表明,中受教育程度城市老年人身体活动总 PASE 分数与购药费用之间的相关关系在 α =

0.05 水平下不显著（sig. >0.05），但可以看出二者仍然具有负相关的趋势（回归系数为 -0.071）。中受教育程度城市老年人交通活动 PASE 得分、家务活动 PASE 得分和体育锻炼 PASE 得分与购药费用之间的相关关系均不显著（sig. >0.05）。

表 6.46 低受教育程度城市老年人身体活动 PASE 分数与购药费用的回归结果

PASE 分数类型	回归系数	sig.	回归系数的95%置信区间 下限	上限
身体活动总 PASE 分数	-0.077	0.068	-0.159	0.006
交通活动 PASE 分数	-0.057	0.165	-0.137	0.023
家务活动 PASE 分数	-0.018	0.608	-0.086	0.051
体育锻炼 PASE 分数	0.041	0.268	-0.031	0.113

表 6.47 中受教育程度城市老年人 PASE 分数与购药费用的回归结果

PASE 分数类型	回归系数	sig.	回归系数的95%置信区间 下限	上限
身体活动总 PASE 分数	-0.071	0.083	-0.150	0.009
交通活动 PASE 分数	-0.062	0.094	-0.135	0.011
家务活动 PASE 分数	-0.003	0.922	-0.062	0.056
体育锻炼 PASE 分数	-0.023	0.397	-0.078	0.031

以高受教育程度城市老年人的购药费用为因变量，身体活动 PASE 得分为自变量进行回归分析，结果如表 6.48 所示。结果表明，对于高受教育程度的城市老年人，无论是身体活动总 PASE 分数还是交通活动、家务活动、体育锻炼三个分项身体活动 PASE 分数，与购药费用之间的相关关系均不显著（sig. >0.05）。

表 6.48 高受教育程度城市老年人身体活动 PASE 分数与购药费用的回归结果

PASE 分数类型	回归系数	sig.	回归系数的95%置信区间 下限	上限
身体活动总 PASE 分数	-0.068	0.422	-0.236	0.099

续表

PASE 分数类型	回归系数	sig.	回归系数的95%置信区间	
			下限	上限
交通活动 PASE 分数	-0.113	0.075	-0.238	0.012
家务活动 PASE 分数	0.014	0.808	-0.096	0.123
体育锻炼 PASE 分数	-0.007	0.880	-0.091	0.078

对比三个受教育程度组别城市老年人身体活动 PASE 分数与购药费用的回归结果可以发现，受教育程度越高的城市老年人，其身体活动与购药费用的相关性越低。也就是说，受教育程度越高的老年人身体活动的 PASE 得分低，其身体活动对降低购药费用的作用不明显。

第三节 城市老年人身体活动经济性收益核算

对城市老年人身体活动与医疗开支的回归分析结果给出了身体活动量与医疗开支的相关系数，可以从社会年医疗开支层面对城市老年人参与身体活动的经济性收益进行估计。本节将在不同的身体活动量标准下估计城市老年人参与身体活动的经济性收益。

一 城市老年人身体活动经济性收益的估计方法

估计城市老年人参与身体活动的经济性收益，首先需要选择一个老年人身体活动量标准，然后假设现状下身体活动量未达到此标准的老年人均达到这一标准，则可以根据达标后总体身体活动量的变动来计算医疗开支的变化率和变化量来衡量经济性收益。计算公式如下：

$$E_s = E_t \times R_u \times R_t \times \frac{(p_s - p_o)}{p_o}$$

其中：

E_s 表示在"全国城市老年人身体活动量均达到某一标准"假设下相比现状所能产生的经济性收益；

E_t 表示全国城市老年人的年医疗开支；

R_u 表示城镇化率；

R_t 表示身体活动量与医疗开支的回归系数；

p_s 表示达标后全国城市老年人总体的身体活动量水平，用达标后的样本总 PASE 均值替代；

p_o 表示全国城市老年人总体的身体活动量的真实水平，用样本的总 PASE 均值替代。

选择不同的身体活动量标准，可以得到不同的身体活动经济性收益。2010 年世界卫生组织在《关于身体活动有益健康的全球建议》中，对 65 岁及以上老年人提出的活动建议为"每周完成至少 150 分钟中等强度有氧身体活动，或每周至少 75 分钟高强度有氧身体活动"。本研究据此将足量身体活动的概念定义为达到中等强度最低推荐量和达到高强度最低推荐量。根据 PASE 分数的计算方法，达到中等强度最低推荐量的老年人身体活动总 PASE 得分至少为 57.50；达到高强度最低推荐量的老年人身体活动总 PASE 得分至少为 28.75。新的研究证据表明，身体活动量达到中高强度身体活动（Moderate to Vigorous Physical Activity，MVPA）最低推荐量的 3—5 倍的成人所获得的健康收益最高。[1] 因此，我们还估算了未达到中等强度和高强度最低推荐量 4 倍的老年人如果达到此标准能够节省的医疗开支，其中，达到高强度最低推荐量 4 倍的身体活动总 PASE 分数（115），相当于达到中等强度最低推荐量的 2 倍。之所以成这样的比例，是因为身体活动 PASE 分数的计算中对中强度体育锻炼和高强度体育锻炼赋予的权重系数相等。作为对老年人自我报告的身体活动量可能存在的偏倚的对冲，我们还计算了未达到样本总身体活动量均值的老年人如果达到样本均值所能节省的医疗开支，以供参考。

二 基于年医疗开支的城市老年人身体活动经济性收益

有研究认为，老龄人口的人均医疗费用是年轻人医疗费用的 3—5 倍；[2] 根据国家统计局和全国老龄办发布的最新数据，2017 年全国医疗卫生开支总额约为 4.6 万亿元人民币，估计截止到 2017 年年底，全国 55 岁

---

[1] 参见于洪军、仇军《老龄化的挑战与应对——老年人体力活动专题研究述评》，《北京体育大学学报》2013 年第 8 期。

[2] Reinhardt, U. E., "Does the Aging of the Population Really Drive the Demand for Health Care", *Health Affairs*, Vol. 22, No. 6, 2003.

第六章 城市老年人身体活动对医疗开支收益的影响

及以上人口比重约为 22%。取较低倍数（3 倍）进行估计，2017 年全国 55 岁及以上老年人的医疗卫生开支总额约为 2.1 万亿元人民币。

在不同身体活动量标准假设（S）下，基于年医疗开支的全国城市老年人身体活动经济性收益的计算结果如表 6.49 所示。其中，全国城市老年人年医疗开支 E_t 取 2017 年估计数据 2.1 万亿元人民币；城镇化率 R_u 取国家统计局 2017 年末发布的数据 58.52%；回归系数 R_t 取总 PASE 分数与年医疗开支的回归系数 0.140。

表 6.49 不同身体活动量标准下城市老年人参与身体活动的经济性收益估计

身体活动量标准（S）	对应的总 PASE 标准（S）	达标后总 PASE 均值（p_s）	总 PASE 均值提高比例（%）	经济性收益（E_s）（亿元）
基线	—	p_0 = 103.11	—	—
高强度最低推荐量	28.75	104.20	1.06	18
中等强度最低推荐量（2 倍高强度最低推荐量）	57.50	109.18	5.89	101
2 倍中等强度最低推荐量（4 倍高强度最低推荐量）	115.00	135.81	31.71	546
4 倍中等强度最低推荐量	230.00	232.17	125.17	2154
样本均值	103.11	128.60	24.72	425

以全国城市老年人的总医疗卫生开支为表征，以现有样本的身体活动总 PASE 均值为基线，假设未达到高强度身体活动最低推荐量的老年人均达到这一标准，则一年可以产生 18 亿元人民币的经济收益；如果以中等强度最低推荐量（相当于 2 倍高强度最低推荐量）为标准，则能够产生 101 亿元人民币的经济收益；如果以 2 倍中等强度最低推荐量（4 倍高强度最低推荐量）为标准，则能够产生 546 亿元人民币的经济收益；如果以 4 倍中等强度最低推荐量为标准，则能够产生 2154 亿元人民币的经济性收益。作为对比，如果以现有样本的城市老年人身体活动总 PASE 得分均值为标准，则现有未达标的城市老年人达标后可以产生的经济性收益为 425 亿元人民币。

第四节　城市老年人身体活动减少医疗开支的路径分析

城市老年人参与身体活动所获得的收益，最终表现为医疗开支的降低，中间是经过一定的机制传导的。为了探究城市老年人身体活动对医疗开支影响的可能机制，以城市老年人总 PASE 分数作为自变量，年医疗开支、门诊费用、住院费用和购药费用作为因变量，选取了睡眠时间、BMI（身体质量指数）、跌倒次数、被照料天数、心理健康状况和生理健康状况等中间变量，使用 AMOS 软件进行路径分析。

一　城市老年人身体活动减少年医疗开支的路径分析

以城市老年人年医疗开支为因变量的路径分析结果如图 6.1 所示。结果表明，在 $\alpha = 0.05$ 显著性水平下，城市老年人身体活动降低年医疗开支共有四条路径在统计意义上是显著的，分别是：（1）身体活动总 PASE 分数→睡眠时间→年医疗开支；（2）身体活动总 PASE 分数→被照料天数→年医疗开支；（3）身体活动总 PASE 分数→生理健康状况→年医疗开支；（4）身体活动总 PASE 分数→心理健康状况→年医疗开支。其他两个影响路径在统计学意义上作用不明显。城市老年人身体活动对门诊费用影响的

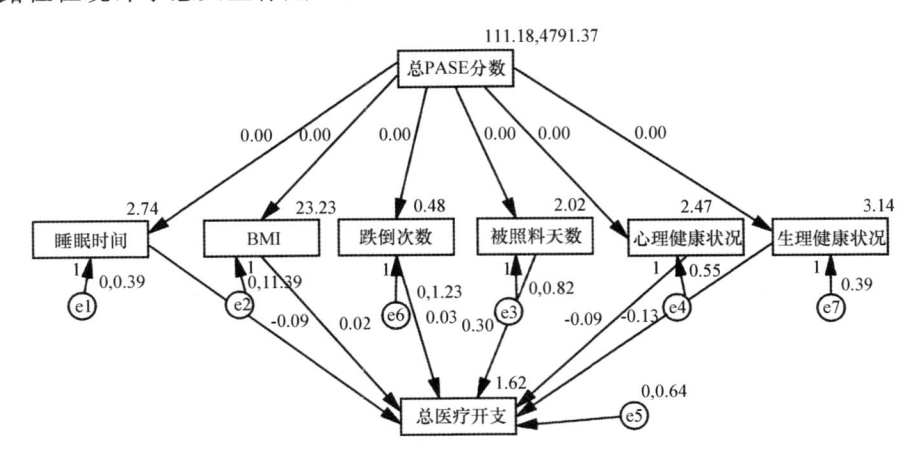

图 6.1　城市老年人身体活动对降低年医疗开支收益的影响路径

第六章 城市老年人身体活动对医疗开支收益的影响

各路径的标准化载荷系数估计见表6.50。

表6.50　　城市老年人身体活动影响年医疗开支的路径分析结果

变量			标准化载荷系数估计	S.E.	C.R.	p
睡眠时间	←	总PASE分数	0.060	0	3.829	0.000
BMI	←	总PASE分数	0.013	0.001	0.785	0.432
被照料天数	←	总PASE分数	-0.121	0	-7.303	0.000
心理健康状况	←	总PASE分数	0.143	0	9.143	0.000
生理健康状况	←	总PASE分数	0.235	0	15.283	0.000
跌倒次数	←	总PASE分数	0.013	0	0.798	0.425
年医疗开支	←	睡眠时间	-0.063	0.021	-4.017	0.000
年医疗开支	←	BMI	0.095	0.004	5.987	0.000
年医疗开支	←	被照料天数	0.322	0.015	20.091	0.000
年医疗开支	←	心理健康状况	-0.075	0.018	-4.813	0.000
年医疗开支	←	跌倒次数	0.041	0.012	2.551	0.011
年医疗开支	←	生理健康状况	-0.098	0.021	-6.267	0.000

注：表中总PASE分数是身体活动总PASE分数的缩写。

图6.1中四条路径揭示了城市老年人身体活动所获得的收益作用于年医疗开支的有统计学意义的四种方式：城市老年人有效的身体活动促进了睡眠时间，减少了老年人需要接受照料的天数，改善了老年人的生理、心理健康情况，从而减少了年医疗开支，不仅获得了直接的经济性收益，而且还改善了老年人生理和心理健康，延长了老年人健康生命的时间，提升了生命质量。

二 城市老年人身体活动降低门诊费用的路径分析

以城市老年人门诊费用为因变量的路径分析结果如图6.2所示。结果表明，在 $\alpha = 0.05$ 显著性水平下，城市老年人身体活动对减少门诊费用的影响，在统计学意义上共有四条路径是显著的，分别是：(1) 身体活动总PASE分数→睡眠时间→门诊费用；(2) 身体活动总PASE分数→被照料天数→门诊费用；(3) 身体活动总PASE分数→生理健康状况→门诊费用；(4) 身体活动总PASE分数→心理健康状况→门诊费用。其他两个影

参与与回报:老年人身体活动收益研究

响路径在统计学意义上作用不明显。城市老年人身体活动对门诊费用影响的各路径标准化载荷系数估计见表6.51。

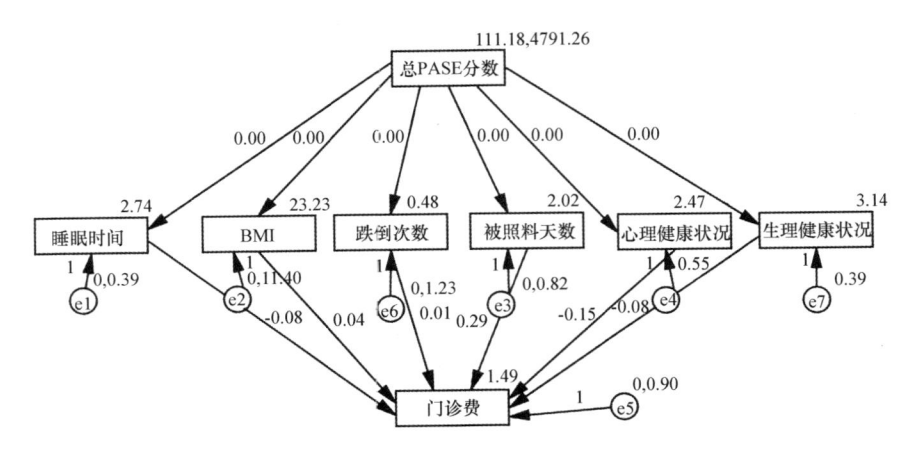

图6.2 城市老年人身体活动对降低门诊费用收益的影响路径

表6.51 城市老年人身体活动影响门诊费用的路径分析结果

变量			标准化载荷系数估计	S.E.	C.R.	p
睡眠时间	←	总PASE分数	0.060	0	3.833	0.000
BMI	←	总PASE分数	0.012	0.001	0.746	0.456
被照料天数	←	总PASE分数	−0.119	0	−7.147	0.000
心理健康状况	←	总PASE分数	0.143	0	9.151	0.000
生理健康状况	←	总PASE分数	0.235	0	15.277	0.000
跌倒次数	←	总PASE分数	0.014	0	0.831	0.406
门诊费	←	睡眠时间	−0.049	0.025	−3.088	0.002
门诊费	←	BMI	0.148	0.005	9.229	0.000
门诊费	←	被照料天数	0.216	0.018	13.152	0.000
门诊费	←	心理健康状况	−0.116	0.021	−7.315	0.000
门诊费	←	跌倒次数	−0.007	0.015	−0.431	0.667
门诊费	←	生理健康状况	−0.05	0.025	−3.104	0.002

注：表中总PASE分数是身体活动总PASE分数的缩写。

第六章　城市老年人身体活动对医疗开支收益的影响

图 6.2 中四条路径揭示了城市老年人身体活动所获得的收益作用于门诊费用的四种方式：城市老年人有目的的身体活动，身体活动促进了睡眠时间，睡眠时间增进了老年人的健康，健康减少了老年人需要照料的天数，因而改善了老年人的生理、心理健康，最终导致了门诊费用的减少。

三　城市老年人身体活动对减少住院费用的路径分析

以住院费用为因变量的路径分析结果如图 6.3 所示。结果表明，在 $\alpha = 0.05$ 显著性水平下，城市老年人身体活动对住院费用的影响共有两条路径在统计学上是显著的：一是身体活动总 PASE 分数→被照料天数→住院费用；二是身体活动总 PASE 分数→心理健康状况→住院费用。其他四个影响路径在统计学意义上作用不显著。城市老年人身体活动对住院费用影响的各路径的标准化载荷系数估计见表 6.52。

表 6.52　　城市老年人身体活动影响住院费用的路径分析结果

变量			标准化载荷系数估计	S. E.	C. R.	p
睡眠时间	←	总 PASE 分数	0.060	0	3.828	0.000
BMI	←	总 PASE 分数	0.012	0.001	0.78	0.436
被照料天数	←	总 PASE 分数	-0.122	0	-7.351	0.000
心理健康状况	←	总 PASE 分数	0.143	0	9.13	0.000
生理健康状况	←	总 PASE 分数	0.235	0	15.278	0.000
跌倒次数	←	总 PASE 分数	0.013	0	0.813	0.416
住院费	←	睡眠时间	-0.029	0.022	-1.837	0.066
住院费	←	BMI	0.097	0.004	6.002	0.000
住院费	←	被照料天数	0.431	0.015	26.728	0.000
住院费	←	心理健康状况	-0.045	0.018	-2.795	0.005
住院费	←	跌倒次数	0.029	0.013	1.77	0.077
住院费	←	生理健康状况	-0.027	0.022	-1.69	0.091

图 6.3 中两条路径揭示了城市老年人群有目的的身体活动所获得的收益作用于住院费用所具有统计学意义有效方式：其一是，城市老年人群通过有目的身体活动，增进了自身的健康，健康的增进减少了需要照料的天

参与与回报：老年人身体活动收益研究

数，从而减少了住院费用；其二是，城市老年人群通过有目的的身体活动，改善了自身的心理健康，保持心理健康从而减少了住院费用。

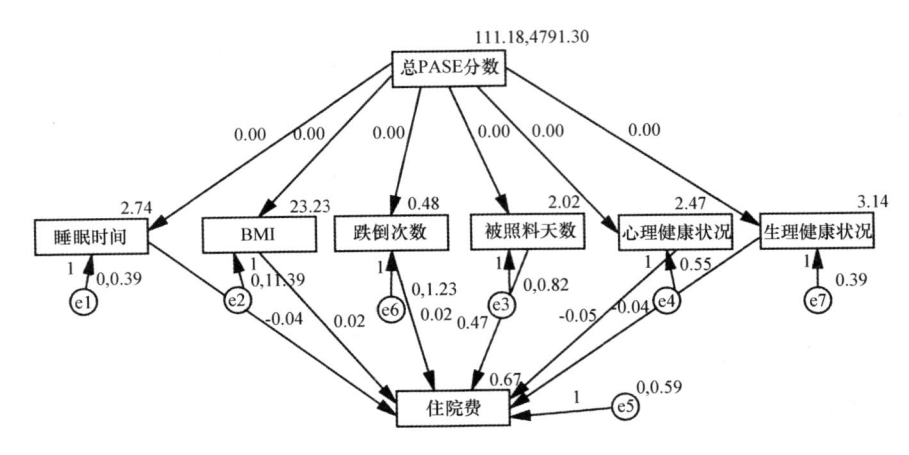

图6.3 城市老年人身体活动对降低住院费用收益的影响路径

四 城市老年人身体活动对减少购药费用的路径分析

以购药费用为因变量的路径分析结果如图 6.4 所示。结果表明，在 $\alpha = 0.05$ 显著性水平下，城市老年人身体活动对购药费用的影响共有两条路径是显著的，一是身体活动总 PASE 分数→被照料天数→购药费用；二是身体活动总 PASE 分数→生理健康状况→购药费用。其他四个影响路径在统计学意义上作用不显著。城市老年人身体活动对住院费用影响的各路

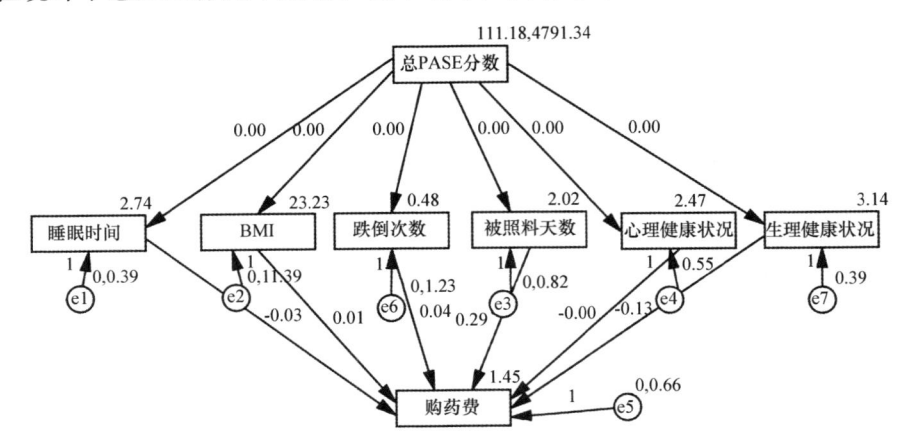

图6.4 城市老年人身体活动对降低购药费用收益的影响路径

径的标准化载荷系数估计见表 6.53。

表 6.53　城市老年人身体活动影响购药费用的路径分析结果

变量			标准化载荷系数估计	S. E.	C. R.	p
睡眠时间	←	总 PASE 分数	0.060	0	3.826	0.000
BMI	←	总 PASE 分数	0.012	0.001	0.777	0.437
被照料天数	←	总 PASE 分数	−0.123	0	−7.415	0.000
心理健康状况	←	总 PASE 分数	0.143	0	9.149	0.000
生理健康状况	←	总 PASE 分数	0.235	0	15.295	0.000
跌倒次数	←	总 PASE 分数	0.013	0	0.804	0.422
购药费	←	睡眠时间	−0.022	0.022	−1.408	0.159
购药费	←	BMI	0.042	0.004	2.593	0.010
购药费	←	被照料天数	0.312	0.015	19.111	0.000
购药费	←	心理健康状况	0.002	0.019	0.104	0.917
购药费	←	跌倒次数	0.053	0.013	3.196	0.001
购药费	←	生理健康状况	−0.099	0.022	−6.12	0.000

图 6.4 中两条路径揭示了城市老年人身体活动所获得的收益作用于购药费用的两种具有统计学意义的方式：一是城市老年人通过有目的的身体活动，增进了自身的健康，身体健康的保持使住院费用随之减少；二是城市老年人通过有目的的身体活动，提高了自身生理、心理健康，从而减少了购药费用。

第五节　城市老年人身体活动对医疗开支收益影响的分析讨论

一　城市老年人身体活动与医疗开支的相关性

探讨城市老年人身体活动对医疗开支收益的影响，首先对不同医疗开支水平城市老年人的身体活动 PASE 得分进行了方差分析。进行方差分析的目的是通过对城市老年人身体活动 PASE 得分均值情况的统计分析，判

参与与回报：老年人身体活动收益研究

明医疗开支与表示身体活动程度的 PASE 分数是否相关。国内外的一些研究中，也有学者直接使用方差分析方法分析身体活动与医疗开支变量之间的关系。刘思言在 2014 年的一项基于 CHARLS 数据对老年人身体活动与医疗支出的研究中，将老年人身体活动量分为四个等级组，对各组的平均医疗支出进行方差分析，结果表明身体活动量由大到小四个组的平均年医疗开支分别为 436.58 元、343.54 元、564.25 元和 532.94 元，组间差异显著（p = 0.006）。[①] 值得注意的是，虽然本课题在对城市老年人身体活动与医疗支出的研究中方差分析所显示的整体结果是医疗开支越高的组别身体活动量越低的趋势，但并非都表现出简单的线性递减关系。例如，住院费用由低到高四个组的身体活动总 PASE 分数均值分别为 106.70、99.28、101.34 和 97.76；门诊费用由低到高四个组的交通活动 PASE 分数均值分别为 26.84、26.92、29.52 和 24.89，这些结果所呈现出的非线性特征，与刘思言的研究结果一致。

本研究在探讨城市老年人身体活动对医疗开支收益的研究之前，为判明医疗开支与身体活动是否相关所进行的方差分析，其结果显示城市老年人身体活动与医疗开支的节省化呈现出非线性特征。但总体来看，城市老年人身体活动量高而医疗开支低的趋势，方差分析的结果能够为城市老年人身体活动与医疗开支之间的相关性提供逻辑支撑，进一步进行回归分析来精确探讨城市老年人身体活动与医疗开支之间的相关程度以及对降低医疗开支的影响。

二 城市老年人不同类型身体活动对医疗开支节省化差异

使用线性回归方法进一步探究城市老年人身体活动与医疗开支的定量关系。结果表明，从总量（即身体活动总 PASE 分数与年医疗开支）上看，城市老年人身体活动量与医疗开支呈显著的负相关关系。具体到身体活动类型上看，在本研究按照 PASE 这一经典问卷设计的三种身体活动类型中，家务类型的身体活动与医疗开支的相关性最为显著，其次是交通性质的身体活动，而有意识的体育锻炼则在大部分回归中没有表现出与医疗开支的显著相关，这是一个非常值得注意的现象。城市老年人体育锻炼没

---

① 参见刘思言《我国老年人身体锻炼对医疗费用的影响分析——基于 CHARLS 数据》，《中小企业管理与科技》（下旬刊）2014 年第 7 期。

第六章　城市老年人身体活动对医疗开支收益的影响

有呈现出与医疗开支的显著相关，可能是由以下几个因素导致：一方面，体育锻炼尤其是高强度的体育活动可能会增加老年人受伤的风险，从而导致额外的医疗负担，因而老年人在体育锻炼方面采取了谨慎的方式；另一方面，在调查中我们了解到，许多城市老年人正是由于身体健康状况不佳，出于自我调整或遵从医生建议而有意识地进行体育性质的康复锻炼，这种情形的老年人医疗费用可能就比较高，但本研究的调查所获得的是横截面数据，因而无法体现出这种因果关系。相比之下，家务劳动更加安全也更符合中国老年人的生活习惯和日常活动习惯，回归结果支持了对老年人来说，这样一种生活习惯和生活方式是一种有效地增进健康、维护健康、增加老年人身体活动量的适宜方式。从这个意义上说，以家务活动作为老年人积极的身体活动形式在老年人中是值得提倡的维护自身健康的活动方式，这是本课题研究一个有意思的发现。

此外，老年人不同类别的身体活动还暗示着不同的活动强度，尽管本研究未能深入到探讨不同强度身体活动的经济性收益的差异，但一些现有研究已经涉及这一问题。2015 年一项在美国进行的研究考察了中年时有心肺疾病史的成人在之后的生活中接受运动干预对改变医疗开支的作用情况，结果表明，接受的运动干预强度每提高 1 MET，受访者每年的医疗保健开支男性和女性平均降低 6.8% 和 6.7%。[1] 由此可见，身体活动强度和身体活动量都是影响老年人身体活动经济性收益的重要变量，这是在后续的研究中应该给予更多关注的问题。

三　城市老年人身体活动对不同医疗项目开支节省化差异

与类似的实证研究相比，本研究在探讨城市老年人身体活动量与医疗开支的关系以及在此基础上探讨城市老年人身体活动经济性收益时，不仅考察了城市老年人身体活动总量与医疗开支总量之间的关系，进而探讨了城市老年人身体活动经济性收益；还将医疗开支进行了分类，进一步研究发现，城市老年人参与等量的身体活动对不同类别医疗开支的节省效应也存在差异。从回归系数的大小来看，身体活动量与城市老年人住院费用的

---

[1] Bachmann, J. M., Defina, L. F., Franzini, L., et al., "Cardiorespiratory Fitness in Middle Age and Health Care Costs in Later Life", *Journal of the American College of Cardiology*, Vol. 66, No. 17, 2015.

相关性最高，与门诊费用和购药费用的相关性相对较低。

国家卫生计生委发布的《2013第五次国家卫生服务调查分析报告》中指出，2013年我国居民的两周就诊率和住院率分别为13.0%和9.0%，选择到医疗机构就诊的两周病患者比例达到84.5%，[①]这表明相比于门诊治疗和购药来说，住院治疗是利用比例较低的医疗服务，也暗示着患者患病更高的真实性和严重性。相比之下，由于社会医疗保障体系的不断完善，患者看病、购药的便利性不断提高，因此患者的就诊和购药行为往往带有更大的随意性，这也可以解释本研究中老年人身体活动与门诊费和购药费相关性较低的现象。

对于节省不同类别医疗开支的差异，国内外也有一些研究提供了可参照的证据。2017年，美国的一项研究考察了积极运动组的人群和不积极运动组的人群（成年人），每年在独立医师、门诊、住院、急诊、家庭医师处就医的次数和花费，以及购买处方药的次数和花费，结果表明，积极运动组在住院、急诊和家庭医生处就医次数及费用上均显著低于不积极运动组，但在独立医师处就医的次数和费用显著更高。[②]本研究的结果显示，身体活动总量与门诊费用、住院费用均呈显著的负相关，与购药费用也呈明显的负相关趋势。因此，本研究和美国学者的研究结果部分可以相互印证，老年人身体活动量与不同医疗项目开支节省的差异，部分可能是由样本、社会医疗体系和对医疗支出项目划分的差异所造成的。

另一项2017年来自巴西的研究，考察了806位患有高血压或糖尿病的老年人的身体活动与药物开支情况，结果表明，身体活动水平低的老年人比身体活动水平高的平均每年药物支出高出29.5%。[③]本研究在城市老年人身体活动的经济性收益研究中，关于身体活动和购药费用的研究结果都没有巴西的研究结果这么高，但总体趋势上还是和巴西学者的研究结果一致。

[①] 参见国家卫生计生委统计信息中心《2013第五次国家卫生服务调查分析报告》，中国协和医科大学出版社2015年版。

[②] Kang, S., Xiang, X., "Physical Activity and Health Services Utilization and Costs Among U. S. Adults", *Preventive Medicine*, No. 96, 2017.

[③] Bueno, D. R., Marucci, M., Gobbo, L. A., et al., "Expenditures of Medicine Use in Hypertensive/Diabetic Elderly and Physical Activity and Engagement in Walking: Cross Secctional Analysis of SABE Survey", *BMC Geriatrics*, Vol. 17, No. 1, 2017.

第六章　城市老年人身体活动对医疗开支收益的影响

四　不同特征城市老年人身体活动对医疗开支节省化差异

在探讨城市老年人身体活动与医疗开支的相关关系和具体的经济性收益时，本课题还按照性别、年龄、地区和受教育程度对城市老年人群体进行了细分，以进一步探讨城市老年人身体活动经济性收益问题，研究发现，不同社会特征和生理特征的城市老年人在身体活动与医疗开支节省化方面也存在差异。

性别差异方面，在城市老年人年医疗开支、门诊费用和住院费用中，身体活动量与医疗开支的负相关性在女性群体中比在男性群体中更加显著，在购药费用中则相反。根据课题研究中对城市老年人身体活动量的统计，女性城市老年人的平均身体活动量比男性高出约20%。因此，城市老年人身体活动量与医疗开支相关性以及医疗开支节省化所呈现出的性别差异，可能暗示着老年人身体活动的收益需要建立在一定水平的活动量的基础上。当然这仅仅是基于女性城市老年人的平均身体活动量比男性高这样一个基本数据所做出的解释，具体机制还需要进一步进行验证性的研究加以证实。在已有的涉及性别差异的其他研究中，李文川等人的一项针对上海市老年人的运动干预研究表明，对老年人的运动习惯进行干预之后，男性年医疗支出平均降低473.50元，低于女性年医疗支出降低的均值501.08元[①]，其结果与本研究的结果相似。

年龄差异方面，身体活动量与年医疗开支以及门诊费用、住院费用的负相关性在70岁以上城市老年人群中更高，而与住院费用的相关性则在70岁及以下老年人中更高。这种差异显示了老年人作为一个特殊的群体，身体活动对他们产生的作用是复杂的，尤其是对于年龄较大的老年人来说，一味增加身体活动量不一定是保持健康的最优选择，身体活动量增大对于老年人而言具有风险，这种风险对于患有严重疾病的老年人更是如此。

地区差异方面，城市老年人身体活动量与年医疗开支和住院费用的相关性在中西部地区的老年人中表现得更明显，而身体活动量与门诊费用和购药费用的相关性则在东部地区的老年人中更明显。在没有进一步的验证

---

① 参见李文川、刘春梅《老年人体育锻炼行为与医疗支出的相关性研究》，《南京体育学院学报》（自然科学版）2016年第2期。

性研究对这一问题做出探讨之前，一个比较合理的解释是，这种差异在一定程度上可能是东部地区和中西部地区在经济、社会发展水平方面的差异所导致。因为在经济、社会发展水平相对更高的东部地区，老年人医疗资源相对宽裕，涉及住院的医疗服务也相对不太稀缺。因此身体活动对住院费用的节省化效应不如在中西部地区的城市老年人群体中体现得那么明显。

受教育程度差异方面，整体来看，城市老年人身体活动量与年医疗开支和医疗开支分项的相关性，都呈现出受教育程度越高相关性越低，身体活动经济性收益也越不显著的特点，即对于受教育程度相对较低的老年人群体，参与身体活动的收益越高。值得注意的是，高教育程度老年人的身体活动PASE分数均值显著低于两个低教育程度的群体。因此与性别差异类似，身体活动量与医疗开支相关性所呈现出的在受教育程度上的差异，可能也暗示着城市老年人身体活动的收益需要建立在一定水平的活动量的基础上。

总体来说，身体活动与医疗支出的相关性在不同特征城市老年人人群中的差异，一方面显示了城市老年人内在的生理性和社会性差异，另一方面体现出了不同项目医疗开支所具有的不同特点。但无论如何必须认识到，对于这样一项老年人身体活动与经济性收益的社会科学方面的研究，除了身体活动以外，影响老年人医疗开支的因素还有很多，身体活动对老年人所造成的影响也是复杂的。事实上，越来越多的学者已经认识到，社会科学的定量研究中将研究对象进行细化分组，或在数据处理中控制干扰变量的必要性，只有充分认识到这些社会学或人口学变量对研究对象可能造成的客观影响并努力剥离或厘清这种影响，才有可能更好地揭示所要研究的现象的真实成因。

五　老年人身体活动的经济性收益规模比较

在城市老年人身体活动经济性收益的核算中，通过假设全国城市老年人群体身体活动水平提高到某一标准，核算出了相应的经济性收益。国内外的研究中也有部分涉及对身体活动所能产生的经济性收益的量化计算，可以与本研究的核算结果进行比对。

在以中国老年人为样本的研究中，李文川等人的研究表明，提高老年

第六章　城市老年人身体活动对医疗开支收益的影响

人身体活动量能够降低老年人医疗开支每年人均487.15元。[1] 按照2017年年底全国老龄人口2.41亿人计算，如果全国老年人积极参与体育锻炼，能够通过节省医疗开支而实现1174亿元人民币的经济收益。考虑城镇化率，折算为城市老年人的收益大致为687亿元人民币。然而，李文川等人的研究没有给出干预前后老年人体育锻炼量的变化情况，因此无法与本研究对老年人身体活动经济性收益的估计直接进行比较，但这一收益规模大致相当于本研究中以两倍中等强度身体活动最低推荐量为标准的估计（546亿元人民币）。根据刘思言的研究，我国老年人平均医疗支出为451.33元/月，其研究按照不同身体活动量划分的四个组别中，医疗支出最低的组别的月均医疗支出为343.54元。[2] 如果以医疗支出最低组的身体活动量为标准，也按本研究的核算方式，则基于刘思言研究数据，我国城市老年人参与身体活动的经济性收益可达到每年1824亿元人民币。而其研究中医疗支出最低组的身体活动量相当于每周90分钟中等强度活动，尚达不到本研究中选择的最低标准。因此，对照上述两项研究的相关结果，本研究对城市老年人身体活动经济性收益的核算是比较保守的。

在国外研究中，一项澳大利亚学者针对中老年妇女进行的问卷调查研究，根据其身体活动量和静坐时间将样本分为四个组比较医疗开支，结果表明：少活动—多静坐组年医疗开支的中位数比多活动—少静坐组高110澳元。[3] 2013年杨光等针对日本老年人的研究表明，老年人的步行速度能够部分地反映其运动能力，并与医疗费用呈负相关，高、中、低步速老年人的月医疗开支均值分别为456.8美元、392.3美元和316.8美元，组间差异显著（p=0.037）。[4]

从医疗支出的比例上来看，Pratt指出，一些国家全国医疗保健开支的

---

[1] 参见李文川、刘春梅《老年人体育锻炼行为与医疗支出的相关性研究》，《南京体育学院学报》（自然科学版）2016年第2期。

[2] 参见刘思言《我国老年人身体锻炼对医疗费用的影响分析——基于CHARLS数据》，《中小企业管理与科技》（下旬刊）2014年第7期。

[3] Peeters, G. M. E, Mishra, G. D., Dobson, A. J., et al., "Health Care Costs Associated with Prolonged Sitting and Inactivity", *American Journal of Preventive Medicine*, Vol. 46, No. 3, 2014.

[4] 参见杨光、白翠瑾、曹玲等《步速与老年人运动能力及医疗费的关系》，《体育学刊》2013年第3期。

1.0%—2.6%可归因于缺乏运动。① 根据本研究的核算结果，如果按照中等强度最低推荐量标准，城市老年人参与身体活动能够产生101亿元人民币的经济性收益，再根据城镇化率反算全社会老年人年医疗开支大致为173亿元人民币，大约占全社会年医疗开支的0.8%。这一结果与Pratt的研究结果接近。

需要指出的是，现有国内外文献中对人群参与身体活动所能获得经济性收益的估计较多地采用二分类法，即将人群按照某一标准划分为缺乏运动的和足量运动的，然后估算前者转变为后者所能带来的收益大小。但由于参与身体活动的收益具有边际效应，从而使得二分类方法具有一定的局限性。本章在身体活动对各项医疗开支节省化影响的回归分析中，对相关变量进行的对数处理可以部分地反映出这种边际效应，因此可以作为对这种局限性的一种补充。但也正是因为在回归分析中对变量进行了对数处理，因此在经济性收益的核算中必须先给定医疗开支的总值，才能根据身体活动与医疗开支二者的变化率关系，再一步求出经济性收益的具体数值。在现有条件下，我们只能对全国城市老年人的年医疗开支水平进行一个估计，而无法精确到门诊费用、住院费用和购药费用分别是多少，因此也无法给出基于门诊费用、住院费用或购药费用的收益核算，这是今后有待进一步研究的课题。

六 城市老年人身体活动产生经济收益的机制

城市老年人身体活动对医疗开支节省化影响的路径分析，旨在探讨城市老年人身体活动在医疗开支方面产生的节省化效应或者说经济性效应，在统计学上主要是哪些因素作用和影响的结果。路径分析的方法初步揭示了城市老年人参与身体活动对其医疗开支影响的内在机理。医疗开支作为老年人健康情况的一个间接指标，受老年人行为的影响也必定是通过其他因素传导的，例如本研究使用的调查问卷——PASE问卷中所涉及的睡眠情况、生理健康情况、心理健康情况等。

已有的诸多研究探讨了身体活动与生理健康之间的关系，本研究也对这些关系进行了专门讨论，因此，身体活动通过影响老年人生理和心理的

---

① Pratt, M., Norris, J., Lobelo, F., et al., "The Cost of Physical Inactivity: Moving into the 21st Century", *British Journal of Sports Medicine*, Vol. 48, No. 3, 2014.

第六章 城市老年人身体活动对医疗开支收益的影响

健康程度,进而反映在医疗开支的变化上,这一路径的提出是合乎逻辑的,但是还需要经过统计学的检验和验证。本研究对城市老年人身体活动对医疗开支节省化影响的路径大部分通过了验证。值得一提的是睡眠时间这个中间变量对医疗开支节省化的验证:本研究揭示了身体活动→睡眠时间→医疗开支这条路径在一些条件下,尤其是身体活动总量与年医疗开支的关系中成立,这是本研究的一个的发现,这一研究结果定量化地反映出睡眠对老年人身心健康的重要作用。此外,同医疗开支类似,被照料天数本身是一个反映老年人身体状况的间接指标,因此身体活动→被照料天数→医疗开支路径关系的证实同样具有意义。这些研究和结果都是先行研究尚未涉及的,只不过在身体活动和被照料天数之间还有值得进一步挖掘作用机理的空间。至于跌倒次数作为联系身体活动与医疗开支之间的中间变量并不成立,这样的探索也可为后人研究提供参考。

在城市老年人身体活动对医疗开支节省化影响的路径分析中,除了从睡眠时间、被照料天数、心理健康、生理健康等方面探讨身体活动对医疗开支、购药费用、住院费用、门诊费用和总医疗费用的影响并进行验证,我们还发现BMI(身体质量指数)也与医疗开支存在密切关系,但身体活动与BMI的相关性并不显著,这一结果是比较令人意外的。考虑到本研究数据的面板性质,身体活动量与老年人当时所处的状态有很大关系。例如有不少老年人正是因为身体状况欠佳而有意识地加强锻炼,这能够为身体活动与BMI的相关性较差提供一些客观解释,但依然不能忽视BMI与医疗开支之间的相关性。事实上,BMI与糖尿病、肥胖等代谢类疾病之间都有很强的关联性,在一定条件下,BMI有潜力成为联系身体活动与医疗开支的合适的中间变量,这也是后续研究值得进一步探讨的问题。

本研究在探究老年人身体活动影响医疗开支的机制路径分析中,注意选取了一些前人研究中较少涉及的变量作为中间变量,但受到数据形态和变量选取的限制,因此在变量选取上,还有继续深入探讨的空间。在今后的研究中,应当引入更多中间变量以进一步阐明老年人身体活动对医疗开支的作用机理。

第六节 研究小结

本章运用方差分析、线性回归分析和路径分析的方法，对城市老年人参与身体活动的经济性收益进行研究。研究中首先用方差分析探究不同医疗开支水平的城市老年人群体的身体活动量差异。城市老年人年医疗开支在 0—1000 元、1001—5000 元、5001—10000 元和 10000 元以上所对应的身体活动 PASE 总得分均值分别为 107.08、103.21、102.39 和 96.86，有依次降低的趋势（sig. <0.1）；城市老年人家务活动 PASE 得分随着年医疗开支的增加也呈现依次降低的趋势；不同门诊费用、住院费用、购药费用水平的城市老年人群体的各类型身体活动 PASE 得分存在一定的差异。这些分析揭示了城市老年人医疗开支与身体活动二者之间存在的负相关趋势，为后续进一步分析城市老年人身体活动的经济性收益提供了基础。

其次，进一步使用线性回归量化分析了不同年龄、性别、地区和受教育程度特征的城市老年人身体活动与医疗开支的关系，证实了城市老年人身体活动和医疗开支总体上呈现负相关性及其经济性收益。从总量上来看，反映城市老年人身体活动状况的身体活动总 PASE 分数与年医疗开支之间呈非常显著的负相关关系（sig. <0.01），城市老年人的身体活动总 PASE 分数每增加一倍，相应地城市老年人年医疗开支降低 14.0%，其中门诊费用降低 6.7%，住院费用降低 11.8%，购药费用降低 6.5%。城市老年人不同身体活动类型与医疗开支的相关程度不同，家务活动比交通活动和体育锻炼呈现出更高的相关性；城市老年人身体活动与不同的医疗开支项目的相关程度也不同，身体活动与住院费用的相关性比与门诊费用和购药费用更高。城市老年人身体活动与医疗开支相关关系的大小和显著程度受性别、年龄、地区和受教育程度的影响，总体而言，相关性在女性群体中表现得比在男性群体中更明显；在 70 岁以上老年人群体中体现得比在 70 岁及以下群体中更明显；在中西部地区老年人群体中表现得比在东部地区老年人群体中更明显；在受教育程度越低的老年人群体中表现得越明显。

在研究得出城市老年人身体活动与医疗开支的相关系数后，基于不同的身体活动量标准，以社会总医疗支出为表征核算出了不同标准下全国城

第六章 城市老年人身体活动对医疗开支收益的影响

市老年人参与身体活动产生的经济性收益。分别以高强度最低推荐量、中等强度最低推荐量、2倍中等强度最低推荐量、4倍中等强度最低推荐量和现有样本的城市老年人身体活动总 PASE 均值为标准,则在未达到标准的全国城市老年人均达到标准的假设下,分别可以产生一年 18 亿元人民币、101 亿元人民币、546 亿元人民币、2154 亿元人民币的经济性收益。以现有样本的城市老年人身体活动总 PASE 得分均值为标准,则现有未达标的城市老年人达标后可以产生 425 亿元人民币的经济性收益。

最后,对城市老年人身体活动作用于医疗开支的影响机制的路径分析发现,身体活动可以通过作用于老年人的睡眠情况、被照料天数、生理健康情况和心理健康情况来间接影响老年人的医疗开支,也即老年人身体活动的经济性收益与睡眠情况、被照料天数、生理健康情况和心理健康情况在统计学上具有显著和非常显著的相关性。老年人身体活动对不同项目的医疗开支的影响路径存在差异,对于不同的医疗开支项目,中间变量发挥的作用不同。

本章研究进一步挖掘城市老年人样本的医疗开支数据,将城市老年人身体活动与个人医疗开支的关系转化为与整个社会的年医疗开支的关系,进而从国家的层面上对城市老年人参与身体活动产生的经济性收益规模进行了估计。估计身体活动经济性收益的核算方法在国内外同类研究中具有一定的开创性。本研究以及一些同类研究结果均表明,老年人进行身体活动有助于减少个人和整个社会的医疗开支负担。但与此同时,对于能够最大化经济性收益的运动方案,以及老年人身体活动影响医疗开支节约化的具体机制,还需要做出进一步探讨,这也是未来研究需要关注的重点。

第七章

城市老年人身体活动对心理健康的影响

老年人身心健康是家庭幸福、社会和谐、国家发展的重要基础。人口老龄化已经成为影响我国经济社会发展的重要因素，伴随着工业化、城镇化、生态环境及生活方式变化等进程加速，老年人的心理健康问题日渐凸显。因身体机能下降、自理能力降低和慢性病发病而造成的恐惧、偏执等心理障碍，因"空巢家庭"增多、独居现象日益普遍带来的孤独、失落甚至抑郁等问题，正日益成为当代中国老年人面临的心理健康问题。[①] 中共中央、国务院于2016年10月印发的《"健康中国2030"规划纲要》（简称"纲要"）中将抑郁、焦虑等常见精神障碍和心理行为问题列为加强干预领域，对于老年人更强调"推动开展老年心理健康与关怀服务，加强老年痴呆症等的有效干预"。作为人体有目的、有意义的行为，身体活动是老年人日常生活的重要内容和身体锻炼的重要形式，探索不同形式的身体活动对老年人心理健康的影响，对于预防和干预老年人心理健康问题，缓解老龄化的社会压力以及积极老龄化具有重要意义。本章重点研究城市老年人身体活动对其心理健康的影响。

[①] 参见殷华西、刘莎莎、宋广文《我国老年人心理健康的研究现状及其展望》，《中国健康心理学杂志》2014年第10期；栾文敬、杨帆、串红丽等《我国老年人心理健康自评及其影响因素研究》，《西北大学学报》（哲学社会科学版）2012年第3期；杜旻《社会支持对老年人心理健康的影响研究》，《人口与社会》2017年第4期。

第七章 城市老年人身体活动对心理健康的影响

第一节 老龄化趋势与老年人心理健康

一 老龄化趋势下的老年人心理问题

(一) 国内外老龄化发展趋势

进入21世纪以来,全球人口预期寿命的提高、总生育率的下降加速了全球老龄化进程。根据联合国的界定,当一个国家或地区60岁以上老年人占总人口比重达到10%,或65岁以上老年人占总人口的比重达到7%,即进入老龄化社会。2000年全球65岁以上人口占总人口比重达到7%,这意味着人类正式进入全球老龄化时代。根据联合国的预测数据,21世纪将是人口老龄化快速发展的阶段,2050年全球65岁以上人口比重将达到16%,2100年将达到22%,届时65岁以上人口比重将超过15岁以下人口比重(见表7.1)。

表7.1　　　　　2000—2100年全球人口发展趋势预测

年份	预期寿命(岁) 男性	预期寿命(岁) 女性	预期寿命(岁) 总体	总生育率(每个妇女生育数)	总人口(10亿人)	人口年增长率(%)	15岁以下人口占总人口比重(%)	65岁以上人口占总人口比重(%)
2000	64.9	69.3	67.1	2.7	6.13	1.22	30	7
2010	67.8	72.3	70	2.5	6.92	1.2	27	8
2020	68.8	73.3	71	2.4	7.72	1.04	25	9
2030	70.6	75.1	72.8	2.3	8.42	0.83	23	12
2040	72.2	76.7	74.4	2.2	9.04	0.66	22	14
2050	73.7	78.2	75.9	2.2	9.55	0.51	22	16
2100	79.9	83.7	81.8	1.99	10.85	0.11	18	22

数据来源:United Nations, Department of Economic and Social Affairs, Population Division, *World Population Prospects: The 2012 Revision*, Volume I: Comprehensive Tables ST/ESA/SER. A/336, 2013.

在全球老龄化进程中,一个显著的特征是老龄化国家正在从发达国家向发展中国家、从欧洲向亚洲和拉美扩散,到2025年,亚洲的日本、新加坡、韩国、中国等国家将成为老龄化严重的地区。① 国家统计局数据显示，2016年年末我国大陆总人口138271万人。其中：60岁以上人口23086万人，占总人口比重16.7%；65周岁及以上人口15003万人，占总人口比重10.8%。② 显然，我国过早地进入了老龄化社会，并且老龄化的进程在逐渐加速（见图7.1）。

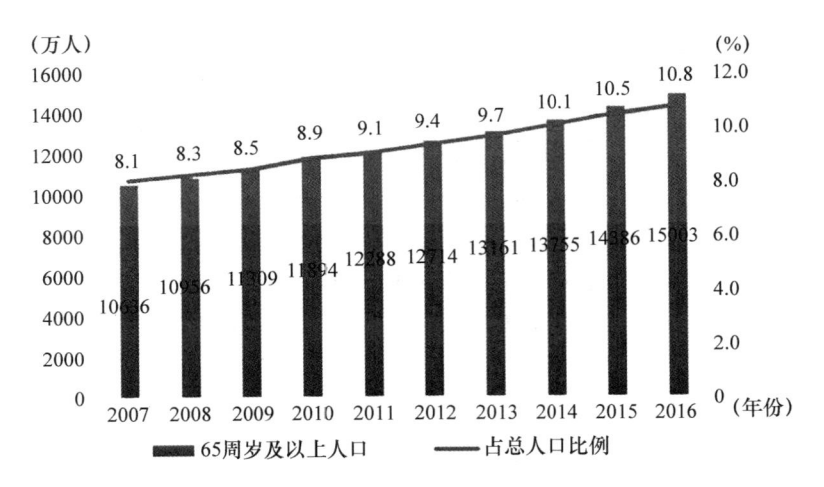

图7.1 2007—2016年我国大陆65周岁及以上人口数量与所占总人口比例
数据来源：整理自历年国民经济和社会发展统计公报。

（二）老龄化引起的老年人心理问题

老龄化带来了诸多社会问题，其中一个突出的问题是老年人的心理健康问题。老年人的心理健康问题在老龄人口、慢性病人口等不断增多以及社会生活节奏不断加快的形势下，又引起了一系列社会问题。据世界卫生组织发布的《2017世界卫生统计报告》（World Health Statistics 2017）③，在2015年全球有将近80万人死于自杀，自杀成为仅次于交通事故的第二大致死因素。其中，男性群体的自杀现象更为严重，自杀比例是女性的将

---

① United Nations Department of Economic and Social Affairs Population Division, *World Population Prospects: The 2012 Revision*, U. N. Comprehensive Tables ST/ESA/SER. A/336, 2013.
② 国家统计局：《中华人民共和国2016年国民经济和社会发展统计公报》，http://www.stats.gov.cn/tjsj/zxfb/201702/t20170228_1467424.html，2017年2月28日。
③ World Health Organization, *World Health Statistics* 2017: *Monitoring health for the SDGs*, WHO, 2017.

第七章　城市老年人身体活动对心理健康的影响

近两倍。研究表明，自杀发生率与死亡率随着年龄增长不断上升。[1] 在我国，老年人的自杀死亡率在不同年龄人群中也是最高的。[2] 国家卫生和计划生育委员会发布的《2017中国卫生和计划生育统计年鉴》显示，2016年全国城市与农村居民自杀率均为4.9/10万人，其中一个显著特征是自杀率随年龄增长而升高。尤其是在进入60岁以后，男、女的自杀率都有显著增长。其中，造成老年人自杀率高的一个重要原因是与其他年龄人群相比，老年人更容易产生孤独、无助等心理健康问题（见表7.2）。[3]

表7.2　　2016年我国城乡居民年龄别自杀死亡率（1/10万）

年龄	城市 男	城市 女	城市 合计	农村 男	农村 女	农村 合计
不满1岁	—	—	—	—	—	—
1—	—	—	—	—	—	—
5—	0.05	—	0.02	—	0.06	0.02
10—	1.25	0.66	0.98	1.13	0.56	0.98
15—	1.58	1.54	1.56	2.73	2.31	1.56
20—	1.91	1.20	1.56	3.13	1.68	1.56
25—	3.27	2.32	2.79	5.88	3.66	2.79
30—	4.24	2.49	3.38	6.71	3.76	3.38
35—	2.88	2.00	2.45	5.45	3.29	2.45
40—	4.49	2.94	3.72	6.24	4.02	3.72
45—	4.57	3.17	3.87	7.81	5.60	3.87
50—	8.15	6.52	7.36	13.87	9.93	7.36
55—	7.00	4.65	5.83	11.28	8.02	5.83
60—	12.53	8.78	10.67	18.60	13.49	10.67
65—	13.76	10.08	11.91	23.35	16.19	11.91
70—	17.32	10.18	13.62	30.04	20.55	13.62

---

[1] 参见吕琳、肖水源、徐慧兰等《长沙市农村社区老年人群自杀率的流行病学调查》，《中华老年医学杂志》2003年第10期。

[2] 参见谷庆、徐海《某县1988—1998年2540例服农药自杀者的流行病学调查》，《中华劳动卫生职业病杂志》2002年第1期。

[3] 参见夏云、邹宇华《自杀死亡的发生与分布特征研究进展》，《现代预防医学》2010年第4期。

续表

年龄	城市			农村		
	男	女	合计	男	女	合计
75—	21.05	13.39	16.96	38.63	29.66	16.96
80—	26.29	22.57	24.26	53.93	36.39	24.26
85岁及以上	46.18	30.98	37.05	76.23	42.39	37.05
合计	5.62	4.15	4.90	9.31	6.87	4.90

数据来源：《2017 中国卫生和计划生育统计年鉴》（"—"表示原文献中无数据）。

老年人的心理健康问题在国内外普遍存在。研究显示，尼泊尔有超过 50% 的老年人伴有一种或多种孤独、焦虑或抑郁等负面情感。[1] 我国 2011 年全国首次老年人心理健康状况调查表明，39.86% 的老年人有抑郁情绪。[2] 老年人心理健康问题是多方面因素作用的结果。家庭方面，随着老年人社会活动范围的缩小，对亲情的依赖性增加，因此如果有消极的家庭关系极易让老年人产生心里痛苦和孤独感，甚至导致自杀现象。[3] 社会方面，身份角色转变带来的人际交往、社会地位等方面的变化，可能引起老年人失落、抑郁、孤独、烦躁等"离退休综合征"，例如有研究证明约 1/3 的企业管理者在退休初期存在心理问题。[4] 更为严峻的是，目前我国城乡空巢家庭超过 50%，部分大中城市甚至达到 70%，空巢老人子女一般不在身边，生活尚且得不到应有的照料，情感慰藉更是无从谈起，存在较大的心理健康隐患。[5] 此外，我国 60 岁以上老年人中患有高血压、糖尿病、冠心病等慢性疾病的比例超过 50%，缺乏自理能力的老年人约有 3300 万

---

[1] Kshetri, D. B., Smith, C. S., Khadka, M., "Social Care and Support for Elderly Men and Women in an Urban Area of Nepal", *Aging Male*, Vol. 15, No. 3, March 2012, pp. 148–152.

[2] 参见喻婧、李娟《全国首次老年心理健康状况调查报告》，《中国社会工作》2011 年第 10 期。

[3] 参见杨晶晶、郑涌《代际关系：老年心理健康研究的新视角》，《中国老年学杂志》2010 年第 19 期。

[4] 参见马新英、杨绍清、马文有等《煤炭企业管理者退休初期心理状况与社会支持、应对方式的关系研究》，《中国健康心理学杂志》2009 年第 21 期。

[5] 参见李德明、陈天勇、李贵芸《空巢老人心理健康状况研究》，《中国老年学杂志》2003 年第 7 期。

第七章　城市老年人身体活动对心理健康的影响

人,这些老年人更容易出现低落、烦躁、焦虑、抑郁等心理问题。[1] 众多因素交织在一起,使得我国老年人的心理健康问题及其可能产生的社会隐患更为突出。

二　老年人心理健康的影响因素

一般认为,老年人的心理健康体现在认知功能、情绪、人际关系、性格以及社会适应等方面的基本稳定或正常。[2] 同样,影响老年人心理健康的因素也是多方面的,总体上可以归结为生理状况、经济条件、家庭境况、社会支持、身体活动等几个方面。

(一) 老年人的生理状况

一般而言,老年人心理问题的一个显著特征是发生率随年龄的增长而升高,例如有针对我国部分城市社区老年人抑郁症的研究表明,年龄越低老年人的抑郁水平就越低。[3] 老年人的心理健康问题之所以随年龄增长越发严重,是因为与年龄增长带来的生理功能下降、患病率增高以及对死亡的恐惧等因素息息相关。[4] 国内外都有研究表明,老年人的身体健康状况对心理健康产生重要影响。[5] 主要表现在以下几个方面:首先,老年人由于生理功能日渐衰退,各种慢性病的发病率逐渐提高,如随着年龄的增长老年人罹患高血压、糖尿病、冠心病等慢性疾病的风险也会增加,这不仅带来老年人生理上的健康问题,同时也会降低对外部环境的适应能力,导

---

[1] 参见邢华燕、林爱琴、韩秀敏等《郑州城区老年常见慢性病患者心理健康状况与相关因素分析》,《郑州大学学报》(医学版) 2006 年第 2 期;王玉兰、张超、邢凤梅等《老年居家不出人群一般状况和心理健康状况 6 年后随访》,《中国健康心理学杂志》2014 年第 3 期。

[2] 参见黄三宝、冯江平《老年心理健康研究现状》,《中国老年学杂志》2007 年第 27 期。

[3] 参见贾丽娜、庄海林、王小燕等《福州城市社区老年人抑郁状况及与生活质量的关系》,《中华老年医学杂志》2011 年第 11 期;何苗、张秋芬、孔令磷等《咸宁市社区老年人心理健康状况及影响因素分析》,《护理研究》2016 年第 2 期。

[4] 参见海英、王倩云、熊林平等《西安市社区老年人心理健康状况及其影响因素分析》,《第二军医大学学报》2012 年第 10 期。

[5] 参见黄明炜、何小波、桂程丽《老年人心理变化特点、影响因素分析及对策》,《中国老年保健医学》2008 年第 3 期; Tiemier, H., Breteler, M., Hofman, A., et al., "A Multivariate Score Objectively Assessed Health of Depressed Elderly", *Journal of Clinical Epidemiology*, Vol. 58, No. 11, November 2005, pp. 1134 – 1141; Vink, D., Aartsen, M., Schoevers, R., "Risk Factors for Anxiety and Depression in the Elderly: A Review", *Journal of Afferctive Disorders*, Vol. 106, No. 2, February 2008, pp. 29 – 44;参见胡宏伟、串红丽、杨帆《我国老年人心理孤独感及其影响因素研究》,《陕西行政学院学报》2011 年第 3 期。

致精神上的不良症状乃至于产生心理问题。其次，因疾病或失能不仅给老年人带来生理上的痛苦，降低自我照顾能力，还带来一定的经济负担，经济负担的加重不仅降低了老年人的生活质量，同时还会给老年人及其家庭带来额外的心理负担，进一步影响到老年人的心理健康状况。再次，生理状况的下降，尤其是罹患疾病还会减少老年人的社会交往活动，削弱了老年人的社会角色，为社会所忽视更容易导致负面的心理状态。

（二）老年人的经济条件

经济基础决定上层建筑。一定的经济保障和稳定的收入是影响老年人生活质量和心理健康状况的重要因素。经济问题对老年人心理健康具有直接的影响，也可以通过作用其家庭产生间接的影响。一般来说经济宽裕的老年人情绪和心理状态波动较小，心理健康水平较高；而较低的经济收入会影响老年人的心理健康，甚至引发精神疾病。有研究通过对广州和贵州的老年人收入状况与心理健康的调研发现，收入和开支情况对老年人心理健康状况具有重要影响，经济上达到收支平衡的老年人心理健康状况要好于经济条件较差者。同时，入不敷出的经济条件会严重影响老年人的心理健康，甚至引发抑郁症等精神疾病。[1] 一项针对天津市250例老年人的研究显示，老年人的经济状况与心理弹性呈正相关，即老年人的经济水平越好心理弹性越好，因为较好的经济基础可以让老年人更好地应对生活中的负面因素，减少后顾之忧，进而提升主观幸福感。[2] 也有研究从社会保障的角度，通过对城市和农村的老年人调研发现，在人格健全、认知和智力、人际关系、适应能力等方面，有社会保障的老年人状况要显著高于没有社会保障的老年人。[3] 提高经济收入水平、完善养老保障是改善老年人心理健康状况、实现积极老龄化的重要基础。

（三）老年人的家庭境况

家庭在老年人的生活中占据十分重要的位置，决定着老年人的生活质量，对老年人心理健康状况具有重要影响。良好的家庭关系和家庭关怀可

---

[1] 参见梁兆晖、郝元涛、王耀富等《老年人群心理健康与个人收入关系的研究》，《中国老年学杂志》2010年第10期。

[2] 参见刘彦慧、王媛婕、高佳等《社区老年人心理弹性现状及影响因素研究》，《中国全科医学》2015年第18期。

[3] 参见王璐、罗浩《无社会养老保障老年人的心理健康状况》，《中国老年学杂志》2013年第1期。

第七章　城市老年人身体活动对心理健康的影响

以提升老年人的主观幸福感,尤其是来自子女的物质帮助、日常照护以及心灵安抚等对老年人的心理健康影响巨大。但同时,由于老年人的心理更为敏感,在家庭问题上如果处理不当也极易使老年人产生寂寞、孤独、抑郁等负面情绪。① 国内外关于家庭对老年人心理健康的研究较多,现有研究从婚姻状况、居住方式、家庭关系、传统文化、子女数量、社会变迁等多个维度探讨了家庭相关因素对老年人心理健康的影响。② 多数研究认为婚姻状况对老年人的心理健康状况有着显著影响,因为配偶是老年人生活照料和精神慰藉的第一提供者,和有配偶的老年人相比,无配偶老年人的孤独感和寂寞感更加显著。③ 完整的家庭、良好的家庭关系、和睦的家庭氛围和家人关怀是老年人精神生活的重要保障,对老年人心理健康具有重要意义。值得关注的是,老年人与家庭的关系是双向的,有研究已经注意到老年人对于家庭的"给予"行为同样会影响老年人的心理健康,主要表现为老年人通过给予子女经济支持、家务劳动支持等会促进老年人心理健康,但是当子女的需求过多时这种促进作用就会转变为负向作用④。显然,家庭境况对于老年人心理健康的影响是多维度的、双向的,并且这种双向作用较其他影响因素更为显著。

(四) 老年人的社会支持

社会支持是影响老年人心理健康状况的外部因素,也是老年人在社会交往中获得应对不良心理刺激、缓冲精神压力、拥有良好社会适应性的环境因素。社会支持可以在生理、心理、社会等层面对老年人健康产生影响,不仅可以给予老年人行为层面的帮助,还可以通过影响情绪、理念等对老年人自我健康测评产生正面影响。⑤ 社会支持对老年人心理健康促进的主要表现是提升老年人的生活质量使其获得较高的幸福感,是否拥有良

---

① 参见刘芹、张勤仙、王志超等《安亭镇方泰社区 60 岁及以上老年人生存质量分析》,《中国农村卫生事业管理》2003 年第 1 期。
② 参见李兵水、赵英丽、林子琳《家庭支持对老年人心理健康的影响研究》,《江苏大学学报》(社会科学版) 2013 年第 4 期。
③ Wu, Z., Hart, R., "The Effects of Marital and Nonmarital Union Transition on Health", Journal of Marriage & Family, Vol. 64, No. 2, February 2002, pp. 420 – 432.
④ 参见孙鹃娟、冀云《家庭"向下"代际支持行为对城乡老年人心理健康的影响——兼论认知评价的调节作用》,《人口研究》2017 年第 6 期。
⑤ 参见全宏艳《社会支持研究综述》,《重庆科技学院学报》(社会科学版) 2008 年第 3 期。

好的社会支持已经成为影响老年人生活满意度的重要衡量指标之一。① 社会支持对于老年人心理健康的积极作用不断得到证实，一项针对广州 229 名社区老年人的调查发现，社会支持是影响社区老年人心理健康的重要因素；② 一项对山东省 6 个地级市近 2000 名老年人的研究也表明完善的社会支持对于提高老年人心理健康水平具有积极的促进作用。③ 值得注意的是，随着年龄增长，老年人的人际交往活动减少，社会角色的淡化和晚年生活的乏味极容易引发老年人的心理健康问题，社会支持可以在不同层面的支持系统中提供帮助，使之缓解和应对各种压力。有研究表明，社会支持可以帮助老年人减少心理应激反应，④ 消除精神障碍。⑤ 社区作为老年人日常生活和活动的主要场所，是老年人维持其社会关系的重要纽带，自然也会成为社会支持的重要方面。有研究通过调查社区卫生服务状况发现，老年人对社区卫生服务有较大需求并呈现出多元化、多层次的特征。⑥ 但是现状却不容乐观，目前社区医疗卫生设施欠缺、社区卫生服务体系不完善是我国普遍面临的问题。⑦

（五）老年人的身体活动

老龄化进程的加快和老年人心理健康问题所呈现出的多样性和复杂性特征，使得人们积极寻求更加可行的解决方案。20 世纪末积极心理学的兴起推动了积极老龄化理论的发展，积极老龄化致力于帮助老年人开发潜能、树立积极的社会参与心态，并将老年人的社会参与从经济领域扩展到

---

① 参见瞿小敏《社会支持对老年人生活满意度的影响机制——基于躯体健康、心理健康的中介效应分析》，《人口学刊》2016 年第 2 期。

② 参见曾科、尚鹤睿、刘国云等《广州市社区老年人心理健康状况与社会支持的关系研究》，《医学与社会》2016 年第 4 期。

③ 参见王瑞梅、郭继志、张涵等《山东省老年人社会支持状况对心理健康的影响》，《中国卫生事业管理》2016 年第 3 期。

④ 参见陈立新、姚远《社会支持对老年人心理健康影响的研究》，《人口研究》2005 年第 4 期。

⑤ 参见吴捷《老年人社会支持、孤独感与主观幸福感的关系》，《心理科学》2008 年第 4 期。

⑥ 参见张建凤、李志菊、王芳云等《合肥市社区空巢老人社区卫生服务需求及影响因素研究》，《护理研究》2010 年第 3 期；王丽萍《杭州市社区老年居民卫生服务需求及分析》，《现代实用医学》2010 年第 6 期。

⑦ 参见陈元刚、唐春花、陈芳等《我国老年人城镇社区医疗卫生服务体系构建探析》，《重庆工商大学学报》2013 年第 3 期。

第七章 城市老年人身体活动对心理健康的影响

社会各方面。[1] 针对身体活动对健康的重要性,世界卫生组织制定了《关于身体活动有益健康的全球建议》,同时世界卫生组织针对老年人群出版的《积极老龄化:政策框架》报告,针对"积极老龄化"提出健康、参与、保障三大维度,以及健康和社会服务、个人行为、个人身心、物理环境、社会、经济六组具体的测量指标。[2] 身体活动作为促进老年人心理健康、推动"积极老龄化"的一种重要方式,近些年来逐渐被研究者关注。不少研究已经证明,身体活动是促进老年人的身心健康有效手段之一,并且在实际调查中已经有相当比例的医生认为身体活动可以作为治疗焦虑、抑郁等心理问题的手段。[3] 老年人的身体活动不仅可以对老年人身心健康大有裨益,从社会的层面来看也能有效控制社会的老龄化进程[4]。学者普遍认为身体活动对老年人的情绪和焦虑有积极的作用,大量的研究也证明身体活动对提升老年人幸福感、缓解抑郁、焦虑等不良情绪具有积极意义。[5] 老年人的身体活动中,体育锻炼是常见的一种方式。老年人锻炼的方式多种多样,其中集体项目对于老年人心理健康状况的改善效果要好于单独进行的体育项目,[6] 例如就有研究证明广场舞是增进老年人心理健康的有效手段。[7] 但是从目前的情况来看,已有的研究或偏重于宏观层面分析,或针对单个项目探讨,对不同身体活动类型对老年人心理健康状况的影响,以及影响到何种程度等问题,还没有较为深入的研究。

---

[1] 参见刘文、焦配《国际视野中的积极老龄化研究》,《中山大学学报》(社会科学版)2015年第1期。

[2] World Health Organization, *Active Ageing: A Policy Framework*, 2002.

[3] 参见汪继兵《体育运动与心理健康促进》,《黄山学院学报》2006年第5期。

[4] Wojetk, J., David, N.P., Maria, A., et al., "Exercise and Physical Activity for Older Adults", *Medicine & Science in Sports & Exercises*, Vol. 41, No. 7, July 2009, pp. 1510–1530.

[5] Paluska, S.A., Schwenk, T.L., "Exercise and Physical Activity for Older Adults", *Sports Med*, Vol. 29, No. 3, March 2000, pp. 167–180; Andreas, S., "Physical Activity, Exercise, Depression and Anxiety Disorders", *Journal of Neural Transmission*, Vol. 116, No. 6, June 2009, pp. 777–784.

[6] 参见吕仙利《体育锻炼类型对老年人心理健康的影响》,《中国老年学杂志》2012年第5期。

[7] 参见康钊《广场集体舞蹈对老年心理健康的影响研究》,《中国健康心理学杂志》2011年第4期。

第二节 城市老年人心理健康状况的基本描述

在讨论老龄化趋势与老年人心理健康、老年人心理健康的影响因素的基础上，为进一步研究城市老年人身体活动对心理健康的影响，在国际通用的测量老年人身体活动经典问卷（Physical Activity Scale for the Elderly，简称 PASE 问卷）的基础上，将其汉化，形成相应的中文版 PASE 问卷（《城市老年人身体活动和健康状况调查问卷》）。该中文版 PASE 问卷已经经过国内外学者验证具有良好的信度和效度，适合在中国老年人群中应用。[①] 问卷发放时间为 2013 年 5 月至 2014 年 12 月，调查对象为来自北京、江苏、新疆、江西、安徽等 7 个省份的 42 座城市的 55 周岁以上老年人，最终回收问卷 4248 份，其中有效问卷 4116 份。采用实证研究方法，具体探讨身体活动对城市老年人心理健康的影响。

一 城市老年人的心理健康总体情况

PASE 问卷对我国城市老年人主观心理健康状况的测量，采用"非常好""很好""一般""较差"四个等级作为老年人的心理健康自我评价的标准。老年人心理健康总体情况的自我评价中，有效数据 4030 份（在总数基础上除去该类别缺省值后所得的数据，下同）。在有效数据中，城市老年人心理健康情况的自我评价为"非常好""很好""一般""较差"的占比分别为 12.3%、44.0%、39.5%、4.1%。

从年龄分布来看，本课题研究对象的年龄区间在 55—99 岁，城市老年人心理健康状况与年龄表现出一定的相关关系。随着年龄的增长，城市老年人心理健康"较差"及"一般"的比例逐渐增加，尤其是在 55 岁、70 岁、80 岁、84 岁、90 岁等几个年龄段，这种心理健康状况的下降趋势表现得尤为明显（见图 7.2）。

---

① 参见陶燕霞、王岚、郑洪等《中文版老年人体力活动量表在老年慢性阻塞性肺疾病患者中的信效度研究》，《中国全科医学》2017 年第 15 期；于洪军、仇军《运用 PASE 量表测量中国老年人体力活动的信效度验证》，《上海体育学院学报》2014 年第 5 期。

第七章　城市老年人身体活动对心理健康的影响

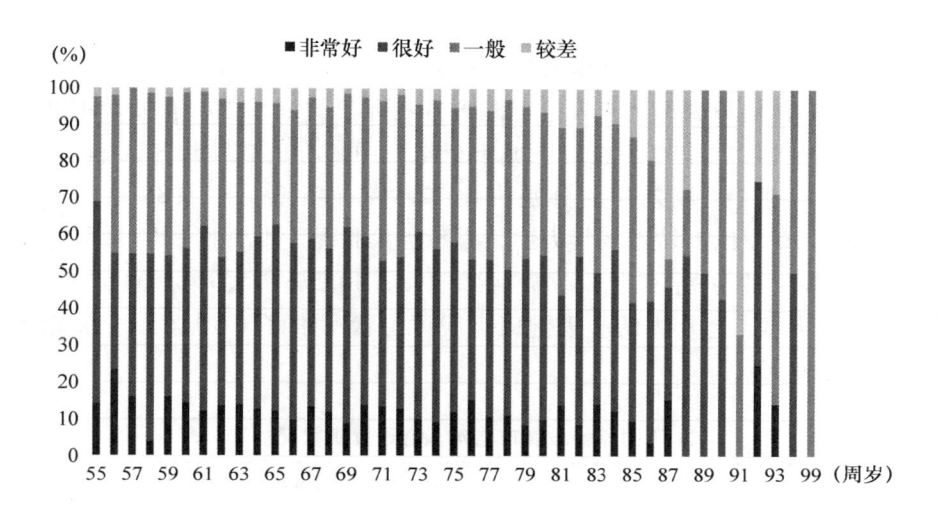

图 7.2　不同年龄城市老年人心理健康状况比例分布

二　不同性别城市老年人的心理健康状况

在不同性别城市老年人心理健康自我评价的统计中，有效数据共计 4078 份。在 1688 名男性城市老年人中，心理健康状况"非常好""很好""一般""较差"的分别 12.1%、46.0%、38.5%、3.4%，心理健康状况达到"很好"及以上的男性城市老年人比例累计 58.1%。在 2390 名女性城市老年人中，心理健康状况"非常好""很好""一般""较差"的分别占比 13.0%、42.6%、40.0%、4.4%，心理健康状况达到"很好"及以上的女性城市老年人比例累计 55.6%。总体来看，男性城市老年人的心理健康的自我评价状况略好于女性城市老年人（见表 7.3）。

表 7.3　　　　　　　　不同性别城市老年人心理健康状况

			心理健康的自我评价情况				合计
			非常好	很好	一般	较差	
性别	男	计数（名）	204	776	650	58	1688
		占比（%）	12.1	46.0	38.5	3.4	100.0
	女	计数（名）	310	1017	957	106	2390
		占比（%）	13.0	42.6	40.0	4.4	100.0

三 不同年龄段城市老年人的心理健康状况

在不同年龄段城市老年人心理健康自我评价的统计中,有效数据共计4030份。在2421名70岁及以下城市老年人中,心理健康状况"非常好""很好""一般""较差"的分别占比12.9%、45.3%、38.8%、3.0%。在1609名70岁以上城市老年人中,心理健康状况"非常好""很好""一般""较差"的分别占比11.4%、42.2%、40.5%、5.9%。总体来看,70岁及以下城市老年人的心理健康自我评价状况略好于70岁以上城市老年人(见表7.4)。

表7.4 不同年龄段城市老年人心理健康状况

			心理健康的自我评价情况				合计
			非常好	很好	一般	较差	
年龄段	70岁及以下	计数(名)	313	1096	940	72	2421
		占比(%)	12.9	45.3	38.8	3.0	100.0
	70岁以上	计数(名)	183	679	652	95	1609
		占比(%)	11.4	42.2	40.5	5.9	100.0

四 不同地区城市老年人的心理健康状况

在不同地区城市老年人心理健康自我评价的统计中,有效数据共计4014份。在2686名东部地区城市老年人中,心理健康状况"非常好""很好""一般""较差"的分别占比12.8%、43.5%、39.5%、4.3%。在1328名中西部地区城市老年人中,心理健康状况"非常好""很好""一般""较差"的分别占比11.4%、45.0%、39.6%、3.9%。其中东部地区城市老年人心理健康状况"非常好"的占比略高于中西部地区城市老年人,而中西部地区城市老年人心理健康状况"很好"的占比略高于东部地区城市老年人。总体来看,东部地区与中西部地区城市老年人心理健康的自我评价情况没有显著的差异(见表7.5)。

第七章　城市老年人身体活动对心理健康的影响

表7.5　　　　　　　　不同地区城市老年人心理健康状况

			心理健康的自我评价情况				合计
			非常好	很好	一般	较差	
地区	东部	计数（名）	343	1168	1060	115	2686
		占比（%）	12.8	43.5	39.5	4.3	100.0
	中西部	计数（名）	152	598	526	52	1328
		占比（%）	11.4	45.0	39.6	3.9	100.0

注：根据我国通常划分，本研究将北京、江苏等地归为东部地区，将安徽、江西、黑龙江、云南、新疆等地归为中西部地区。

五　不同受教育程度城市老年人的心理健康状况

在不同受教育程度城市老年人心理健康自我评价的统计中，有效数据共计3991份。在1082名小学及以下受教育程度城市老年人（包含受教育程度为"小学"及"文盲"的城市老年人）中，心理健康状况"非常好""很好""一般""较差"分别占比11.5%、41.7%、40.8%、6.1%，心理健康状况达到"很好"和"非常好"的小学及以下受教育程度城市老年人比例累计53.2%。在1923名初中及高中受教育程度城市老年人中，心理健康状况"非常好""很好""一般""较差"分别占比13.5%、44.8%、37.5%、4.2%，心理健康状况达到"很好"和"非常好"的初中及高中受教育程度城市老年人比例累计58.3%。在998名大学及以上受教育程度城市老年人中，心理健康状况"非常好""很好""一般""较差"分别占比11.8%、44.7%、41.0%、2.5%，心理健康状况达到"很好"和"非常好"的大学及以上受教育程度城市老年人比例累计56.5%。可以发现，随着受教育程度的提升，城市老年人的心理健康"较差"的比重有一定降低，同时心理健康状况"很好"及以上的比重有一定上升，说明受教育程度对城市老年人心理健康状况具有一定的影响（见表7.6）。

综上调查的数据表明，不同性别、年龄、地区、受教育程度的城市老年人的心理健康状况存在一定的差异，主要表现为：男性城市老年人的心理健康的自我评价状况略好于女性城市老年人，70岁以下城市老年人的心理健康自我评价状况好于70岁及以上城市老年人，高受教育程度城市老年人的心理健康自我评价状况好于低受教育程度城市老年人。此次结果不容乐观，我国城市老年人的心理健康状况，接近半数没有积极的自我心理健康评价。

表7.6 不同受教育程度城市老年人心理健康自我评价状况

受教育程度			心理健康的自我评价情况				合计
			非常好	很好	一般	较差	
受教育程度	小学及以下	计数（名）	124	451	441	66	1082
		占比（%）	11.5	41.7	40.8	6.1	100.0
	初中及高中	计数（名）	259	862	722	80	1923
		占比（%）	13.5	44.8	37.5	4.2	100.0
	大学及以上	计数（名）	118	446	409	25	998
		占比（%）	11.8	44.7	41.0	2.5	100.0

事实上，在一些针对部分地区的调查研究中，也发现了类似的问题。栾文敬等（2012）通过自行设计的调查问卷和Kessler10量表调查了威海、潍坊等城市老年人心理健康状况，发现受调查男性老年人的心理健康状况好于女性老年人，60—70岁老年人的心理健康状况好于70岁以上老年人，有配偶老年人的心理健康状况好于无配偶老年人，随着学历的升高老年人心理健康状况越好。[①] 一项覆盖我国东、中、西部省市的城乡居家养老服务的调查发现，家庭关系在老年人精神慰藉方面具有积极作用，老年人的家庭关系越和谐心理健康状态就越好。[②] 还有研究通过分析中国健康与养老追踪调查（CHARLS）数据库，发现年龄、身体健康状况、活动频率、生活满意度是影响老年人社会心理状况的主要因素。随着年龄的增长，老年人的社会心理状况越来越差，生活中活动频率越高、身体健康状况越好的老年人，社会心理状况就越好。[③] 但是也有部分研究的结果与我们的调查存在着一些差异，例如在一项针对成都市城乡老年人心理健康状况的研究发现，城乡老年人心理健康状况在学历方面呈现出高中及初中层次老年

---

① 参见齐玉玲、高航、张秀敏等《城市社区老年人心理健康状况及其影响因素》，《护理研究》2017年第1期。

② 参见栾文敬、杨帆、串红丽等《我国老年人心理健康自评及其影响因素研究》，《西北大学学报》（哲学社会科学版）2012年第3期。

③ 参见赵飞燕、吴炳义、王媛媛等《我国不同年龄段老年人社会心理状况研究》，《中国医学伦理学》2018年第6期。

第七章　城市老年人身体活动对心理健康的影响

人最好、小学及大专层次老年人次之、本科及文盲层次老年人最差的特征。[①] 这种研究结果的差异，可能是因为研究客观条件所致，例如该研究为针对成都市一个地区的研究，样本具有典型性；另外该研究的研究对象包含了城市老年人和农村老年人，城市和农村两类研究对象生活环境的差异也会对相关研究结果产生一定影响。

本研究还发现，东部地区和中西部地区城市老年人心理健康状况并无显著的差异。这一结果似乎与通常的经验判断不一致，因为按照常理东部地区经济发达，老年人拥有更加优越的经济条件和社会保障，自然也应该拥有更好的心理健康状态。但是这一判断建立在两个重要的客观条件之上：一是东部地区比中西部地区的城镇化率高，[②] 中西部地区的农村人口更多；二是我国城市老年人的心理健康状况普遍要好于农村老年人。[③] 本研究的调查对象主要为城市老年人，中西部地区的调查对象主要集中在省会城市或省内交通与经济发达城市，这可能在一定程度上淡化了地缘因素和环境因素。

第三节　城市老年人身体活动对心理健康的影响

根据调查中指导被调查对象填写的中文版 PASE 问卷，对城市老年人身体活动和心理健康状况进行相关性分析。操作方法上根据 PASE 问卷的研发者 Washburn 的 PASE 分数计算方法，用 PASE 分值表示身体活动量的大小。PASE 分值根据调查对象在问卷中所描述的活动时间和频率计算出日均运动时长，再根据活动方式的强度特征乘以标准系数，由此得到某一类型身体活动的总量即 PASE 分数。例如本研究中城市老年人家务活动的 PASE 权重系数为 25，设城市老年人家务活动时间为 $t_{家}$，家务活动 PASE

[①] 参见张由月《成都市城乡老年人心理健康状况调查研究》，硕士学位论文，四川师范大学，2009 年。

[②] 腾讯网：《这 10 个省份城镇化率超 60%，京津沪达到发达国家水平》，https://finance.qq.com/a/20170605/062993.htm，2017 年 6 月 5 日。

[③] 参见栾文敬、杨帆、串红丽等《我国老年人心理健康自评及其影响因素研究》，《西北大学学报》（哲学社会科学版）2012 年第 3 期；张由月《成都市城乡老年人心理健康状况调查研究》，硕士学位论文，四川师范大学，2009 年。

分数为 p_家，则有：$p_家 = t_家 * 25$。

在对不同年龄、性别、地区、受教育程度的城市老年人身体活动与心理健康相关性的分析中，分为总身体活动、交通活动、家务活动、体育锻炼等项目，以此计算出各类身体活动 PASE 得分。其中交通活动 PASE 分数反映老年人出门在通勤过程中走路和骑自行车的活动量，家务活动 PASE 分数反映老年人从事与家务相关的活动的量，如打扫房间、照顾他人等；体育锻炼 PASE 分数反映老年人有意识地选择某项体育锻炼进行锻炼所达到的活动量。

为了进一步研究城市老年人身体活动对心理健康收益和影响，在研究设计上将身体活动分为走路活动、骑自行车身体活动、一般家务活动、照看家人活动、低强度体育锻炼、中等强度体育锻炼、高强度体育锻炼、其他体育锻炼 8 个具体项目，并分别计算各项身体活动项目 PASE 得分，以更为深入地探讨城市老年人身体活动对心理健康收益和影响。

一 城市老年人身体活动与心理健康的相关性

（一）城市老年人身体活动与心理健康相关性的总体状况

以城市老年人心理健康自我评价得分为因变量，身体活动相关 PASE 得分为自变量，进行城市老年人身体活动与心理健康的 Pearson 相关性分析。分析基于城市老年人身体活动总 PASE 分数、身体活动各项 PASE 分数两方面进行讨论。

统计结果显示，城市老年人的心理健康与身体活动总 PASE 分数、交通 PASE 分数、体育锻炼 PASE 分数、家务活动 PASE 分数存在显著性负相关关系（$p < 0.01$）。在各类身体活动与心理健康的相关度上，从大到小依次是交通活动、家务活动、体育锻炼，即在综合情况下，交通活动对城市老年人的心理健康影响最大，随后依次是家务活动和体育锻炼（见表 7.7）。

身体活动项目方面，城市老年人的心理健康与其走路活动 PASE 得分、骑自行车活动 PASE 得分、一般家务活动 PASE 得分、照看家人活动 PASE 得分、低强度体育锻炼 PASE 得分、中等强度体育锻炼 PASE 得分、高强度体育锻炼 PASE 得分均存在显著性负相关关系（$p < 0.01$）。相关度方面，从大到小依次是中等强度体育锻炼、走路活动、高强度体育锻炼、骑自行车活动、低强度体育锻炼、一般家务活动、照看家人活动，即从身

第七章 城市老年人身体活动对心理健康的影响

活动项目来看，中等强度体育锻炼对城市老年人的心理健康影响最大，随后依次是走路活动、高强度体育锻炼等（见表7.8）。

表7.7　城市老年人身体活动与心理健康 Pearson 相关性

	n	r	p
身体活动总 PASE 分数	4012	-0.142**	0.000
体育锻炼 PASE 分数	4043	-0.088**	0.000
家务活动 PASE 分数	4091	-0.111**	0.000
交通活动 PASE 分数	4020	-0.142**	0.000

注：** 表示在 0.01 水平（双侧）上显著相关；* 表示在 0.05 水平（双侧）上显著相关。

表7.8　城市老年人身体活动项目与心理健康 Pearson 相关性

	n	r	p
走路活动 PASE 分数	4091	-0.088**	0.000
骑自行车活动 PASE 分数	4091	-0.086**	0.000
一般家务活动 PASE 分数	4091	-0.076**	0.000
照看家人活动 PASE 分数	4091	-0.075**	0.000
低强度体育锻炼 PASE 分数	4091	-0.086**	0.000
中等强度体育锻炼 PASE 分数	4091	-0.094**	0.000
高强度体育锻炼 PASE 分数	4091	-0.088**	0.000
其他体育锻炼 PASE 分数	4091	-0.021	0.185

注：** 表示在 0.01 水平（双侧）上显著相关；* 表示在 0.05 水平（双侧）上显著相关。

（二）不同性别城市老年人身体活动与心理健康的相关性

对不同性别城市老年人身体活动与心理健康的相关性分析发现，男性城市老年人与女性城市老年人的心理健康都与身体活动总 PASE 分数、体育锻炼 PASE 分数、家务活动 PASE 分数、交通活动 PASE 分数存在显著性负相关关系（$p<0.01$）（见表7.9）。

身体活动项目方面，男性城市老年人的心理健康与走路活动、骑自行车身体活动、一般家务活动、低强度体育锻炼、中等强度体育锻炼、高强度体育锻炼6个身体活动项目上存在显著性负相关关系（$p<0.01$）。女性城市老年人的心理健康与走路活动、骑自行车身体活动、一般家务活动、

照看家人活动、低强度体育锻炼、中等强度体育锻炼、高强度体育锻炼7个身体活动项目上存在显著性负相关关系（p<0.01）。其中，女性城市老年人在照看家人活动、一般家务活动等身体活动方面与心理健康的相关度高于男性城市老年人，男性城市老年人在走路活动、中等强度体育锻炼等方面与心理健康的相关度高于女性城市老年人（见表7.10）。

表7.9　不同性别城市老年人身体活动与心理健康Pearson相关性

	男性 n	男性 r	男性 p	女性 n	女性 r	女性 p
身体活动总PASE分数	1655	-0.156**	0.000	2297	-0.143**	0.000
体育锻炼PASE分数	1674	-0.162**	0.000	2370	-0.128**	0.000
家务活动PASE分数	1674	-0.082**	0.001	2392	-0.111**	0.000
交通活动PASE分数	1693	-0.122**	0.000	2398	-0.106**	0.000

注：** 表示在0.01水平（双侧）上显著相关；* 表示在0.05水平（双侧）上显著相关。

表7.10　不同性别城市老年人身体活动项目与心理健康Pearson相关性

	男性 n	男性 r	男性 p	女性 n	女性 r	女性 p
走路活动PASE分数	1693	-0.102**	0.000	2398	-0.080**	0.000
骑自行车活动PASE分数	1693	-0.084**	0.001	2398	-0.090**	0.000
一般家务活动PASE分数	1693	-0.082**	0.001	2398	-0.091**	0.000
照看家人活动PASE分数	1693	-0.038	0.113	2398	-0.099**	0.000
低强度体育锻炼PASE分数	1693	-0.098**	0.000	2398	-0.075**	0.000
中等强度体育锻炼PASE分数	1693	-0.137**	0.000	2398	-0.062**	0.002
高强度体育锻炼PASE分数	1693	-0.080**	0.001	2398	-0.092**	0.000
其他体育锻炼PASE分数	1693	-0.008	0.747	2398	-0.036	0.080

注：** 表示在0.01水平（双侧）上显著相关；* 表示在0.05水平（双侧）上显著相关。

（三）不同年龄城市老年人身体活动与心理健康的相关性

对不同年龄段城市老年人身体活动与心理健康的相关性分析发现，70岁及以下城市老年人的心理健康与其身体活动总PASE分数、体育锻炼PASE分数、家务活动PASE分数、交通活动PASE分数之间存在显著性负

第七章 城市老年人身体活动对心理健康的影响

相关关系（p＜0.05）。70 岁以上城市老年人的心理健康与其身体活动总 PASE 分数、体育锻炼 PASE 分数、家务活动 PASE 分数、交通活动 PASE 分数之间存在显著性负相关关系（p＜0.01）（见表 7.11）。

表 7.11　不同年龄城市老年人身体活动与心理健康 Pearson 相关性

	70 岁及以下人群			70 岁以上人群		
	n	r	p	n	r	p
身体活动总 PASE 分数	2220	-0.131**	0.000	1602	-0.140**	0.000
体育锻炼 PASE 分数	2274	-0.130**	0.000	1467	-0.079**	0.003
家务活动 PASE 分数	2373	-0.074**	0.000	1537	-0.060*	0.019
交通活动 PASE 分数	2363	-0.055**	0.008	1569	-0.121**	0.000

注：** 表示在 0.01 水平（双侧）上显著相关；* 表示在 0.05 水平（双侧）上显著相关。

身体活动项目方面，70 岁及以下城市老年人的心理健康与其骑自行车身体活动、一般家务活动、照看家人活动、低强度体育锻炼、中等强度体育锻炼、高强度体育锻炼 6 个项目的 PASE 分数之间存在显著性负相关关系（p＜0.05）。70 岁以上城市老年人的心理健康与其走路活动、骑自行车身体活动、一般家务活动、照看家人活动、低强度体育锻炼、中等强度体育锻炼、高强度体育锻炼 7 个项目的 PASE 分数之间存在显著性负相关关系（p＜0.01）。其中，在骑自行车、照看家人等方面，70 岁及以下城市老年人身体活动与心理健康的相关度高于 70 岁以上城市老年人；在走路活动、一般家务活动等方面，70 岁以上城市老年人身体活动与心理健康的相关度高于 70 岁以下城市老年人（见表 7.12）。

表 7.12　不同年龄城市老年人身体活动项目与心理健康 Pearson 相关性

	70 岁以下人群			70 岁及以上人群		
	n	r	p	n	r	p
走路活动 PASE 分数	2363	-0.026	0.212	1569	-0.155**	0.000
骑自行车活动 PASE 分数	2363	-0.094**	0.000	1569	-0.068**	0.003
一般家务活动 PASE 分数	2363	-0.052*	0.013	1569	-0.092**	0.000
照看家人活动 PASE 分数	2363	-0.070**	0.001	1569	-0.064**	0.005

续表

	70 岁以下人群			70 岁及以上人群		
	n	r	p	n	r	p
低强度体育锻炼 PASE 分数	2363	-0.049*	0.020	1569	-0.124**	0.000
中等强度体育锻炼 PASE 分数	2363	-0.088**	0.000	1569	-0.097**	0.000
高强度体育锻炼 PASE 分数	2363	-0.069**	0.001	1569	-0.103**	0.000
其他体育锻炼 PASE 分数	2363	-0.023	0.270	1569	-0.013	0.569

注：** 表示在 0.01 水平（双侧）上显著相关；* 表示在 0.05 水平（双侧）上显著相关。

（四）不同地区城市老年人身体活动与心理健康的相关性

对不同地区城市老年人身体活动与心理健康的相关性分析发现，东部地区城市老年人的心理健康与身体活动总 PASE 分数、体育锻炼 PASE 分数、家务活动 PASE 分数、交通活动 PASE 分数之间存在显著性负相关关系（$p<0.01$）。中西部地区城市老年人的心理健康与身体活动总 PASE 分数、体育锻炼 PASE 分数、交通活动 PASE 分数之间存在显著性负相关关系（$p<0.01$）（见表 7.13）。

表 7.13　不同地区城市老年人身体活动与心理健康 Pearson 相关性

	东部			中西部		
	n	r	p	n	r	p
身体活动总 PASE 分数	2681	-0.159**	0.000	1291	-0.108**	0.000
体育锻炼 PASE 分数	2741	-0.161**	0.000	1301	-0.097**	0.000
家务活动 PASE 分数	2747	-0.103**	0.000	1318	-0.051	0.060
交通活动 PASE 分数	2791	-0.128**	0.000	1322	-0.081**	0.003

注：** 表示在 0.01 水平（双侧）上显著相关；* 表示在 0.05 水平（双侧）上显著相关。

身体活动项目方面，东部地区城市老年人的心理健康与走路活动、骑自行车身体活动、一般家务活动、照看家人活动、低强度体育锻炼、中等强度体育锻炼、高强度体育锻炼 7 个项目的 PASE 得分之间存在显著性负相关关系（$p<0.01$）。中西部地区城市老年人的心理健康与走路活动、骑自行车身体活动、一般家务活动、照看家人活动、高强度体育锻炼 4 个项

第七章 城市老年人身体活动对心理健康的影响

目的 PASE 得分之间存在显著性负相关关系（p<0.05）（见表7.14）。

表7.14 不同地区城市老年人身体活动项目与心理健康 Pearson 相关性

	东部			中西部		
	n	r	p	n	r	p
走路活动 PASE 分数	2791	-0.098**	0.000	1322	-0.067*	0.014
骑自行车活动 PASE 分数	2791	-0.102**	0.000	1322	-0.061*	0.026
一般家务活动 PASE 分数	2791	-0.095**	0.000	1322	-0.029	0.287
照看家人活动 PASE 分数	2791	-0.074**	0.000	1322	-0.074**	0.007
低强度体育锻炼 PASE 分数	2791	-0.105**	0.000	1322	-0.040	0.145
中等强度体育锻炼 PASE 分数	2791	-0.111**	0.000	1322	-0.051	0.061
高强度体育锻炼 PASE 分数	2791	-0.099**	0.000	1322	-0.060*	0.028
其他体育锻炼 PASE 分数	2791	-0.015	0.438	1322	-0.037	0.180

注：** 表示在 0.01 水平（双侧）上显著相关；* 表示在 0.05 水平（双侧）上显著相关。

（五）不同受教育程度城市老年人身体活动与心理健康的相关性

对不同受教育程度的城市老年人身体活动与心理健康的相关性分析发现，小学及以下、初中及高中受教育程度的城市老年人的心理健康与身体活动总 PASE 分数、体育锻炼 PASE 分数、家务活动 PASE 分数、交通活动 PASE 分数之间存在显著性负相关关系（p<0.01）。大学及以上受教育程度的城市老年人的心理健康与总身体活动 PASE 分数、体育锻炼 PASE 分数、交通活动 PASE 分数之间存在显著性负相关关系（p<0.01）。其中，在家务活动 PASE 分数上，小学及以下、初中及高中受教育程度的城市老年人身体活动与心理健康的相关度高于大学及以上受教育程度的城市老年人（见表7.15）。

表7.15 不同受教育程度城市老年人身体活动与心理健康 Pearson 相关性

	小学及以下			初中及高中			大学及以上		
	n	r	p	n	r	p	n	r	p
身体活动总 PASE 分数	1063	-0.125**	0.000	1893	-0.153**	0.000	963	-0.092**	0.003

续表

	小学及以下			初中及高中			大学及以上		
	n	r	p	n	r	p	n	r	p
体育锻炼 PASE 分数	1072	-0.105**	0.001	1903	-0.173**	0.000	981	-0.101**	0.001
家务活动 PASE 分数	1075	-0.130**	0.000	1914	-0.107**	0.000	996	-0.029	0.360
交通活动 PASE 分数	1082	-0.128**	0.000	1923	-0.106**	0.000	998	-0.085**	0.007

注：** 表示在 0.01 水平（双侧）上显著相关；* 表示在 0.05 水平（双侧）上显著相关。

身体活动项目方面，小学及以下受教育程度的城市老年人的心理健康与走路活动、骑自行车身体活动、一般家务活动、照看家人活动、低强度体育锻炼、中等强度体育锻炼 6 个项目的 PASE 得分之间存在显著性负相关关系（p<0.01）。初中及高中受教育程度的城市老年人的心理健康与走路活动、骑自行车身体活动、一般家务活动、照看家人活动、低强度体育锻炼、中等强度体育锻炼、高强度体育锻炼、其他体育锻炼 8 个项目的 PASE 得分之间存在显著性负相关关系（p<0.05）。大学及以上受教育程度的城市老年人的心理健康与走路活动、低强度体育锻炼、高强度体育锻炼、其他体育锻炼 3 个项目的 PASE 得分之间存在显著性负相关关系（p<0.05）。总体来看，初中及高中受教育程度的城市老年人身体活动与心理健康的整体相关度最高，小学及以下受教育程度的城市老年人次之，大学及以上受教育程度的城市老年人最弱。其中，在走路活动、骑自行车身体活动、一般家务活动、照看家人活动、低强度体育锻炼、中等强度体育锻炼等方面，初中及高中、小学及以下受教育程度的城市老年人的身体活动与心理健康的相关度均高于大学及以上受教育程度的城市老年人（见表 7.16）。

表 7.16　**不同受教育程度城市老年人身体活动项目与心理健康 Pearson 相关性**

	小学及以下			初中及高中			大学及以上		
	n	r	p	n	r	p	n	r	p
走路活动 PASE 分数	1082	-0.107**	0.000	1923	-0.079**	0.000	998	-0.075*	0.018
骑自行车活动 PASE 分数	1082	-0.089**	0.003	1923	-0.090**	0.000	998	-0.055	0.081

第七章　城市老年人身体活动对心理健康的影响

续表

	小学及以下			初中及高中			大学及以上		
	n	r	p	n	r	p	n	r	p
一般家务活动 PASE 分数	1082	-0.114**	0.000	1923	-0.093**	0.000	998	-0.019	0.559
照看家人活动 PASE 分数	1082	-0.102**	0.001	1923	-0.086**	0.000	998	-0.046	0.147
低强度体育锻炼 PASE 分数	1082	-0.081**	0.007	1923	-0.097**	0.000	998	-0.069*	0.030
中等强度体育锻炼 PASE 分数	1082	-0.079**	0.009	1923	-0.127**	0.000	998	-0.041	0.191
高强度体育锻炼 PASE 分数	1082	-0.030	0.318	1923	-0.114**	0.000	998	-0.081*	0.011
其他体育锻炼 PASE 分数	1082	0.034	0.258	1923	-0.052*	0.023	998	-0.052	0.104

注：** 表示在 0.01 水平（双侧）上显著相关；* 表示在 0.05 水平（双侧）上显著相关。

二　城市老年人身体活动的心理健康收益分析

老年人心理健康无论是对于个体还是社会都具有重要意义。对于老年人而言，心理健康不仅对老年人个体的正常生活、颐养天年具有积极的意义，而且对于家庭和谐和社会发展也具有积极影响。对城市老年人身体活动的心理健康收益分析，根据被调查城市老年人心理健康自我评价（非常好、很好、一般、较差），将其分成不同等级的组。运用单因素方差分析（One - Way ANOVA）检验各组身体活动总 PASE 分数均值和各项身体活动 PASE 分数均值有无显著差异，以及差异所呈现的规律，以探讨不同身体活动对城市老年人心理健康带来的收益状况。

（一）城市老年人身体活动心理健康收益的总体情况

对城市老年人身体活动心理健康收益的分析，是基于身体活动总 PASE 分数、身体活动各项目 PASE 分数两方面进行讨论。在所有调查的城市老年人中，不同心理健康状态的城市老年人总身体活动、体育锻炼、家务活动、交通活动的各组 PASE 得分存在显著性差异（p < 0.01）。从 PASE 得分来看，心理健康状态越好，相应的身体活动 PASE 得分均值越

高。这表明，体育锻炼、家务活动、交通活动能够对城市老年人的心理健康产生积极影响，且个体活动参与度越高，心理健康收益越大（见表7.17）。

表7.17 不同心理健康状况城市老年人身体活动PASE分数均值差异

等级		n	均值	标准差	均值的95%置信区间 下限	均值的95%置信区间 上限	p
身体活动总PASE分数	非常好	496	128.38	75.59	121.71	135.05	0.000
	很好	1773	115.02	67.34	111.88	118.16	
	一般	1587	105.92	66.02	102.67	109.17	
	较差	166	74.42	74.32	63.03	85.81	
	总数	4022	111.40	68.97	109.27	113.53	
体育锻炼PASE分数	非常好	513	89.90	70.74	83.76	96.03	0.000
	很好	1806	79.39	61.87	76.55	82.24	
	一般	1605	69.27	57.27	66.48	72.07	
	较差	176	46.64	64.03	37.11	56.16	
	总数	4100	75.33	62.06	73.44	77.23	
家务活动PASE分数	非常好	517	44.95	36.59	41.79	48.11	0.000
	很好	1806	42.56	34.85	40.96	44.17	
	一般	1605	39.75	34.35	38.08	41.42	
	较差	175	27.18	31.62	22.47	31.90	
	总数	4103	41.10	34.90	40.04	42.17	
交通活动PASE分数	非常好	519	30.09	28.34	27.65	32.53	0.000
	很好	1808	26.52	23.33	25.45	27.59	
	一般	1562	24.04	23.54	22.90	25.18	
	较差	182	15.78	23.41	12.35	19.20	
	总数	4071	25.52	24.25	24.78	26.25	

注：P值表示心理健康自评得分不同等级组之间的差异。

在身体活动项目的心理健康收益方面，不同心理健康状态城市老年人的走路活动、骑自行车活动、一般家务活动、照看家人活动、低强度体育锻炼、中强度体育锻炼、高强度体育锻炼的各PASE得分存在显著性差异（$p < 0.01$）。从PASE得分来看，心理健康状态越好，相应的身体活动

第七章　城市老年人身体活动对心理健康的影响

PASE 分数越高。这表明从身体活动项目来看，走路活动、骑自行车活动、一般家务活动、照看家人活动、低强度体育锻炼、中强度体育锻炼、高强度体育锻炼能够对城市老年人的心理健康产生积极影响，且活动参与度越高，心理健康收益越大（见表 7.18）。

表 7.18　不同心理健康状况城市老年人身体活动各项目 PASE 分数均值差异

等级		n	均值	标准差	均值的95%置信区间 下限	均值的95%置信区间 上限	p
走路活动 PASE 分数	非常好	519	23.50	21.43	21.65	25.34	0.000
	很好	1808	20.85	18.82	19.98	21.71	
	一般	1562	19.81	19.51	18.86	20.75	
	较差	182	13.22	18.13	10.57	15.87	
	总数	4071	20.43	19.49	19.84	21.03	
骑自行车活动 PASE 分数	非常好	519	6.59	14.38	5.35	7.83	0.000
	很好	1808	5.67	11.37	5.15	6.19	
	一般	1562	4.24	10.11	3.75	4.73	
	较差	182	2.55	11.68	0.85	4.26	
	总数	4071	5.09	11.38	4.74	5.43	
一般家务活动 PASE 分数	非常好	519	37.17	32.88	34.33	40.00	0.000
	很好	1808	35.09	30.85	33.68	36.51	
	一般	1562	33.46	30.73	31.97	34.95	
	较差	182	22.57	28.61	18.38	26.75	
	总数	4071	34.16	31.08	33.22	35.10	
照看家人活动 PASE 分数	非常好	519	7.61	11.52	6.62	8.60	0.000
	很好	1808	7.19	11.32	6.67	7.71	
	一般	1562	6.12	10.75	5.60	6.64	
	较差	182	3.57	8.77	2.29	4.85	
	总数	4071	6.67	11.06	6.33	7.00	
低强度体育锻炼 PASE 分数	非常好	519	21.98	22.38	20.05	23.92	0.000
	很好	1808	21.08	20.03	20.16	22.00	
	一般	1562	18.75	19.57	17.80	19.70	
	较差	182	13.14	18.62	10.42	15.87	
	总数	4071	19.93	20.18	19.31	20.54	

续表

等级		n	均值	标准差	均值的95%置信区间 下限	均值的95%置信区间 上限	p
中强度体育锻炼PASE分数	非常好	519	20.24	31.82	17.49	22.98	0.000
	很好	1808	17.14	31.40	15.70	18.58	
	一般	1562	13.19	22.56	12.10	14.29	
	较差	182	10.73	32.88	5.92	15.54	
	总数	4071	15.69	28.49	14.83	16.56	
高强度体育锻炼PASE分数	非常好	519	11.85	22.30	9.93	13.78	0.000
	很好	1808	9.89	19.29	9.01	10.78	
	一般	1562	8.31	17.92	7.44	9.17	
	较差	182	2.92	9.23	1.57	4.27	
	总数	4071	9.21	18.92	8.63	9.78	
其他体育锻炼PASE分数	非常好	519	4.69	14.86	3.41	5.98	0.281
	很好	1808	4.25	14.52	3.58	4.91	
	一般	1562	3.84	13.53	3.19	4.50	
	较差	182	2.54	15.22	0.31	4.76	
	总数	4071	4.07	14.21	3.64	4.50	

注：P值表示心理健康自评得分不同等级组之间的差异。

（二）不同性别城市老年人身体活动的心理健康收益

对不同心理健康状态的城市老年人身体活动PASE得分比较发现，男、女性城市老年人的总身体活动、体育锻炼、家务活动、交通活动的各组PASE得分存在显著性差异（p<0.01）。从PASE得分来看，心理健康状态越好，相应的身体活动PASE分数越高；城市男性老年人在体育锻炼和交通活动方面的PASE得分普遍高于城市女性老年人，城市女性老年人在家务活动方面的PASE分数普遍高于城市男性老年人。这表明体育锻炼、家务活动、交通活动能够对城市男、女性城市老年人的心理健康产生显著而积极影响，且城市男性老年人在交通活动、体育锻炼上有更大的心理健康收益，城市女性老年人在家务活动上有更大的心理健康收益（见表7.19）。

第七章 城市老年人身体活动对心理健康的影响

表7.19　　不同心理健康状况城市老年人身体活动PASE分数均值差异（分性别）

等级		男性 n	男性 均值	男性 标准差	p	女性 n	女性 均值	女性 标准差	p
身体活动总PASE分数	非常好	197	122.11	74.44	0.000	295	132.16	76.22	0.000
	很好	762	101.79	63.22		978	125.10	67.15	
	一般	640	93.27	61.37		916	113.96	66.42	
	较差	56	65.96	80.81		105	79.08	71.27	
	总数	1655	99.70	65.45		2294	119.45	69.12	
体育锻炼PASE分数	非常好	203	98.28	74.85	0.000	305	84.67	67.89	0.000
	很好	771	81.58	64.98		1011	77.75	59.11	
	一般	640	70.12	56.83		943	68.47	57.45	
	较差	60	47.95	68.24		111	46.99	63.05	
	总数	1674	78.02	64.26		2370	73.51	60.37	
家务活动PASE分数	非常好	203	34.26	32.23	0.002	309	51.75	37.37	0.000
	很好	767	29.77	27.48		1015	52.27	36.54	
	一般	644	28.77	28.09		956	46.82	35.93	
	较差	60	18.68	25.30		112	31.10	33.45	
	总数	1674	29.53	28.36		2392	49.04	36.55	
交通活动PASE分数	非常好	204	33.78	29.04	0.000	310	27.83	27.75	0.000
	很好	776	28.00	23.35		1017	25.40	22.75	
	一般	650	25.72	24.46		957	22.76	22.31	
	较差	63	16.96	25.99		114	15.34	22.30	
	总数	1693	27.41	24.81		2398	24.18	23.40	

注：P值表示心理健康自评得分不同等级组之间的差异。

在身体活动各项目方面，男性城市老年人的走路、骑自行车、一般家务活动、低强度体育锻炼、中强度体育锻炼、高强度体育锻炼6项身体活动项目的各组PASE得分存在显著性差异（p＜0.01）；女性城市老年人的走路、骑自行车、一般家务活动、照看家人活动、低强度体育锻炼、中强度体育锻炼、高强度体育锻炼7项身体活动项目的各组PASE得分存在显著性差异（p＜0.01）。这表明，走路、骑自行车、一般家务活动、低强度体育锻炼、中强度体育锻炼、高强度体育锻炼能够对城市男性城市老年人心理健康产生显著而积极的影响；对女性城市老年人心理健康产生显著而积极影响的身体活动项目是走路、骑自行车、一般家务活动、照看家人活动、低强度体育锻炼、中强度体育锻炼、高强度体育锻炼。同时，从对各项身体活动 PASE 分数的检验来看，城市老年人心理健康收益存在一定的性别差异，主要表现为女性城市老年人通过照看家人活动、一般家务活动等获得的心理健康收益高于男性城市老年人，男性城市老年人通过走路活动、中强度体育锻炼等获得的心理健康收益高于女性城市老年人（见表7.20）。

表 7.20　不同心理健康状况城市老年人身体活动各项目 PASE 分数均值差异（分性别）

等级		男性				女性			
		n	均值	标准差	p	n	均值	标准差	p
走路活动 PASE 分数	非常好	204	25.81	23.07	0.000	310	22.06	20.20	0.000
	很好	776	20.97	18.97		1017	20.74	18.48	
	一般	650	20.24	19.43		957	19.42	19.29	
	较差	63	13.39	15.99		114	13.26	19.46	
	总数	1693	20.99	19.70		2398	20.03	19.15	
骑自行车活动 PASE 分数	非常好	204	7.97	13.80	0.004	310	5.78	14.80	0.000
	很好	776	7.04	11.83		1017	4.66	10.65	
	一般	650	5.48	11.08		957	3.34	8.91	
	较差	63	3.57	13.93		114	2.08	10.54	
	总数	1693	6.42	11.93		2398	4.15	10.69	
一般家务活动 PASE 分数	非常好	204	28.09	29.17	0.002	310	42.96	33.72	0.000
	很好	776	23.40	23.86		1017	44.16	32.39	
	一般	650	22.77	24.15		957	40.40	32.27	
	较差	63	15.01	22.16		114	26.61	30.80	
	总数	1693	23.41	24.70		2398	41.67	32.64	
照看家人活动 PASE 分数	非常好	204	6.00	10.71	0.131	310	8.63	11.90	0.000
	很好	776	6.02	10.70		1017	8.01	11.67	
	一般	650	5.73	10.52		957	6.37	10.90	
	较差	63	2.78	7.92		114	3.95	9.16	
	总数	1693	5.79	10.55		2398	7.25	11.34	

第七章 城市老年人身体活动对心理健康的影响

续表

等级		男性				女性			
		n	均值	标准差	p	n	均值	标准差	p
低强度体育锻炼PASE分数	非常好	204	24.22	23.85	0.001	310	20.57	21.36	0.000
	很好	776	21.57	21.55		1017	20.76	18.80	
	一般	650	18.91	19.02		957	18.75	19.77	
	较差	63	14.86	19.54		114	12.54	18.33	
	总数	1693	20.62	20.93		2398	19.54	19.59	
中强度体育锻炼PASE分数	非常好	204	24.63	36.18	0.000	310	17.59	28.51	0.025
	很好	776	17.06	32.10		1017	17.04	30.78	
	一般	650	12.27	24.10		957	13.93	21.52	
	较差	63	8.16	26.26		114	12.51	36.64	
	总数	1693	15.80	29.90		2398	15.65	27.52	
高强度体育锻炼PASE分数	非常好	204	11.88	23.77	0.010	310	11.62	21.03	0.000
	很好	776	9.92	20.61		1017	10.02	18.35	
	一般	650	8.23	17.75		957	8.38	18.14	
	较差	63	3.57	11.92		114	2.68	7.60	
	总数	1693	9.27	19.77		2398	9.22	18.36	
其他体育锻炼PASE分数	非常好	204	3.29	11.12	0.520	310	5.69	16.92	0.082
	很好	776	4.51	16.90		1017	4.07	12.51	
	一般	650	3.91	14.67		957	3.65	12.41	
	较差	63	2.12	10.81		114	2.69	17.42	
	总数	1693	4.04	15.26		2398	4.05	13.40	

注：P值表示心理健康自评得分不同等级组之间的差异。

（三）不同年龄城市老年人身体活动的心理健康收益

对不同心理健康状态的城市老年人身体活动PASE得分比较发现，70岁及以下城市老年人的总身体活动、体育锻炼、家务活动、交通活动的各组PASE得分存在显著性差异（p<0.01）；70岁以上城市老年人的总身体活动、体育锻炼、家务活动、交通活动的各组PASE得分存在显著性差异（p<0.01）。这表明相关的身体活动能够对城市老年人的心理健康产生显著而积极的影响。同时可以发现，70岁以上老年人身体活动PASE分数普遍低于70岁及以下老年人，表明随着年龄的增长城市老年人的各项身体

活动总量都在不断减少，这和人们的经验判断是一致的，或者说验证了老年人随年龄增长身体活动量会减少这一经验性判断（见表7.21）。

表7.21　　不同心理健康状况城市老年人身体活动 PASE 分数均值差异（分年龄段）

等级		70 岁及以下				70 岁以上			
		n	均值	标准差	p	n	均值	标准差	p
身体活动总PASE 分数	非常好	295	132.16	76.22	0.000	183	106.27	64.99	0.000
	很好	978	125.10	67.15		678	103.77	65.00	
	一般	916	113.96	66.42		647	93.93	61.04	
	较差	105	79.08	71.27		94	58.86	73.16	
	总数	2294	119.45	69.12		1602	97.45	64.80	
体育锻炼PASE 分数	非常好	288	52.63	43.67	0.000	168	39.72	34.48	0.020
	很好	1043	42.20	37.27		633	36.84	39.25	
	一般	880	36.62	35.99		599	33.39	33.49	
	较差	63	34.79	36.42		67	25.81	35.70	
	总数	2274	41.16	37.96		1467	35.25	36.38	
家务活动PASE 分数	非常好	306	60.35	42.56	0.002	180	40.67	35.55	0.002
	很好	1077	54.10	40.63		650	43.50	34.79	
	一般	920	51.87	39.02		623	40.69	35.54	
	较差	70	43.40	40.07		84	27.67	34.78	
	总数	2373	53.72	40.35		1537	41.16	35.33	
交通活动PASE 分数	非常好	306	34.66	32.58	0.001	181	30.14	24.66	0.000
	很好	1072	29.20	25.29		669	28.05	24.37	
	一般	914	29.97	25.97		627	24.60	24.35	
	较差	71	22.41	24.78		92	16.09	26.01	
	总数	2363	30.00	26.66		1569	26.21	24.68	

注：P 值表示心理健康自评得分不同等级组之间的差异。

身体活动项目方面，70 岁及以下老年人的骑自行车、一般家务活动、照看家人活动、中强度体育锻炼、高强度体育锻炼 5 项身体活动项目各组 PASE 得分存在显著性差异（$p<0.05$）；70 岁以上城市老年人的走路、骑自行车、一般家务活动、照看家人活动、低强度体育锻炼、中强度体育锻

第七章 城市老年人身体活动对心理健康的影响

炼、高强度体育锻炼 7 项身体活动项目的各组 PASE 得分存在显著性差异（p<0.01）。这表明，骑自行车、一般家务活动、照看家人活动、中强度体育锻炼、高强度体育锻炼等身体活动能够对城市 70 岁及以下城市老年人心理健康产生显著而积极的影响；能够对城市 70 岁以上城市老年人心理健康产生显著而积极影响的身体活动有走路、骑自行车、一般家务活动、照看家人活动、低强度体育锻炼、中强度体育锻炼、高强度体育锻炼。同时也表明，70 岁及以下城市老年人在骑自行车活动方面获得的心理健康收益高于 70 岁以上城市老年人；70 岁以上城市老年人在走路、一般家务活动等方面获得的心理健康收益高于 70 岁及以下城市老年人（见表 7.22）。

表 7.22　不同心理健康状况城市老年人身体活动各项目 PASE 分数均值差异（分年龄段）

等级		70 岁及以下				70 岁以上			
		n	均值	标准差	p	n	均值	标准差	p
走路活动 PASE 分数	非常好	306	34.66	22.09	0.173	181	24.48	20.60	0.000
	很好	1072	29.20	18.51		669	20.87	18.82	
	一般	914	29.97	20.36		627	18.32	18.39	
	较差	71	22.41	20.34		92	10.49	16.29	
	总数	2363	21.13	19.79		1569	19.66	18.95	
骑自行车活动 PASE 分数	非常好	306	34.66	16.76	0.000	181	4.34	10.41	0.002
	很好	1072	29.20	11.44		669	5.03	10.96	
	一般	914	29.97	10.69		627	3.26	9.50	
	较差	71	22.41	12.73		92	2.45	11.17	
	总数	2363	5.89	12.07		1569	4.09	10.38	
一般家务活动 PASE 分数	非常好	306	34.66	34.02	0.048	181	33.35	31.19	0.000
	很好	1072	29.20	32.13		669	31.32	28.42	
	一般	914	29.97	31.50		627	29.80	29.47	
	较差	71	22.41	29.39		92	18.81	26.76	
	总数	2363	37.38	32.09		1569	30.20	29.22	

续表

等级		70岁及以下				70岁以上			
		n	均值	标准差	p	n	均值	标准差	p
照看家人活动PASE分数	非常好	306	10.25	12.32	0.005	181	4.62	9.72	0.002
	很好	1072	8.84	11.96		669	5.30	10.22	
	一般	914	7.58	11.50		627	4.45	9.57	
	较差	71	7.09	11.35		92	1.55	6.05	
	总数	2363	8.47	11.84		1569	4.66	9.74	
低强度体育锻炼PASE分数	非常好	306	22.03	22.76	0.070	181	22.74	22.57	0.000
	很好	1072	20.79	18.34		669	21.70	22.03	
	一般	914	19.22	19.72		627	18.51	19.53	
	较差	71	17.16	20.68		92	10.65	17.08	
	总数	2363	20.23	19.58		1569	19.89	21.04	
中强度体育锻炼PASE分数	非常好	306	21.14	35.15	0.001	181	18.82	27.53	0.001
	很好	1072	18.36	33.29		669	15.39	28.99	
	一般	914	13.92	20.87		627	12.31	24.36	
	较差	71	14.47	39.61		92	8.48	28.40	
	总数	2363	16.86	29.69		1569	14.15	27.12	
高强度体育锻炼PASE分数	非常好	306	12.75	22.77	0.025	181	9.48	20.23	0.000
	很好	1072	12.21	21.44		669	6.96	16.02	
	一般	914	10.37	20.16		627	5.83	14.56	
	较差	71	5.87	13.26		92	1.19	5.08	
	总数	2363	11.37	20.95		1569	6.46	15.67	
其他体育锻炼PASE分数	非常好	306	6.44	17.89	0.115	181	2.70	10.02	0.230
	很好	1072	4.26	14.47		669	4.01	14.32	
	一般	914	4.07	12.79		627	3.54	14.37	
	较差	71	3.96	22.33		92	1.51	8.56	
	总数	2363	4.45	14.65		1569	3.52	13.63	

注：P值表示心理健康自评得分不同等级组之间的差异。

（四）不同地区城市老年人身体活动的心理健康收益

对不同心理健康状态城市老年人身体活动PASE得分比较发现，东部地区城市老年人的总身体活动、体育锻炼、家务活动、交通活动的各组

第七章 城市老年人身体活动对心理健康的影响

PASE 得分存在显著性差异（p<0.01）；中西部地区城市老年人的总身体活动、体育锻炼、交通活动的各组 PASE 得分存在显著性差异（p<0.05）。这表明，总身体活动、体育锻炼、家务活动、交通活动能够对东部地区城市老年人心理健康产生显著而积极的影响，能够对中西部地区城市老年人心理健康产生显著而积极影响的身体活动是总身体活动、体育锻炼、交通活动。相比之下，东部地区城市老年人的身体活动心理健康收益高于中西部地区城市老年人（见表 7.23）。

表 7.23　　**不同心理健康状况城市老年人身体活动 PASE 分数均值差异（分地区）**

等级		东部				中西部			
		n	均值	标准差	p	n	均值	标准差	p
身体活动总PASE分数	非常好	343	130.06	76.14	0.000	152	124.62	74.73	0.001
	很好	1166	116.45	69.16		598	111.91	63.29	
	一般	1057	105.79	65.48		524	105.68	66.86	
	较差	115	69.69	75.16		51	85.11	71.98	
	总数	2681	111.99	69.94		1325	109.87	66.80	
体育锻炼PASE分数	非常好	358	92.88	74.82	0.000	154	83.09	60.09	0.003
	很好	1231	81.16	65.03		576	75.78	54.56	
	一般	1071	68.93	57.31		536	69.90	56.81	
	较差	121	43.26	64.15		55	54.08	63.71	
	总数	2781	76.31	64.39		1321	73.34	56.78	
家务活动PASE分数	非常好	360	45.48	36.86	0.000	156	43.81	36.17	.253
	很好	1217	43.54	35.73		570	40.13	32.50	
	一般	1080	40.01	34.44		547	39.35	34.34	
	较差	120	24.19	29.53		55	33.72	35.16	
	总数	2777	41.59	35.37		1318	39.98	33.82	
交通活动PASE分数	非常好	361	30.05	27.76	0.000	157	30.24	29.79	0.018
	很好	1217	26.48	22.80		552	26.59	24.39	
	一般	1086	23.63	22.39		548	24.77	25.45	
	较差	127	14.40	22.69		55	18.96	24.90	
	总数	2791	25.29	23.53		1312	25.96	25.59	

注：P 值表示心理健康自评得分不同等级组之间的差异。

身体活动项目方面，东部地区城市老年人的走路、骑自行车、一般家务活动、照看家人活动、低强度体育锻炼、中强度体育锻炼、高强度体育锻炼7项身体活动项目的各组PASE得分存在显著性差异（p＜0.01）；中西部地区城市老年人在走路、照看家人活动这2项身体活动项目的各组PASE得分存在显著性差异（p＜0.05）。这表明，走路、骑自行车、一般家务活动、照看家人活动、低强度体育锻炼、中强度体育锻炼、高强度体育锻炼能够对东部地区城市老年人心理健康产生显著而积极的影响；能够对中西部地区城市老年人心理健康产生显著而积极影响的身体活动是走路、照看家人活动。相比之下，东部地区城市老年人在骑自行车、一般家务活动、低强度体育锻炼等多个身体活动项目上获得的心理健康收益都要显著高于中西部地区城市老年人（见表7.24）。

表7.24　　不同心理健康状况城市老年人身体活动各项目PASE分数均值差异（分地区）

等级		东部				中西部			
		n	均值	标准差	p	n	均值	标准差	p
走路活动 PASE 分数	非常好	361	23.73	21.45	0.000	157	23.02	21.49	0.023
	很好	1217	21.14	18.89		552	20.19	18.50	
	一般	1086	19.68	19.28		548	19.98	19.81	
	较差	127	13.03	17.77		55	13.66	19.09	
	总数	2791	20.55	19.44		1312	20.17	19.48	
骑自行车活动 PASE 分数	非常好	361	6.32	13.79	0.000	157	7.21	15.73	0.079
	很好	1217	5.33	10.94		552	6.40	12.23	
	一般	1086	3.94	9.25		548	4.80	11.62	
	较差	127	1.36	9.19		55	5.30	15.80	
	总数	2791	4.74	10.73		1312	5.80	12.63	
一般家务活动 PASE 分数	非常好	361	37.46	33.25	0.000	157	36.52	32.22	0.494
	很好	1217	35.85	31.79		552	33.12	28.41	
	一般	1086	33.32	30.65		548	33.76	31.02	
	较差	127	19.31	27.26		55	30.08	30.43	
	总数	2791	34.33	31.54		1312	33.65	30.03	

第七章 城市老年人身体活动对心理健康的影响

续表

等级		东部				中西部			
		n	均值	标准差	p	n	均值	标准差	p
照看家人活动PASE分数	非常好	361	7.89	11.64	0.000	157	7.01	11.26	0.038
	很好	1217	7.34	11.39		552	6.87	11.17	
	一般	1086	6.47	10.95		548	5.52	10.38	
	较差	127	3.54	8.75		55	3.64	8.90	
	总数	2791	6.90	11.18		1312	6.20	10.80	
低强度体育锻炼PASE分数	非常好	361	23.19	23.30	0.000	157	19.22	20.00	0.454
	很好	1217	22.29	20.70		552	18.63	18.36	
	一般	1086	19.39	20.14		548	17.55	18.26	
	较差	127	12.15	17.21		55	15.44	21.53	
	总数	2791	20.82	20.83		1312	18.13	18.65	
中强度体育锻炼PASE分数	非常好	361	21.91	35.26	0.000	157	16.42	21.71	0.256
	很好	1217	17.46	34.36		552	16.50	24.13	
	一般	1086	12.68	22.74		548	14.05	21.98	
	较差	127	9.74	34.76		55	13.01	28.23	
	总数	2791	15.84	30.72		1312	15.35	23.19	
高强度体育锻炼PASE分数	非常好	361	12.24	23.56	0.000	157	10.95	19.20	0.096
	很好	1217	10.29	19.96		552	9.03	17.82	
	一般	1086	8.28	17.74		548	8.46	18.41	
	较差	127	2.42	8.97		55	4.06	9.79	
	总数	2791	9.41	19.38		1312	8.82	18.00	
其他体育锻炼PASE分数	非常好	361	4.71	15.29	0.547	157	4.68	13.92	0.511
	很好	1217	4.24	15.62		552	4.26	11.95	
	一般	1086	4.01	14.49		548	3.53	11.48	
	较差	127	2.50	16.61		55	2.61	11.51	
	总数	2791	4.14	15.20		1312	3.94	11.99	

注：P值表示心理健康自评得分不同等级组之间的差异。

（五）不同受教育程度城市老年人身体活动的心理健康收益

对不同心理健康状态城市老年人身体活动PASE得分比较发现，小学及以下、初中及高中受教育程度城市老年人的总身体活动、体育锻炼、家务活动、交通活动的各组 PASE 得分存在显著性差异（p<0.01）；大学及以上受教育程度城市老年人的体育锻炼、交通活动的各组 PASE 得分存在显著性差异（p<0.05）。表明总身体活动、体育锻炼、家务活动、交通活动能够对小学及以下、初中及高中受教育程度城市老年人的心理健康产生显著而积极的影响，能够对大学及以上受教育程度城市老年人的心理健康产生显著而积极影响的身体活动是体育锻炼、交通活动。相比之下，小学及以下、初中及高中受教育程度城市老年人通过家务活动获得的心理健康收益显著高于大学及以上受教育程度城市老年人（见表7.25）。

身体活动各项目方面，小学及以下受教育程度城市老年人的走路活动、骑自行车、一般家务活动、照看家人活动、低强度体育锻炼、中强度体育锻炼6项身体活动项目的各组 PASE 分数存在显著性差异（p<0.05）；初中及高中受教育程度城市老年人的走路活动、骑自行车、一般家务活动、照看家人活动、低强度体育锻炼、中强度体育锻炼、高强度体育锻炼7项身体活动项目的各组 PASE 得分存在显著性差异（p<0.01）；大学及以上受教育程度城市老年人的骑自行车、高强度体育锻炼两项身体活动项目的各组 PASE 得分存在显著性差异（p<0.05）。这表明，走路活动、骑自行车、一般家务活动、照看家人活动、低强度体育锻炼、中强度体育锻炼能够对小学及以下受教育程度城市老年人心理健康产生显著而积极的影响；能够对初中及高中受教育程度城市老年人心理健康产生显著而积极影响的身体活动是走路、骑自行车、一般家务活动、照看家人活动、低强度体育锻炼、中强度体育锻炼、高强度体育锻炼；能够对大学及以上受教育程度城市老年人心理健康产生显著而积极影响的身体活动是骑自行车、高强度体育锻炼。从各项身体活动项目 PASE 分值来看，城市老年人心理健康收益方面受教育程度具有一定的差异，主要表现为小学及以下、初中及高中受教育程度城市老年人通过走路、一般家务活动、照看家人活动、低强度体育锻炼、中强度体育锻炼获得的心理健康收益高于大学及以上受教育程度城市老年人；初中及高中、大学及以上受教育程度城市老年人通过高强度体育锻炼获得的心理健康收益高于小学及以下受教育程度城市老年人（见表7.26）。

以上对城市老年人身体活动的心理健康收益从性别、年龄、区域和受教育程度等维度进行了系统深入的检验分析。身体活动对老年人心理健康所具有的积极作用也得到了国内外众多研究的支持，身体活动是促进积极

第七章　城市老年人身体活动对心理健康的影响

老龄化的有效手段,[①] 它不仅能够强身健体，在一定程度上预防和减轻多种生理疾病，还能促进老年人心理健康,[②] 提高老年人的生活质量。

有研究表明，运动能够有效促进心理健康，尤其是在提高主观心理幸福感、提升认知能力方面具有显著的作用。[③] 长期规律的健身活动不仅有利于提升老年人的自信心和情绪调控能力，还能提升环境适应能力，而在运动中获得的良好的情绪体验又会进一步巩固老年人的运动行为，使老年人获得长期的身心健康收益。[④] 也有研究通过问卷调查等方法发现，不同运动负荷、运动形式的老年人心理健康水平也存在显著性差异。[⑤] 有研究显示参与锻炼5年以上的老年人心理健康水平好于5年以下的老年人，每周锻炼5次以上的老年人心理健康水平好于5次以下的老年人，每次锻炼30分钟以上的老年人心理健康水平好于30分钟以下的老年人。[⑥] 不同的参与方式也会有不同的心理健康促进效果，例如结伴进行的锻炼活动在生理、心理和社会等层面的健康促进水平都要高于单独进行的锻炼活动。[⑦] 运动项目方面，有氧身体活动对老年人的注意力和执行功能具有积极的促进作用,[⑧] 对老年人产生更好的心理健康促进效果,[⑨] 并且会因身体活动的形式而异。[⑩] 但这并非说明有氧活动是老年人身体活动的唯一选择，也有

[①] 参见苗元江、胡敏、高红英《积极老化研究进展》,《中国老年学杂志》2013年第19期。
[②] 参见韩燚、卢莉《老年人心理健康状况比较研究》,《中国医疗前沿》2011年第2期。
[③] Bethune, S., "Health – Care Falls Short on Stress Management", *Monitor on Psychology*, 2013, Vol. 44, No. 4, April 2013, pp. 23 – 25; Barnett, J. E., Shale, A. J., "Alternative Techniques", *Monitor on Psychology*, 2013, Vol. 44, No. 4, pp. 48 – 56.
[④] 参见单威《不同健身、生活方式对高教社区老年人生活质量和体质健康的影响》, 博士学位论文，北京体育大学，2011年。
[⑤] 参见杜鹃《体育锻炼对郑州市老年人心理健康影响的研究》, 硕士学位论文，赣南师范学院，2014年。
[⑥] 参见赫秋菊《体育锻炼对老年人心理效益促进的研究》,《沈阳体育学院学报》2010年第2期。
[⑦] 参见高亮、王莉华《体育锻炼与老年人自评健康关系的调查研究》,《武汉体育学院学报》2015年第8期。
[⑧] Netz, Y., Dwolatzky, T., Zinker, Y., et al., "Aerobic Fitness and Multidomain Cognitive Function in Advanced Age", *International Psychogeriatrics*, Vol. 23, No. 1, January 2011, pp. 4 – 124.
[⑨] 参见方慧《体育锻炼对老年人心理健康的影响》,《郑州轻工业学院学报》（社会科学版）2011年第3期。
[⑩] Voss, M. W., Heo, S., Prakash, R. S., et al., "The Influence of Aerobic Fitness on Cerebral White Matter Integrity and Cognitive Function in Older Adults: Results of a One – Year Exercise Intervention", *Human Brain Mapping*, Vol. 34, No. 11, November 2013, pp. 2972 – 2985.

参与与回报:老年人身体活动收益研究

文献显示力量练习可以有效改善老年人的抑郁症状,[1] 并且效果会伴随强度的提升而加强。[2]

但是在现有的研究中,对身体活动促进老年人心理健康的性别、年龄、地区和受教育程度等方面差异的研究却相对较少。有研究采用心理健康症状自评量表(SCL-90)调研了河北省6173名老年人,发现不同性别、年龄、婚姻状况、文化程度的老年人心理健康状况存在显著性差异。[3] 中国科学院心理学研究所的一次针对全国1.5万余人的抽样调查也显示,不同年龄段人群的心理健康状况差异较大。[4] 这些研究从现状层面给出了描述,但是并没有讨论体育锻炼或其他身体活动对心理健康状况影响的差异。也有研究指出运动可以提高老年人的生活满意度、减轻心理压力、获得身心健康收益,[5] 同时老年人的认知效能会受到年龄和受教育程度的影响,但是对于这种影响的表现并没有更加细致的探讨。有研究采用心理健康症状自评量表(SCL-90)的方法对河南省多个地市的1000名城镇老年人进行了调研,结果显示参加体育锻炼能够对老年人心理健康产生正向影响,且存在性别差异,表现为参加体育锻炼的女性老年人心理健康明显优于不参加锻炼的女性老年人和参加锻炼的男性老年人。[6] 但是本研究的调查结果却显示,体育锻炼在促进城市老年人心理健康方面没有显著的性别差异,且PASE问卷调查显示男性老年人的体育锻炼活动量高于女性老年人。造成这种研究差异的原因可能是出于研究工具的不同,或是调查对象的差异。总体而言,目前对于身体活动促进老年人心理健康方面的研究较

---

[1] Oconnor, P. J., Herring, M. P., Caravalho, A., "Mental Health Benefits of Strength Training in Adults", *American Journal of Lifestyle Medicine*, Vol. 4, No. 5, May 2010, 377–396.

[2] Chang, Y. K., Etnier, J. L., "Exploring the Dose-Response Relationship between Resistance Exercise Intensity and Cognitive Function", *Journal of Sport & Exercise Psychology*, Vol. 31, No. 5, May 2009, pp. 640–656.

[3] 参见田苗苗《老年人心理健康现状及其影响因素分析》,硕士学位论文,河北联合大学,2014年。

[4] 参见韩布新、李娟《老年人心理健康促进的理论与方法》,《老龄科学研究》2013年第4期。

[5] Li, F. Z., Duncan, T. E., Duncan, S. C., et al., "Enhancing the Psychological Well-Being of Elderly Individuals Through Tai Chi Exercise: A Latent Growth Curve Analysis", *Structural Equation Modeling*, Vol. 8, No. 1, January 2001, pp. 53–83.

[6] 参见方慧《体育锻炼对老年人心理健康的影响》,《郑州轻工业学院学报》(社会科学版)2011年第3期。

第七章 城市老年人身体活动对心理健康的影响

表 7.25 不同心理健康状况城市老年人身体活动 PASE 分数均值差异（分受教育程度）

等级		小学及以下				初中及高中				大学及以上			
		n	均值	标准差	p	n	均值	标准差	p	n	均值	标准差	p
身体活动总PASE分数	非常好	115	134.42	73.83	0.000	245	134.42	73.83	0.000	114	114.97	64.51	0.059
	很好	382	120.26	69.27		824	120.26	69.27		437	106.20	61.67	
	一般	368	109.38	70.31		693	109.38	70.31		394	98.43	58.98	
	较差	37	71.65	66.62		71	71.65	66.62		24	98.78	98.21	
	总数	902	115.63	71.13		1833	115.63	71.13		969	103.89	62.21	
体育锻炼PASE分数	非常好	123	86.40	74.25	0.002	256	93.64	72.56	0.000	117	83.82	58.96	0.010
	很好	450	74.98	59.28		856	85.29	62.42		442	74.67	61.74	
	一般	435	67.21	60.08		714	71.41	57.88		398	68.44	53.94	
	较差	64	55.51	77.64		77	41.36	49.39		24	47.17	71.07	
	总数	1072	71.97	63.02		1903	79.43	62.74		981	72.56	58.86	
家务活动PASE分数	非常好	124	49.68	39.07	0.000	258	46.94	38.92	0.000	118	37.26	28.56	0.662
	很好	448	45.33	36.65		858	43.89	35.33		446	38.03	31.50	
	一般	439	41.94	37.28		721	40.87	34.64		407	35.38	30.78	
	较差	64	24.90	29.28		77	22.45	29.50		25	36.82	33.22	
	总数	1075	43.23	37.12		1914	42.30	35.63		996	36.82	30.89	
交通活动PASE分数	非常好	124	30.44	24.02	0.000	259	30.86	30.12	0.000	118	28.22	25.95	0.025
	很好	451	24.01	22.75		862	27.28	23.09		446	28.14	23.61	
	一般	441	21.34	25.00		722	26.07	24.27		409	23.63	20.37	
	较差	66	15.52	22.88		80	14.25	18.05		25	23.73	38.12	
	总数	1082	23.14	24.05		1923	26.76	24.58		998	26.19	23.19	

参与与回报：老年人身体活动收益研究

表7.26 不同心理健康状况城市老年人身体活动各项目PASE分数均值差异（分受教育程度）

等级		小学及以下 n	小学及以下 均值	小学及以下 标准差	小学及以下 p	初中及高中 n	初中及高中 均值	初中及高中 标准差	初中及高中 p	大学及以上 n	大学及以上 均值	大学及以上 标准差	大学及以上 p
身体活动总PASE分数	非常好	124	25.32	21.14	0.002	259	23.33	22.22	0.000	118	22.25	19.52	0.133
	很好	451	20.05	19.60		862	21.37	18.38		446	20.60	17.50	
	一般	441	18.44	21.18		722	21.21	19.57		409	18.64	16.75	
	较差	66	14.40	22.27		80	11.81	13.88		25	17.06	20.26	
	总数	1082	19.65	20.72		1923	21.18	19.32		998	19.91	17.55	
骑自行车活动PASE分数	非常好	124	5.11	11.28	0.016	259	7.53	15.22	0.001	118	5.97	13.56	0.021
	很好	451	3.96	9.52		862	5.91	11.59		446	7.54	12.90	
	一般	441	2.90	9.56		722	4.86	10.89		409	4.98	9.72	
	较差	66	1.12	5.96		80	2.43	11.89		25	6.67	20.28	
	总数	1082	3.49	9.62		1923	5.59	11.95		998	6.28	12.08	
一般家务活动PASE分数	非常好	124	39.80	35.44	0.001	259	39.14	35.07	0.000	118	31.75	25.35	0.816
	很好	451	36.38	32.38		862	36.23	31.21		446	32.82	28.03	
	一般	441	34.16	32.76		722	34.55	31.19		409	30.99	27.51	
	较差	66	19.98	26.48		80	19.42	26.99		25	31.82	30.12	
	总数	1082	34.86	32.80		1923	35.29	31.77		998	31.92	27.54	
照看家人活动PASE分数	非常好	124	9.88	12.27	0.007	259	7.63	11.53	0.000	118	5.51	10.41	0.423
	很好	451	8.65	11.90		862	7.45	11.44		446	5.21	10.17	
	一般	441	7.60	11.51		722	6.27	10.84		409	4.22	9.37	
	较差	66	4.17	9.39		80	2.19	7.11		25	5.00	10.21	
	总数	1082	8.09	11.70		1923	6.81	11.13		998	4.83	9.88	

第七章 城市老年人身体活动对心理健康的影响

续表

	等级	小学及以下 n	均值	标准差	p	初中及高中 n	均值	标准差	p	大学及以上 n	均值	标准差	p
低强度体育锻炼 PASE 分数	非常好	124	24.17	28.04	0.013	259	22.24	21.68	0.000	118	19.98	16.47	0.121
	很好	451	22.21	20.12		862	22.53	21.03		446	17.44	16.82	
	一般	441	20.46	21.44		722	19.12	19.54		409	16.64	17.46	
	较差	66	14.09	22.19		80	13.83	17.09		25	12.18	16.06	
	总数	1082	21.22	21.90		1923	20.85	20.52		998	17.28	17.05	
中强度体育锻炼 PASE 分数	非常好	124	21.11	38.69	0.028	259	20.73	30.77	0.000	118	17.06	21.24	0.428
	很好	451	16.98	25.00		862	18.99	31.71		446	14.74	36.90	
	一般	441	13.34	20.61		722	13.11	20.46		409	14.02	27.91	
	较差	66	16.39	48.44		80	7.51	17.72		25	5.91	14.84	
	总数	1082	15.93	27.40		1923	16.54	27.57		998	14.50	31.42	
高强度体育锻炼 PASE 分数	非常好	124	7.48	15.91	0.413	259	12.94	23.64	0.000	118	12.80	22.44	0.030
	很好	451	7.02	15.82		862	11.84	21.45		446	9.24	17.68	
	一般	441	7.27	17.77		722	8.46	17.39		409	8.57	16.68	
	较差	66	3.71	11.67		80	2.54	8.10		25	2.46	6.59	
	总数	1082	6.97	16.44		1923	10.33	20.07		998	9.22	17.79	
其他体育锻炼 PASE 分数	非常好	124	2.51	12.85	0.692	259	5.78	16.66	0.082	118	5.05	13.25	0.344
	很好	451	4.59	19.62		862	4.06	12.56		446	4.43	12.08	
	一般	441	3.89	14.78		722	3.87	13.87		409	3.74	10.78	
	较差	66	4.12	22.63		80	1.68	9.63		25	1.00	2.81	
	总数	1082	4.04	17.30		1923	4.12	13.59		998	4.13	11.57	

少，且未达成主流的共识，仍然值得进一步探讨。

第四节　城市老年人身体活动对心理症状的影响

本节对城市老年人身体活动对心理症状的影响展开研究。所谓心理症状是当事人主观上感觉到的积极的心理方面的效应，如焦虑减轻、睡眠改善、自信心增加、愉快感等。身体活动对城市老年人具体心理症状的改善作用等方面的研究，主要是通过PASE问卷调查城市老年人身体活动对减少焦虑、减轻抑郁、改善睡眠、增强自信、增加快乐、增进友谊与亲情等的影响效果。

一　身体活动对城市老年人减少焦虑的效果

焦虑是人类的一种基本情绪，表现为对未来威胁和不幸的忧虑预期，并伴随紧张、烦躁不安或一定的身体症状。心理学认为，适当的焦虑水平具有一定的生存意义，但是如果处于长期焦虑水平就会演变为精神障碍，对心理健康产生不利的影响。[1] 对于老年人而言，处于退休和半退休状态，虽然少了工作上的压力，但生活也开始单调枯燥。有些老年人会在退休后为自己重新计划，让自己的生活变得充实，有些人适应不了新的生活，进而引发焦虑。

在对身体活动能否减少焦虑的PASE问卷调查中，1339人认为身体活动可以有效减少城市老年人的焦虑，占比33.8%；2625人持否定态度，占比66.2%。这说明大部分城市老年人认为身体活动并不能有效地帮助减少焦虑。从性别来看，认为身体活动可以减少焦虑的女性城市老年人比例（35.5%）高于男性城市老年人比例（31.2%），即女性城市老年人对于身体活动减少焦虑的认知更积极。年龄方面，认为身体活动可以减少焦虑的70岁及以下城市老年人比例（36.0%）高于70岁以上城市老年人比例（30.3%），即70岁以下城市老年人对于身体活动减少焦虑的认知更积极。从地区方面来看，认为身体活动可以减少焦虑的中西部城市老年人比例

---

[1] 参见彭家欣、杨奇伟、罗跃嘉《不同特质焦虑水平的选择性注意偏向》，《心理学报》2013年第10期。

第七章　城市老年人身体活动对心理健康的影响

(34.3%)高于东部城市老年人比例(33.6%),即中西部地区城市老年人对于身体活动减少焦虑的认知更积极。从婚姻状况方面来看,认为身体活动可以减少焦虑的有配偶城市老年人比例(34.0%)高于无配偶城市老年人比例(33.2%),即有配偶城市老年人对于身体活动减少焦虑的认知更积极。从受教育程度方面来看,认为身体活动可以减少焦虑的小学及以下受教育程度城市老年人比例(37.6%)依次高于初中及高中受教育程度城市老年人比例(34.6%)、大学及以上受教育程度城市老年人比例(29.2%),即随着学历的增高,城市老年人对于身体活动减少焦虑的认知越消极(见表7.27)。

表7.27　城市老年人身体活动减少焦虑的主观评价

		总体	性别		年龄段		地区		婚姻状况		受教育程度		
			男	女	70岁及以下	70岁以上	东部	中西部	有配偶	无配偶	小学及以下	初中及高中	大学及以上
有效	计数(名)	1339	497	818	838	458	892	442	989	350	387	638	278
	占比(%)	33.8	31.2	35.5	36.0	30.3	33.6	34.3	34.0	33.2	37.6	34.6	29.2
无效	计数(名)	2625	1094	1488	1491	1052	1765	847	1921	704	643	1207	675
	占比(%)	66.2	68.8	60.9	64.0	69.7	66.4	65.7	66.0	66.8	62.4	65.4	70.8

从已有的研究成果来看,一些研究已经证明身体活动可以在一定程度上减轻焦虑。例如有研究表明,有氧和无氧的身体锻炼都可以帮助减轻焦虑反应,不过没有药物治疗的效果显著。[1] 同时身体活动量也是影响减轻焦虑效果的一个重要因素,有研究显示,随着体育锻炼剂量的增加,减轻焦虑的效果越好,但当超过一定的剂量之后,效果就会随着剂量的增加而

---

[1] Jayakody, K., Gunadasa, S., Hosker, C., "Exercise for Anxiety Disorders: Systematic Review", *British Journal of Sports Medicine*, Vol. 48, No. 3, March 2014, pp. 187–196.

减弱①。此外，还有研究通过交谊舞对老年人抑郁和焦虑情绪影响的实证研究，以实验的方法证明实验前后老年人的焦虑分值具有显著性差异（p<0.01），即证明健身交谊舞对老年人焦虑情绪的改善有显著的疗效。② 另有研究以健身气功组为长期参与健身气功锻炼的133例老年人，对照组为无健身气功锻炼经历或偶尔锻炼的108例老年人，采用状态—特质焦虑问卷，测量和调查健身气功锻炼对老年人焦虑的影响，结果显示老年人长期参与健身气功锻炼能有效改善其焦虑状态，且改善程度受锻炼年限、锻炼频率、每次锻炼持续时间和锻炼形式的影响。③ 上述研究也表明，多数老年人还没有对身体活动减少焦虑有充分的认知，但是对于不同的身体活动减少焦虑的效果依然值得进一步探讨。

二　身体活动对城市老年人减轻抑郁的效果

抑郁症是一种常见的心理疾病，常见的症状为思维迟缓、心境低落、意志力减弱和认知功能障碍等。④ 据世界卫生组织（WHO）2017年发布的报告，全球抑郁症患者已达3.22亿人，患病率4.3%，2005—2015年间患者数量增加了18.4%。作为人口大国，中国抑郁症患病率为4.2%，患病总人数居世界前列。抑郁症发病率最高的三个群体为年轻人、孕妇、老年人。⑤ 老年人抑郁症多为轻度的抑郁，然而如不及时诊治，不仅会造成生活质量下降，还会增加一系列身心疾病的患病风险，引发更为严峻的家庭和社会问题。

在对身体活动能否减轻抑郁的PASE问卷调查中，1189名城市老年人

---

① Wipfli, B., Rethorst, C., Landers, D., "Examining the Dose – Response Relationship between Exercise and Reductions in Anxiety", *Journal of Sport & Exercise Psychology*, Vol. 29, No. 3, March 2007, p. 219.

② 参见赵元《健身交谊舞对老年人抑郁和焦虑情绪影响的实证研究——以北京市朝阳区南十里居为例》，硕士学位论文，河北师范大学，2015年。

③ 参见肖留根、高亮《健身气功锻炼对老年人焦虑的影响》，《中国老年学杂志》2016年第10期。

④ Lopresti, A. L., A Review of Nutrient Treatments for Paediatric Depression, *Journal of Affective Disorders*, No. 181, 2015, pp. 24 – 32; Araújo, J. R., Martel, F., Borges, N., et al., "Folates and Aging: Role in Mild Cognitive Impairment, Dementia and Depression", *Aging Research Reviews*, Vol. 22, No. 4, April 2015, pp. 9 – 19.

⑤ WHO, *Depression and Other Common Mental Disorders: Global Health Estimates*, February 23, 2017.

第七章 城市老年人身体活动对心理健康的影响

认为身体活动可以有效减轻自己的抑郁，占比30%；2775人持否定态度，占比70%。这说明大部分城市老年人认为身体活动并不能有效地帮助减轻抑郁。从性别来看，认为身体活动可以减轻抑郁的女性城市老年人比例（31.3%）高于男性城市老年人比例（28.1%），即身体活动对于减轻城市女性老年人抑郁更具效果。年龄方面，认为身体活动可以减轻抑郁的70岁及以下城市老年人比例（32.8%）高于70岁以上城市老年人比例（25.4%），即70岁以下城市老年人的身体活动对减轻抑郁更具有积极意义。地区方面，认为身体活动可以减轻抑郁的东部城市老年人比例（30.7%）高于中西部城市老年人比例（28.5%），即东部地区城市老年人身体活动对减轻抑郁更具有积极的意义。婚姻状况方面，认为身体活动可以减轻抑郁的有配偶城市老年人比例（30.8%）高于无配偶城市老年人比例（27.7%），即有配偶城市老年人身体活动对减轻抑郁更具有积极意义。受教育程度方面，认为身体活动可以减轻抑郁的小学及以下受教育程度城市老年人比例（33.2%）依次高于初中及高中受教育程度城市老年人比例（30.8%）、大学及以上受教育程度城市老年人比例（24.9%），即随着学历的增高，身体活动对于减轻城市老年人抑郁的影响递减（见表7.28）。

表7.28　　　　城市老年人身体活动减少抑郁的主观评价

		总体	性别		年龄段		地区		婚姻状况		受教育程度		
			男	女	70岁及以下	70岁以上	东部	中西部	有配偶	无配偶	小学及以下	初中及高中	大学及以上
有效	计数（名）	1189	447	722	764	383	817	367	897	292	342	568	237
	占比（%）	30	28.1	31.3	32.8	25.4	30.7	28.5	30.8	27.7	33.2	30.8	24.9
无效	计数（名）	2775	1144	1584	1565	1127	1840	922	2013	762	688	1277	716
	占比（%）	70	71.9	68.7	67.2	74.6	69.3	71.5	69.2	72.3	66.8	69.2	75.1

虽然目前对于老年人抑郁症的病因尚不明确,药物治疗大多副作用大、见效较慢。① 在这样一种情况下,身体活动作为一种预防手段逐渐被研究者关注。有研究通过应用抑郁量表(Chinese version of the CES – D)对 895 名社区老年人抑郁状况进行调查,采用检验进行组间抑郁率的比较,多元线性回归进行抑郁影响因素分析,结果表明慢性病是抑郁发生的危险因素,而经常进行体育锻炼、参与脑力活动、在婚状态是抑郁保护因素。② 也有研究运用老年抑郁量表(GDS – 30)、自制问卷、修订的老年人归因方式问卷(GASQ)、Rosenberg 自尊量表(RSES)、老年人生活事件量表(LESE)为研究工具,通过干预研究发现,体育锻炼与老年人的抑郁水平具有显著性相关关系。③ 也有研究通过实验法证明太极拳运动对中老年人抑郁与心率变异性的影响显著,不仅可以有效改善患者的负面情绪,同时还可以优化患者的心率状况,提升生活质量。④ 总体来看,现有的研究初步表明身体活动可以在一定程度上预防和减轻老年人抑郁症状。本研究运用 PASE 问卷对城市老年人所做的调查及研究结果也表明,身体活动能够在一定程度上减轻部分城市老年人的抑郁。

三 身体活动对城市老年人改善睡眠的效果

睡眠是人类生命活动的需要。但是随着年龄的增长,老年人的深度睡眠时间相对减少,浅度睡眠时间延长,⑤ 各种睡眠障碍的概率逐渐增加,最常见的就是入睡困难、早醒及白天嗜睡等。⑥ 多项国外研究显示,美

---

① 参见黄良峰、陈洋洋、赵炳功等《抑郁症的成因及其新药治疗研究进展》,《现代生物医学进展》2018 年第 1 期。
② 参见李珍、甄薇、毛宗福《武汉市社区老年人抑郁状况及其影响因素研究》,《现代预防医学》2018 年第 1 期。
③ 参见程澹澹《太原市养老机构老年人抑郁症状的护理干预研究——基于无望自尊综合理论》,硕士学位论文,山西医科大学,2017 年。
④ 参见熊晓玲、牟彩莹、冯娅妮《太极拳运动对中老年人抑郁与心率变异性的影响探讨》,《中国医疗设备》2017 年第 S1 期。
⑤ Rodriguez, J. C., Dzierzewski, J. M., Alessi, C. A., "Sleep Problems in the Elderly", *Medical Clinics of North America*, Vol. 99, No. 2, February 2015, pp. 431 – 439.
⑥ Gleason, K., McCall, W., "Vaughn. Current Concepts in the Diagnosis and Treatment of Sleep Disorders in the Elderly", *Current Psychiatry Reports*, Vol. 17, No. 6, June 2015, p. 45.

第七章 城市老年人身体活动对心理健康的影响

国、[①] 巴西、[②] 日本[③]等国家老年人患有睡眠障碍比例已经超过30%,有的国家甚至接近半数。中国老年人的睡眠障碍问题同样严峻,并且在农村地区、中西部地区表现得更为明显。[④] 可见,睡眠障碍已经成为影响老年人健康的普遍性问题。本研究运用PASE问卷征询城市老年人身体活动能否改善睡眠的有效数据中,2705名城市老年人认为身体活动可以有效改善自己的睡眠,占比68.2%;1259人持否定态度,占比31.8%。这说明大部分城市老年人认为身体活动能够有效地改善睡眠。

从性别来看,身体活动可以改善睡眠的城市女性老年人比例(68.7%)高于城市男性老年人比例(67.3%),即身体活动对女性城市老年人睡眠的改善更具积极意义。年龄方面,有70.0%的70岁及以下城市老年人通过身体活动获得睡眠改善,这一比例高于70岁以上城市老年人比例(66.1%),即身体活动对于70岁及以下城市老年人更具有改善睡眠的积极作用。地区方面,69.9%的东部地区城市老年人通过身体活动改善睡眠,这一比例高于中西部城市老年人比例(65.1%)。婚姻状况方面,69.1%的有配偶城市老年人通过身体活动改善睡眠,这一比例高于无配偶城市老年人比例(65.7%)。受教育程度方面,通过身体活动改善睡眠的小学及以下受教育程度城市老年人比例(72.9%)依次高于初中及高中受教育程度城市老年人比例(68.5%)、大学及以上受教育程度城市老年人比例(64.5%)(见表7.29)。

[①] Vaz, F. C. A., Miller, M. E., Fielding, R. A., et al., "Sleep-Wake Disturbances in Sedentary Community-Dwelling Elderly Adults with Functional Limitations", *Journal of the American Geriatrics Society*, Vol. 62, No. 6, June 2014, pp. 1064-1072.

[②] Costa, S. V., Ceolim, M. F., Neri, A. L., "Sleep problems and social support: Frailty in a Brazilian Elderly Multicenter study", *Revista Latino-Americana de Enfermagem*, Vol. 19, No. 4, April 2011, pp. 920-927.

[③] Yuko, K., Nozomi, O., Keigo, S., et al., "Bodily Pain, Social Support, Depression Symptoms and Stroke History are Independently Associated with Sleep Disturbance among the Elderly: A Cross-Sectional Analysis of the Fujiwarakyo Study", *Environmental Health and Preventive Medicine*, Vol. 21, No. 5, May 2016, pp. 295-303.

[④] 参见刘芸、董永海、李晓云等《中国60岁以上老年人睡眠障碍患病率的Meta分析》,《现代预防医学》2014年第8期。

表7.29　　　　　　城市老年人身体活动改善睡眠的主观评价

		总体	性别		年龄段		地区		婚姻状况		受教育程度		
			男	女	70岁及以下	70岁以上	东部	中西部	有配偶	无配偶	小学及以下	初中及高中	大学及以上
有效	计数（名）	2705	1071	1585	1630	998	1856	839	2012	693	751	1264	615
	占比（%）	68.2	67.3	68.7	70.0	66.1	69.9	65.1	69.1	65.7	72.9	68.5	64.5
无效	计数（名）	1259	520	721	699	512	801	450	898	361	279	581	338
	占比（%）	31.8	32.7	31.3	30.0	33.9	30.1	34.9	30.9	34.3	27.1	31.5	35.5

已有的研究多数认为老年人身体活动有助于改善睡眠。一项针对101名老年人的跟踪研究显示，每周进行至少4次、每次至少60分钟运动的老年人，在持续1—5年后，相比于不运动的老年人夜醒时间更短、自我感觉睡眠状态更好。[1] 有研究通过一般资料调查和匹兹堡睡眠指数量表、睡眠习惯量表以及老年人身体活动量表对社区300名老年人调查显示，体育锻炼性活动及家务性活动影响老年人睡眠质量；社区老年人的身体活动与睡眠质量呈正相关。[2] 也有研究采用匹兹堡睡眠量表和自行设计调查表等对华北理工大学附属医院骨质疏松门诊就诊的412名老年骨质疏松患者进行问卷调查发现，体育运动对骨质疏松老年人睡眠障碍的改善具有显著性影响，研究认为应当鼓励老年人积极参与适合自己的运动。[3] 可见，身体活动对于改善睡眠确实具有积极的影响，并且得到了多数老年人的认可。本研究运用PASE问卷调查的研究也验证了身体活动对城市老年人睡眠改善具有积极的作用。

---

[1] Guimaraes, L. H., Carvalho, L. B., Yanaguibashi, G., et al., "Physically Active Elderly Women Sleep More and Better than Sedentary Women", *Sleep Med*, Vol. 9, No. 5, May 2008, pp. 488-493.

[2] 参见杨彬彬《社区老年人睡眠质量与睡眠习惯、身体活动的相关性研究》，硕士学位论文，吉林大学，2017年。

[3] 参见王野、宋志雪、陈长香《骨质疏松老年人日常行为习惯对睡眠质量的影响》，《华北理工大学学报》（医学版）2017年第6期。

四 身体活动对城市老年人增强自信的效果

通常情况下，自信是建立在自我评价之上的一种积极态度。自信在人的工作交往和日常生活中都具有重要作用，对于老年人也是如此。人进入老年之后，机体老化会导致老年人的生活能力逐渐下降，加之疾病发生率的提高产生一系列心理反应，如脑动脉硬化导致的脑组织供血不足，会造成脑功能减退，晚期甚至会引发老年性痴呆。此外，因失能老年人机体活动能力下降带来的老年人社交范围缩小、日常生活受限等现象极易给老年人带来自卑的负面情绪。[1] 所有这些因年龄增加和疾病原因等生理或情绪的变化都会影响老年人的自信心，进而产生消极的心理状态。

在运用 PASE 问卷对城市老年人身体活动能否增强自信的调查中，1579 名城市老年人认为身体活动可以有效增强自己的自信，占比 39.8%；2385 名城市老年人持否定态度，占比 60.2%。PASE 问卷调查表明大部分城市老年人认为身体活动不具备增强自信的作用。从性别来看，认为身体活动可以增强自信的女性城市老年人比例（40.1%）高于城市男性老年人比例（39.3%）。年龄方面，认为身体活动可以增强自信的 70 岁及以下城市老年人比例（40.3%）高于 70 岁以上城市老年人比例（32.2%）。地区方面，认为身体活动可以增强自信的中西部城市老年人比例（40.0%）高于东部城市老年人比例（39.7%）。婚姻状况方面，认为身体活动可以增强自信的有配偶城市老年人比例（41.1%）高于无配偶城市老年人比例（36.2%）。受教育程度方面，认为身体活动可以增强自信的大学及以上受教育程度城市老年人比例（45.9%）依次高于初中及高中受教育程度城市老年人比例（42.3%）、小学及以下受教育程度城市老年人比例（30.4%）（见表 7.30）。

身体活动作为老年人的一种重要生活方式，对老年人心理状态的影响是多方面的。有研究表明，身体活动可以帮助老年人提升身体平衡信心，[2]

---

[1] 参见殷华西、刘莎莎、宋广文《我国老年人心理健康的研究现状及其展望》，《中国健康心理学杂志》2014 年第 10 期。

[2] Ullmann, G., Williams, H. G., Hussey, J., et al., "Effects of Feldenkrais Exercises on Balance, Mobility, Balance Confidence, and Gait Performance in Community - Dwelling Adults Age 65 and Older", *Journal of Alternative & Complementary Medicine*, Vol. 16, No. 1, January 2010, pp. 97 - 105.

提高平衡能力，① 减轻心理障碍；积极的体育锻炼还可以帮助失禁老年人提升失禁管理信心，有利于积极的生理恢复。② 也有学者通过对中老年人的自我效能感进行问卷调查，研究发现中老年人的体育锻炼自我效能感与平均每周参加体育锻炼时间和次数存在显著相关。③ 这些研究表明，身体活动对增强老年人自信具有积极意义，并且作用于生理、心理多方面。然而作用于生理和心理方面的机理问题，因和本课题的研究主题和研究任务不甚相关，故未做进一步的探讨。

表7.30　　　　　　　城市老年人身体活动增强自信的主观评价

		总体	性别		年龄段		地区		婚姻状况		受教育程度		
			男	女	70岁及以下	70岁以上	东部	中西部	有配偶	无配偶	小学及以下	初中及高中	大学及以上
有效	计数（名）	1579	626	925	997	530	1056	515	1197	382	313	781	437
	占比（%）	39.8	39.3	40.1	40.3	32.2	39.7	40.0	41.1	36.2	30.4	42.3	45.9
无效	计数（名）	2385	965	1381	1332	980	1601	774	1713	672	717	1064	516
	占比（%）	60.2	60.7	59.9	53.9	64.9	60.3	60.0	58.9	63.8	69.6	57.7	54.1

五　身体活动对城市老年人增加快乐的效果

快乐是一种感受良好的情绪反应，心理学中通常把它视为由需要、认知、情感等心理因素与外部诱因交互产生的一种心理状态，④ 它与满足、

---

① Cyarto, E. V., Brown, W. J., Marshall, A. L., et al., "Comparative Effects of Home- and Group-Based Exercise on Balance Confidence and Balance Ability in Older Adults: Cluster Randomized Trial", *Gerontology*, Vol. 54, No. 5, May 2008, pp. 272-280.

② Takahashi, K., Sase, E., Kato, A., et al., "Psychological Resilience and Active Social Participation among Older Adults with Incontinence: A Qualitative Study", *Aging & Mental Health*, Vol. 20, No. 11, November 2016, pp. 1167-1173.

③ 参见徐雯雯、吴中晏、黄聚云《城市中老年人体育锻炼自我效能感及影响因素研究——基于在上海市的抽样调查》，《福建体育科技》2017年第2期。

④ 参见［美］乔治·塞尔兹《影响人类历史的名人思想大观》，公婷、陈峰译，上海人民出版社1991年版，第45页。

第七章　城市老年人身体活动对心理健康的影响

满意、乐观、希望等构成了人类主要的积极情感体验。对于老年人来说，快乐的体验来自身体健康、经济安全感、生活充实度以及社会认可度等。但是在进入老年之后，一些老年人往往难以适应社会角色的转变，会出现失落、孤独、自卑等心理现象，① 导致产生不快乐的心理体验。

运用 PASE 问卷对城市老年人身体活动能否增加快乐的调查中，2428 名城市老年人认为身体活动可以有效增加城市老年人的快乐情感，占比 61.3%；1536 名城市老年人持否定态度，占比 38.7%。这说明大部分城市老年人认为身体活动可以帮助增加快乐情感。从性别来看，认为身体活动可以增加快乐的城市女性老年人比例（61.5%）高于城市男性老年人比例（60.8%）。年龄方面，认为身体活动可以增加快乐的 70 岁及以下城市老年人比例（62.9%）高于 70 岁以上城市老年人比例（59.5%）。地区方面，认为身体活动可以增加快乐的中西部城市老年人比例（64.2%）高于东部城市老年人比例（59.8%）。婚姻状况方面，认为身体活动可以增强快乐的有配偶城市老年人比例（63.3%）高于无配偶城市老年人比例（55.5%）。受教育程度方面，认为身体活动可以增加快乐的大学及以上受教育程度城市老年人比例（68.1%）依次高于初中及高中受教育程度城市老年人比例（63.3%）、小学及以下受教育程度城市老年人比例（51.1%）（见表 7.31）。

已有研究表明，身体活动可以增进快乐情感。一项以俄罗斯人群为对象的研究显示，身体活动作为一种重要的生活方式，对俄罗斯人的快乐感具有重要的积极作用。② 也有研究通过实验研究发现，身体活动对增加老年人快乐情感具有显著的积极影响。③ 在身体活动中，一些体育项目是促进老年人快乐感提升的重要方式。例如有研究采用《身体自尊量表》（PSPP）、《幸福感量表》（GWB）对实验者进行控制实验的方法，发现老

---

① 参见刘世云、白丽、王东明《老年人的心理特点及护理对策》，《医药产业资讯》2006 年第 15 期；范焕娟《探讨福利院机构内老年人患病心理特点及护理对策》，《按摩与康复医学》2015 年第 16 期。

② Huffman, S. K., Rizov, M. D., Alcohol, C., "Exercise and Happiness: Application to Russian Data", *Proceedings of the Multidisciplinary Academic Conference*, 2016.

③ Khazaee‐pool, M., Sadeghi, R., Majlessi, F., et al., "Effects of Physical Exercise Programme on Happiness among Older People", *Journal of Psychiatric & Mental Health Nursing*, Vol. 22, No. 1, January 2015, pp. 47–57.

年人通过从事广场舞运动,可以提高积极情绪,进而提高幸福感水平。[1] 也有研究通过干预的方法证明健身操舞有助于增进中老年人的主观幸福感。[2] 可见,身体活动对老年人快乐感提升具有重要的作用,本课题运用 PASE 问卷调查获得的有效数据的研究也证实了这一结论。

表 7.31　　　　城市老年人身体活动增加快乐情感的主观感知

		总体	性别		年龄段		地区		婚姻状况		受教育程度		
			男	女	70岁及以下	70岁以上	东部	中西部	有配偶	无配偶	小学及以下	初中及高中	大学及以上
有效	计数(名)	2428	967	1419	1465	899	1590	828	1843	585	526	1168	649
	占比(%)	61.3	60.8	61.5	62.9	59.5	59.8	64.2	63.3	55.5	51.1	63.3	68.1
无效	计数(名)	1536	624	887	864	611	1067	461	1067	469	504	677	304
	占比(%)	38.7	39.2	38.5	37.1	40.5	40.2	35.8	36.7	44.5	48.9	36.7	31.9

六　身体活动对城市老年人增进友谊与亲情的效果

友谊和亲情是人类生活中两大极为重要的关系纽带,在人的工作和生活中具有无可替代的意义。对于大部分老年人来说,退休离开工作岗位后,生活内容相对单一,友谊和亲情更是对老年人的生活和心理健康具有直接的影响。良好的友谊和亲情可以为老年人带来积极的家庭支持,[3] 创造健康充实的社会关系,[4] 进而消解影响心理健康的消极因素,使老年人在和谐、其乐融融的环境中颐养天年。

---

[1] 参见李世琦《广场舞锻炼对老年人身体自尊和幸福感的影响》,硕士学位论文,郑州大学,2017年。

[2] 参见马国义《健身操舞干预模式及对中老年人主观幸福感影响的研究》,硕士学位论文,河北师范大学,2016年。

[3] 参见李兵水、赵英丽、林子琳《家庭支持对老年人心理健康的影响研究》,《江苏大学学报》(社会科学版)2013年第4期。

[4] 参见瞿小敏《社会支持对老年人生活满意度的影响机制——基于躯体健康、心理健康的中介效应分析》,《人口学刊》2016年第2期。

第七章 城市老年人身体活动对心理健康的影响

在运用PASE问卷对城市老年人身体活动能否增进友谊与亲情的调查中，1531名城市老年人认为身体活动可以有效增加城市老年人的快乐体验，占比38.6%。这说明有相当一部分城市老年人认为身体活动可以帮助增进友谊与亲情。从性别来看，认为身体活动可以增进友谊与亲情的女性城市老年人比例（41.7%）高于男性城市老年人比例（34.1%）。年龄方面，认为身体活动可以增加快乐的70岁及以下城市老年人比例（40.3%）高于70岁以上城市老年人比例（36.2%）。地区方面，认为身体活动可以增进友谊与亲情的中西部城市老年人比例（39.3%）高于东部城市老年人比例（38.5%）。婚姻状况方面，认为身体活动可以增进友谊与亲情的有配偶城市老年人比例（40.3%）高于无配偶城市老年人比例（34.0%）。受教育程度方面，认为身体活动可以增进友谊与亲情的大学及以上受教育程度城市老年人比例（42.7%）依次高于初中及高中受教育程度城市老年人比例（41.1%）、小学及以下受教育程度城市老年人比例（30.5%），即随着学历的增高，城市老年人对于身体活动增进友谊与亲情的感知越明显（见表7.32）。

对于身体活动和友谊与亲情的相关研究，以往的研究多集中于探讨体育运动与友谊与亲情的关系。体育运动不仅对家庭成员之间的依恋关系具有重要影响，[1] 还可以增进友谊，提升生命质量，产生积极的社会价值。[2] 有研究表明，体育运动作为健康的社交方式，可以促进人们互相交流，相互建立友谊，减少孤立感，提升归属感，进而建立自尊自信。[3] 老年人的主要活动场所之一是社区，居民在社区体育锻炼中同伴的角色十分关键，不仅会对居民体育参与产生重要影响，也会进一步通过运动获得更好的友谊质量。[4] 此外，体育锻炼可以帮助消除疲劳，促进家庭成员情感

---

[1] Carr, S., Fitzpatrick, N., "Experiences of Dyadic Sport Friendships as a Function of Self and Partner Attachment Characteristics", *Psychology of Sport & Exercise*, Vol. 12, No. 4, April 2011, pp. 383-391.

[2] Jones, K., "Sport and Friendship", *Journal of Philosophy of Education*, Vol. 35, No. 1, 2001, p. 131.

[3] 参见张欢、董宝林《运动友谊、自主动机、性别角色对青少年锻炼坚持性的影响》，《天津体育学院学报》2017年第4期。

[4] 参见冉建《城市社区群众体育锻炼中的同伴效应研究》，《成都体育学院学报》2010年第11期。

交流,① 有效促进家庭成员之间的亲情关系。从上述研究可以看出,在城市老年人身体活动与友谊和亲情研究方面,以往的相关研究多为定性的探讨,而运用成熟调查量表进行大面积、大样本的测量调查还不多见,本研究在城市老年人身体活动与友谊和亲情方面所做的定量性探讨具有启迪意义。

表7.32　　　城市老年人身体活动增进友谊与亲情的主观感知

		总体	性别		年龄段		地区		婚姻状况		受教育程度		
			男	女	70岁及以下	70岁以上	东部	中西部	有配偶	无配偶	小学及以下	初中及高中	大学及以上
有效	计数(名)	1531	543	962	939	547	1022	506	1173	358	314	759	407
	占比(%)	38.6	34.1	41.7	40.3	36.2	38.5	39.3	40.3	34.0	30.5	41.1	42.7
无效	计数(名)	2433	1048	1344	1390	963	1635	783	1737	696	716	1086	546
	占比(%)	61.4	65.9	58.3	59.7	63.8	61.5	60.7	59.7	66.0	69.5	58.9	57.3

第五节　研究小结

本章通过对城市老年人身体活动对心理健康影响的实证研究,以期探讨城市老年人通过身体活动在心理方面所获得的健康性收益。城市老年人身体活动的心理健康收益总体状况是:

(1) 城市老年人通过身体活动获得的心理健康收益显著。不同身体活动的心理健康收益存在一定差异,表现为城市老年人通过交通活动、体育锻炼、家务活动获得的心理健康收益显著,通过工作相关活动获得的心理健康收益不显著。

(2) 城市老年人身体活动心理健康收益在性别、婚姻状况方面差异不

---

① 参见郑祥荣《城市家庭体育模式及其形成机制的理论与实证研究——以福建省七城市为例》,博士学位论文,福建师范大学,2010年。

第七章 城市老年人身体活动对心理健康的影响

显著；在年龄、地区、受教育程度方面差异显著。主要表现在：第一，性别方面，男性和女性城市老年人都通过体育锻炼、家务活动、交通活动获得了显著的心理健康收益。但是男性老年人在体育锻炼、交通活动上的身体活动量高于女性老年人，女性老年人在家务活动方面的身体活动量明显高于男性老年人。第二，年龄方面，70岁以下城市老年人通过身体活动获得的心理健康收益总体上要高于70岁及以上城市老年人。主要体现在，一是70岁以下城市老年人通过工作、体育锻炼、家务活动、交通活动获得了显著的心理健康收益，而70岁及以上城市老年人只在体育锻炼、家务活动和交通活动方面获得了显著的心理健康收益；二是从身体活动PASE得分均值来看，70岁以下老年人的各项身体活动量普遍高于70岁及以上老年人。第三，地区方面，东部地区城市老年人通过身体活动获得的心理健康收益总体上高于中西部地区城市老年人。主要表现在，东部地区城市老年人通过体育锻炼、家务活动、交通活动获得的心理健康收益显著，而中西部地区老年人仅通过体育锻炼和交通活动获得了显著的心理健康收益。第四，婚姻状况方面，有配偶和无配偶城市老年人都通过体育锻炼、家务活动、交通活动获得了显著的心理健康收益。但是从身体活动量上看，有配偶老年人的各项身体活动量普遍高于无配偶老年人。第五，受教育程度方面，小学及以下、初中及高中受教育程度城市老年人通过身体活动获得的心理健康收益总体上高于大学及以上受教育程度城市老年人。表现在小学及以下、初中及高中受教育程度城市老年人通过体育锻炼、家务活动、交通活动获得的心理健康收益显著，而大学及以上城市老年人仅通过体育锻炼和交通活动获得显著的心理健康收益。

（3）在城市老年人身体活动对心理症状的影响方面，城市老年人的身体活动对于改善睡眠、增加快乐情感的作用最显著。城市老年人身体活动对心理症状的影响，在不同性别、年龄、地区、婚姻状况、受教育程度的城市老年人之间存在差异。其差异主要表现在：第一，从城市老年人身体活动减少焦虑的效果来看，身体活动对于女性城市老年人、70岁以下城市老年人、中西部城市老年人、有配偶城市老年人、小学及以下受教育程度老年人更具有积极的意义。第二，从城市老年人身体活动减轻抑郁的效果来看，身体活动对于女性城市老年人、70岁以下城市老年人、东部城市老年人、有配偶城市老年人、小学及以下受教育程度城市老年人更具有积极的意义。第三，从城市老年人身体活动改善睡眠的效果来看，身体活动对于女性城市老年人、70 岁以下城市老年人、东部城市老年人、有配偶城市老年人、小学及以下受教育程度城市老年人更具有积极的意义。第四，从城市老年人身体活动增强自信的效果来看，身体活动对于女性城市老年人、70 岁以下城市老年人、中西部城市老年人、有配偶城市老年人、大学及以上受教育程度城市老年人更具有积极的意义。第五，从城市老年人身体活动增加快乐情感的效果来看，身体活动对于女性城市老年人、70 岁以下城市老年人、中西部城市老年人、有配偶城市老年人、大学及以上受教育程度城市老年人更具有积极的意义。第六，从城市老年人身体活动增进友谊与亲情的效果来看，身体活动对于女性城市老年人、70 岁以下城市老年人、中西部城市老年人、有配偶城市老年人、大学及以上受教育程度老年人更具有积极的意义。

结　　语

一　研究结论

城市老年人身体活动经济性研究验证了本课题提出的研究假设。研究表明，城市老年人身体活动经济性具体体现在降低疾病患病风险，降低医疗开支、提高睡眠质量、增进心理健康等方面。城市老年人身体活动对降低慢性疾病患病风险所具有的积极效应，对降低慢性疾病患病医疗开支所具有的显性的经济性收益，在不同性别、不同年龄段、不同地区和不同受教育程度等多个维度的研究中都得到证实。城市老年人的身体活动能够有效地降低心血管、代谢性等各种慢性疾病的患病风险，进而通过降低各种慢性疾病患病风险，降低医疗开支获得良好的经济性收益，获得显著的心理健康收益。具体研究结论如下：

（1）运用 PASE 问卷研发者 Washburn 的身体活动 PASE 得分与罹患慢性疾病风险算法，对城市老年人身体活动与慢性疾病的患病风险进行计算，发现城市老年人疾病患病风险随着身体活动 PASE 得分升高而有不同程度的降低，表明城市老年人身体活动有降低慢性疾病患病风险的效应。

（2）对城市老年人身体活动与不同慢性疾病患病风险的二元 logistics 分析发现，城市老年人身体活动具有不同程度降低其慢性疾病患病风险的作用，具体表现在身体活动总量上。在心血管疾病患病风险方面，城市老年人每增加一个身体活动总 PASE 分值，其患心脏病的风险下降 0.3%、患动脉硬化的风险下降 0.5%、患中风的风险下降 0.5%。在代谢性疾病患病风险方面，城市老年人每增加一个身体活动总 PASE 分值，其患糖尿病的风险下降 0.2%。在其他慢性疾病患病风险方面，城市老年人身体活动对降低其患病风险无显著性作用。

（3）在城市老年人身体活动分项的交通活动上。在心血管疾病患病风险方面，城市老年人即每增加一个交通活动 PASE 分值，其患心脏病的风险下降0.6%、患动脉硬化的风险下降0.9%。在代谢性疾病患病风险方面，城市老年人每增加一个交通活动 PASE 分值，其患糖尿病的风险下降0.6%。在其他慢性疾病患病风险方面，城市老年人每增加一个交通活动 PASE 分值，其患关节炎的风险下降0.7%。

（4）在城市老年人身体活动分项的家务活动上。在心血管疾病患病风险方面，城市老年人每增加一个家务活动 PASE 分值，其患心脏病的风险下降0.3%、患动脉硬化的风险下降0.7%、患中风的风险下降1.0%。在代谢性疾病患病风险方面，城市老年人每增加一个家务活动 PASE 分值，其患糖尿病的风险下降0.5%。在其他慢性疾病患病风险方面，城市老年人每增加一个家务活动 PASE 分值，其患关节炎的风险下降0.3%。

（5）在城市老年人身体活动分项的体育锻炼上。在心血管疾病患病风险方面，城市老年人每增加一个体育锻炼 PASE 分值，其患心脏病的风险下降0.4%；在代谢性疾病患病风险方面，城市老年人身体活动对患病风险无显著影响。在其他慢性疾病患病风险方面，城市老年人身体活动对降低其他慢性疾病患病风险无显著作用。

（6）研究发现，城市老年人身体活动的增加与肥胖症的患病风险呈正相关，即每增加一个身体活动总 PASE 分值，其患肥胖症的风险增加0.3%；城市老年人每增加一个家务活动 PASE 分值，其患肥胖症的风险增加0.5%。这一现象可能与城市老年人已患有相关慢性疾病后遵医嘱或主动增加身体活动量有关，具体有待进一步研究。

（7）运用方差分析、线性回归分析和路径分析的方法，对城市老年人参与身体活动的经济性收益进行研究。研究表明，城市老年人身体活动与医疗开支水平存在负相关关系，并具有数量上的差异。城市老年人年总医疗开支在0—1000元、1001—5000元、5001—10000元和10000元以上（注：报销后自付开支）所对应的身体活动总 PASE 得分均值分别为107.08、103.21、102.39和96.86，PASE 得分随着总医疗开支的增加呈现依次降低的趋势。

（8）城市老年人身体活动分项的家务活动 PASE 得分随着总医疗开支的增加也呈现依次降低的趋势。不同门诊费用、住院费用、购药费用水平的城市老年人的各类型身体活动 PASE 得分存在一定的差异，总体上在医疗开支与身体活动二者之间存在着负相关趋势，即身体活动水平提高相关医疗开支降低的趋势。

结　语

（9）使用线性回归方法分析不同年龄、性别、地区和受教育程度的城市老年人身体活动与医疗开支的关系，也证实了城市老年人身体活动和医疗开支总体上呈现负相关性，并具有良好的经济性收益。从总量上来看，反映城市老年人身体活动状况的身体活动总 PASE 分数与总医疗开支之间呈非常显著的负相关关系，城市老年人的身体活动总 PASE 分数每增加一倍，相应地城市老年人总医疗开支降低 14.0%，门诊费用降低 6.7%，住院费用降低 11.8%，购药费用降低 6.5%。

（10）城市老年人不同身体活动类型与医疗开支的相关程度不同，家务活动比交通活动和体育锻炼表现出更高的相关性；城市老年人身体活动与不同的医疗开支项目的相关程度也不同，身体活动与住院费用的相关性比与门诊费用和购药费用更高。

（11）城市老年人身体活动与医疗开支相关性和显著程度受性别、年龄、地区和受教育程度的影响。总体而言，相关性在女性城市老年人中表现得比在男性城市老年人中更明显；在 70 岁以上城市老年人中表现得比在 70 岁及以下城市老年人中更明显；在中西部地区城市老年人中表现得比在东部地区城市老年人中更明显；在受教育程度越低的城市老年人中表现得越明显。

（12）基于不同的身体活动量标准，以社会总医疗支出为表征，核算出不同标准下全国城市老年人参与身体活动能够产生的经济性收益。根据世界卫生组织发布的《关于身体活动有益健康的全球建议》中对老年人提出的高强度身体活动和中强度身体活动最低推荐量来制定标准，假设未达到标准的全国城市老年人均达到标准，核算达标前后的医疗支出差值。结果表明，以高强度最低推荐量为标准，能够产生一年 18 亿元人民币的收益；以中等强度最低推荐量为标准，能够产生一年 101 亿元人民币的收益；以 2 倍中等强度最低推荐量为标准，能够产生一年 546 亿元人民币的收益；以 4 倍中等强度最低推荐量为标准，能够产生一年 2154 亿元人民币的收益；作为对比，以现有样本的城市老年人身体活动总 PASE 得分均值为标准，能够产生一年 425 亿元人民币的经济收益。

（13）对城市老年人身体活动作用于医疗开支的影响机制的路径分析发现，身体活动可以通过作用于城市老年人的睡眠情况、被照料天数、生理健康和心理健康间接影响城市老年人的医疗开支，也即城市老年人身体活动的经济性收益与睡眠情况、被照料天数、生理健康和心理健康在统计学上具有显著的相关性。城市老年人身体活动对门诊费、购药费和住院费等不同项目医疗开支的影响路径存在差异,对于不同的医疗开支项目,中间变量发挥的作用不同。

(14)对城市老年人身体活动对心理健康收益的研究发现,城市老年人通过身体活动分项的交通活动、体育锻炼、家务活动获得的心理健康收益显著,通过身体活动分项的工作活动获得的心理健康收益不显著。

(15)城市老年人身体活动对心理健康收益在性别、婚姻状况方面差异不显著;在年龄、地区、受教育程度方面差异显著。

(16)城市老年人身体活动对心理症状的影响方面,城市老年人的身体活动对于改善睡眠、增加快乐情感的作用最显著。城市老年人身体活动对心理症状的影响,在不同性别、年龄、地区、婚姻状况、受教育程度的城市老年人之间存在差异。

二 主要创新

将个体身体活动量作为变量引入城市老年人身体活动经济性收益研究领域,为全面认识老龄化社会老年人身体活动行为提供了新的视角。目前,研究学者更多关注老年人身体活动和体育锻炼对增进生理健康和心理健康的作用,还未见将城市老年人个体身体活动量作为独立的影响因素,从降低疾病患病风险,降低医疗开支,增进心理健康,进行经济性收益研究的报告。

研究方法上的突破。本研究采用国际通用的测量老年人身体活动经典问卷(Physical Activity Scale for the Elderly,简称PASE问卷),将其汉化,形成相应的中文版PASE问卷,通过抽样调查,获得相关数据。统计分析的结果表明,在控制外在变量的情况下,城市老年人身体活动具有降低慢性疾病患病风险的效应、具有降低医疗开支的经济性作用和增进心理健康的效用。研究方法上的突破有力地支持了研究结果。

在研究中进一步挖掘城市老年人样本的医疗开支数据,将城市老年人身体活动与个人医疗开支的关系转化为与整个社会的总医疗开支的关系,进而从国家层面上对城市老年人参与身体活动产生的经济性收益规模进行估计,估计身体活动经济性收益的核算方法在国内外同类研究中具有开创性意义。

对城市老年人身体活动影响经济性收益的发生机制的探讨。本研究利

结　语

用城市老年人抽样调查数据，运用路径分析的方法，对城市老年人身体活动经济性收益的发生机制进行探讨。在国内外同类研究中尚未涉及身体活动经济性收益的发生机制，本研究在这方面做了有益探讨。

三　研究展望

通过全国性的等概率抽样分析我国老年人身体活动与经济性收益的实际情况，更加精确地测算我国老年人身体活动与经济收益的数量关系。由于经费原因，本课题没有对我国包括农村在内的全国所有老年人的身体活动经济收益问题进行研究。在下一步研究中，在研究经费得以保证的情况下，可以做更全面更广泛的研究。

本研究以及一些同类研究结果均表明，老年人进行身体活动有助于减少个人和整个社会的医疗开支负担。但与此同时，对于能够最大化经济性收益的运动方案，以及老年人身体活动影响医疗开支节约化的具体机制，还需要做出进一步探讨，这也是未来研究需要关注的重点。

参考文献

一 中文文献

包玉香：《人口老龄化的区域经济效应分析——基于新古典经济增长模型》，《人口与经济》2012年第1期。

蔡昉：《未富先老与中国经济增长的可持续性》，《国际经济评论》2012年第1期。

蔡昉：《未来的人口红利——中国经济增长源泉的开拓》，《中国人口科学》2009年第1期。

蔡玫珠：《上海市柔性退休政策背景下老年人才资源开发路径研究》，博士学位论文，上海工程技术大学，2014年。

陈观泉：《浅谈老年体育在实现中国梦中全面建成小康社会的地位与作用》，载《纪念中国老年人体育协会成立三十周年征文活动作品集》，2013年。

陈立新、姚远：《社会支持对老年人心理健康影响的研究》，《人口研究》2005年第4期。

陈亮：《基于老龄化背景下的城市混合住区设计研究》，硕士学位论文，湖南大学，2010年。

陈清兰：《人口老龄化背景下的我国老年人力资源开发研究》，《湘潭师范学院学报》（社会科学版）2008年第4期。

陈卫民、施美程：《发达国家人口老龄化过程中的产业结构转变》，《南开学报》（哲学社会科学版）2013年第6期。

陈雯：《老龄化、时间与老年人社会价值》，博士学位论文，华中师范大学，2013年。

陈颐、叶文振：《台湾人口老龄化与产业结构演变的动态关系研究》，《人口学刊》2013年第3期。

参考文献

陈元刚、唐春花、陈芳等:《我国老年人城镇社区医疗卫生服务体系构建探析》,《重庆工商大学学报》2013年第3期。

陈元茂:《发展老年体育,助推积极老龄化》,载《纪念中国老年人体育协会成立三十周年征文活动作品集》,2013年。

程澹澹:《太原市养老机构老年人抑郁症状的护理干预研究——基于无望自尊综合理论》,硕士学位论文,山西医科大学,2017年。

程馨:《中国人口老龄化背景下的老年人力资源开发研究》,博士学位论文,青岛大学,2008年。

单威:《不同健身、生活方式对高教社区老年人生活质量和体质健康的影响》,博士学位论文,北京体育大学,2011年。

第57届世界卫生大会:《饮食、身体活动与全球健康战略》,《营养健康新观察》2005年第3期。

丁洁:《中国人口老龄化背景下老年体育与社会效益思考》,《体育世界》(学术版)2015年第2期。

丁梦茹等:《知识经济时代老年人才资源的开发对策研究》,《市场论坛》2013年第5期。

丁文:《家庭学》,山东人民出版社1997年版。

董丽霞、赵文哲:《不同发展阶段的人口转变与储蓄率关系研究》,《世界经济》2013年第3期。

杜鹃:《体育锻炼对郑州市老年人心理健康影响的研究》,硕士学位论文,赣南师范学院,2014年。

杜旻:《社会支持对老年人心理健康的影响研究》,《人口与社会》2017年第4期。

范焕娟:《探讨福利院机构内老年人患病心理特点及护理对策》,《按摩与康复医学》2015年第16期。

范蓉霞:《论老年体育在构建和谐社会中的地位和作用》,载《纪念中国老年人体育协会成立三十周年征文活动作品集》,2013年。

方慧:《体育锻炼对老年人心理健康的影响》,《郑州轻工业学院学报》(社会科学版)2011年第3期。

方振浩:《浅说老年体育的功用和意义》,载《纪念中国老年人体育协会成立三十周年征文活动作品集》,2013年。

费孝通:《乡土中国》,北京出版社2016年版。

高亮、王莉华:《体育锻炼与老年人自评健康关系的调查研究》,《武汉体育学院学报》2015年第8期。

谷庆、徐海:《某县1988—1998年2540例服农药自杀者的流行病学调查》,《中华劳动卫生职业病杂志》2002年第1期。

郭德全:《老年人非正常死亡典型案例分析》,《老龄问题研究》2003年第10期。

郭锋:《人口老龄化与社会发展关系研究》,博士学位论文,山东大学,2006年。

郭瑞东、赵令锐:《人口老龄化对技术进步的影响》,《河北大学学报》(哲学社会科学版)2017年第3期。

郭熙保等:《人口老龄化对中国经济的持久性影响及其对策建议》,《经济理论与经济管理》2013年第2期。

《国家计委、民政部、劳动部、人事部、卫生部、财政部、国家教委、全国总工会、全国妇联、全国老龄委关于印发〈中国老龄工作七年发展纲要(1994——2000年)〉的通知》(1994年12月14日),http://www.chinalawedu.com/falvfagui/fg21752/31216.html,2018年9月15日。

国家统计局:《中华人民共和国2016年国民经济和社会发展统计公报》,http://www.stats.gov.cn/tjsj/zxfb/201702/t20170228_1467424.html,2017年2月28日。

国家卫生计生委:《健康中国2030热点问题专家谈》,中国人口出版社2016年版。

国家卫生计生委统计信息中心:《2013第五次国家卫生服务调查分析报告》,中国协和医科大学出版社2015年版。

《国务院关于印发〈国家人口发展规划(2016—2030年)〉的通知》(2017年1月25日),http://www.gov.cn/zhengce/content/2017-01/25/content_5163309.htm,2018年9月15日。

《国务院关于印发〈中国老龄事业发展"十二五"规划〉的通知》(2011年9月23日),http://www.gov.cn/zwgk/2011-09/23/content_1954782.htm,2018年9月15日。

《国务院关于印发〈中国老龄事业发展"十五"计划纲要〉的通知》(2001年7月22日),http://www.gov.cn/zhengce/content/2016-09/23/content_5111148.html,2018年9月15日。

参考文献

《国务院印发〈"十三五"国家老龄事业发展和养老体系建设规划〉》（2017年3月15日），http://www.gov.cn/xinwen/2017-03/06/content_5174100.htm，2018年9月15日。

海英、王倩云、熊林平等：《西安市社区老年人心理健康状况及其影响因素分析》，《第二军医大学学报》2012年第10期。

韩布新、李娟：《老年人心理健康促进的理论与方法》，《老龄科学研究》2013年第4期。

韩燚、卢莉：《老年人心理健康状况比较研究》，《中国医疗前沿》2011年第2期。

何苗、张秋芬、孔令磷等：《咸宁市社区老年人心理健康状况及影响因素分析》，《护理研究》2016年第2期。

何肇发：《社区概论》，中山大学出版社1991年版。

赫秋菊：《体育锻炼对老年人心理效益促进的研究》，《沈阳体育学院学报》2010年第2期。

胡鞍钢：《人口老龄化、人口增长与经济增长——来自中国省际面板数据的实证证据》，《人口研究》2012年第3期。

胡宏伟、串红丽、杨帆：《我国老年人心理孤独感及其影响因素研究》，《陕西行政学院学报》2011年第3期。

胡湛、彭希哲：《中国当代家庭户变动的趋势分析——基于人口普查数据的考察》，《社会学研究》2014年第3期。

黄成礼、庞丽华：《人口老龄化对医疗资源配置的影响分析》，《人口与发展》2011年第2期。

黄莉：《重庆市人口老龄化对社区卫生服务体系的需求研究》，博士学位论文，华中科技大学，2010年。

黄良峰、陈洋洋、赵炳功等：《抑郁症的成因及其新药治疗研究进展》，《现代生物医学进展》2018年第1期。

黄明炜、何小波、桂程丽：《老年人心理变化特点、影响因素分析及对策》，《中国老年保健医学》2008年第3期。

黄三宝、冯江平：《老年心理健康研究现状》，《中国老年学杂志》2007年第27期。

霍志刚：《吉林省农村人口老龄化和养老保障研究》，博士学位论文，吉林大学，2012年。

贾丽娜、庄海林、王小燕等：《福州城市社区老年人抑郁状况及与生活质量的关系》，《中华老年医学杂志》2011年第11期。

江立华、黄加成：《老年人需求与宜居社区建设》，《华东理工大学学报》（社会科学版）2011年第6期。

姜伯乐：《浙江省老年知识分子体育锻炼现状的分析》，《福建体育科技》2007年第1期。

姜华：《美国与中国老年人保障制度的比较》，《社会福利》（理论版）2013年第7期。

姜向群：《对老年人社会价值的研究》，《人口研究》2001年第2期。

蒋传和：《当前中国老年家庭类型新探及问题指向》，《安徽农业大学学报》（社会科学版）2007年第6期。

瞿小敏：《社会支持对老年人生活满意度的影响机制——基于躯体健康、心理健康的中介效应分析》，《人口学刊》2016年第2期。

康建英：《我国人口年龄结构变化对综合要素生产率和技术进步的影响》，《科技管理研究》2010年第3期。

康钊：《广场集体舞蹈对老年心理健康的影响研究》，《中国健康心理学杂志》2011年第4期。

李兵水、赵英丽、林子琳：《家庭支持对老年人心理健康的影响研究》，《江苏大学学报》（社会科学版）2013年第4期。

李德明、陈天勇、李贵芸：《空巢老人心理健康状况研究》，《中国老年学杂志》2003年第7期。

李辉：《长春市城乡人口老龄化与老年社会保障问题研究》，《人口学刊》2006年第4期。

李魁：《人口年龄结构变动与经济增长》，博士学位论文，武汉大学，2010年。

李敏：《"银发同居"的法律思考》，硕士学位论文，烟台大学，2013年。

李楠、邵凯、王前进：《中国人口结构对碳排放量影响研究》，《中国人口·资源与环境》2011年第6期。

李韧：《老年人社会参与的意义》，《学术探索》1999年第5期。

李世琦：《广场舞锻炼对老年人身体自尊和幸福感的影响》，硕士学位论文，郑州大学，2017年。

李文川、刘春梅：《老年人体育锻炼行为与医疗支出的相关性研究》，《南京体育学院学报》（自然科学版）2016年第2期。

李小云：《面向原居安老的城市老年友好社区规划策略研究》，博士学位论文，华南理工大学，2012年。

李珍珍：《老年体育对构建社区体育文化中的意义探讨》，《当代体育科技》2015年第5期。

李珍、甄薇、毛宗福：《武汉市社区老年人抑郁状况及其影响因素研究》，《现代预防医学》2018年第1期。

李志宏：《国家应对人口老龄化战略研究总报告》，《老龄科学研究》2015年第3期。

李志宏：《人口老龄化对我国经济社会发展的正面效应分析》，《老龄科学研究》2013年第7期。

梁兆晖、郝元涛、王耀富等：《老年人群心理健康与个人收入关系的研究》，《中国老年学杂志》2010年第10期。

廖晓慧：《老年人力资源开发的战略意义与对策》，《北方经贸》2008年第8期。

林秋英：《老年体育与"积极老龄化"》，载《纪念中国老年人体育协会成立三十周年征文活动作品集》，2013年。

刘春根：《老年体育是推进积极老龄化的有力举措》，载《纪念中国老年人体育协会成立三十周年征文活动作品集》，2013年。

刘平：《人口老龄化对中国经济增长的影响研究》，博士学位论文，山东大学，2013年。

刘倩：《老年社区及其居住环境研究》，硕士学位论文，华中科技大学，2007年。

刘芹、张勤仙、王志超等：《安亭镇方泰社区60岁及以上老年人生存质量分析》，《中国农村卫生事业管理》2003年第1期。

刘穷志、何奇：《人口老龄化、经济增长与财政政策》，《经济学》（季刊）2013年第1期。

刘世云、白丽、王东明：《老年人的心理特点及护理对策》，《医药产业资讯》2006年第15期。

刘思言：《我国老年人身体锻炼对医疗费用的影响分析——基于CHARLS数据》，《中小企业管理与科技》（下旬刊）2014年第7期。

刘颂：《老年社会参与同自我和谐的相关性》，《人口与社会》2006年第

2 期。

刘文、焦配：《国际视野中的积极老龄化研究》，《中山大学学报》（社会科学版）2015 年第 1 期。

刘彦慧、王媛婕、高佳等：《社区老年人心理弹性现状及影响因素研究》，《中国全科医学》2015 年第 18 期。

刘芸、董永海、李晓云等：《中国 60 岁以上老年人睡眠障碍患病率的 Meta 分析》，《现代预防医学》2014 年第 8 期。

刘志华：《积极老龄化视野下的老年体育发展对策》，《科技视界》2016 年第 16 期。

吕琳、肖水源、徐慧兰等：《长沙市农村社区老年人群自杀率的流行病学调查》，《中华老年医学杂志》2003 年第 10 期。

吕仙利：《体育锻炼类型对老年人心理健康的影响》，《中国老年学杂志》2012 年第 5 期。

栾文敬、杨帆、串红丽等：《我国老年人心理健康自评及其影响因素研究》，《西北大学学报》（哲学社会科学版）2012 年第 3 期。

罗光强、谢卫卫：《中国人口抚养比与居民消费——基于生命周期理论》，《人口与经济》2013 年第 5 期。

罗潇：《娱乐身心与健全体魄——略论社会体育活动开展与老年群体身心健康的互动》，《当代体育科技》2015 年第 1 期。

马国义：《健身操舞干预模式及对中老年人主观幸福感影响的研究》，硕士学位论文，河北师范大学，2016 年。

马新英、杨绍清、马文有等：《煤炭企业管理者退休初期心理状况与社会支持、应对方式的关系研究》，《中国健康心理学杂志》2009 年第 21 期。

马玉卓：《老龄化背景下老年友好社区的探析》，硕士学位论文，山东大学，2011 年。

毛蒋兴等：《新型城镇化背景下人口老龄化的城乡规划转型应对》，《规划师》2014 年第 8 期。

茅锐、徐建炜：《人口转型、消费结构差异和产业发展》，《人口研究》2014 年第 3 期。

[美] 戴维·L.德克尔：《老年社会学》，沈健译，天津人民出版社 1986 年版。

参考文献

［美］乔治·塞尔兹：《影响人类历史的名人思想大观》，公婷、陈峰译，上海人民出版社1991年版。

孟和：《内蒙古高校老年知识分子体育特征研究》，《西安体育学院学报》1999年第1期。

苗元江、胡敏、高红英：《积极老化研究进展》，《中国老年学杂志》2013年第19期。

《2016年中国养老相关政策分析及人口老龄化发展规模预测》（2016年5月24日），http://www.chyxx.com/industry/201605/419098.html，2018年9月15日。

庞俊梅：《论老年体育的社会意义》，《体育文化导刊》2002年第3期。

彭大松：《体育与应对人口老龄化：贡献与思考——基于CHNS2006数据的实证分析》，《西安体育学院学报》2012年第5期。

彭家欣、杨奇伟、罗跃嘉：《不同特质焦虑水平的选择性注意偏向》，《心理学报》2013年第10期。

齐传钧：《人口老龄化对经济增长的影响分析》，《中国人口科学》2010年第1期。

齐玉玲、高航、张秀敏等：《城市社区老年人心理健康状况及其影响因素》，《护理研究》2017年第1期。

钱宁：《中国社区居家养老的政策分析》，《学海》2015年第1期。

乔楠：《上海市中心城区老龄人口居家养老服务研究》，硕士学位论文，复旦大学，2009年。

《全国老龄办等24部门〈关于进一步加强老年人优待工作〉的意见》（2013年12月31日），http://www.moh.gov.cn/jtfzs/s3581c/201403/8b59c6972879436d86214ad87f52886d.html，2018年9月15日。

全宏艳：《社会支持研究综述》，《重庆科技学院学报》（社会科学版），2008年第3期。

冉建：《城市社区群众体育锻炼中的同伴效应研究》，《成都体育学院学报》2010年第11期。

任桂秀：《老年体育直接推助和谐社会建设》，载《纪念中国老年人体育协会成立三十周年征文活动作品集》，2013年。

任罗生：《我国老年人才资源开发研究》，硕士学位论文，国防科学技术大学，2008年。

任志成：《全球性人口转型对国际分工的影响——基于动态面板数据的分析》，《世界经济研究》2014年第5期。

沈德仁：《论我国可持续发展中老年人的社会价值》，《新疆师范大学学报》（哲学社会科学版）2000年第1期。

沈雅雯：《和谐社会视域下河南省老年人体育现状研究》，硕士学位论文，郑州大学，2015年。

苏春红：《人口老龄化的经济效应与中国养老保险制度选择》，博士学位论文，山东大学，2010年。

眭小琴、赵宝椿、李田等：《发展我国老年体育的意义与对策》，《北京体育大学学报》2006年第11期。

孙鹃娟、冀云：《家庭"向下"代际支持行为对城乡老年人心理健康的影响——兼论认知评价的调节作用》，《人口研究》2017年第6期。

孙俊：《社会学视角下的我国老年人体育意义研究》，《中国市场》2015年第39期。

孙蕾、常天骄、郭全毓：《中国人口老龄化空间分布特征及与经济发展的同步性研究》，《华东师范大学学报》（哲学社会科学版）2014年第3期。

孙月霞：《中国人口老龄化背景下老年体育价值观与管理体制的研究》，博士学位论文，北京体育大学，2007年。

谭海鸣、姚余栋、郭树强等：《老龄化、人口迁移、金融杠杆与经济长周期》，《经济研究》2016年第2期。

陶东杰：《人口老龄化、代际冲突与公共政策研究》，博士学位论文，华中科技大学，2016年。

陶东杰、张克中：《人口老龄化、代际冲突与公共教育支出》，《教育与经济》2015年第2期。

陶燕霞、王岚、郑洪等：《中文版老年人体力活动量表在老年慢性阻塞性肺疾病患者中的信效度研究》，《中国全科医学》2017年第15期。

腾讯网：《这10个省份城镇化率超60%，京津沪达到发达国家水平》，https://finance.qq.com/a/20170605/062993.htm，2017年6月5日。

田苗苗：《老年人心理健康现状及其影响因素分析》，硕士学位论文，河北联合大学，2014年。

田雪原、王金营、周广庆：《老龄化：从"人口盈利"到"人口亏损"》，中国经济出版社 2006 年版。

童星：《发展社区居家养老服务以应对老龄化》，《探索与争鸣》2015 年第 8 期。

童玉芬：《人口老龄化过程中我国劳动力供给变化特点及面临的挑战》，《人口研究》2014 年第 2 期。

汪继兵：《体育运动与心理健康促进》，《黄山学院学报》2006 年第 5 期。

汪伟、刘玉飞、彭冬冬：《人口老龄化的产业结构升级效应研究》，《中国工业经济》2015 年第 11 期。

汪文奇、张勇、宋旭等：《健康老龄化与老年体育》，《四川体育科学》2007 年第 4 期。

王凤鸣：《我国人口老龄化与老年宜居社区开发策略研究》，硕士学位论文，天津大学，2011 年。

王富超：《关于完善老年人再婚自主权益法律保障的相关对策》，《西华大学学报》（哲学社会科学版）2015 年第 4 期。

王欢、黄健元：《中国人口年龄结构与城乡居民消费关系的实证分析》，《人口与经济》2015 年第 2 期。

王丽萍：《杭州市社区老年居民卫生服务需求及分析》，《现代实用医学》2010 年第 6 期。

王庆庆、王合成、胥爱红等：《多维视角下的老年人体育效益分析的初步探究》，《体育世界》（学术版）2007 年第 3 期。

王瑞梅、郭继志、张涵等：《山东省老年人社会支持状况对心理健康的影响》，《中国卫生事业管理》2016 年第 3 期。

王璇、罗浩：《无社会养老保障老年人的心理健康状况》，《中国老年学杂志》2013 年第 1 期。

王燕鸣：《老年体育学》，山东大学出版社 2001 年版。

王野、宋志雪、陈长香：《骨质疏松老年人日常行为习惯对睡眠质量的影响》，《华北理工大学学报》（医学版）2017 年第 6 期。

王玉兰、张超、邢凤梅等：《老年居家不出人群一般状况和心理健康状况 6 年后随访》，《中国健康心理学杂志》2014 年第 3 期。

王跃生：《不同地区老年人居住家庭类型研究——以 2010 年人口普查数据为基础》，《学术研究》2014 年第 7 期。

王云多：《人口老龄化对劳动供给、人力资本与产出影响预测》，《人口与经济》2014 年第 3 期。

邬沧萍、杜鹏:《老龄社会与和谐社会》,中国人口出版社 2012 年版。

邬沧萍、姜向群:《老年学概论》,中国人民大学出版社 2015 年版。

吴阿青:《从人口老龄化看老年人力资源的二次开发》,《山西青年》2013 年第 14 期。

吴捷:《老年人社会支持、孤独感与主观幸福感的关系》,《心理科学》2008 年第 4 期。

吴群、赵玉华:《论企业老年体育对构建和谐社会的意义和作用》,《中国管理信息化》2012 年第 15 期。

夏云、邹宇华:《自杀死亡的发生与分布特征研究进展》,《现代预防医学》2010 年第 4 期。

向志强:《人力资本生命周期与教育需求》,《经济评论》2003 年第 2 期。

项武生等:《哲学视阈中的社会发展理论专题研究》,黑龙江人民出版社 2009 年版。

肖欢明:《我国人口老龄化对经济增长的影响路径分析》,《经济问题探索》2014 年第 1 期。

肖留根、高亮:《健身气功锻炼对老年人焦虑的影响》,《中国老年学杂志》2016 年第 10 期。

邢华燕、林爱琴、韩秀敏等:《郑州城区老年常见慢性病患者心理健康状况与相关因素分析》,《郑州大学学报》(医学版)2006 年第 2 期。

熊晓玲、牟彩莹、冯娅妮:《太极拳运动对中老年人抑郁与心率变异性的影响探讨》,《中国医疗设备》2017 年第 S1 期。

修宏方:《社区服务支持下的居家养老服务研究》,博士学位论文,南开大学,2013 年。

徐冠一:《"银发同居"对策研究》,硕士学位论文,新疆大学,2017 年。

徐箐、肖焕禹、陈玉忠:《老年体育与积极老龄化——上海市个案研究》,《西安体育学院学报》2006 年第 3 期。

徐雯雯、吴中晏、黄聚云:《城市中老年人体育锻炼自我效能感及影响因素研究——基于在上海市的抽样调查》,《福建体育科技》2017 年第 2 期。

闫钟:《人口老龄化与科技进步》,《山西科技》2000 年第 4 期。

严雪梅、秦波:《老年人再婚现状分析与法律保障机制研究——以成都市为例》,《广西政法管理干部学院学报》2012年第2期。

阎彬、蒋辉:《老年体育与幸福社会》,载《纪念中国老年人体育协会成立三十周年征文活动作品集》,2013年。

杨彬彬:《社区老年人睡眠质量与睡眠习惯、身体活动的相关性研究》,硕士学位论文,吉林大学,2017年。

杨光、白翠瑾、曹玲等:《步速与老年人运动能力及医疗费的关系》,《体育学刊》2013年第3期。

杨杰、罗云:《中国人口老龄化、技术创新与经济增长的动态影响分析》,《科技与经济》2015年第28期。

杨晶晶、郑涌:《代际关系:老年心理健康研究的新视角》,《中国老年学杂志》2010年第19期。

杨清哲:《人口老龄化背景下中国农村老年人养老保障问题研究》,博士学位论文,吉林大学,2013年。

杨欣:《不同体育锻炼方式对老年人人际交往的影响》,硕士学位论文,河北师范大学,2012年。

杨宗传:《再论老年人口的社会参与》,《武汉大学学报》人文科学版2000年第1期。

姚东旻、宁静、韦诗言:《老龄化如何影响科技创新》,《世界经济》2017年第4期。

姚远:《老年人社会价值与中国传统社会关系的文化思考》,《人口研究》1999年第5期。

姚远:《文化价值是老年人的首要社会价值》,《人口与经济》2000年第1期。

弋晶、葛菁:《老龄化进程中的我国老年人体育》,《体育文化导刊》2013年第7期。

殷华西、刘莎莎、宋广文:《我国老年人心理健康的研究现状及其展望》,《中国健康心理学杂志》2014年第10期。

游士兵、蔡远飞:《人口老龄化对经济增长影响的动态分析——基于面板VAR模型的实证分析》,《经济与管理》2017年第1期。

于洪军、仇军:《老龄化的挑战与应对——老年人体力活动专题研究述评》,《北京体育大学学报》2013年第8期。

于洪军、仇军:《身体活动负荷对我国老年人患慢性疾病风险率的影响研究——基于对清华大学老年人群 PASE 问卷的流行病学调查》,《中国体育科技》2013 年第 2 期。

于洪军、仇军:《运用 PASE 量表测量中国老年人体力活动的信效度验证》,《上海体育学院学报》2014 年第 5 期。

于涛:《中国人口老龄化与老年消费问题研究》,博士学位论文,吉林大学,2013 年。

俞飞:《域外如何保障老年人权益》(2013 年 7 月 13 日), http://epaper.bjnews.com.cn/html/2013-07/13/content_448359.htm?div=-1, 2018 年 9 月 15 日。

喻婧、李娟:《全国首次老年心理健康状况调查报告》,《中国社会工作》2011 年第 10 期。

袁蓓:《人口老龄化对中国经济增长的影响》,博士学位论文,武汉大学,2010 年。

袁传攀、湛文倩:《人口老龄化对企业发展的影响》,《经营与管理》2011 年第 6 期。

云成山:《试论老年体育对构建和谐社会意义和宣传报道工作对老年体育的重要性》,载《纪念中国老年人体育协会成立三十周年征文活动作品集》,2013 年。

曾科、尚鹤睿、刘国云等:《广州市社区老年人心理健康状况与社会支持的关系研究》,《医学与社会》2016 年第 4 期。

曾小五、朱尧耿:《老年人的价值及其价值实现》,《人口研究》2008 年第 2 期。

曾旭:《基于人口老龄化背景下的社会保障研究》,《特区经济》2011 年第 1 期。

张存才、李放、潘永光等:《老年人才资源开发利用的调查研究》,《科技与经济》2005 年第 5 期。

张桂莲、王永莲:《中国人口老龄化对经济发展的影响分析》,《人口学刊》2010 年第 5 期。

张欢、董宝林:《运动友谊、自主动机、性别角色对青少年锻炼坚持性的影响》,《天津体育学院学报》2017 年第 4 期。

张会莹:《积极老龄化视角下社会工作介入社区养老探究》,《科学社会主义》2014 年第 3 期。

张建凤、李志菊、王芳云等：《合肥市社区空巢老人社区卫生服务需求及影响因素研究》，《护理研究》2010年第3期。

张彭：《我国人口老龄化与社会发展的思考》，博士学位论文，山西师范大学，2016年。

张松：《中国人口老龄化背景下的养老保险研究》，博士学位论文，吉林大学，2009年。

张由月：《成都市城乡老年人心理健康状况调查研究》，硕士学位论文，四川师范大学，2009年。

赵飞燕、吴炳义、王媛媛等：《我国不同年龄段老年人社会心理状况研究》，《中国医学伦理学》2018年第6期。

赵建慧、刘晓旭：《中国老年人力资源开发的思考》，《内蒙古科技与经济》2013年第2期。

赵建昆：《老年体育助推和谐社会建设》，载《纪念中国老年人体育协会成立三十周年征文活动作品集》，2013年。

赵艳斌：《老年人同居法律属性研究》，《法制博览》（中旬刊）2013年第11期。

赵莹、吴长春：《论老年人才资源开发在落实科学发展观中的作用》，《东北师大学报》（哲学社会科学版）2014年第6期。

赵元：《健身交谊舞对老年人抑郁和焦虑情绪影响的实证研究——以北京市朝阳区南十里居为例》，硕士学位论文，河北师范大学，2015年。

郑君君、朱德胜、关之烨：《劳动人口、老龄化对经济增长的影响——基于中国9个省市的实证研究》，《中国软科学》2014年第4期。

郑伟、林山君、陈凯：《中国人口老龄化的特征趋势及对经济增长的潜在影响》，《数量经济技术经济研究》2014年第8期。

郑祥荣：《城市家庭体育模式及其形成机制的理论与实证研究——以福建省七城市为例》，博士学位论文，福建师范大学，2010年。

郑志丹：《健康老龄化视野下我国老年体育发展对策研究》，《山东体育学院学报》2011年第12期。

郅玉玲：《和谐社会语境下的老龄问题研究》，浙江大学出版社2011年版。

《中共中央、国务院关于加强老龄工作的决定》（2000年8月1日），http://www.nhfpc.gov.cn/jtfzs/s3581c/201307/e9f0bbfea6c742ec9b832e2021a02eac.shtml，2018年9月15日。

《中共中央国务院关于全面加强人口和计划生育工作统筹解决人口问题的决定》简介，2007 年 7 - 09］．http：//www. gov. cn/zhengce/content/2016 - 09/23/content_ 5111148. html，2018 年 9 月 15 日。

《中国老龄事业发展"十一五"规划》（2006 年 9 月 28 日），http：//www. gov. cn/fwxx /wy/2006 - 09 /28/content_ 401421. html，2018 年 9 月 15 日。

《中华人民共和国老年人权益保障法》（2015 年修正），2016 年 6 月 2 日），http：//www. cncaprc. gov. cn/contents/12/174717. html，2018 年 9 月 15 日。

钟阳：《人口转变对储蓄率及利率的影响：基于收入效应的实证研究》，《重庆大学学报》（社会科学版）2016 年第 2 期。

周广庆：《人口老龄化对社会发展和社会建设的影响》，浙江大学出版社 2013 年版。

周涛：《试论老龄体育的价值定位》，《北京体育大学学报》2003 年第 6 期。

周泽鸿、李琳：《中国老龄化社会老年体育发展策略探究》，《哈尔滨体育学院学报》2014 年第 3 期。

周祝平、刘海斌：《人口老龄化对劳动力参与率的影响》，《人口研究》2016 年第 3 期。

朱勤、魏涛远：《老龄化背景下中国劳动供给变动及其经济影响：基于 CGE 模型的分析》，《人口研究》2017 年第 4 期。

朱秀杰：《人口老龄化与宜居社区建设研究》，《社会工作》2012 年第 1 期。

邹军、章岚、任弘等：《运动防治骨质疏松专家共识》，《中国骨质疏松杂志》2015 年第 11 期。

《尊重老年人尊重历史——我国老龄事业蓬勃发展纪实》（2009 年 10 月 26 日），http：//www. gov. cn/jrzg /2009 - 10/26/content_ 1448823. htm，2018 年 9 月 15 日。

二 英文文献

Achenbaum, W. A., "View from Academic", *Aging Network News*, No. 2, 1996.

Ackermann, R. T., Cheadle, A., Sandhu, N., et al., "Community Exercise Program Use and Changes in Healthcare Costs for Older Adults", *American Journal of Preventive Medicine*, No. 3, 2003.

Adamsen, L., Midtgaard, J., Rorth, M., et al., "Feasibility, Physical Capacity, and Health Benefits of a Multidimensional Exercise Program for Cancer Patients Undergoing Chemotherapy", *Supportive Care in Cancer*, No. 11, 2003.

Aemstrong, J. J., Rodrigues, I. B., Wasiut, T., et al., "Quality Assessment of Osteoporosis Clinical Practice Guidelines for Physical Activity and Safe Movement: An AGREE II Appraisal", *Archives of Osteoporosis*, Vol. 11, No. 1, 2016.

Ahlborg, H. G., Rosengren, B. E., Jarvinen, T. L. N., et al., "Prevalence of Osteoporosis and Incidence of Hip Fracture in Women – Secular Trends Over 30 Years", *BMC Musculoskeletal Disorders*, Vol. 11, No. 1, 2010.

Allender, S., Foster, C., Scarborough, P., et al., "The Burden of Physical Activity – Related Ill Health in the UK", *Journal of Epidemiology and Community Health*, No. 4, 2007.

Alma, M. A., Mei, S. F. V. D., Groothoff, J. W., et al., "Determinants of Social Participation of Visually Impaired Older Adults", *Quality of Life Research*, No. 1, 2012.

Altman, R. D., Hochberg, M. C., Moskowitz, R. W., et al., "Recommendations for the Medical Management of Osteoarthritis of the Hip and Knee: 2000 Update", *Arthritis Rheum*, No. 9, 2000.

Ananian, C. A. D., Churan, C., Adams, M. A., "Correlates of Physical Activity among Blacks and Whites with Arthritis", *American Journal of Health Behavior*, Vol. 39, No. 4, 2015.

Andreas, S., "Physical Activity, Exercise, Depression and Anxiety Disorders", *Journal of Neural Transmission*, Vol. 116, No. 6, June 2009.

Angeloni, S., Borgonovi, E., "An Aging World and the Challenges for a Model of Sustainable Social Change", *Journal of Management Development*, No. 4, 2016.

Anon, "Clinical Practice Guidelines: The Management of Chronic Pain in Older Persons", *Geriatrics*, No. 3, 1998.

Aoyagi, Y., Shephard, R., "A Model to Estimate the Potential for a Physical Activity – Induced Reduction in Healthcare Costs for the Elderly, Based on Pedometer/Accelerometer Data from the Nakanojo Study", *Sports Medicine*, No. 9), 2011.

AraúJo, J. R., Martel, F., Borges, N., et al., "Folates and Aging: Role in Mild Cognitive Impairment, Dementia and Depression", *Aging Research Reviews*, Vol. 22, No. 4, April 2015.

Arem, H., Moore, S. C., Park, Y., et al., "Physical Activity and Cancer – Specific Mortality in the NIH – AARP Diet and Health Study Cohort", *International Journal of Cancer*, Vol. 135, No. 2, 2014.

Arshad, R., Binyounis, B., Masood, J., et al., "Pattern of Physical Activity among Persons with Type – 2 Diabetes with Special Consideration to Daily Routine", *Pakistan Journal of Medical Sciences*, Vol. 32, No. 1, 2016.

Arvate, P. R., Zoghbi, A. C. P., "Intergenerational Conflict and Public Education Expenditure When There Is Co – Residence between the Elderly and Young", *Economics of Education Review*, No. 6, 2010.

Avdic, D., "Physical Activity in Osteoporosis Prevention", *Health MED*, Vol. 2, No. 1, 2008.

Bachmann, J. M., Defina, L. F., Franzini, L., et al., "Cardiorespiratory Fitness in Middle Age and Health Care Costs in Later Life", *Journal of the American College of Cardiology*, Vol. 66, No. 17, 2015.

Bakker, I., Twisk, J. W. R., Van, M. W., et al., "Ten – Year Longitudinal Relationship between Physical Activity and Lumbar Bone Mass in (Young) Adults", *Journal of Bone and Mineral Research*, No. 2, 2003, Pp. 325 – 332.

Barnett, J. E., Shale, A. J., "Alternative Techniques", *Monitor on Psychology*, 2013, Vol. 44, No. 4.

参考文献

Bass, S. A., *Older and Active: How Americans Over 55 Are Contributing to Society*, 2004.

Berard, A., Bravo, G., Gauthier, P., "Meta – Analysis of the Effectiveness of Physical Activity for the Prevention of Bone Loss in Postmenopausal Women", *Osteoporosis International*, No. 4, 1997.

Bethune, S., "Health – Care Falls Short on Stress Management", *Monitor on Psychology*, Vol. 44, No. 4, April 2013.

Blair, S. N., Kohl, H. W., Barlow, C. E., et al., "Changes in Physical Fitness and All – Cause Mortality", *The Journal of the American Medical Association*, Vol. 273, No. 14, 1995.

Bloom, D., Canning, D., Sevilla, J., "The Demographic Dividend a New Perspective on the Economic Consequences of Population Change", *Santa Monica*, 2003.

Bloom, D. E., Chatterji, S., Kowal, P., et al., "Macroeconomic Implications of Population Ageing and Selected Policy Responses", *The Lancet*, No. 385, 2015.

Blumenthal, J. A., Rejeski, W. J., Walsh – Riddle, M., et al., "Comparison of High – and Low – Intensity Exercise Training Early After Acute Myocardial Infarction", *The American Journal of Cardiology*, No. 1, 1988.

Bonaiuti, D., Shea, B., Iovine, R., et al., "Exercise for Preventing and Treating Osteoporosis in Postmenopausal Women", *Evid Based Nurs*, No. 2, 2003.

Boule, N. G., Haddad, E., Kenny, G. P., et al., "Effects of Exercise on Glycemic Control and Body Mass in Type 2 Diabetes Mellitus – A Meta – Analysis of Controlled Clinical Trials", *JAMA*, No. 10, 2001.

Boyle, P. A., Buchman, A. S., Wilson, R. S., et al., "Physical Activity Is Associated with Incident Disability in Community – Based Older Persons", *Journal of the American Geriatrics Society*, No. 2, 2007.

Brignole, M., Alboni, P., Benditt, D. G., et al., "Guidelines on Management (Diagnosis and Treatment) of Syncope – Update 2004", *European Heart Journal*, No. 22, 2004.

Brink, C. L. V. D., Picavet, H., Bos, G. A. M. V., et al., "Duration and

Intensity of Physical Activity and Disability among European Elderly Men", *Disability & Rehabilitation*, No. 6, 2005.

Brosse, A. L., Sheets, E. S., Lett, H. S., et al., "Exercise and the Treatment of Clinical Depression in Adults – Recent Findings and Future Directions", *Sports Medicine*, No. 12, 2002.

Brown, S. L., Bulanda, J. R., Lee, G. R., "The Significance of Nonmarital Cohabitation: Marital Status and Mental Health Benefits among Middle – Aged and Older Adults", *Journals of Gerontology*, No. 1, 2005.

Brunner, E., Balsdon, E., "Intergenerational Conflict and the Political Economy of School Spending", *Journal of Urban Economics*, No. 2, 2004.

Bubpa, Nuntaboot, "Understanding Life Scenarios of Older People in Society from a Northern Thai Community: Ethnography Research", *Suranaree Journal of Science & Technology*, No. 24, 2017.

Bueno, D. R., Marucci, M., Gobbo, L. A., et al., "Expenditures of Medicine Use in Hypertensive/Diabetic Elderly and Physical Activity and Engagement in Walking: Cross Secctional Analysis of SABE Survey", *BMC Geriatrics*, Vol. 17, No. 1, 2017.

Bukov, A., Maas, I., "Social Participation in Very Old Age: Cross – Sectional and Longitudinal Findings from BASE", *Berlin Aging Study*, *Journals of Gerontology*, No. 6, 2002.

Butler, E. N., Evenson, K. R., "Prevalence of Physical Activity and Sedentary Behavior among Stroke Survivors in the United States", *Topics in Stroke Rehabilitation*, Vol. 21, No. 3.

Callahan, L. F., "Physical Activity Programs for Chronic Arthritis", *Current Opinion in Rheumatology*, Vol. 21, No. 2, 2009.

Caputo, E. L., Costa, M. Z., "Influence of Physical Activity on Quality of Life in Postmenopausal Women with Osteoporosis", *Revista Brasileira De Reumatologia*, Vol. 54, No. 6, 2014.

Carrascosa, L. L., "Ageing Population and Family Support in Spain", *Journal of Comparative Family Studies*, No. 4, 2015.

Carr, S., Fitzpatrick, N., "Experiences of Dyadic Sport Friendships as a Function of Self and Partner Attachment Characteristics", *Psychology of Sport*

& *Exercise*, Vol. 12, No. 4, April 2011.

Carter, N. D., Khan, K. M., Petit, M. A., et al., "Results of a 10 Week Community Based Strength and Balance Training Programme to Reduce Fall Risk Factors: A Randomised Controlled Trial in 65 – 75 Year Old Women with Osteoporosis", *British Journal of Sports Medicine*, No. 5, 2001.

Castrogiovanni, P., Trovato, F. M., Szychlinska, M. A., et al., "The Importance of Physical Activity in Osteoporosis: From the Molecular Pathways to the Clinical Evidence", *Histology and Histopathology*, Vol. 31, No. 11, 2016.

Cauza, E., Hanusch – Enserer, U., Strasser, B., et al., "The Relative Benefits of Endurance and Strength Training on the Metabolic Factors and Muscle Function of People with Type 2 Diabetes Mellitus", *Archives of Physical Medicine and Rehabilitation*, No. 8, 2005.

Cf, M. D. L., Gold, D. T., Glass, T. A., et al., "Disability as a Function of Social Networks and Support in Elderly African Americans and Whites: The Duke EPESE 1986 – 1992", *Journal of Gerontology: Social Sciences*, No. 56, 2001.

Chamon, M., Prasad, E., "Why Are Saving Rates of Urban Households in China Rising?" *American Economic Journal: Macroeconomics*, No. 1, 2010.

Chang, Y. K., Etnier, J. L., "Exploring the Dose – Response Relationship between Resistance Exercise Intensity and Cognitive Function", *Journal of Sport & Exercise Psychology*, Vol. 31, No. 5, May 2009.

Chobanian, A. V., Bakris, G. L., Black, H. R., et al., "Seventh Report of the Joint National Committee on Prevention, Detection, Evaluation, and Treatment of High Blood Pressure", *Hypertension*, No. 6, 2003.

Chodzko – Zajko, W. J., Proctor, D. N., Fiatarone Singh M A, et al., "Exercise and Physical Activity for Older Adults", *Medicine & Science in Sports & Exercise*, No. 7, 2009.

Choi, K., Shin, S., "Population Aging, Economic Growth, and the Social Transmission of Human Capital: An Analysis with an Overlapping Generations Model", *Economic Modelling*, No. 50, 2015.

Christensen, U., StøVring, N., Schultz – Larsen, K., et al., "Functional

Ability at Age 75: Is There an Impact of Physical Inactivity from Middle Age to Early Old Age?" *Scandinavian Journal of Medicine & Science in Sports*, No. 4, 2006.

Clague, J., Bernstein, L., "Physical Activity and Cancer", *Current Oncology Reports*, Vol. 14, No. 6, 2012.

Colangeli, J. A., *Planning for Age - Friendly Cities: Towards a New Model*, Canada: University of Waterloo, 2010.

Colcombe, S., Kramer, A. F., "Fitness Effects on the Cognitive Function of Older Adults", *Psychological Science*, No. 2, 2003.

Colditz, G. A., "Economic Costs of Obesity and Inactivity", *Medicine & Science in Sports & Exercise*, No. 11, 1999.

Conn, V. S., Hafdahl, A. R., Minor, M. A., et al., "Physical Activity Interventions among Adults with Arthritis: Meta - Analysis of Outcomes", *Seminars in Arthritis and Rheumatism*, Vol. 37, No. 5, 2008.

Costa, S. V., Ceolim, M. F., Neri, A. L., "Sleep Problems and Social Support: Frailty in a Brazilian Elderly Multicenter Study", *Revista Latino - Americana De Enfermagem*, Vol. 19, No. 4, April 2011.

Curtis, C., Lugauer, S., Mark, N., "Demographic Patterns and Household Saving in China", *American Economic Journal - Macroeconomics*, No. 2, 2015.

Cyarto, E. V., Brown, W. J., Marshall, A. L., et al., "Comparative Effects of Home - and Group - Based Exercise on Balance Confidence and Balance Ability in Older Adults: Cluster Randomized Trial", *Gerontology*, Vol. 54, No. 5, May 2008.

Dang, T., Antolin, P., Oxley, H., *Fiscal Implication of Ageing: Projections of Age - Related Spending*, 2001.

Dhhs, U. S., *Bone Health and Osteoporosis: A Report of the Surgeon General*, Rockville, MD: U. S. Department of Health and Human Services, Office of the Surgeon General, 2004.

Diaz, K. M., Booth, J. N., Seals, S. R., et al., "Physical Activity and Incident Hypertension in African Americans the Jackson Heart Study", *Hypertension*, Vol. 15, No. 3, 2017.

参考文献

Ding, D., Lawson, K. D., Kolbe – Alexander, T. L., et al., "The Economic Burden of Physical Inactivity: A Global Analysis of Major Non – Communicable Diseases", *The Lancet*, Vol. 388, No. 10051, 2016.

Doody, R. S., Stevens, J. C., Beck, C., et al., "Practice Parameter: Management of Dementia (an Evidence – Based Review) – Report of the Quality Standards Subcommittee of the American Academy of Neurology", *Neurology*, No. 9, 2001.

Dunstan, D. W., Daly, R. M., Owen, N., et al., "Home – Based Resistance Training Is Not Sufficient to Maintain Improved Glycemic Control Following Supervised Training in Older Individuals with Type 2 Diabetes", *Diabetes Care*, No. 1, 2005.

Dzator, J. A., Hendrie, D., Burke, V., et al., "A Randomized Trial of Interactive Group Sessions Achieved Greater Improvements in Nutrition and Physical Activity at a Tiny Increase in Cost", *Journal of Clinical Epidemiology*, No. 6, 2004.

Ekstrom, C. D., *Aconnection: The Elderly and Sustainable Futures, an Aging Population, an Aging Plant, and a Sustainable Futures*, University of North Texas Press, 1995.

Erikssen, G., "Physical Fitness and Changes in Mortality: The Survival of the Fittest", *Sports Medicine*, Vol. 31, No. 8, 2001.

Estes, C. L., Binney, E., "The Biomedicalisation of Aging: Dangers and Dilemmas", *Gerontologist*, No. 5, 1989.

Fabre, C., Chamari, K., Mucci, P., et al., "Improvement of Cognitive Function by Mental and/or Individualized Aerobic Training in Healthy Elderly Subjects", *International Journal of Sports Medicine*, No. 6, 2002.

Farquhar, M., "Elderly People'S Definitions of Quality of Life", *Social Science & Medicine*, No. 10, 1995.

Feng, Z., Lugtenberg, M., Franse, C., et al., "Risk Factors and Protective Factors Associated with Incident or Increase of Frailty among Community – Dwelling Older Adults: A Systematic Review of Longitudinal Studies", *Plos One*, No. 6, 2017.

Figlio, D. N., Fletcher, D., "Demographic Change and the Consequences for

School Finance", *Journal of Public Economics*, No. 11 – 12, 2012.

Fingerman, K. L. , Chen, P. C. , Hay, E. , et al. , "Ambivalent Reactions in the Parent and Offspring Relationship", *J Gerontol B Psychol Sci Soc Sci*, No. 3, 2006.

Finkelstein, E. A. , Troped, P. J. , Will, J. C. , et al. , "Cost – Effectiveness of a Cardiovascular Disease Risk Reduction Program Aimed at Financially Vulnerable Women: The Massachusetts Wisewoman Project", *Journal of Women'S Health & Gender – Based Medicine*, No. 6, 2002.

Fletcher, G. F. , Balady, G. J. , Amsterdam, E. A. , et al. , "Exercise Standards for Testing and Training – A Statement for Healthcare Professionals from the American Heart Association", *Circulation*, No. 14, 2001.

Frank, L. D. , Andresen, M. A. , Schmid, T. L. , "Obesity Relationships with Community Desig. N, Physical Activity, and Time Spent in Cars", *American Journal of Preventive Medicine*, Vol. 27, No. 2, 2004.

Friedmann, E. A. , Havighurst, R. J. , *The Meaning of Work and Retirement*, University of Chicago Press, 1954.

Frosch, K. , Tivig, T. , "Human Capital and the Geography of Innovation", *Labour Markets and Demographic Change*, 2009.

Fukuzawa, Ai, A Study of the Relation between Japanese Elderly People'S Satisfaction with Their Current Life and Their Level of Social Participation: Based on the Role of Social Networks", *International Journal of Psychology*. No. 1, 2016.

Fullerthomson, E. , Minkler, M. , "American Grandparents Providing Extensive Child Care to Their Grandchildren: Prevalence and Profile", *Gerontologist*, No. 2, 2001.

Gaalen, R. I. , Dykstra, P. A. , "Solidarity and Conflict between Adult Children and Parents: A Latent Class Analysis", *Journal of Marriage & Family*, Vol. 68, No. 4, 2006.

Galvao, D. A. , Newton, R. U. , "Review of Exercise Intervention Studies in Cancer Patients", *Clinicaloncology Journal of Clinical Oncology*, No. 4, 2005.

Garfein, A. J. , Herzog, A. R. , "Robust Aging among the Young – Old,

参考文献

Old - Old, and Oldest - Old", *J Gerontol B Psychol Sci Soc Sci*, No. 2, 1995.

GöBel, C., Zwick, T., "Age and Productivity: Sector Differences?" *Center for European Economic Research*, 2012.

Georgiou, D., Chen, Y., Appadoo, S., et al., "Cost - Effectiveness Analysis of Long - Term Moderate Exercise Training in Chronic Heart Failure", *The American Journal of Cardiology*, No. 8, 2001.

Gerage, A. M., Benedetti, T. R. B., Farah, B. Q., et al., "Sedentary Behavior and Light Physical Activity Are Associated with Brachial and Central Blood Pressure in Hypertensive Patients", *PLOS ONE*, Vol. 10, No. 12, 2015.

Gerard, J. M., Landrymeyer, L., Roe, J. G., "Grandparents Raising Grandchildren: The Role of Social Support in Coping with Caregiving Challenges", *International Journal of Aging & Human Development*, No. 4, 2006.

Germain, C. M., Vasquez, E., Batsis, J. A., "Physical Activity, Central Adiposity, and Functional Limitations in Community - Dwelling Older Adults", *Journal of Geriatric Physical Therapy*, Vol. 39, No. 2, 2016.

Ghaderpanahi, M., Fakhrzadeh, H., Sharifi, F., et al., "Association of Physical Activity with Risk of Type 2 Diabetes", *Iranian Journal of Public Health*, Vol. 40, No. 1, 2011.

Gilleard, C., Higgs, P., *Cultures of Ageing: Self, Citizen, and the Body*, Prentice Hall, 2000.

Ginsberg, G. M., Viskoper, J. R., Fuchs, Z., et al., "Partial Cost - Benefit Analysis of Two Different Modes of Nonpharmacological Control of Hypertension in the Community", *Journal of Human Hypertension*, No. 6, 1993.

Gleason, K., Mccall, W., "Vaughn Current Concepts in the Diagnosis and Treatment of Sleep Disorders in the Elderly", *Current Psychiatry Reports*, Vol. 17, No. 6, June 2015.

Goerres, A., "The Grey Vote: Determinants of Older Voters' Party Choice in Britain and West Germany", *Electoral Studies*, No. 2, 2008.

Goggin, N. L., Morrow, J. R., "Physical Activity Behaviors of Older Adults", *Journal of Aging & Physical Activity*, No. 1, 2001.

Going, S., Lohman, T., Houtkooper, L., et al., "Effects of Exercise on Bone Mineral Density in Calcium – Replete Postmenopausal Women with and Without Hormone Replacement Therapy", *Osteoporosis International*, No. 8, 2003.

Golshiri, P., Rasooli, S., Emami, M., et al., "Effects of Physical Activity on Risk of Colorectal Cancer: A Case – Control Study", *International Journal of Preventive Medicine*, Vol. 7, No. 1, 2011.

Gordon, N. F., Gulanick, M., Costa, F., et al., "Physical Activity and Exercise Recommendations for Stroke Survivors – An American Heart Association Scientific Statement from the Council on Clinical Cardiology, Subcommittee on Exercise, Cardiac Rehabilitation, and Prevention; The Council on Cardiovascular Nursing; The Council on Nutrition, Physical Activity, and Metabolism; and the Stroke Council", *Circulation*, No. 16, 2004.

Greene, B. L., Haldeman, G. F., Kaminski, A., et al., "Factors Affecting Physical Activity Behavior in Urban Adults with Arthritis Who Are Predominantly African – American and Female", *Physical Therapy*, Vol. 86, No. 4, 2006.

Gregg, E. W., Gerzoff, R. B., Thompson, T. J., et al., "Trying to Lose Weight, Losing Weight, and 9 – Year Mortality in Overweight US Adults with Diabetes", *Diabetes Care*, No. 3, 2004.

Greist, J. H., Klein, M. H., Eischens, R. R., et al., "Running As Treatment for Depression", *Comprehensive Psychiatry*, No. 1, 1979.

Guimaraes, L. H., Carvalho, L. B., Yanaguibashi, G., et al., "Physically Active Elderly Women Sleep More and Better Than Sedentary Women", *Sleep Med*, Vol. 9, No. 5, May 2008.

Guy, W. A., "Contributions to a Knowledge of the Influence of Employments Upon Health", *Journal of the Statistical Society of London*, No. 3, 1843.

Haber, C., "Anti – Aging: Why Now? a Historical Framework for Understanding the Contemporary Enthusiasm", *Generations Journal of the American Society on Aging*, No. 4, 2002.

Hagen, K. B., Hilde, G., Jamtvedt, G., et al., "The Cochrane Review of Advice to Stay Active as a Single Treatment for Low Back Pain and Sciatica",

Spine, No. 16, 2002.

Hamasaki, H., "Daily Physical Activity and Type 2 Diabetes: A Review", *World Journal of Diabetes*, Vol. 7, No. 12, 2016.

Hambrecht, R., Niebauer, J., Marburger, C., et al., "Various Intensities of Leisure Time Physical Activity in Patients with Coronary Artery Disease: Effects on Cardiorespiratory Fitness and Progression of Coronary Atherosclerotic Lesions", *Journal of the American College of Cardiology*, Vol. 22, No. 2, 1993.

Hamovitch, M. B., Peterson, J. E., "Housing Needs and Satisfactions of the Elderly", *Gerontologist*, No. 1, 1969.

Hansen, T., Moum, T., Shapiro, A., et al., "Relational and Individual Well – Being among Cohabitors and Married Individuals in Midlife: Recent Trends from Norway", *Journal of Family Issues*, No. 7, 2007.

Hardman, A. E., "Physical Activity and Cancer Risk", *Proceedings of the Nutrition Society*, Vol. 60, No. 1, 2000.

Hatziandreu, E. I., Koplan, J. P., Weinstein, M. C., et al., "A Cost – Effectiveness Analysis of Exercise As a Health Promotion Activity", *American Journal of Public Health*, No. 11, 1988.

Haveman – Nies, A., De Groot, L. C., Van Staveren, W. A., "Relation of Dietary Quality, Physical Activity, and Smoking Habits to 10 – Year Changes in Health Status in Older Europeans in the SENECA Study", *American Journal of Public Health*, No. 2, 2003.

Haydon, A., Macinnis, R. J., English, D. R., et al., "Effect of Physical Activity and Body Size on Survival After Diagnosis with Colorectal Cancer", *Gut*, No. 1, 2006.

Hedley, "Five Years' Experience (1933 – 1937) with Mortality from Acute Coronary Occlusion in Philadelphia", *Annals of Internal Medicine*, No. 4, 1939.

Helmrich, S. P., Ragland, D. R., Leung, R. W., et al., "Physical Activity and Reduced Occurrence of Non – Insulin – Dependent Diabetes Mellitus", *The New England Journal of Medicine*, No. 3, 1991.

Helmrich, S. P., Ragland, D. R., Paffenbarger, R. S., "Prevention of Non – Insulin – Dependent Diabetes Mellitus with Physical Activity", *Medicine* and Science in Sports and Exercise, No. 7, 1994.

Herzog, A., Morgan, J., "Age and Gender Differences in the Value of Productive Activities", *Research on Aging an International Bimonthly Journal*, No. 2, 1992.

Holmes, M. D., Chen, W. Y., Feskanich, D., et al., "Physical Activity and Survival After Breast Cancer Diagnosis", *JAMA*, No. 20, 2005.

Holten, M. K., Zacho, M., Gaster, M., et al., "Strength Training Increases Insulin-Mediated Glucose Uptake, GLUT4 Content, and Insulin Signaling in Skeletal Muscle in Patients with Type 2 Diabetes. Diabetes", *Diabetes*, No. 2, 2004.

Honkola, A., Forsen, T., Eriksson, J., "Resistance Training Improves the Metabolic Profile in Individuals with Type 2 Diabetes", *Acta Diabetologica*, No. 4, 1997.

Horge, M., Craciun, C., Tripon, S., et al., "Moderate Physical Activity Improves Rat Bone Ultrastructure in Experimental Osteoporosis", *ACTA Endocrinologica-Bucharest*, Vol. 12, No. 4, 2016.

Hou, L., Han, W., Jiang, J., et al., "Passive Smoking and Stroke in Men and Women: A National Population-Based Case-Control Study in China", *SCI REP*, Vol. 31, No. 7, 2017.

House, J. S., Landis, K. R., "Social Relationships and Health", *Science*, No. 241, 1988.

Hoyt, G. C., "The Process and Problems of Retirement", *Journal of Business*, No. 2, 1954.

Hsia, J., Wu, L. L., Allen, C., et al., "Physical Activity and Diabetes Risk in Postmenopausal Women", *American Journal of Preventive Medicine*, No. 1, 2005.

Hu, F. B., Willett, W. C., Li, T., et al., "Adiposity As Compared with Physical Activity in Predicting Mortality among Women", Obstetrical & Gynecological Survey, Vol. 60, No. 5, 2005.

Huffman, S. K., Rizov, M. D., Alcohol, C., "Exercise and Happiness: Application to Russian Data", *Proceedings of the Multidisciplinary Academic Conference*, 2016.

参考文献

Hughes, M. E., Waite, L. J., Lapierre, T. A., et al., "All in the Family: The Impact of Caring for Grandchildren on Grandparents' Health", *Journals of Gerontology*, No. 2, 2007.

Jason, T., Mcgannon, K. R., Blanchard, C. M., et al., "A Systematic Gender – Based Review of Physical Activity Correlates in Coronary Heart Disease Patients", *International Review of Sport and Exercise Psychology*, Vol. 8, No. 1, 2015.

Jason, T., Mcgannon, K. R., Blanchard, C. M., et al., "A Systematic Gender – Based Review of Physical Activity Correlates in Coronary Heart Disease Patients", *International Review of Sport and Exercise Psychology*, Vol. 8, No. 1, 2015.

Jayakody, K., Gunadasa, S., Hosker, C., "Exercise for Anxiety Disorders: Systematic Review", *British Journal of Sports Medicine*, Vol. 48, No. 3, March 2014.

Jin – Young, M., Kyoung – Bok, M., "Excess Medical Care Costs Associated with Physical Inactivity among Korean Adults: Retrospective Cohort Study", *International Journal of Environmental Research and Public Health*, No. 1, 2016.

Johanne, D., "Aging and Social Participation", *Encrage*, No. 9, 2007.

Johannesson, M., Berg, H., Agreus, L., "Cost – Benefit Analysis of Non – Pharmacological Treatment of Hypertension", *Journal of Internal Medicine*, No. 4, 1991.

Jones, K., "Sport and Friendship", *Journal of Philosophy of Education*, Vol. 35, No. 1, 2001.

Jones, L. W., Eves, N. D., Courneya, K. S., et al., "Effects of Exercise Training on Antitumor Efficacy of Doxorubicin in MDA – MB – 231 Breast Cancer Xenografts", *Clinical Cancer Research*, No. 18, 2005.

Jones, T. F., Eaton, C. B., "Cost – Benefit Analysis of Walking to Prevent Coronary Heart Disease", *Archives of Family Medicine*, No. 8, 1994.

Judice, P. B., Silva, A. M., Santos, D. A., et al., "Associations of Breaks in Sedentary Time with Abdominal Obesity in Portuguese Older Adults", *AGE*, Vol. 37, No. 2, 2015.

Kang, S., Xiang, X., "Physical Activity and Health Services Utilization and Costs among U. S. Adults", *Preventive Medicine*, No. 96, 2017.

Kannus, P., Sievanen, H., Palvanen, M., et al., "Prevention of Falls and Consequent Injuries in Elderly People", *Lancet*, No. 366, 2005.

Kaplan, R. M., Atkins, C. J., Wilson, D. K., "The Cost – Utility of Diet and Exercise Interventions in Non – Insulin – Dependent Diabetes Mellitus", *Health Promotion International*, No. 4, 1987.

Katzmarzyk, P. T., Janssen, I., "The Economic Costs Associated with Physical Inactivity and Obesity in Canada: An Update", *Canadian Journal of Applied Physiology*, No. 1, 2004.

Kellet, K., "Review of Productive Aging: Concepts and Challenges", *Educational Gerontology*, No. 30, 2004.

Kelley, G. A., "Aerobic Exercise and Lumbar Spine Bone Mineral Density in Postmenopausal Women: A Meta – Analysis", *Journal of the American Geriatrics Society*, No. 2, 1998.

Kelley, G. A., "Exercise and Regional Bone Mineral Density in Postmenopausal Women: A Meta – Analytic Review of Randomized Trials", *American Journal of Physical Medicine & Rehabilitation*, No. 1, 1998.

Kemmler, W., Lauber, D., Weineck, J., et al., "Benefits of 2 Years of Intense Exercise on Bone Density, Physical Fitness, and Blood Lipids in Early Postmenopausal Osteopenic Women: Results of the Erlangen Fitness Osteoporosis Prevention Study (EFOPS)", *Archives of Internal Medicine*, 2004.

Keysor, J. J., "Does Late – Life Physical Activity or Exercise Prevent or Minimize Disablement: A Critical Review of the Scientific Evidence", *American Journal of Preventive Medicine*, No. 3, 2003.

Khazaee – Pool, M., Sadeghi, R., Majlessi, F., et al., "Effects of Physical Exercise Programme on Happiness among Older People", *Journal of Psychiatric & Mental Health Nursing*, Vol. 22, No. 1, January 2015.

Kim, "An Exploratory Study on the Leisure Competence in Elderly People's Leisure Participation", *Journal of Tourism Sciences*, No. 1, 2010.

King, A. C., Taylor, C. B., Haskell, W. L., "Effects of Differing Intensities and Formats of 12 Months of Exercise Training on Psychological Outcomes in Older Adults", *Health Psychology*, No. 4, 1993.

Knowler, W. C., Barrett-Connor, E., Fowler, S. E., et al., "For the Diabetes Prevention Program Research Group Reduction in the Incidence of Type 2 Diabetes with Lifestyle Intervention or Metformin", *N Engl J Med*, No. 6, 2002.

Kohl, H. R., Craig, C. L., Lambert, E. V., et al., "The Pandemic of Physical Inactivity: Global Action for Public Health", *LANCET*, Vol. 380, No. 9838, 2012.

Kohrt, W. M., Malley, M. T., Coggan, A. R., et al., "Effects of Gender, Age, and Fitness Level on Response of Vo2max to Training in 60-71 Year Olds", *Journal of Applied Physiology*, No. 5, 1991.

Ko, J. W., "A Study of the Elderly Sport Policy and the Law Reformation Based on Leisure Welfare for the Elderly", *The Journal of Sports and Entertainment Law*, Vol. 14, No. 2, 2011.

Koolhaas, C. M., Dhana, K., Golubic, R., et al., "Physical Activity Types and Coronary Heart Disease Risk in Middle-Aged and Elderly Persons", *American Journal of Epidemiology*, Vol. 183, No. 8, 2016.

Kshetri, D. B., Smith, C. S., Khadka, M., "Social Care and Support for Elderly Men and Women in an Urban Area of Nepal", *Aging Male*, Vol. 15, No. 3, March 2012.

Kwan, C., Drolet, J., "Towards Age-Inclusive Sustainable Development Goals: Exploring the Potential Role and Contributions of Community Development", *Community Development Journal*, No. 4, 2015.

Ladd, H. F., Murray, S. E., "Intergenerational Conflict Reconsidered: County Demographic Structure and the Demand for Public Education", *Economics of Education Review*, No. 4, 2001.

Ladimer, I., "Housing and Health Facilities for Our Senior Citizens", Public Health Reports, No. 12, 1952.

Lakatta, E. G., Levy, D., "Arterial and Cardiac Aging: Major Shareholders in Cardiovascular Disease Enterprises Aging Arteries: A 'Set Up' for Vascular Disease", *Circulation*, No. 1, 2003.

Laurin, D., Verreault, R., Lindsay, J., et al., "Physical Activity and

Risk of Cognitive Impairment and Dementia in Elderly Persons", *Archives of Neurology*, No. 3, 2001.

Lee, E., Spitze, G., Logan, J. R., "Social Support to Parents – in – Law: The Interplay of Gender and Kin Hierarchies", *Journal of Marriage & Family*, No. 2, 2003.

Lee, J., Kim, Y., "The Participation Value of National – Level Sports – for – All Programs Perceived By the Living – Alone Elderly", *International Journal of Applied Sports Sciences*, Vol. 26, No. 1, 2014.

Lee, K., "The Qualitative Study on the Experience of the Elderly and the Community on the Social Job Program for the Elderly", *Journal of the Korea Gerontological Society*, No. 3, 2011.

Lefrançois, R., Leclerc, G., Poulin, N., Predictors of Activity Involvement among Older Adults", *Activities Adaptation & Aging*, No. 4, 1997.

Lehman, H. C., "The Most Creative Years of Engineers and Other Technologists", *Journal of Genetic Psychology*, Vol. 108, No. 2, 1966.

Leigh, J. P., Richardson, N., Beck, R., et al., "Randomized Controlled Study of a Retiree Health Promotion Program", *Archives of Internal Medicine*, No. 6, 1992.

Levasseur, M., Dubois, M. F., GéNéReux, M., et al., "Capturing How Age – Friendly Communities Foster Positive Health, Social Participation and Health Equity: A Study Protocol of Key Components and Processes that Promote Population Health in Aging Canadians", *Bmc Public Health*, No. 1, 2017.

Leveille, S. G., Guralnik, J. M., Ferrucci, L., et al., "Aging Successfully Until Death in Old Age: Opportunities for Increasing Active Life Expectancy", *American Journal of Epidemiology*, No. 7, 1999.

Leveille, S. G., Wagner, E. H., Davis, C., et al., "Preventing Disability and Managing Chronic Illness in Frail Older Adults: A Randomized Trial of a Community – Based Partnership with Primary Care", *Journal of the American Geriatrics Society*, Vol. 46, No. 10, 1998.

Levin, L., Perk, J., Hedb, C. B., "Cardiac Rehabilitation – A Cost Analysis", *Journal of Internal Medicine*, No. 5, 1991.

Liebig, P. , "Creating Elder – Friendly Communities", *Journal of Gerontological Social Work*, No. 1 – 2, 2007.

Li, F. Z. , Duncan, T. E. , Duncan, S. C. , et al. , "Enhancing the Psychological Well – Being of Elderly Individuals Through Tai Chi Exercise: A Latent Growth Curve Analysis", *Structural Equation Modeling*, Vol. 8, No. 1, January 2001.

Lin, N. , Ensel, W. M. , "Life Stress and Health: Stressors and Resources", *American Sociological Review*, No. 3, 1989.

Liu – Ambrose, T. , Khan, K. M. , Donaldson, M. G. , et al. , "Falls – Related Self – Efficacy Is Independently Associated with Balance and Mobility in Older Women with Low Bone Mass", *The Journals of Gerontology Series A: Biological Sciences and Medical Sciences*, No. 8, 2006.

Lopresti, A. L. , "A Review of Nutrient Treatments for Paediatric Depression", *Journal of Affective Disorders*, No. 181, 2015.

Lowensteyn, I. , Coupal, L. , Zowall, H. , et al. , "The Cost – Effectiveness of Exercise Training for the Primary and Secondary Prevention of Cardiovascular Disease", *Journal of Cardiopulmonary Rehabilitation and Prevention*, No. 3, 2000.

Macera, C. A. , Hootman, J. M. , Sniezek, J. E. , "Major Public Health Benefits of Physical Activity", *Arthritis Care & Research*, No. 1, 2003.

Macera, C. A. , Powell, K. E. , "Population Attributable Risk: Implications of Physical Activity Dose", *Medicine and Science in Sports and Exercise*, No. 6, 2001.

Manson, J. A. E. , Nathan, D. M. , Krolewski, A. S. , et al. , "A Prospective Study of Exercise and Incidence of Diabetes among U. S. Male Physicians", *The Journal of the American Medical Association*, No. 1, 1992.

Marans, R. , Hunt, M. , Vakalo, K. , "Retirement Communities", *Elderly People and the Environment*, Springer US, 1984.

MarquiÃ, J. C. , Jourdan – Boddaert, L. , Huet, N. , "Do Older Adults Underestimate Their Actual Computer Knowledge?" *Behaviour & Information Technology*, Vol. 21, No. 4, 2002.

Martinsen, E. W. , Hoffart, A. , Solberg, O. , "Comparing Aerobic with

Nonaerobic Forms of Exercise in the Treatment of Clinical Depression: A Randomized Trial", *Comprehensive Psychiatry*, No. 4, 1989.

Martinsen, E. W., Medhus, A., Sandvik, L., "Effects of Aerobic Exercise on Depression: A Controlled Study", *British Medical Journal (Clinical Research Ed.)*, No. 291, 1985.

Mather, A. S., Rodriguez, C., Guthrie, M. F., et al., "Effects of Exercise on Depressive Symptoms in Older Adults with Poorly Responsive Depressive Disorder: Randomised Controlled Trial", *The British Journal of Psychiatry*, No. 5, 2002.

Mazzeo, R. S., Cavanagh, P., Evans, W. J., et al., "Acsm Position Stand: Exercise and Physical Activity for Older Adults", *Medicine & Science in Sports & Exercise*, No. 6, 1998.

Mcauley, E., Blissmer, B., Katula, J., et al., "Physical Activity, Self-Esteem, and Self-Efficacy Relationships in Older Adults: A Randomized Controlled Trial", *Annals of Behavioral Medicine*, No. 2, 2000.

Mcauley, E., Blissmer, B., Marquez, D. X., et al., "Social Relations, Physical Activity, and Well-Being in Older Adults", *Preventive Medicine*, No. 5, 2000.

Mcauley, E., Konopack, J. F., Motl, R. W., et al., "Physical Activity and Quality of Life in Older Adults: Influence of Health Status and Self-Efficacy", *Annals of Behavioral Medicine*, No. 1, 2006.

Mccarthy, C. J., Mills, P. M., Pullen, R., et al., "Supplementation of a Home-Based Exercise Programme with a Class-Based Programme for People with Osteoarthritis of the Knees: A Randomised Controlled Trial and Health Economic Analysis", *Health Technology Assessment*, No. 8, 2004.

Mckenzie, D. C., "Abreast in a Boat - A Race Against Breast Cancer", *Canadian Medical Association Journal*, No. 4, 1998.

Mckenzie, D. C., Kalda, A. L., "Effect of Upper Extremity Exercise on Secondary Lymphedema in Breast Cancer Patients: A Pilot Study", *Journal of Clinical Oncology*, No. 3, 2003.

Mechling, H., "Physical Activity, Sport and Successful Aging", *Bundesges Und Heitsblatt Gesund Heits for Schung Gesundheitsschutz*, No. 8, 2005.

参考文献

MeçE, M., "Population Aging in Albanian Post – Socialist Society: Implications for Care and Family Life", *Seeu Review*, No. 2, 2015.

Moen, P., Dempstermcclain, D., Williams, R. M., "Social Integration and Longevity: an Event History Analysis of Women's Roles and Resilience", *American Sociological Review*, No. 4, 1989.

Monserud, M. A., "Intergenerational Elationships and Affectual Solidarity between Grandparents and Young Adults", *Journal of Marriage & Family*, No. 1, 2008.

Moore, S. C., Lee, I. M., Weiderpass, E., et al., "Association of Leisure – Time Physical Activity with Risk of 26 Types of Cancer in 1. 44 Million Adults", *JAMA Internal Medicine*, Vol. 176, No. 6, 2016.

Morgan, J. N., "Unpaid Productive Activity Over the Life Course", *Productive Roles in an Older Society*, 1986.

Morris, J. H., Oliver, T., Kroll, T., et al., "From Physical and Functional to Continuity with Pre – Stroke Self and Participation in Valued Activities: A Qualitative Exploration of Stroke Survivors', Carers' and Physiotherapists' Perceptions of Physical Activity After Stroke", *Disability and Rehabilitation*, Vol. 37, No. 1, 2015.

Morris, J. N., Heady, J. A., Raffle, P. A., et al., "Coronary Heart – Disease and Physical Activity of Work", *Lancet*, Vol. 262, No. 6795, 1953.

Morrowhowell, N., Hinterlong, J., Sherraden, M., *Productive Aging: Concepts and Challenges*, Johns Hopkins University Press, 2001.

Mountin, J. W., "Community Health Services for an Aging Population", *Public Health Reports*, No. 10, 1952.

Munro, J., Brazier, J., Davey, R., et al., "Physical Activity for the Over – 65s: Could It Be a Cost – Effective Exercise for the NHS?", *Journal of Public Health*, No. 4, 1997.

Myers, J., Kaykha, A., George, S., et al., "Fitness Versus Physical Activity Patterns in Predicting Mortality in Men", *The American Journal of Medicine*, Vol. 117, No. 12, 2004.

Netz, Y., Dwolatzky, T., Zinker, Y., et al., "Aerobic Fitness and Multidomain Cognitive Function in Advanced Age", *International Psychogeriat-*

rics, Vol. 23, No. 1, January 2011.

Netz, Y., Wu, M. J., Becker, B. J., et al., "Physical Activity and Psychological Well-Being in Advanced Age: A Meta-Analysis of Intervention Studies", *Psychology and Aging*, No. 2, 2005.

Nicolson, L., "Older People, Sport and Physical Activity: A Review of Key Issues, Research Report", *Sport Scotland*, Edinburgh, 2004.

Oconnor, P. J., Herring, M. P., Caravalho, A., "Mental Health Benefits of Strength Training in Adults", *American Journal of Lifestyle Medicine*, Vol. 4, No. 5, May 2010.

Oldridge, N., "Outcome Assessment in Cardiac Rehabilitation: Health-Related Quality of Life and Economic Evaluation", *Journal of Cardiopulmonary Rehabilitation and Prevention*, No. 3, 1997.

O'Rahilly, S., Farooqi, S., "Genetics of Obesity", *Philosophical Transactions of the Royal Society B-Biological Sciences*, Vol. 361, No. 1471, 2006.

O'Reilly, P., Caro, F. G., "Productive Aging: An Overview of the Literature", *Aging Soc Policy*, No. 3, 1994.

Ostchega, Y., Harris, T. B., Hirsch, R., et al., "The Prevalence of Functional Limitations and Disability in Older Persons in the U. S.: Data from the National Health and Nutrition Examination Survey III", *Journal of the American Geriatrics Society*, No. 9, 2000.

Oswald, W. D., Rupprecht, R., Gunzelmann, T., et al., "The SIMA-Project: Effects of 1 Year Cognitive and Psychomotor Training on Cognitive Abilities of the Elderly", *Behavioural Brain Research*, No. 1, 1996.

Paffenbarger, R. S., Hale, W. E., "Work Activity and Coronary Heart Mortality", *The New England Journal of Medicine*, No. 11, 1975.

Paluska, S. A., Schwenk, T. L., "Exercise and Physical Activity for Older Adults", *Sports Med*, Vol. 29, No. 3, March 2000.

Paterson, D., Stathokostas, L., "Physical Activity, Fitness, and Gender in Relation to Morbidity, Survival, Quality of Life, and Independence in Older Age", *Gender, Physical Activity, and Aging*, 2002.

Pauwels, R. A., Buist, A. S., Calverley, P., et al., "Global Strategy for the Diagnosis, Management, and Prevention of Chronic Obstructive Pulmonary

Disease", *American Journal of Respiratory and Critical Care Medicine*, No. 5, 2001.

Pavot, W., Diener, E., Colvin, C. R., et al., "Further Validation of the Satisfaction with Life Scale: Evidence for the Cross – Method Convergence of Well – Being Measures", *Journal of Personality Assessment*, No. 1, 1991.

Peeters, G. M. E, Mishra, G. D., Dobson, A. J., et al., "Health Care Costs Associated with Prolonged Sitting and Inactivity", *American Journal of Preventive Medicine*, Vol. 46, No. 3, 2014.

Pescatello, L. S., Franklin, B. A., Fagard, R., et al., "Exercise and Hypertension", *Medicine & Science in Sports & Exercise*, Vol. 36, No. 3, 2004.

Pezzin, L. E., Pollak, R. A., Schone, B. S., "Parental Marital Disruption, Family Type, and Transfers to Disabled Elderly Parents", *Journals of Gerontology*, No. 6, 2008.

Pietras, M., Pietras, P., Malczewski, D., et al., "The Use of Different Forms of Physical Training in Patients with Postmenopausal Osteoporosis", *ACTA Balneologica*, Vol. 58, No. 1, 2016.

Pillemer, K., Suitor, J. J., "Explaining Mothers' Ambivalence Toward Their Adult Children", *Journal of Marriage & Family*, No. 3, 2002.

Plouffe, L., Kalache, A., "Towards Global Age – Friendly Cities: Determining Urban Features That Promote Active Aging", *Journal of Urban Health*, No. 5, 2010.

Poterba, J. M., "Demographic Change Intergenerational Linkages and Public Education", *American Economic Review*, No. 2, 1998.

Poterba, J. M., "Demographic Structure and the Political Economy of Public Education", *Journal of Policy Analysis & Management*, No. 1, 1997.

Powell, K. E., Thompson, P. D., Caspersen, C. J., et al., "Physical Activity and the Incidence of Coronary Heart Disease", *Annual Review of Public Health*, No. 1, 1987.

Pratt, M., Macera, C. A., Wang, G., "Higher Direct Medical Costs Associated with Physical Inactivity", *The Physician and Sports Medicine*, No. 1, 2000.

Pratt, M., Norris, J., Lobelo, F., et al., "The Cost of Physical Inactivity: Moving Into the 21st Century", *British Journal of Sports Medicine*, Vol. 48, No. 3, 2014.

Prskawetz, A., Lindh, T., *The Impact of Population Aging on Innovation and Productivity Growth in Europe*, 2006.

Quinn, A., "Healthy Aging in Cities", *Journal of Urban Health – Bulletin of the New York Academy of Medicine*, 2008, No. 2.

Quinn, T., Frits, B. S. M., Von–Heideken, J., et al., "Validity of the Nurses' Health Study Physical Activity Questionnaire in Estimating Physical Activity in Adults with Rheumatoid Arthritis", *BMC Musculoskeletal Disorders*, Vol. 18, No. 1, 2017.

Raddatz, R. L., *Towards an Age–Friendly City: Participation of Senior–Serving Organizations in Planning Processes*, 2010.

Rafferty, A. P., Reeves, M. J., Mcgee, H. B., et al., "Physical Activity Patterns among Walkers and Compliance with Public Health Recommendations", *Medicine and Science in Sports and Exercise*, No. 8, 2002.

Reinhardt, U. E., "Does the Aging of the Population Really Drive the Demand for Health Care", *Health Affairs*, Vol. 22, No. 6, 2003.

Rejeski, W. J., Mihalko, S. L., "Physical Activity and Quality of Life in Older Adults", *The Journals of Gerontology Series A: Biological Sciences and Medical Sciences*, No. 2, 2001.

Remme, W. J., Swedberg, K., "Guidelines for the Diagnosis and Treatment of Chronic Heart Failure", *European Heart Journa*, 2001, No. 17.

Ren, Q., Su, C., Wamg, H., et al., "Change in Body Mass Index and Its Impact on Incidence of Hypertension in 18–65 Year Old Chinese Adults", *INT J Environ RES Public Health*, Vol. 13, No. 3, 2016.

Riley, M. W., Johnson, M. E., Foner, A., *Aging and Society, Vol. 3: Asociology of Agestratification*, Russell Sage Foundation, 1972.

Robert, N. B., *Why Survive? Being Old in America*, Harper & Row, 1975.

Roberto, K. A., Jarrott, S. E., "Family Caregivers of Older Adults: A Life Span Perspective", *Family Relations*, No. 1, 2008.

Robertson, M. C., Devlin, N., Gardner, M. M., et al., "Effectiveness and Economic Evaluation of a Nurse Delivered Home Exercise Programme to Prevent Falls: Randomised Controlled Trial", No. 322, 2001.

Rodriguez, J. C., Dzierzewski, J. M., Alessi, C. A., "Sleep Problems in the Elderly", *Medical Clinics of North America*, Vol. 99, No. 2, February 2015.

Rupp, K., Ross, S. E. T., Lang, W., et al., "Response to a Standard Behavioral Weight Loss Intervention By Age of Onset of Obesity", *Obesity Science & Practice*, Vol. 2, No. 3, 2016.

Sattelmair, J., Pertman, J., Ding, E. L., et al., "Dose Response between Physical Activity and Risk of Coronary Heart Disease a Meta – Analysis", *Circulation*, Vol. 124, No. 37, 2011.

Schmeeckle, M., Roseann, G., Du, F., et al., "What Makes Someone Family? Adult Children's Perceptions of Current and Former Stepparents", *Journal of Marriage & Family*, No. 3, 2006.

Schoenborn, C. A., Adams, P. F., Barnes, P. M., et al., "Health Behaviors of Adults: United States, 1999 – 2001", *Vital and Health Statistics*, Series 10, Data from the National Health Survey, No. 219, 2004.

Schroll, M., Avlund, K., Davidsen, M., "Predictors of Five – Year Functional Ability in a Longitudinal Survey of Men and Women Aged 75 to 80. The 1914 – Population in Glostrup, Denmark", *Aging*, No. 1 – 2, 1997.

Segal, R. J., Reid, R. D., Courneya, K. S., et al., "Resistance Exercise in Men Receiving Androgen Deprivation Therapy for Prostate Cancer", *Journal of Clinical Oncology*, No. 9, 2003.

Sevick, M. A., Bradham, D. D., Muender, M., et al., Cost – Effectiveness of Aerobic and Resistance Exercise in Seniors with Knee Osteoarthritis", *Medicine & Science in Sports & Exercise*, No. 9, 2000.

Sevick, M. A., Dunn, A. L., Morrow, M. S., et al., "Cost – Effectiveness of Lifestyle and Structured Exercise Interventions in Sedentary Adults: Results of Project Active", *American Journal of Preventive Medicine*, No. 1, 2000.

Shapiro, A., "Later – Life Divorce and Parent – Adult Child Contact and Proximity", *Journal of Family Issues*, No. 2, 2003.

Shaw, J. M., Snow, C. M., "Weighted Vest Exercise Improves Indices of Fall

Risk in Older Women", *The Journals of Gerontology Series A*: *Biological Sciences and Medical Sciences*, No. 1, 1998.

Shchoenborn, C., Adams, P. F., Barnes, P. M., et al., "Health Behaviors of Adults: United States, 2001 - 2004", *National Center for Health Statistics*, 2006.

Sheikh, M., Afshari, J., Nikravan, A., "Identification and Prioritization Biopsychosocial Factors Affecting Sport Participation of Elderly Men", *Medicina Dello Sport*, No. 1, 2012.

Shen, C., Lee, S. Y., Lam, T. H., et al., "Traditional Chinese Exercise Associated with Lower Mortality Rates in Old People? Evidence from a Prospective Chinese Elderly Cohort Study in Hong Kong", *AM J Epidemiol*, Vol. 183, No. 1, 2016.

Shephard, R. J., *Aging, Physical Activity, and Health*, Human Kinetics Publishers, 1997.

Sigal, R. J., Kenny, G. P., Wasserman, D. H., et al., "Physical Activity Exercise and Type 2 Diabetes", *Diabetes Care*, No. 10, 2004.

Silverstein, M., Conroy, S., Wang, H., et al., "Reciprocity in Parent - Child Relations Over the Adult Life Course", *Journal of Gerontology*: *Social Sciences*, No. 57, 2002.

Silverstein, M., Giarrusso, R., "Aging and Family Life: A Decade Review", *Journal of Marriage & Family*, No. 5, 2010.

Sims, J., Huang, N., Pietsch, J., Naccarella, L., "The Victorian Active Script Programme: Promising Signs for General Practitioners, Population Health, and the of Promotion of Physical Activity", *British Journal of Sports Medicine*, No. 1, 2004.

Singh, M. A. F., "Exercise and Aging", *Clinics in Geriatric Medicine*, No. 2, 2004.

Singh, N. A., Clements, K. M., Fiatarone, M. A., "A Randomized Controlled Trial of Progressive Resistance Training in Depressed Elders", *The Journals of Gerontology Series A*: *Biological Sciences and Medical Sciences*, No. 1, 1997.

Singh, N. A., Clements, K. M., Singh, M. A. F., "The Efficacy of Exercise as a Long – Term Antidepressant in Elderly Subjects", *The Journals of Gerontology Series A: Biological Sciences and Medical Sciences*, No. 8, 2001.

Siomos, M. Z., Andreoni, M., Buchholz, S. W., et al., "A Guide to Physical Activity for Individuals with Diabetes", *JNP – Journal for Nurse Practitioners*, Vol. 13, No. 1, 2016.

Skirbekk, V., "Age and Individual Productivity", *Vienna Yearbook of Population Research*, 2004.

Smith, E., "Report on the Sanitary Conditions of Tailors in London", *Report of the Medical Officer*, The Privy Council, 1864.

Sofi, F., Capalbo, A., Cesari, F., et al., "Physical Activity During Leisure Time and Primary Prevention of Coronary Heart Disease: an Updated Meta – Analysis of Cohort Studies", *Journal of Cardiovascular Risk*, No. 3, 2008, P. 247.

Spirduso, W. W., Cronin, D. L., "Exercise Dose – Response Effects on Quality of Life and Independent Living in Older Adults", *Medicine & Science in Sports & Exercise*, No. 6, 2001.

Spirduso, W. W., Francis, K. L., Macrae, P. G., *Physical Dimensions of Aging*, Human Kinetics Publishers, 2005.

Stbye, T., Taylor, D. H., Jung, S. H., "A Longitudinal Study of the Effects of Tobacco Smoking and Other Modifiable Risk Factors on Ill Health in Middle – Aged and Old Americans: Results from the Health and Retirement Study and Asset and Health Dynamics among the Oldest Old Survey", *Preventive Medicine*, No. 3, 2002.

Steindorf, K., "The Role of Physical Activity in Primary Cancer Prevention", *European Review of Aging and Physical Activity*, Vol. 10, No. 1, 2013.

Stephens, S. K., Cobiac L. J., Veerman, J. L., "Improving Diet and Physical Activity to Reduce Population Prevalence of Overweight and Obesity: An Overview of Current Evidence", *Preventive Medicine*, No. 62, 2014.

Stevens, W., Hillsdon, M., Thorogood, M., et al., "Cost – Effectiveness of a Primary Care Based Physical Activity Intervention in 45 – 74 Year Old Men and Women: A Randomised Controlled Trial", *British Journal of Sports Medicine*, No. 3, 1998, P. 236.

Stewart, A., Lamont, P. M., "Exercise Training for Claudication Surgeon", *Journal of the Royal Colleges of Surgeons of Edinburgh and Ireland*, No. 5, 2007.

Sugisawa, H., Liang, J., Liu, X., "Social Networks, Social Support, and Mortality among Older People in Japan", *Journal of Gerontology*, Vol. 49, No. 1, 1994.

Sung, K., "Relationship of Daily Activity and Biochemical Variables in the Elderly with Diabetes Mellitus", *Journal of Korean Academy of Nursing*, Vol. 41, No. 2, 2011.

Svallfors, S., "The Generational Contract in Sweden: Age – Specific Attitudes to Age – Related Policies", *Policy & Politics*, No. 3, 2008.

Tabbarah, M., Crimmins, E. M., Seeman, T. E., "The Relationship between Cognitive and Physical Performance. The Journals of Gerontology Series A", *Biological Sciences and Medical Sciences*, No. 4, 2002.

Takahashi, K., Sase, E., Kato, A., et al., "Psychological Resilience and Active Social Participation among Older Adults with Incontinence: A Qualitative Study", *Aging & Mental Health*, Vol. 20, No. 11, November 2016.

Tarasenko, Y. N., Miller, E. A., Chen, C., et al., "Physical Activity Levels and Counseling by Health Care Providers in Cancer Survivors", *Preventive Medicine*, No. 99, 2017.

Taylor, A. H., Cable, N. T., Faulkner, G., et al., "Physical Activity and Older Adults: A Review of Health Benefits and the Effectiveness of Interventions", *Journal of Sports Sciences*, No. 8, 2004.

Taylor, R. S., Brown, A., Ebrahim, S., et al., "Exercise – Based Rehabilitation for Patients with Coronary Heart Disease: Systematic Review and Meta – Analysis of Randomized Controlled Trials", *The American Journal of Medicine*, Vol. 116, No. 10, 2004.

Thompson, P. D., Buchner, D., Pina, I. L., et al., "American Heart Association Council on Clinical Cardiology Subcommittee on Exercise, Rehabilitation, and Prevention; American Heart Association Council on Nutrition, Physical Activity, and Metabolism Subcommittee on Physical Activity. Exercise and Physical Activity in the Prevention and Treatment of Atherosclerotic Cardiovascular Disease: A Statement from the Council on Clinical Cardiology (Subcommittee on Exercise, Rehabilitation, and Prevention) and the Council on Nutrition, Physical Activity, and Metabolism (Subcommittee on Physical Activity)", *Circulation*, No. 24, 2003.

Thompson, P. D., Crouse, S. F., Goodpaster, B., et al., "The Acute Versus the Chronic Response to Exercise", *Medicine & Science in Sports & Exercise*, No. 6, 2001.

Thune, I., Furberg, A. S., "Physical Activity and Cancer Risk: Dose – Response and Cancer, All Sites and Site – Specific", *Medicine & Science in Sports & Exercise*, No. 6, 2001.

Tian, X., Du, H., Li, L., et al., "Fruit Consumption and Physical Activity in Relation to All – Cause and Cardiovascular Mortality among 70000 Chinese Adults with Pre – Existing Vascular Disease", *PLOS ONE*, Vol. 12, No. 4, 2017.

Tiemier, H., Breteler, M., Hofman, A., et al., "A Multivariate Score Objectively Assessed Health of Depressed Elderly", *Journal of Clinical Epidemiology*, Vol. 58, No. 11, November 2005.

Treff, C., Bensenor, I. M., Lotufo, P. A., "Leisure – Time and Commuting Physical Activity and High Blood Pressure: The Brazilian Longitudinal Study of Adult Health (ELSA – Brasil)", *Journal of Human Hypertension*, Vol. 31, No. 4, 2017.

Tsutsumi, T., Don, B. M., Zaichkowsky, L. D., "Comparison of High and Moderate Intensity of Strength Training on Mood and Anxiety in Older Adults", *Perceptual and Motor Skills*, No. 3, 1998.

Tulle, E., "Acting Your Age? Sports Science and the Ageing Body", *Journal of Aging Studies*, No. 4, 2008.

Tulle, E., Mooney, E., "Moving to 'Age – Appropriate' Housing: Government and Self in Later Life", *Sociology*, No. 3, 2002.

Tulle, E., *Sense and Structure: Towards a Sociology of Old Bodies. The Need for Theory: Critical Gerontology for the 21st Century*, Baywood Publishing, Amityville, 2003.

Tuomilehto, J., Lindstrom, J., Eriksson, J. G., et al., "Prevention of

Type 2 Diabetes Mellitus By Changes in Lifestyle among Subjects with Impaired Glucose Tolerance", *New England Journal of Medicine*, No. 18, 2001.

Ueli, G., Wolter, S. C., "Demographic Change and Public Education Spending: A Conflict between Young and Old", *Education Economics*, No. 3, 2006.

Ullmann, G., Williams, H. G., Hussey, J., et al., "Effects of Feldenkrais Exercises on Balance, Mobility, Balance Confidence, and Gait Performance in Community – Dwelling Adults Age 65 and Older", *Journal of Alternative & Complementary Medicine*, Vol. 16, No. 1, January 2010.

Umberson, D., Williams, K., Powers, D. A., et al., "As Good As It Gets? a Life Course Perspective on Marital Quality", *Social Forces, A Scientific Medium of Social Study and Interpretation*, No. 1, 2005.

Unger, J. B., Johnson, C. A., Marks, G., "Functional Decline in the Elderly: Evidence for Direct and Stress – Buffering Protective Effects of Social Interactions and Physical Activity", *Annals of Behavioral Medicine*, No. 2, 1997.

United Nations Department of Economic and Social Affairs Population Division, *World Population Prospects: The 2012 Revision, U. N. Comprehensive Tables ST/ESA/SER A/336*, 2013.

U. S. Department of Health and Human Services, Public Health Service, *Healthy People 2020: National Health Promotion Objectives*, Washington D. C.: DHEW Publication, 2010.

Vaz, F. C. A., Miller, M. E., Fielding, R. A., et al., "Sleep – Wake Disturbances in Sedentary Community – Dwelling Elderly Adults with Functional Limitations", *Journal of the American Geriatrics Society*, Vol. 62, No. 6, June 2014.

Vink, D., Aartsen, M., Schoevers, R., "Risk Factors for Anxiety and Depression in the Elderly: A Review", *Journal of Afferctive Disorders*, Vol. 106, No. 2, February 2008.

Volpe, S. L., Sukumar, D., Milliron, B. J., et al., "Obesity Prevention in Older Adults", *Current Obesity Reports*, Vol. 5, No. 2, 2016.

Voss, M. W., Heo, S., Prakash, R. S., et al., "The Influence of Aerobic

Fitness on Cerebral White Matter Integrity and Cognitive Function in Older Adults: Results of a One – Year Exercise Intervention", *Human Brain Mapping*, Vol. 34, No. 11, November 2013.

Wagner, S., Shubair, M., "Surveying Older Adults Opinions on Housing: Recommendations for Policy", *Social Indicators Research*, No. 3, 2010.

Wannamethee, S. G., Shaper, A. G., Walker, M., "Physical Activity and Mortality in Older Men with Diagnosed Coronary Heart Disease", *Circulation*, Vol. 102, No. 12, 2000.

Warburton, D. E. R., Charlesworth, S., Ivey, A., et al., "A Systematic Review of the Evidence for Canada's Physical Activity Guidelines for Adults", *International Journal of Behavioral Nutrition and Physical Activity*, No. 1, 2010.

Warburton, D., Gledhill, N., Quinney, A., "Musculoskeletal Fitness and Health", *Canadian Journal of Applied Physiology – Revue Canadienne De Physiologie Appliquee*, No. 2, 2001.

Warburton, D., Nicol, C. W., Bredin, S., "Health Benefits of Physical Activity: The Evidence", *Canadian Medical Association Journal*, No. 6, 2006.

Wareham, N. J., "Epidemiological Studies of Physical Activity and Diabetes Risk, and Implications for Diabetes Prevention", *Applied Physiology Nutrition and Metabolism – Physiologie Appliquee Nutrition Et Metabolisme*, Vol. 32, No. 4, 2007.

Weil, J., "Aging in Rural Communities: Older Persons' Narratives of Relocating in Place to Maintain Rural Identity", *Online Journal of Rural Research & Policy*, No. 1, 2017.

Wei, M., Gibbons, L. W., Kampert, J. B., et al., "Low Cardiorespiratory Fitness and Physical Inactivity as Predictors of Mortality in Men with Type 2 Diabetes", *Annals of Internal Medicine*, No. 8, 2000.

Westerterp, K. R., "Daily Physical Activity and Aging", *Current Opinion in Clinical Nutrition and Metabolic Care*, No. 3, 2000.

WHO, *A Global Strategy for Diet, Physical Activity, and Health*, Geneva: WHO, 2004.

WHO, *Depression and Other Common Mental Disorders: Global Health Estimates*, February 23, 2017.

WHO, *Global Recommendations on Physical Activity for Health*, Http://www.Who.Int.

WHO, *Preventing Chronic Diseases: A Vital Investment*, Geneva: WHO, 2005.

Williamson, D. F., Vinicor, F., Bowman, B. A., "Centers for Disease Control and Prevention Primary Prevention Working Group Primary Prevention of Type 2 Diabetes Mellitus By Lifestyle Intervention: Implications for Health Policy", *Ann Intern Med*, No. 11, 2004.

Willson, A. E., Shuey, K. M., Elder, G. H., et al., "Ambivalence in Mother – Adult Child Relations: A Dyadic Analysis", *Social Psychology Quarterly*, No. 3, 2006.

Wilson, C. J., Datta, S. K., "Tai Chi for the Prevention of Fractures in a Nursing Home Population: an Economic Analysis", *Jcom – Wayne Pa*, No. 3.

Winkler, S., Hebestreit, A., Ahrens, W., "Physical Activity and Obesity", *Bundesges Und Heitsblatt – Gesundheitsforschung – Gesundheitsschutz*, Vol. 55, No. 1, 2012.

Winterton, R., Warburton, J., Clune, S., et al., "Building Community and Organisational Capacity to Enable Social Participation for Aging Australian Rural Populations: A Resource – Based Perspective", *Aging International*, No. 2, 2014.

Wipfli, B., Rethorst, C., Landers, D., "Examining the Dose – Response Relationship Between Exercise and Reductions in Anxiety", *Journal of Sport & Exercise Psychology*, Vol. 29, No. 3, March 2007.

Wojetk, J., David, N. P., Maria, A., et al., "Exercise and Physical Activity for Older Adults", *Medicine & Science in Sports & Exercises*, Vol. 41, No. 7, July 2009.

World Health Organization, *Active Ageing: A Policy Framework*, 2002.

World Health Organization, *World Health Statistics 2017: Monitoring Health for the Sdgs*, WHO, 2017.

参考文献

Wu, S. C. , Leu S, Y. , Li C. Y. , "Incidence of and Predictors for Chronic Disability in Activities of Daily Living among Older People in Taiwan", *Journal of the American Geriatrics Society*, No. 9, 1999.

Wu, Z. , Hart, R. , "The Effects of Marital and Nonmarital Union Transition on Health", *Journal of Marriage & Family*, Vol. 64, No. 2, February 2002.

Yorgason, J. B. , Booth, A. , Johnson, D. R. , "Health, Disability, and Marital Quality", *Research on Aging*, No. 30, 2008.

Yuko, K. , Nozomi, O. , Keigo, S. , et al. , "Bodily Pain, Social Support, Depression Symptoms and Stroke History Are Independently Associated with Sleep Disturbance among the Elderly: A Cross-Sectional Analysis of the Fujiwara-Kyo Study" *Environmental Health and Preventive Medicine*, Vol. 21, No. 5, May 2016.

Zheng, H. , Ehrlich, F. , Amin, J. , "Economic Evaluation of the Direct Healthcare Cost Savings Resulting from the Use of Walking Interventions to Prevent Coronary Heart Disease in Australia", *International Journal of Health Care Finance and Economics*, No. 2, 2010.